Wahl des Betriebsrats

Wahl des Betriebsrats

Praxisorientierte Arbeitshilfe
für Wahlvorstände und Betriebsräte

4., überarbeitete Auflage

BUND
VERLAG

Die Autoren:

Peter Berg
Rechtsanwalt, Justiziar des ver.di-Landesbezirks Nordrhein-Westfalen
Mitautor: Däubler/Kittner/Klebe/Wedde (Hrsg.), BetrVG-Kommentar für die Praxis
ehrenamtlicher Richter am Bundesarbeitsgericht

Ralf-Peter Hayen
Ass. jur., Referatsleiter in der Abteilung Recht beim DGB-Bundesvorstand,
Mitautor: Düwell (Hrsg.), BetrVG-Handkommentar
ehrenamtlicher Richter am Bundesarbeitsgericht

Micha Heilmann
Rechtsanwalt, Leiter der Rechtsabteilung der Gewerkschaft Nahrung Genuss Gaststätten
Mitautor: Klebe/Ratayczak/Heilmann/Spoo, BetrVG-Basiskommentar
ehrenamtlicher Richter am Bundesarbeitsgericht

Jürgen Ratayczak
Ass. jur., Funktionsbereich Betriebs- und Mitbestimmungspolitik beim
Vorstand der IG Metall
Mitautor: Klebe/Ratayczak/Heilmann/Spoo, BetrVG-Basiskommentar
ehrenamtlicher Richter am Bundesarbeitsgericht

Bibliografische Information der Deutschen Nationalbibliothek

Die Deutsche Nationalbibliothek verzeichnet diese Publikation in der Deutschen
Nationalbibliografie; detaillierte bibliografische Daten sind im Internet
über http://dnb.d-nb.de abrufbar.

4., überarbeitete Auflage 2013
© 2001 by Bund-Verlag GmbH, Frankfurt am Main
Herstellung: Birgit Fieber
Umschlag: querformat, Frankfurt am Main
Satz: Dörlemann Satz, Lemförde
Druck: Freiburger Graphische Betriebe, Freiburg
Printed in Germany 2013
ISBN 978-3-7663-6267-4

www.bund-verlag.de

Inhalt

Abkürzungsverzeichnis

a. A.	anderer Ansicht
a. a. O.	am angegebenen Ort
Abs.	Absatz
Abt.	Abteilung
AG	Aktiengesellschaft
AiB	Zeitschrift »Arbeitsrecht im Betrieb«
AktG	Aktiengesetz
AP	Arbeitsrechtliche Praxis (Nachschlagewerk)
ArbG	Arbeitsgericht
ArbGG	Arbeitsgerichtsgesetz
ATG	Altersteilzeitgesetz
AÜG	Arbeitnehmerüberlassungsgesetz
AuR	Zeitschrift »Arbeit und Recht«
Az.	Aktenzeichen
BAFGEG	Gesetz zur Errichtung eines Bundesaufsichtsamtes für Flugsicherung und zur Änderung und Anpassung weiterer Vorschriften
BAG	Bundesarbeitsgericht
Basiskommentar	Klebe/Ratayczak/Heilmann/Spoo, Basiskommentar BetrVG, 17. Auflage (2012)
BB	Zeitschrift »Betriebs-Berater«
BBiG	Berufsbildungsgesetz
Betriebsratswissen online	Datenbank für Betriebsräte, Bund-Verlag GmbH
BetrVerfRG	Gesetz zur Reform des Betriebsverfassungsgesetzes

BetrVG	Betriebsverfassungsgesetz
BFDG	Bundesfreiwilligendienstgesetz
BGB	Bürgerliches Gesetzbuch
BGH	Bundesgerichtshof
BPersVG	Bundespersonalvertretungsgesetz
BSHG	Bundessozialhilfegesetz
bspw.	beispielsweise
BT-Drucks.	Drucksache des Deutschen Bundestages
BVerfG	Bundesverfassungsgericht
BVerfGE	Entscheidungen des Bundesverfassungsgerichts
BVerwG	Bundesverwaltungsgericht
CGB	Christlicher Gewerkschaftsbund
DB	Zeitschrift »Der Betrieb«
DGB	Deutscher Gewerkschaftsbund
DKKW	Däubler/Kittner/Klebe/Wedde (Herausgeber), Kommentar Betriebsverfassungsgesetz, 13. Auflage (2012); zit.: DKKW-Bearbeiter
DRK	Deutsches Rotes Kreuz
evtl.	eventuell
EzA	Entscheidungssammlung zum Arbeitsrecht
f.	folgende Randnummer
ff.	fortfolgende Randnummern
Fitting	Fitting/Engels/Schmidt/Trebinger/Linsenmaier, Kommentar, Betriebsverfassungsgesetz, 26. Auflage (2012)
Fn.	Fußnote
GBR	Gesamtbetriebsrat
gem.	gemäß
GG	Grundgesetz
ggf.	gegebenenfalls
GHK	Gewerkschaft Holz und Kunststoff
GmbH	Gesellschaft mit beschränkter Haftung

Hess. LAG	Hessisches Landesarbeitsgericht
HGB	Handelsgesetzbuch
h. M.	herrschende Meinung
i. S.	im Sinne
i. V. m.	in Verbindung mit
juris	juris GmbH, Saarbrücken, Rechtsportal
Kapovaz	kapazitätsorientierte variable Arbeitszeit
KBR	Konzernbetriebsrat
KG	Kommanditgesellschaft
KSchG	Kündigungsschutzgesetz
LAG	Landesarbeitsgericht
LAGE	Entscheidungssammlung Landesarbeitsgerichte
m. w. N.	mit weiteren Nachweisen
n. F.	neue Fassung
Nr.	Nummer
Nrn.	Nummern
NZA	»Neue Zeitschrift für Arbeits- und Sozialrecht«
OHG	Offene Handelsgesellschaft
o. g.	oben genannten
PersR	Zeitschrift »Der Personalrat«
PostPersRG	Postpersonalrechtsgesetz
R	Fundstelle von arbeitsgerichtlichen Entscheidungen zu den Wahlvorschriften (Kapitel VI)
Rn.	Randnummer
Rspr.	Rechtsprechung
RVO	Reichsversicherungsordnung
S.	Seite
s.	siehe

SGB	Sozialgesetzbuch
SGB II	Zweites Sozialgesetzbuch – Grundsicherung für Arbeitssuchende
SGB IX	Neuntes Sozialgesetzbuch – Rehabilitation und Teilhabe behinderter Menschen
s. o.	siehe oben
sog.	so genannt(e)
str.	strittig
s. u.	siehe unten
u. a.	und andere; unter anderem
UmwG	Umwandlungsgesetz
Urt.	Urteil
usw.	und so weiter
u. U.	unter Umständen
v.	vom
vgl.	vergleiche
WahlO	Wahlordnung Betriebsverfassungsgesetz 1952
WO	Wahlordnung Betriebsverfassungsgesetz 1972
WPO	Gesetz über eine Berufsordnung der Wirtschaftsprüfer – Wirtschaftsprüferordnung
z. B.	zum Beispiel

Vorwort

Seit dem Erscheinen der Vorauflage sind zahlreiche wichtige arbeitsge-
richtliche Entscheidungen ergangen. Diese beziehen sich beispielsweise
auf Fragen des Kleinstbetriebes sowie eines Betriebsteils nach § 4 BetrVG
und der Zulässigkeit von Einstweiligen Verfügungen mit dem Ziel des Ein-
griffs in ein bereits eingeleitetes Wahlverfahren. Hervorzuheben ist weiterhin die Entwicklung der Rechtsprechung zur Berücksichtigung von Leiharbeitnehmern bei den Schwellenzahlen des BetrVG. Die gesamte neuere
Rechtsprechung ist in die Arbeitshilfe mit ihren Auswirkungen für die
Wahlpraxis eingearbeitet worden. Die Rechtsprechungsentwicklung konnte
bis Ende März 2013 berücksichtigt werden.

Damit sollen die Wahlvorstände und alle, die sich mit der Betriebsratswahl
näher befassen müssen, wirksam und verlässlich unterstützt werden. Die
praxisorientierten Erläuterungen gehen ausführlich auf aktuelle Probleme
der Betriebsratswahl ein und greifen darüber hinaus auch alle sonstigen
Fragen auf, die bei einer ordnungsgemäßen Einleitung und Durchführung
der Wahl zu beachten sind. Das vereinfachte Wahlverfahren wird ausführlich behandelt, ebenso wie die Möglichkeit und Grenzen des Einsatzes
elektronischer Mittel bei der Betriebsratswahl und die korrekte Berechnung der Fristen des Wahlverfahrens.

Die Gesamtübersicht von mehr als 300 wesentlichen gerichtlichen Entscheidungen, vor allem des Bundesarbeitsgerichtes, zu den Wahlvorschriften im Anhang zum Textteil ist überarbeitet und ergänzt worden. Bei den
Erläuterungen im Textteil der Broschüre wird jeweils darauf verwiesen, an
welcher Stelle in der Rechtsprechungsübersicht die erwähnte Entscheidung mit Quellenangaben zu finden ist.

Für Anregungen und Kritik sind die Verfasser jederzeit dankbar. Das gilt insbesondere für Hinweise auf Schwierigkeiten und Erfahrungen mit der praktischen Durchführung von Betriebsratswahlen, die in künftigen Auflagen berücksichtigt werden sollten.

Die Verfasser

I. Grundbegriffe und Grundsätze der Wahl

1. Der Betriebsbegriff

1.1 Grundsätze

Der Betrieb ist ein zentraler Begriff des Betriebsverfassungsrechts. Er kenn- **1** zeichnet die *arbeitsorganisatorische Einheit,* innerhalb der bestimmte arbeitstechnische Zwecke verfolgt werden, die sich hauptsächlich im Bereich der Produktion oder im Dienstleistungsbereich vollziehen. Ausnahmen, die den Betriebszweck betreffen, stellen etwa Tendenzbetriebe nach § 118 BetrVG dar. Das *Unternehmen* ist gegenüber dem Betrieb die dem Markt zugewandte übergeordnete *wirtschaftliche und gesellschaftsrechtliche Einheit.* Ein Unternehmen kann einen oder mehrere Betriebe haben.

Der Betrieb charakterisiert sich wesentlich dadurch, dass die in der **2** Betriebsstätte vorhandenen Betriebsmittel für die verfolgten *arbeitstechnischen Zwecke zusammengefasst, geordnet und gezielt* eingesetzt werden. Dabei wird der Einsatz der menschlichen Arbeitskraft von einem einheitlichen Leitungsapparat gesteuert (BAG v. 25.9.1986, *R 57;* vgl. auch BAG v. 13.9.1984, *R 56).* Es ist somit für den Betriebsbegriff kennzeichnend, dass ein bestimmter Betriebszweck unter einem einheitlichen Leitungsapparat verfolgt wird. Der Betrieb ist die *arbeitsorganisatorische Einheit des Unternehmens.* Dabei kommt es für die Frage des Betriebsbegriffes nicht auf die Rechtsform an, in der das Unternehmen, zu dem der Betrieb gehört, geführt wird.

Der *Betriebsbegriff* ist wesentlich durch die Rechtsprechung des Bun- **3** desarbeitsgerichts geprägt worden. § 1 Abs. 1 BetrVG, der die Errichtung von Betriebsräten in bestimmten Betrieben vorsieht, hat folgenden Wortlaut:

»(1) In Betrieben mit in der Regel mindestens fünf ständigen wahlberechtigten Arbeitnehmern, von denen drei wählbar sind, werden Betriebsräte gewählt. Dies gilt auch für gemeinsame Betriebe mehrerer Unternehmen.«

Bei dem durch das BetrVerfRG 2001 eingefügten Satz 2 geht es um den sog. *Gemeinschaftsbetrieb.* Das ist kein völlig neuer Begriff. Schon unter dem Geltungsbereich des BetrVG 1972 gab es nach der Rechtsprechung des Bundesarbeitsgerichts den gemeinsamen Betrieb, der von *zwei oder mehreren Unternehmen* gebildet wird. Nach der Auffassung des BAG liegt ein gemeinsamer Betrieb mehrerer Unternehmen vor, wenn zum einen die in einer Betriebsstätte vorhandenen materiellen und immateriellen Betriebsmittel mehrerer Unternehmen für einen einheitlichen arbeitstechnischen Zweck zusammengefasst, geordnet und gezielt eingesetzt werden, und zum anderen der Einsatz der menschlichen Arbeitskraft von einem einheitlichen Leitungsapparat betriebsbezogen gesteuert wird (vgl. BAG v. 15.12.2011, *R 95;* v. 11.2.2004, *R 86;* v. 14.9.1988, *R 83).* Dabei geht das BAG davon aus, dass ein gemeinsamer Betrieb nicht nur vorliegt, wenn ausdrücklich eine rechtliche Vereinbarung über die einheitliche Leitung des Betriebs geschlossen worden ist, sondern auch, wenn sich der Gemeinschaftsbetrieb aus den näheren Umständen des *Einzelfalles* ergibt. Nach Auffassung des Bundesarbeitsgerichts genügt es, dass im Gemeinschaftsbetrieb Arbeitgeberfunktionen lediglich im Bereich der sozialen und personellen Angelegenheiten wahrgenommen werden. Ein wichtiges Indiz für das Bestehen eines einheitlichen Leitungsapparats auch auf betrieblicher Ebene kann die Personenidentität in der Unternehmensleitung sein. Daraus allein aber kann nicht zwingend auf eine einheitliche Leitung in personellen und sozialen Angelegenheiten geschlossen werden (BAG v. 25.5.2005, *R 87).* Auch eine unternehmerische Zusammenarbeit reicht alleine nicht aus für die Annahme eines gemeinsamen Betriebes (LAG Hamm v. 14.10.2011, *R 94).*

4 Die o.g. zum Gemeinschaftsbetrieb entwickelten Grundsätze gelten nach der Rechtsprechung des BAG auch nach Inkrafttreten des BetrVG 2001 weiter, wobei das Bestehen eines einheitlichen Leitungsapparats unter den Voraussetzungen des § 1 Abs. 2 BetrVG vermutet wird (vgl. BAG v. 15.12.2011, *R 95;* v. 17.8.2005, *R 88;* v. 11.2.2004, *R 86).*

Die Feststellung, ob ein gemeinsamer Betrieb mehrerer Unternehmen vorliegt, wird dadurch erleichtert, dass diese sog. *Vermutungsregelungen* auf-

gestellt werden. Das bedeutet: Liegen diese Tatbestände vor, ist davon auszugehen, dass ein gemeinsamer Betrieb mehrerer Unternehmen gegeben
ist. Die Vermutungsregelungen finden sich in § 1 Abs. 2 BetrVG:

**»(2) Ein gemeinsamer Betrieb mehrerer Unternehmen wird vermutet,
wenn**

**1. zur Verfolgung arbeitstechnischer Zwecke die Betriebsmittel sowie die
Arbeitnehmer von den Unternehmen gemeinsam eingesetzt werden oder**

**2. die Spaltung eines Unternehmens zur Folge hat, dass von einem Betrieb
ein oder mehrere Betriebsteile einem an der Spaltung beteiligten anderen Unternehmen zugeordnet werden, ohne dass sich dabei die Organisation des betroffenen Betriebs wesentlich ändert.«**

Ein typisches Beispiel für einen Gemeinschaftsbetrieb nach § 1 Abs. 2 Nr. 1
BetrVG ist ein von mehreren Unternehmen betriebenes *Rechenzentrum*.
In einem solchen Gemeinschaftsbetrieb wird ein Betriebsrat für diese
Betriebsstätte gewählt. § 1 Abs. 2 Nr. 2 betrifft den Fall, dass im Zuge der
Spaltung eines Unternehmens von einem Betrieb dieses Unternehmens
ein oder mehrere Betriebsteile einem anderen Unternehmen, das an der
Spaltung beteiligt ist, zugeordnet werden. Der Begriff der Spaltung um-
fasst dabei die Fälle der *Aufspaltung*, der *Abspaltung* und der *Ausgliederung*.

Die an solchen Vorgängen beteiligten Unternehmen bzw. Arbeitgeber
müssen, wenn solche Vermutungsregelungen vorliegen und sie gleichwohl das Vorhandensein eines Gemeinschaftsbetriebs bestreiten, den Beweis antreten, dass kein Gemeinschaftsbetrieb besteht. Im Streitfall entscheiden die Arbeitsgerichte im Wege des Beschlussverfahrens.

Aber auch außerhalb der Vermutungsregelungen nach § 1 Abs. 2 Nr. 1
BetrVG können *tatsächliche Umstände* für einen einheitlichen gemeinsamen Betrieb sprechen, wie etwa:

- rechtlich ausdrückliche oder konkludente Verbindung mehrerer Unternehmen zur Führung eines gemeinsamen Betriebes,
- gemeinsame Nutzung der technischen und materiellen Betriebsmittel,
- gemeinsame räumliche Unterbringung,
- personelle, technische und organisatorische Verknüpfung der Arbeits-
  abläufe,
- gemeinsame Buchhaltung, Kantine usw.
  (vgl. BAG v. 15.12.2011, *R 95*; v. 17.8.2005, *R 88*; v. 11.2.2004, *R 86*;
  v. 24.1.1996, *R 84*).

1.2 Betriebsteile, Kleinstbetriebe

5 Das BetrVerfRG 2001 hat weitere Änderungen zum Betriebsbegriff vorgenommen. Sie finden sich in § 4. So wird ausdrücklich bestimmt, dass Betriebe, die die Voraussetzungen des § 1 Abs. 1 Satz 1 BetrVG mangels Betriebsratsfähigkeit nicht erfüllen (Kleinstbetriebe), dem *Hauptbetrieb zugeordnet* werden (§ 4 Abs. 2 BetrVG). Diese Vorschrift ist zwingend. Damit wird sichergestellt, dass alle in Kleinstbetrieben tätigen Arbeitnehmer in Unternehmen mit mindestens einem betriebsratsfähigen Betrieb von der Anwendung des Betriebsverfassungsrechts nicht ausgeschlossen sind (BAG v. 17.1.2007, R 69). Sie werden von dem Betriebsrat des Hauptbetriebes mit vertreten. Die für einen »Hauptbetrieb« i. S. v. § 4 Abs. 2 BetrVG erforderliche hervorgehobene Bedeutung ergibt sich aus einer besonderen Funktion dieses Betriebes für den zuzuordnenden Betrieb oder für das Unternehmen des Arbeitgebers. Sind in dem Unternehmen des Arbeitgebers mehrere weitere Betriebe vorhanden, ist der Betrieb als Hauptbetrieb anzusehen, in dem – wenn auch lediglich durch unterstützende Beratung – Arbeitgeberfunktionen im mitbestimmungsrelevanten Bereich auch für den nicht betriebsratsfähigen Betrieb wahrgenommen werden. Im Gegensatz zu § 4 Abs. 1 BetrVG (s. u.) kommt es auf die arbeitstechnische Zwecksetzung der Betriebe oder die räumliche Entfernung des nicht betriebsratsfähigen Betriebes zu dem Hauptbetrieb in der Regel nicht an. Hauptbetrieb nach § 4 Abs. 2 BetrVG kann somit auch die Hauptverwaltung eines Unternehmens sein (BAG v. 17.1.2007, R 69 hat einer Entfernung von 55 km zwischen Hauptverwaltung und Kinderhort keine entscheidende Bedeutung beigemessen). Ist die Zuordnung zum Hauptbetrieb wegen der räumlichen Entfernung zwischen dem nicht betriebsratsfähigen Betrieb und dem Hauptbetrieb so erheblich, dass von dessen Betriebsrat die Mitbestimmungsrechte für den nicht betriebsratsfähigen Betrieb nicht mehr sinnvoll ausgeübt werden können, ist eine Zuordnung zu dem räumlich nächst gelegenen Betrieb und dessen Betriebsrat vorzunehmen (vgl. § 94 Abs. 1 Satz 4 SGB IX für die Wahl der Schwerbehindertenvertretung). Eine anderweitige Zuordnung kann zu dem nach § 3 BetrVG durch Tarifvertrag oder durch Betriebsvereinbarung vorgenommen werden.

6 Den alten Begriff des *Nebenbetriebes* kennt das Gesetz in seiner geltenden Fassung nicht mehr. Das ist aber ohne größere praktische und rechtliche Bedeutung, da die Begriffsabgrenzung zwischen Nebenbetrieb und

Betriebsteil schon nach dem alten Recht problematisch war. Das Gesetz enthält jedoch nach wie vor den Begriff des *Betriebsteils*. Schwierig ist die Abgrenzung zwischen Betrieb und Betriebsteil. Nach BAG (v. 15. 12. 2011, *R 73*; v. 7. 5. 2008, *R 81* ist der Grad der Verselbstständigung entscheidend, der im Umfang der Leitungsmacht zum Ausdruck kommt. Ein Mindestmaß an organisatorischer Selbstständigkeit gegenüber dem Hauptbetrieb genügt für das Vorliegen eines Betriebsteils i. S. v. § 4 Abs. 1 Satz 1 BetrVG. Dazu reicht es aus, dass in der organisatorischen Einheit überhaupt eine den Einsatz der Arbeitnehmer bestimmende Leitung institutionalisiert ist, die Weisungsrechte des Arbeitgebers ausübt. Ein solcher Betriebsteil gehört betriebsverfassungsrechtlich grundsätzlich zum Hauptbetrieb.

Unter bestimmten Voraussetzungen gelten aber *Betriebsteile* als *selbstständige Betriebe*, in denen ein eigener Betriebsrat zu wählen ist. Diese Regelung enthält § 4 Abs. 1 Satz 1:

»(1) Betriebsteile gelten als selbständige Betriebe, wenn sie die Voraussetzungen des § 1 Abs. 1 Satz 1 erfüllen und

1. räumlich weit entfernt vom Hauptbetrieb entfernt oder

2. durch Aufgabenbereich und Organisation eigenständig sind.«

Tritt die Frage auf, ob ein Betriebsteil die Voraussetzungen der Nr. 1 oder 2 erfüllt, ist auf die bisherige Rechtsprechung zurück zu greifen. Es war allerdings schon bisher nicht einfach, im konkreten Streitfall eine Antwort zu finden. Zunächst einmal ist zu klären, wer *Hauptbetrieb* i. S. v. § 4 Abs. 1 BetrVG ist. Dies ist der Betrieb, in dem die Leitungsfunktionen des Arbeitgebers für den Betriebsteil wahrgenommen werden. Das kann auch ein Gemeinschaftsbetrieb sein. Dahinter steckt der Grundsatz, dass Mitbestimmung dort ausgeübt werden soll, wo die mitbestimmungsrelevanten unternehmerischen Entscheidungen getroffen werden (BAG v. 7. 5. 2008, *R 81*). Im Fall von § 4 Abs. 1 Satz 1 Nr. 1 BetrVG ist die Frage, ob ein Betriebsteil *»räumlich weit entfernt«* ist, nicht leicht zu beantworten. Es geht nicht um eine bloße Feststellung der Entfernung in Kilometer. Nach Auffassung des Bundesarbeitsgerichts ist wesentlich, ob trotz der gegebenen Entfernung eine ordnungsgemäße Betreuung der in dem Betriebsteil beschäftigten Arbeitnehmer durch den Betriebsrat des Hauptbetriebs gewährleistet ist (BAG v. 15. 12. 2011, *R 73*; v. 7. 5. 2008, *R 81*; vgl. auch BAG v. 21. 7. 2004, *R 67*). Aus Sicht der Arbeitnehmer ist die leichte Erreichbarkeit des Betriebsrats maßgeblich, wie auch umgekehrt die Erreichbarkeit der Arbeitnehmer für den Betriebsrat. Letztlich kommt es auf eine Gesamtwürdigung aller für die Erreichbarkeit des Hauptbetriebes in Betracht kommenden Umstände an (vgl. BAG v. 14.1.2004, *R 79*).

7 Somit müssen auch die Voraussetzungen geprüft werden, die ausschlaggebend dafür sein können, die Belegschaft als eine Einheit anzusehen. Es spielen die tatsächlichen Lebensverhältnisse, wie vor allem die Verkehrsmöglichkeiten (Qualität der Verbindungen, erforderliche Gesamtfahrzeit, nur sporadisch verkehrende öffentliche Verkehrsmittel, häufiges Umsteigen usw.) eine große Rolle. Dabei kommt es auf die Erreichbarkeit des Hauptbetriebes mit öffentlichen Verkehrsmitteln an, da häufig Arbeitnehmern ein PKW dauerhaft nicht zur Verfügung steht (BAG v. 7.5.2008, *R 81*). Letztlich ist entscheidend, ob die räumliche Trennung von Hauptbetrieb und Betriebsteil noch eine ordnungsgemäße Betreuung der Belegschaft des Betriebsteils durch einen einheitlichen Betriebsrat zulässt. Eine Erreichbarkeit per Post, Telefon oder mittels moderner Kommunikationsmittel spielt dagegen keine Rolle. Im Zweifel ist eine Gesamtwürdigung vorzunehmen.

Nachstehend einige Beispiele aus der Rechtsprechung zur Problematik der Entfernung von Betriebsteilen. Zugeordnet zum Hauptbetrieb wurden Betriebsteile, weil sie nicht räumlich weit entfernt waren bei:

- 22 km (BAG v. 17.2.1983, *R 76*);
- 40–45 km (BAG v. 24.2.1976, *R 77*);
- 70 km (BAG v. 24.9.1968, *R 77* Köln–Essen und einer optimalen Betreuung durch freigestellte Betriebsratsmitglieder; vgl. dagegen LAG Köln v. 13.4.1989, *R 78*, für die Entfernungen Köln/Recklinghausen bzw. Köln/Essen).

Einen eigenen Betriebsrat erhielten Betriebsteile, weil sie räumlich weit entfernt waren, bei:

- 28 km (BAG v. 23.9.1969, *R 78*, wegen mehrmaligem Umsteigen bei der Benutzung öffentlicher Verkehrsmittel);
- 40 km (LAG Köln v. 28.6.1988, *R 78*, wegen einstündiger Fahrzeit mit PKW und häufiger Staus im Straßenverkehr),
- Mindestaufwand von mehr als zwei Stunden für Hin- und Rückfahrt mit öffentlichen Verkehrsmitteln (BAG v. 7.5.2008, *R 81* zu Einzelhandelsfilialen);
- ca. 300 km ((BAG v. 15.12.2011, *R 78*).

Betriebsteile im Sinne des § 4 BetrVG können auch dann vorliegen, wenn nicht verschiedene, sondern *parallele arbeitstechnische Zwecke* verfolgt werden, wie das etwa bei zentral gelenkten Filialen im Lebensmitteleinzelhandel und Bankgewerbe gegeben ist (DKKW-Trümner, § 4 Rn. 64; BAG v. 7. 5. 2008, *R 81*; vgl. auch BAG v. 24. 2. 1976, *R 61*).

Im Fall von § 4 Abs. 1 Satz 1 Nr. 2 BetrVG gilt ein Betriebsteil als selbst- **8** ständiger Betrieb, wenn er durch Aufgabenbereich und Organisation eigenständig ist. Ein *eigenständiger Aufgabenbereich* liegt vor allem vor, wenn in dem Betriebsteil ein von dem Hauptbetrieb abweichender gesonderter arbeitstechnischer Zweck verfolgt wird. Der Begriff der *eigenständigen Organisation* ist erfüllt, wenn eine den Einsatz der Arbeitnehmer bestimmende eigene Leitung insbesondere in mitbestimmungspflichtigen sozialen und personellen Angelegenheiten vorhanden ist (vgl. BAG v. 28. 6. 1995, *R 63*; BAG v. 14. 1. 2004, *R 79*). Grundsätzlich müssen *beide Voraussetzungen* – Eigenständigkeit in Aufgabenbereich und Organisation – vorliegen (BAG v. 14. 1. 2004, *R 79*).

Wird bei einer Betriebsratswahl irrtümlich angenommen, dass ein selbstständiger Betriebsteil i. S. v. § 4 Abs. 1 Satz 1 BetrVG vorliegt, und erfolgt die Durchführung der Betriebsratswahl deshalb nur in dem vermeintlichen Hauptbetrieb, so ist dieser Betriebsrat trotzdem für den gesamten Betrieb einschließlich des in Wahrheit unselbstständigen Betriebsteils zuständig (LAG München v. 28. 4. 2004, *R 66*). Eine solche Betriebsratswahl ist nur anfechtbar.

1.3   Zuordnung durch Arbeitnehmerbeschluss

Eine wichtige Ergänzung zu dem Problem, ob ein Betriebsteil einen eige- **9** nen Betriebsrat bekommt, sieht § 4 Abs. 1 Satz 4 bis 5 BetrVG vor. Danach können die *Arbeitnehmer* eines Betriebsteils, in dem kein eigener Betriebsrat besteht, *mehrheitlich beschließen*, an der Wahl des Betriebsrats im Hauptbetrieb teilzunehmen. Diese Abstimmung kann formlos erfolgen, so etwa auch im Umlaufverfahren (Basiskommentar, § 4 Rn. 2). Die Initiative zu dieser Abstimmung kann von drei wahlberechtigten Arbeitnehmern des Betriebsteils, von der im Betrieb vertretenen Gewerkschaft oder vom Betriebsrat des Hauptbetriebs ergriffen werden. *Abstimmungsberechtigt* sind alle Arbeitnehmer des Betriebsteils, nicht nur die wahlberechtigten. Der

Beschluss ist dem Betriebsrat des Hauptbetriebes spätestens zehn Wochen vor Ablauf von dessen Amtszeit mitzuteilen (§ 4 Abs. 1 Satz 4 BetrVG). Ist ein solcher Beschluss über die Zuordnung des Betriebsteils getroffen worden, ist dies von dem Wahlvorstand, der die Wahl im Hauptbetrieb einleitet und durchführt, zu berücksichtigen. Die Zuordnung des Betriebsteils zum Hauptbetrieb gilt solange, bis sie durch eine *erneute Abstimmung* der Arbeitnehmer des Betriebsteils mit Mehrheit widerrufen wird (§ 4 Abs. 1 Satz 5 BetrVG), wobei der Widerruf erst für die nächste Wahl des Betriebsrats relevant ist.

1.4 Vom Gesetz abweichende Regelungen durch Tarifvertrag

10 Bereits das BetrVG 1972 hat es den Tarifvertragsparteien ermöglicht, von den für die Bildung eines Betriebsrats maßgebenden organisatorischen Grundlagen abzuweichen. Seinerzeit entstanden zahlreiche Tarifverträge vor allem mit vom Gesetz abweichenden Regelungen über die Zuordnung von Betriebsteilen und Nebenbetrieben (§ 3 Abs. 1 Nr. 3 BetrVG 1972). Sie legten häufig fest, dass für mehrere Betriebsstätten einer größeren Region ein *Regionalbetriebsrat* zu bilden war.

11 Die *gesetzliche Gestaltungsmöglichkeiten*, durch Tarifvertrag der Praxis angepasste Vertretungsstrukturen und betriebsverfassungsrechtliche Organisationseinheiten zu schaffen, ist durch das BetrVerfRG 2001 erheblich *ausgebaut worden*. Weggefallen ist dagegen die frühere Vorschrift (§ 3 Abs. 2 BetrVG 1972), dass solche Verträge der Zustimmung der jeweiligen *obersten Arbeitsbehörde* des Bundeslandes, bei Tarifverträgen, deren Geltungsbereich mehrere Bundesländer berührte, der Zustimmung des Bundesministers für Arbeit und Sozialordnung bedurften. Es ist somit nach dem geltenden Gesetz möglich, abweichende Regelungen *ohne behördliche Zustimmung* zu schaffen.

12 Durch Tarifvertrag kann *abweichend vom Gesetz* geregelt werden:

1. Für Unternehmen mit mehreren Betrieben die Bildung eines unternehmenseinheitlichen Betriebsrats (§ 3 Abs. 1 Nr. 1a BetrVG).

Es kann nach dieser Vorschrift die Bildung eines Betriebsrats für ein ganzes Unternehmen vorgesehen werden (LAG München v. 11.8.2011, *R 110,*

n. rk). Das wird vor allem für kleinere Unternehmen, die mehrere kleinere Betriebe haben, sinnvoll sein.

2. Für Unternehmen mit mehreren Betrieben die Zusammenfassung von Betrieben (§ 3 Abs. 1 Nr. 1 b BetrVG).

Sinnvoll können solche Regelungen insbesondere für Unternehmen mit zahlreichen Betrieben bzw. selbstständige Betriebsteilen sein, wie etwa für ein Unternehmen mit einem regionalen oder bundesweiten Filialnetz. Es können Betriebsräte innerhalb bestimmter Regionen in der Form von Regionalbetriebsräten zusammengefasst werden (BAG v. 21.9.2011, *R 112*; v. 7.6.2011, *R 107*). Diese Form der Zusammenfassung von Betriebsräten zu Regionalbetriebsräten ist, wie bereits erwähnt, schon nach dem früheren Recht häufiger praktiziert worden, vor allem im Bereich des Einzelhandels.

3. Für Unternehmen und Konzerne, soweit sie nach produkt- oder projektbezogenen Geschäftsbereichen (Sparten) organisiert sind und die Leitung der Sparte auch Entscheidungen in beteiligungspflichtigen Angelegenheiten trifft, die Bildung von Betriebsräten in den Sparten (Spartenbetriebsräte), wenn dies der sachgerechten Wahrnehmung der Aufgaben des Betriebsrats dient (§ 3 Abs. 1 Nr. 2 BetrVG).

In dieser Bestimmung findet sich die rechtliche Grundlage für die Bildung von Spartenbetriebsräten in Unternehmen, die nach produkt- oder projektbezogenen Geschäftsbereichen organisiert sind. Es können beispielsweise mehrere Betriebsräte je Sparte oder auch betriebsübergreifende Spartenbetriebsräte errichtet werden. Vor allem sind danach unternehmensübergreifende Spartenbetriebsräte möglich. Die Bildung eines Spartengesamtbetriebsrats ist allerdings nicht zulässig (a. A. Hess. LAG v. 21.4.2005, *R 99*, wenn auch Spartenbetriebsräte gebildet worden sind; ArbG Frankfurt v. 24.5.2006, *R 100* bejaht Bildung von Spartengesamtbetriebsräten auf Konzernebene). Tarifliche Regelungen nach § 3 Abs. 1 Nr. 2 BetrVG sind grundsätzlich erst anzuwenden, wenn die nächste Betriebsratswahl ansteht. Ein Tarifvertrag kann bestehende Betriebsratsgremien nicht ohne Neuwahl verändern (ArbG Frankfurt a. M. v. 30.3.2004, *R 97*). Die Tarifparteien können jedoch nach § 3 Abs. 4 Satz 2 BetrVG einen anderen Wahltermin als den der nächsten regulären Betriebsratswahl vorsehen; insoweit sind die Tarifvertragsparteien frei (ArbG Frankfurt a. M. v. 30.3.2004, *R 97*).

Die unternehmensübergreifende Bildung von Arbeitnehmervertretungen ist auch zulässig, wenn die beteiligten Unternehmen keinen gemeinsamen Betrieb führen. § 3 Abs. 1 Nr. 2 BetrVG gestattet es aber nicht, dass die tarifliche Regelung es den Arbeitnehmern überlässt, vor jeder Betriebsratswahl im Wege einer Abstimmung zu entscheiden, ob in den einzelnen Betrieben eigenständige Betriebsräte gewählt werden sollen. Eine derartige Regelung ist unwirksam (BAG v. 10. 11. 2004, *R 98*).

Voraussetzung für tarifliche Regelungen ist im Übrigen, dass sie der sachgerechten Wahrnehmung der Interessen der Arbeitnehmer dienen. Es darf, auch nicht durch Tarifvertrag, zu einem unfruchtbaren Nebeneinander von Arbeitnehmervertretungen oder zu Kompetenzüberschneidungen etwa zwischen den Betriebsräten bzw. Gesamtbetriebsrat auf der einen Seite und Spartenbetriebsräten bzw. Spartengesamtbetriebsräten auf der anderen Seite kommen (Basiskommentar, § 3 Rn. 4).

4. Andere Arbeitnehmervertretungsstrukturen, soweit dies insbesondere aufgrund der Betriebs-, Unternehmens- oder Konzernorganisation oder aufgrund anderer Formen der Zusammenarbeit von Unternehmen einer wirksamen und zweckmäßigen Interessenvertretung der Arbeitnehmer dient (§ 3 Abs. 1 Nr. 3 BetrVG).

Die Tarifparteien können hier auf neue Entwicklungen von Unternehmensstrukturen mit der Bildung entsprechender Arbeitnehmervertretungssysteme reagieren. Das gilt etwa für Arbeitnehmervertretungen entlang von Produktionsketten (just in time) oder für andere Erscheinungsformen von Produktion und Dienstleistung. Es wäre auch vorstellbar, beispielsweise für einen mittelständischen Konzern mit wenigen kleinen Konzernunternehmen statt der an sich nach dem Gesetz vorzusehenden dreistufigen Interessenvertretung (Betriebsräte, Gesamtbetriebsräte und Konzernbetriebsrat) eine zweistufige oder gar nur eine einstufige Arbeitnehmervertretung zu errichten. Von großer Bedeutung ist auch, dass in einem Gleichordnungskonzern ein Konzernbetriebsrat errichtet werden kann.

5. Zusätzliche betriebsverfassungsrechtliche Gremien (Arbeitsgemeinschaften), die der unternehmensübergreifenden Zusammenarbeit von Arbeitnehmervertretungen dienen (§ 3 Abs. 1 Nr. 4 BetrVG).

Solche Gremien können geschaffen werden, wenn sie einer effektiveren Tätigkeit vorhandener Arbeitnehmervertretungen dienen. Zu denken ist etwa an die Bildung von Arbeitsgruppen zwischen den Betriebsräten verschiedener Unternehmen, auch innerhalb eines Konzerns oder innerhalb von Regionen.

6. Zusätzliche betriebsverfassungsrechtliche Vertretungen der Arbeitnehmer, die die Zusammenarbeit zwischen Betriebsrat und Arbeitnehmern erleichtern (§ 3 Abs. 1 Nr. 5 BetrVG).

Diese Vorschrift kann Bedeutung erlangen, wenn etwa ein unternehmenseinheitlicher Betriebsrat eines bundesweit tätigen Unternehmens gebildet worden ist oder Regionalbetriebsräte bestehen, in denen Betriebe oder Betriebsteile nicht durch einen Betriebsratsmitglied vertreten sind. Der Tarifvertrag kann in solchen Fällen etwa für solche Betriebsbereiche, die nicht im Betriebsrat vertreten sind, die Bildung von betrieblichen Vertrauensleuten oder Betriebsbereichssprechern vorsehen, die begrenzte Aufgaben erhalten und ein Verbindungsglied zwischen den in diesen Betriebsbereichen beschäftigten Arbeitnehmern und dem mehr zentral gebildeten Betriebsrat darstellen.

Es ist noch anzumerken, dass in den Fällen, in denen eine tarifliche Regelung nicht besteht und auch kein anderer Tarifvertrag (z. B. Manteltarifvertrag, Entgelttarifvertrag oder ein Tarifvertrag über vermögenswirksame Leistungen) gilt, auch durch *Betriebsvereinbarung* abweichende organisatorische Grundlagen vereinbart werden können (vgl. im Einzelnen Basiskommentar, § 3 Rn. 8). Das ist allerdings nur nach den Bestimmungen des Absatzes 1 Nr. 1, 2, 4 und 5 der Fall.

Die in dem jetzt geltenden § 3 BetrVG vorgesehenen Regelungen füh- **13** ren, wenn sie geschaffen werden, zu *anderen Betriebsratsstrukturen* mit der Folge, dass die Betriebsratswahlen ebenfalls davon betroffen sind. Das gilt jedenfalls für die Regelungen nach § 3 Abs. 1 Nr. 1 bis 3 BetrVG. Tritt ein entsprechender Tarifvertrag oder eine Betriebsvereinbarung in Kraft, sind dessen Regelungen nach § 3 Abs. 1 Nr. 1 bis 3 BetrVG erstmals bei der nächsten regelmäßigen Betriebsratswahl anzuwenden (es sei denn, es besteht kein Betriebsrat; vgl. § 3 Abs. 4 BetrVG). Der Tarifvertrag oder die Betriebsvereinbarung können aber einen anderen Wahlzeitpunkt vorsehen.

Für die Wahl der durch Tarifvertrag bzw. Betriebsvereinbarung geschaf- **14** fenen betriebsverfassungsrechtlichen Organisationseinheiten ist bedeutsam, dass sie als Betriebe im Sinne des Gesetzes *gelten* (§ 3 Abs. 5 BetrVG).

Auf diese Vertretungen finden die Vorschriften über die Rechte und Pflichten des Betriebsrats und die Rechtsstellung seiner Mitglieder *Anwendung*. Das gilt etwa hinsichtlich der Grundsätze der Zahl der Mitglieder oder des Umfangs der Freistellungen, aber auch soweit es den Schutz der Mitglieder solcher Vertretungen betrifft, wie beispielsweise nach § 103 BetrVG.

2. Der Arbeitnehmerbegriff

2.1 Die Bedeutung des Arbeitnehmerbegriffs

15 Neben dem Betriebsbegriff ist der betriebsverfassungsrechtliche *Arbeitnehmerbegriff* für die Betriebsratswahl, wenngleich nicht nur für die Wahl, von entscheidender Bedeutung. So ist die Zahl der Arbeitnehmer im Sinne des § 5 Abs. 1 BetrVG maßgebend für die *Anzahl der Betriebsratsmitglieder* und damit für die zahlenmäßige Größe des Betriebsrats (vgl. § 9 BetrVG). Die Abgrenzung zwischen Arbeitnehmer und Nichtarbeitnehmer markiert zugleich die Grenze zwischen den Beschäftigten, für die der Betriebsrat zuständig bzw. nicht zuständig ist. Darüber hinaus ist die Zahl der Arbeitnehmer im Sinne des BetrVG in bestimmten Fällen wichtig für die *Arbeitsgrundlagen* des Betriebsrats und seine Beteiligungsrechte. (vgl. z. B. § 38 Abs. 1, BetrVG).

16 Der § 5 Abs. 1 BetrVG hat folgenden Wortlaut:

»(1) **Arbeitnehmer (Arbeitnehmerinnen und Arbeitnehmer) im Sinne des Gesetzes sind Arbeiter und Angestellte einschließlich der zu ihrer Berufsausbildung Beschäftigten, unabhängig davon, ob sie im Betrieb, im Außendienst oder mit Telearbeit beschäftigt werden. Als Arbeitnehmer gelten auch die in Heimarbeit Beschäftigten, die in der Hauptsache für den Betrieb arbeiten. Als Arbeitnehmer gelten ferner Beamte (Beamtinnen und Beamte), Soldaten (Soldatinnen und Soldaten) sowie Arbeitnehmer des öffentlichen Dienstes einschließlich der zu ihrer Berufsausbildung Beschäftigten, die in Betrieben privatrechtlich organisierter Unternehmen tätig sind.«**

Durch Art. 9 des »Gesetzes zur Errichtung eines Bundesaufsichtsamts für Flugsicherung und zur Änderung und Anpassung weiterer Vorschriften«

(BAFGEG) v. 29.7.2009 hat der Gesetzgeber in § 5 BetrVG einen neuen Satz 3 eingefügt, der am 4.8.2009 in Kraft getreten ist. Im Wege einer gesetzlichen Fiktion sind nunmehr die Beamten, Soldaten und Arbeitnehmer des öffentlichen Diensts einschließlich der zu ihrer Berufsausbildung Beschäftigten bei Zuweisung an privatrechtliche Einrichtungen grundsätzlich als Arbeitnehmer des Betriebs anzusehen mit der Folge, dass sie bei der Betriebsratswahl aktiv und passiv wahlberechtigt sind (vgl. im Einzelnen Rn. 30a).

Aufgrund der Bedeutung des Arbeitnehmerbegriffs ist es eine wichtige Aufgabe für die Wahlvorstände, bereits *vor der Einleitung* der Wahl sorgfältig zu prüfen, wer zu den Arbeitnehmern im Sinne des Betriebsverfassungsgesetzes (§ 5 BetrVG) und der Wahlvorschriften des Gesetzes und der Wahlordnung gehört. Bei bestimmten Beschäftigtengruppen ist nicht immer leicht festzustellen, ob und inwieweit auf sie die Wahlbestimmungen anzuwenden sind. In dieser Hinsicht spielt die Rechtsprechung des BAG zu der betriebsverfassungsrechtlichen Zuordnung der *Leiharbeitnehmer*, an der das Gericht entgegen berechtigter Kritik über Jahre hinweg festgehalten hatte (zur positiven Rechtsprechungsänderung beim Schwellenwert des § 9 BetrVG s. Rn. 23), eine entscheidende Rolle.

Arbeitnehmer nach § 5 Abs. 1 BetrVG sind nach Auffassung des BAG **17** nur solche Arbeitnehmer, die in einem *Arbeitsverhältnis* zum Betriebsinhaber stehen *und* in die *Betriebsorganisation* eingegliedert sind. Die tatsächliche Eingliederung in die Betriebsorganisation (des Beschäftigungsbetriebs) begründe für sich allein nicht die Betriebszugehörigkeit zum Betrieb. Dabei reicht eine Rahmenvereinbarung mit Aushilfskräften, die nur die Bedingungen erst noch abzuschließender, auf den jeweiligen Einsatz befristeter Arbeitsverträge wiedergibt, selbst aber noch keine Verpflichtung zur Arbeitsleistung begründet, für die Annahme eines Arbeitsvertrag nicht aus (BAG v. 15.2.2012, *R 132*; v. 7.5.2008, *R 229*).

Diese Auffassung ist auf Kritik gestoßen, insbesondere seitens der Gewerkschaften und ihnen nahestehender Kommentarliteratur (vgl. umfassend DKKW-Trümner, § 5 Rn. 15 ff.). Es wird zutreffend darauf hingewiesen, dass auch Leiharbeitnehmer oder andere Beschäftigte, die in die Betriebsorganisation des Beschäftigungsbetriebes eingegliedert sind, regelmäßig der *Weisungsgebundenheit* des Beschäftigungsarbeitgebers unterliegen und zugleich mit ihrer Tätigkeit dem *Betriebszweck* des sie beschäftigenden Betriebs dienen. Ihre Einbeziehung in den Schutz des Betriebsverfassungsrechts ist daher zwingend erforderlich.

19–21   Durch das BetrVerfRG 2001 sind Arbeitnehmer, die von einem anderen Arbeitgeber dem Beschäftigungsbetrieb zur *Arbeitsleistung überlassen* werden, bei der Betriebsratswahl in diesem Betrieb wahlberechtigt, sofern die Überlassung für *länger als drei Monate* festgelegt ist (vgl. § 7 Satz 2 BetrVG). Damit haben solche Arbeitnehmer das aktive Wahlrecht im Beschäftigungsbetrieb und legitimieren diesen Betriebsrat für die Wahrnehmung auch ihrer Interessen, und zwar ungeachtet dessen, dass sie in keinem Arbeitsverhältnis zum Beschäftigungsarbeitgeber stehen.

22   Die Auffassung des BAG zum passiven Wahlrecht der Leiharbeitnehmer ist in großen Teilen der Kommentarliteratur auf Kritik, zumindest auf eine differenziertere Betrachtung, gestoßen. Während bei gewerbsmäßig überlassenen Leiharbeitnehmern (sog. unechte Leiharbeit) und nicht gewerbsmäßig überlassenen Leiharbeitnehmern (sog. echte Leiharbeit) das aktive Wahlrecht wegen der gesetzlichen Festlegung nach § 7 Satz 2 BetrVG im Entleiherbetrieb unbestritten ist, wird entgegen dem BAG (v. 17.2.2010, *R 179*; v. 20.4.2005, *R 177*; v. 10.3.2004, *R 175*) das *passive Wahlrecht* der *»echten« Leiharbeitnehmer*, wie etwa bei den im Wege der Konzernleihe überlassenen Arbeitnehmern, bei Vorliegen der sonstigen Voraussetzungen nach § 8 BetrVG bejaht (Fitting, § 8 Rn. 27 m.w.N.). Dagegen ist bei der gewerbsmäßigen Arbeitnehmerüberlassung das passive Wahlrecht ausdrücklich durch das Gesetz ausgeschlossen worden (vgl. § 14 Abs. 2 AÜG.)

23–24   Dieser Streit setzte sich bei der Frage fort, ob bei der Feststellung der *zahlenmäßigen Größe des Betriebsrats* nach § 9 BetrVG im Sinne der überholten Rechtsprechung des BAG (v. 16.4.2003, *R 221*) nur Arbeitnehmer mitzählen, bei denen neben der Eingliederung in den Betrieb auch ein Arbeitsverhältnis zum Beschäftigungsarbeitgeber besteht.

Erfreulicherweise hat das BAG – insbesondere aufgrund der sehr breiten Kritik aus Gewerkschaftskreisen – seine Rechtsprechung geändert (v. 13.3.2013, *R 237*) und anerkannt, dass Leiharbeitnehmer bei der Bestimmung der Größe des Betriebsrats nach § 9 BetrVG grundsätzlich zu berücksichtigen sind. Damit ist jetzt klar, dass Leiharbeitnehmer wählen und zählen (zu den Einzelheiten Rn. 131). Die Entscheidung des BAG kommt gerade rechtzeitig für die anstehenden Betriebsratswahlen im Jahre 2014 und gibt den Wahlvorständen Sicherheit bei der Festlegung der Betriebsratsgröße nach § 9 BetrVG. Weiterhin ist davon auszugehen, dass nach dieser Entscheidung Leiharbeitnehmer bei der Freistellung nach § 38 BetrVG auch mit zu berücksichtigen sind.

2.2   Die wahlrechtliche Zuordnung
der einzelnen Arbeitnehmergruppen

Nach diesen grundsätzlichen Hinweisen soll auf die einzelnen Arbeitneh- **25**
mergruppen eingegangen werden, ob und inwieweit auf sie die *wahlrechtlichen Bestimmungen* Anwendung finden. Damit ist gemeint, ob das Wahlrecht (§ 7 BetrVG: Mindestalter 18 Jahre) und die Wählbarkeit (§ 8 BetrVG:
Mindestalter 18 Jahre und 6-monatige Betriebszugehörigkeit) zum Betriebsrat gegeben sind und ob eine Berücksichtigung bei der Feststellung
der zahlenmäßigen Größe des Betriebsrats (§ 9 BetrVG) zu erfolgen hat.
Die Aufzählung erhebt keinen Anspruch auf Vollständigkeit. Sie umfasst aber die *wesentlichen Gruppen* von Beschäftigten, bei denen in der Praxis häufig Unklarheit über ihre wahlrechtliche Zuordnung besteht, der
Wahlvorstand jedoch gehalten ist, alsbald eine Entscheidung zu treffen.
Es wird dabei – ohne Verzicht auf die angebrachte grundsätzliche Kritik –
auf die oben dargelegte Rechtsprechung des Bundesarbeitsgerichts hingewiesen.
Auf folgende Arbeitnehmergruppen ist insbesondere einzugehen:

Altersteilzeit   **26**
Nach Auffassung des Bundesarbeitsgerichts ist der in Altersteilzeit befindliche Arbeitnehmer, wenn die Altersteilzeit in der Form des *Blockmodells*
(§ 2 Abs. 2 Nr. 1 ATG) vollzogen wird, bei der Betriebsratsgröße nach § 9
BetrVG nicht mitzuzählen. Das Bundesarbeitsgericht geht zwar davon aus,
dass ein in dieser Form der Altersteilzeit befindliche Arbeitnehmer noch
weiterhin Ansprüche aus dem Arbeitsverhältnis hat. Er sei jedoch nicht
mehr in die Betriebsorganisation eingegliedert, seine Rückkehr in den
Betrieb nicht vorgesehen. Mit dem Ende der aktiven Tätigkeit ende die erforderliche tatsächliche Beziehung zum Betrieb. Das stehe der Berücksichtigung als Arbeitnehmer i. S. v. § 9 BetrVG entgegen (BAG v. 16. 4. 2003,
R 222).
Das Bundesarbeitsgericht verneint auch das Vorliegen des *aktiven Wahlrechts*. Die Kommentarliteratur hat sich weitgehend der Auffassung des
Bundesarbeitsgerichts angeschlossen (vgl. etwa Fitting, § 7 Rn. 32 m. w. N.).
Bei dieser Auffassung wird jedoch nicht ausreichend gewürdigt, dass zwar
die Pflicht zur Arbeitsleistung entfällt, dass Arbeitsverhältnis während der
Freistellungsphase aber fortbesteht. Das Rechtsverhältnis des in der Alters-

teilzeit in der Form des sog. Blockmodells befindlichen Arbeitnehmers wird dadurch gekennzeichnet, dass die Arbeit gewissermaßen »vorgeleistet« wurde. Es können sich aber während der Zeiten, in denen keine Arbeitsleistung (mehr) zu erbringen ist, durchaus noch *Regelungsprobleme* ergeben, von denen auch der in der Freistellungsphase befindliche Arbeitnehmer betroffen ist (vgl. DKKW-Homburg, § 7 Rn. 12 m. w. N.). Damit besteht, ungeachtet der nicht mehr vorgesehenen Wiederaufnahme der Tätigkeit, ein berechtigtes Interesse an der Zusammensetzung des Betriebsrats und ein Anspruch darauf, ihn gleichfalls legitimieren zu können. Es ist daher *nicht gerechtfertigt*, das aktive Wahlrecht des in Altersteilzeit befindlichen Arbeitnehmers zu verneinen.

Dagegen ist dem Bundesarbeitsgericht hinsichtlich der Verneinung des *passiven Wahlrechts* zuzustimmen. So hat das Bundesarbeitsgericht in dem Beschluss vom 25. 10. 2000 (*R 174*) erklärt, die Mitgliedschaft in einem Aufsichtsrat ende, wenn durch die Freistellung des Arbeitnehmervertreters wegen der Altersteilzeit eine Beschäftigung bis zum Ende des Arbeitsverhältnisses nicht mehr in Betracht komme. Die Wahrnehmung der Mitgliedschaft eines Arbeitnehmervertreters im Aufsichtsrat verlange konkrete Kenntnisse von dem Unternehmen und seinen Arbeitsabläufen. Dieser Grundsatz ist auch auf das Amt eines *Betriebsratsmitglieds übertragbar*. Auch und gerade ein Betriebsratsmitglied muss umfassende Kenntnisse über die Verhältnisse und die Arbeitsbedingungen im Betrieb haben (vgl. DKKW-Homburg, § 7 Rn. 12).

27 Aushilfsarbeitnehmer

Aushilfsarbeitnehmer sind wahlberechtigt, wenn zum Zeitpunkt ihrer Beschäftigung die Betriebsratswahl stattfindet. *Wählbar* sind sie nur, wenn die Voraussetzungen des § 8 BetrVG vorliegen (mindestens 6-monatige Betriebszugehörigkeit zum Zeitpunkt der Wahl). Sie zählen bei der Betriebsratsgröße nach § 9 BetrVG nur mit, wenn solche Arbeitnehmer *regelmäßig* im Betrieb beschäftigt werden. Das ist nach der Rechtsprechung des Bundesarbeitsgerichts dann der Fall, wenn solche Arbeitnehmer regelmäßig für einen Zeitraum von mindestens sechs Monaten im Jahr beschäftigt werden (BAG v. 18. 10. 2011, *R 233*; v. 29. 5. 1991, *R 219*). Dabei ist es unerheblich, ob es sich um dieselben oder jeweils um andere Aushilfskräfte handelt.

ausländische Arbeitnehmer 28

Ausländische Arbeitnehmer, gleichgültig, ob sie aus dem Bereich der EG kommen oder nicht, unterliegen *keinerlei wahlrechtlichen Beschränkungen*. Sie müssen lediglich die sonstigen Voraussetzungen wie deutsche Arbeitnehmer erfüllen, also z. B. für das aktive Wahlrecht das 18. Lebensjahr vollendet haben (§ 7 BetrVG) und für das passive Wahlrecht dem Betrieb mindestens sechs Monate angehören (§ 8 BetrVG).

außerhalb des Betriebs beschäftigte Arbeitnehmer 29

Die wahlrechtlichen Vorschriften sind *ohne Einschränkung* anzuwenden, sofern die in § 7 BetrVG (Überschreiten der Altersgrenze für das Wahlrecht), § 8 BetrVG (Dauer der Betriebszugehörigkeit für die Wählbarkeit) und § 9 BetrVG (»regelmäßig« beschäftigte Arbeitnehmer) genannten Voraussetzungen vorliegen.

Die Anwendbarkeit der wahlrechtlichen Bestimmungen ergibt sich im Übrigen bereits aus § 5 Abs. 1 Satz 1 BetrVG:»Arbeitnehmer (Arbeitnehmerinnen und Arbeitnehmer) im Sinne dieses Gesetzes sind Arbeiter und Angestellte ..., unabhängig davon, ob sie im Betrieb, im Außendienst oder mit Telearbeit beschäftigt werden.«. Dazu gehören auch die Arbeitnehmer, die vorübergehend im Ausland tätig und nicht dauerhaft entsandt sind (DKKW-Trümner, § 5 Rn. 48 m. w. N.).

Auszubildende 30

Grundsätzlich gilt für die Angehörigen dieser Personengruppe, dass sie das *aktive Wahlrecht* zum Betriebsrat haben. Der Auszubildende muss allerdings am Wahltag das *18. Lebensjahr* vollendet haben bzw. während der Wahltage vollenden.

Zu dem *passiven Wahlrecht*, also der rechtlichen Möglichkeit, für den Betriebsrat zu kandidieren, ist festzustellen: Nach den Wahlgrundlagen für die Jugend- und Auszubildendenvertretung (JAV) sind auch Arbeitnehmer in dieses Betriebsverfassungsorgan wählbar, die das 18. Lebensjahr vollendet haben, aber noch nicht das 25. Lebensjahr. Diese Beschäftigten haben somit das passive Wahlrecht sowohl zur *JAV* als auch zum *Betriebsrat*. Sofern ein solcher Arbeitnehmer bereits Mitglied der JAV ist, kann er zwar für den Betriebsrat kandidieren. Im Falle seiner Wahl und der Annahme des Betriebsratsamtes *erlischt* jedoch sein Amt als JAV-Mitglied. Eine Mitgliedschaft in beiden Betriebsverfassungsorganen ist ausgeschlossen (§ 61 Abs. 2 Satz 2 BetrVG; vgl. auch Basiskommentar, § 61 Rn. 2).

Eine andere Rechtsgrundlage ergibt sich bei einem *außerbetrieblichen reinen Ausbildungsbetrieb* (nicht zu vergleichen mit überbetrieblichen Ausbildungsstätten, wie etwa einem Ausbildungsbetrieb für mehrere Betriebe oder Unternehmen), dessen arbeitstechnischer Zweck in der Berufsausbildung besteht (sonstige Berufsbildungseinrichtung nach § 2 Abs. 1 Nr. 3 BBiG). In einem solchen Ausbildungsbetrieb gehören die Auszubildenden *nicht zur Belegschaft* dieses Betriebs und haben nicht das Wahlrecht zum Betriebsrat (BAG v. 16. 11. 2011, *R 171*; v. 13. 6. 2007, *R 166*). Das gilt selbst dann, wenn sie gelegentlich zusammen mit anderen Mitarbeitern praktische Arbeiten vornehmen (BAG v. 12. 9. 1996, *R 121*) oder die Vermittlung einer Berufsausbildung nicht den alleinigen oder überwiegenden Betriebszweck darstellt, sondern daneben vom Arbeitgeber noch weitere arbeitstechnische Zwecke verfolgt werden (BAG v. 13. 6. 2007, *R 149*).

Dual Studierende in ausbildungsintegrierenden Studiengängen gelten als Auszubildende und haben grundsätzlich das aktive und passive Wahlrecht zum Betriebsrat.

30a Beamte, Soldaten und Arbeitnehmer des öffentlichen Dienstes in Privatbetrieben

Durch die seit dem 4. 8. 2009 in Kraft getretene Neuregelung des § 5 Abs. 1 Satz 3 BetrVG gelten im Betrieb tätige Beamte, Soldaten und Arbeitnehmer des öffentlichen Dienstes einschließlich der zu ihrer Berufsausbildung beschäftigten als Arbeitnehmer im Sinne des Betriebsverfassungsgesetzes, sofern sie aufgrund einer entsprechenden Zuweisung bzw. Gestellung oder Überlassung in Betrieben der Privatwirtschaft tätig sind. Dabei ist Voraussetzung für einen Arbeitnehmer des öffentlichen Dienstes, das der Arbeitgeber eine juristische Person des öffentlichen Rechts ist (DKKW-Trümner, § 5 Rn. 108). Nach dieser Vorschrift kommt es nur auf das Tätig sein im privaten Betrieb an, weshalb sowohl ein dauerhafter als auch nur ein kurzzeitiger Einsatz zu der Arbeitnehmereigenschaft führt. Es kommt nicht auf die Mindesteinsatzzeit von drei Monaten nach § 7 Satz 2 BetrVG an. Die in § 5 Abs. 1 Satz 3 BetrVG genannten Beschäftigten sind aktiv und passiv wahlberechtigt (BAG v. 15. 8. 2012, *R 133* und *182*) und bei der Berechnung der Betriebsratsgröße nach § 9 BetrVG sowie bei der Berechnung der Freistellungen nach § 38 BetrVG zu berücksichtigen (BAG v. 15. 12. 2011,

R 234). Von dieser neuen Regelung bleiben die spezialgesetzlichen Regelungen unberührt, die im Zuge der Privatisierungen der Deutschen Bundesbahn und der Deutschen Bundespost geschaffen worden sind.

Befristet Beschäftigte   **31**

Diese Arbeitnehmer sind bei Vorliegen eines Arbeitsverhältnisses, ebenso wie etwa Teilzeitarbeitnehmer (vgl. auch dort), *Arbeitnehmer* i. S. d. § 5 Abs. 1 BetrVG. Sie zählen bei § 9 BetrVG mit, wenn solche Arbeitnehmer regelmäßig im Betrieb beschäftigt werden (vgl. auch die Ausführungen zu den Aushilfsarbeitnehmern). Die *Wahlberechtigung* liegt vor, wenn sie zum Zeitpunkt der Wahl dem Betrieb angehören; *wählbar* sind sie nur bei Vorliegen der Voraussetzungen des § 8 BetrVG (mindestens sechsmonatige Betriebszugehörigkeit zum Zeitpunkt der Wahl). Mit dem Ende des befristeten Arbeitsverhältnisses endet auch regelmäßig das Betriebsratsamt (§ 24 Nr. 3 BetrVG).

Bundesfreiwilligendienst/freiwilliges soziales/ökologisches Jahr   **31a**

Mit Wirkung zum 1. 7. 2011 ist der *Zivildienst* durch den *Bundesfreiwilligendienst* ausgesetzt worden. *Zivildienst*, aber auch *Wehrdienst* spielen zunächst einmal keine Rolle mehr in der betrieblichen Praxis. Das BFDG sieht vor, dass die Freiwilligen im Bundesfreiwilligendienst eine Alimentierung erhalten. Der Bund und der Freiwillige schließen vor Beginn des Bundesfreiwilligendiensts auf gemeinsamem Vorschlag des Freiwilligen und der Einsatzstelle nach § 8 Abs. 1 BFDG eine schriftliche Vereinbarung ab. Ein Arbeitsvertrag mit der Einsatzstelle wird nicht abgeschlossen. Nach § 10 BFDG wählen die Freiwilligen Sprecher, die ihre Interessen u. a. gegenüber den Einsatzstelle vertreten. Es ist deshalb davon auszugehen, dass sie grundsätzlich keine Arbeitnehmer im Betrieb und daher nicht wahlberechtigt sind.

Auch wenn es ausdrücklich nicht geregelt ist, kommen bestimmte Beteiligungsrechte des Betriebsrats in Betracht. Das gilt beispielsweise für § 99 BetrVG. So können Zustimmungsverweigerungsgründe nach dieser Bestimmung vorliegen, wenn der Einsatzbereich nicht § 3 Abs. 1 BFDG entspricht (§ 99 Abs. 2 Nr. 1 BetrVG) oder wenn die Schaffung von Stellen die kollektiven Interessen der Belegschaft dadurch berührt, dass die Gefahr der Verdrängung bereits beschäftigter Arbeitnehmer besteht (§ 99 Abs. 2 Nr. 3 BetrVG).

Ebenso sind Personen im freiwilligen sozialen/ökologischen Jahr weder Arbeitnehmer noch zu ihrer Berufsausbildung Beschäftigte im Sinne des § 5 Abs. 1 BetrVG und somit nicht wahlberechtigt (DKKW-Trümner, § 5 Rn. 151; Fitting § 5 Rn. 307).

32 1-Euro-Job

Bei den sog. 1-Euro-Jobs handelt es sich um Arbeitsgelegenheiten für Arbeitslose auf der Grundlage des SGB II (2. Buch SGB, auch als »Hartz IV« bekannt). Mit ihnen sollen die Arbeitslosen mit bestimmten Tätigkeiten gegen zusätzliche Zahlung einer angemessenen Entschädigung für Mehraufwendungen beschäftigt werden.

Gesetzliche Grundlage ist § 16 d SGB II. Nach den in dieser Bestimmung festgelegten Grundsätzen müssen die Arbeitsgelegenheiten im öffentlichen Interesse liegen, zusätzlich und wettbewerbsneutral sowie arbeitsmarktpolitisch zweckmäßig sein.

Typische 1-Euro-Bereiche sind insbesondere Wissenschaft und Forschung, Bildung und Erziehung, Kultur, Umwelt, Jugend- und Altenhilfe, Landschaftsschutz, öffentliches Gesundheitswesen und Sport. Aus der gesetzlichen Festlegung des »öffentlichen Interesses« ergibt sich zugleich, dass das Arbeitsergebnis nicht überwiegend erwerbswirtschaftlichen Interessen oder den Interessen Einzelner dienen darf.

Für die hier zu erörternde Frage der Anwendung der wahlrechtlichen Vorschriften des Betriebsverfassungsgesetzes sind bereits die Kriterien, mit denen festgelegt wird, dass die Tätigkeiten zusätzlich sind und dem Wohl der Allgemeinheit zu dienen haben, ein starkes Indiz dafür, die Eigenschaft solcher Personen als Beschäftigte mit Arbeitnehmereigenschaft zu verneinen. Die Zahlung einer angemessenen Entschädigung für Mehraufwendungen ist auch kein Arbeitsentgelt, sondern soll einen Anreiz dafür bieten, die im öffentlichen Interesse liegenden Arbeiten zu leisten. Daneben wird als Grundsicherung das Arbeitslosengeld II weiter gezahlt (§ 16 d Abs. 7 Satz 2 SGB II).

Es kommt die ausdrückliche gesetzliche Festlegung zum Rechtscharakter solcher Beschäftigungen hinzu. Nach § 16 d Abs. 7 Satz 2 SGB II begründen diese Arbeiten kein Arbeitsverhältnis im Sinne des Arbeitsrechts (BAG v. 19.11.2008, *R 131*). Es ist daher davon auszugehen, dass die in einem 1-Euro-Job beschäftigten Personen weder wahlberechtigt noch wählbar sind. Sie zählen auch bei § 9 BetrVG nicht mit.

Zur Vermeidung von Missverständnissen soll jedoch angemerkt werden, dass § 16 d Abs. 7 SGB II durchaus arbeitsrechtliche Elemente enthält. Ungeachtet der gesetzlichen Festlegung, dass kein Arbeitsverhältnis im Sinne des Arbeitsrechts begründet wird, wird bestimmt, dass die Vorschriften über den Arbeitsschutz und das Bundesurlaubsgesetz entsprechend anzuwenden sind. Das führt für sich allein aber noch nicht zu der Annahme, dass es sich um Arbeitnehmer nach § 5 Abs. 1 BetrVG handelt.

Es werden allerdings, auch ohne dass dies ausdrücklich geregelt ist, bestimmte Beteiligungsrechte des Betriebsrats in Betracht kommen. Das gilt beispielsweise für § 99 BetrVG. So können Zustimmungsverweigerungsgründe nach dieser Bestimmung vorliegen, wenn die Art der Beschäftigung nicht § 16 d SGB II entspricht (§ 99 Abs. 2 Nr. 1 BetrVG) oder die Schaffung von 1-Euro-Jobs die kollektiven Interessen der Belegschaft dadurch berührt, dass die Gefahr der Verdrängung bereits beschäftigter Arbeitnehmer besteht (§ 99 Abs. 2 Nr. 3 BetrVG; vgl. BAG v. 28. 9. 1988, AiB 89, 222).

Elternzeit 33
Vgl. unter »ruhendes Arbeitsverhältnis«.

Franchisenehmer 34
Ein Franchise-Vertrag ist ein *Dauerschuldverhältnis besonderer Art.* Der Franchisegeber gewährt dem Franchisenehmer das Recht, bestimmte Waren oder Dienstleistungen unter der Verwendung von Namen, Warenzeichen, Ausstattung sowie der technischen und gewerblichen Erfahrungen des Franchisegebers zu vertreiben.

Der Franchisenehmer ist von der Rechtskonstruktion des Vertrages her kein Arbeitnehmer. sondern ein *selbstständiger Unternehmer.* Tritt jedoch eine stark ausgeprägte Weisungsunterworfenheit auf, insbesondere hinsichtlich des Arbeitsortes und der Arbeitszeit, kann der Franchisenehmer durchaus *Arbeitnehmer* sein, (vgl. BAG v. 16. 7. 1997, *R 122*). In diesem Fall gelten auch für ihn die wahlrechtlichen Bestimmungen des Betriebsverfassungsgesetzes.

freie Mitarbeiter 35
Verschiedentlich wird den Betriebsräten, bei Betriebsratswahlen aber auch den Wahlvorständen, vom Arbeitgeber erklärt, bei bestimmten Personen, die eine Tätigkeit für den Betrieb leisten, handele es sich um »freie Mit-

arbeiter«. Eine solche Argumentation erfolgt häufig in Verlagen, aber auch in anderen Unternehmen.

Gerade bei *Betriebsratswahlen* ergibt sich eine gute Gelegenheit, zu überprüfen, ob und inwieweit tatsächlich ein Rechtsverhältnis als freier Mitarbeiter gegeben ist oder ob nicht doch ein Arbeitsverhältnis vorliegt und die betreffenden Personen auf die Wählerliste gehören. Der Zeitpunkt der Betriebsratswahlen ist umso günstiger, als der Wahlvorstand entscheidet, ob ein solcher Beschäftigter auf die Wählerliste gehört oder nicht.

Bei der Prüfung kommt es wesentlich darauf an, wie hoch der Grad der *persönlichen Abhängigkeit* ist, wie sie sich nicht zuletzt durch die *Weisungsgebundenheit* ergibt, und ob eine Arbeit geleistet wird, wie sie auch sonst im Betrieb beschäftigte Arbeitnehmer für den Betriebszweck erbringen. Unerheblich ist, wie das Rechtsverhältnis bezeichnet wird, entscheidend dagegen die *tatsächliche Ausgestaltung und Durchführung* des Vertragsverhältnisses. Im Zweifel ist eine Gesamtwürdigung der Umstände des Einzelfalles maßgebend (vgl. BAG v. 30. 9. 1998, *R 123*).

Das BetrVerfRG 2001 hat in § 80 Abs. 2 Satz 1 (2. Halbsatz) die Rechtsprechung des BAG (v. 15. 12. 1998, *R 124*) aufgegriffen und die Unterrichtung auch auf die Beschäftigung von Personen erstreckt, die nicht in einem Arbeitsverhältnis zum Arbeitgeber stehen. Der Betriebsrat hat somit Anspruch auf Unterrichtung auch hinsichtlich der Beschäftigung freier Mitarbeiter. Der Arbeitgeber schuldet insoweit diejenigen Angaben, die der Betriebsrat benötige, um beurteilen zu können, ob und inwieweit es sich um einen Werk- oder Scheinwerkvertrag bzw. Dienst- oder Scheindienstvertrag handelt.

Das Unterrichtungsrecht muss jedoch gleichermaßen für die Tätigkeit des *Wahlvorstands* gelten. Das gilt umso mehr, als § 2 WO ausdrücklich bestimmt, dass der Arbeitgeber dem Wahlvorstand alle für die Ausfertigung der Wählerliste erforderlichen Auskünfte zu erteilen und die erforderlichen Unterlagen zur Verfügung zu stellen hat.

Stellt der Wahlvorstand fest, dass es sich nicht um ein freies Mitarbeiterverhältnis, sondern in Wahrheit um ein *Arbeitsverhältnis* handelt, finden § 5 Abs. 1 BetrVG und damit die wahlrechtlichen Bestimmungen der §§ 7, 8 und 9 BetrVG entsprechende Anwendung.

gekündigte Arbeitnehmer   **36**

Bei einer ordentlichen (fristgemäßen) Kündigung bestehen das aktive und passive Wahlrecht auf jeden Fall bis zum *Ablauf der Kündigungsfrist* fort. Das gilt auch für die Zeit nach Ablauf der Kündigungsfrist, wenn und solange der Arbeitnehmer während des Kündigungsstreitverfahrens *weiterbeschäftigt* wird, und zwar unabhängig davon, ob die Weiterbeschäftigung nach § 102 Abs. 5 BetrVG oder auf Grund des vom BAG entwickelten Anspruchs auf Weiterbeschäftigung eines gekündigten Arbeitnehmers erfolgt (BAG v. 27. 2. 1985, AiB 85, 187).

Umstritten ist, ob das aktive Wahlrecht fortbesteht, wenn der Arbeitnehmer Kündigungsschutzklage erhoben hat, die Kündigungsfrist abgelaufen ist, aber über die Klage noch *nicht rechtskräftig* entschieden wurde (zum Meinungsstreit vgl. Fitting, § 7 Rn. 33 f.). Nach richtiger Auffassung ist das aktive Wahlrecht zu *bejahen*. Die Ungewissheit des Rechtsstreits darf nicht zu Lasten des Arbeitnehmers gehen (DKKW-Homburg, § 7 Rn. 14). Das Risiko einer Anfechtungsklage ist relativ gering, da ein Verstoß gegen die Wahlgrundsätze nur dann zu einer erfolgreichen Anfechtung führt, wenn durch ihn das Wahlergebnis *geändert oder beeinflusst* werden konnte (vgl. im Einzelnen Rn. 232 ff.). Zudem dürfte sich auch während des Anfechtungsverfahrens klären, ob die Kündigung rechtmäßig war oder nicht.

Das *passive Wahlrecht* wird nach Ablauf der Kündigungsfrist weitgehend auch dann bejaht, wenn das Kündigungsschutzverfahren noch läuft, ohne dass es zu einer Weiterbeschäftigung gekommen ist (BAG v. 14. 5. 1997, *R 173*, bestätigt durch BAG v. 10. 11. 2004, *R 176*). Das BAG begründet das damit, dass andernfalls der Arbeitgeber die Kandidatur eines ihm unliebsamen Bewerbers verhindern könnte (BAG v. 14. 5. 1997, *R 173*). Diese Begründung ist zutreffend. Es ist dann aber umso *unverständlicher*, wenn das BAG das aktive Wahlrecht in solchen Fällen verneint. Das passive Wahlrecht hängt nämlich grundsätzlich davon ab, ob das aktive Wahlrecht gegeben ist (vgl. § 8 Abs. 1 Satz 1 BetrVG). Richtig ist somit, dass sowohl das *aktive als auch das passive Wahlrecht* zu bejahen sind, wenn nach der Kündigungsfrist zwar keine Weiterbeschäftigung erfolgt, aber der Arbeitnehmer Kündigungsschutzklage erhoben hat und darüber noch nicht rechtskräftig entschieden worden ist (DKKW-Homburg, § 8 Rn. 25).

Die vorstehenden Grundsätze sind auch auf eine *außerordentliche (fristlose) Kündigung* anzuwenden. Der fristlos gekündigte Arbeitnehmer behält, sofern die vorstehend genannten Voraussetzungen zur Weiterbeschäftigung vorliegen, das aktive und passive Wahlrecht. Das hat entgegen einer weit verbreiteten Auffassung auch zu gelten, wenn die außerordentliche Kündigung gerichtlich angegriffen worden ist, und zwar bis zur rechtskräftigen Entscheidung in dem Kündigungsschutzverfahren (a. A. Fitting, § 7 Rn. 35).

37 Heimarbeitarbeitnehmer

Heimarbeitnehmer werden in § 5 Abs. 1 BetrVG ausdrücklich erwähnt. Sie sind Arbeitnehmer im Sinne dieser Vorschrift, wenn sie die Heimarbeit *in der Hauptsache für den Betrieb* verrichten. Die Heimarbeit für den Betrieb muss gegenüber der Leistung von Heimarbeit gegenüber anderen Auftraggebern überwiegen (vgl. BAG v. 7.11.1995, *R 120*). Heimarbeitnehmer nach § 5 Abs. 1 Satz 2 BetrVG sind wahlrechtlich wie andere Arbeitnehmer nach § 5 Abs. 1 BetrVG zu behandeln. Sie zählen daher bei der Feststellung der Betriebsratsgröße mit und haben das aktive Wahlrecht.

38 Leiharbeitnehmer

Zu der Arbeitnehmergruppe der Leiharbeitnehmer vgl. die *ausführliche Darstellung* bei den Rn. 16 ff.

Es soll hier lediglich noch einmal darauf verwiesen werden, dass für diese Arbeitnehmergruppe das Wahlrecht zum Betriebsrat in § 7 Satz 2 BetrVG ausdrücklich festgelegt ist, und zwar nicht nur hinsichtlich der gewerbsmäßigen Arbeitnehmerüberlassung, sondern auch für die *nicht gewerbsmäßige Überlassung*. Bei der nicht gewerbsmäßigen Arbeitnehmerüberlassung sind wiederum nicht nur die Leiharbeitnehmer gemeint, die dem Beschäftigungsbetrieb im Wege der sog. *Konzernleihe* überlassen werden, sondern auch andere Leiharbeitnehmer. Das sind beispielsweise die zu einer *Arbeitsgemeinschaft* (ARGE) abgeordneten Beschäftigten bei Vorliegen einer Tarifvertragsidentität (§ 1 Abs. 1 AÜG) oder die zwischen Arbeitgebern desselben Wirtschaftszweiges zur Vermeidung von *Kurzarbeit oder Entlassungen* auf der Grundlage einer tarifvertraglichen Regelung überlassenen Beschäftigten (§ 1 Abs. 3 Nr. 1 AÜG).

Bei der Ermittlung der für die Wahlberechtigung nach § 7 Satz 2 BetrVG erforderlichen Beschäftigungsdauer kommt es auf die Dauer der *geplanten Beschäftigung* an. Überlassene Arbeitnehmer im Sinne dieser Vorschrift sind daher auch dann im Beschäftigungsbetrieb wahlberechtigt, wenn der Wahltag zugleich ihr erster Einsatztag ist, sofern eine Beschäftigungsdauer von länger als drei Monaten vorgesehen ist. Andererseits liegt die Wahlberechtigung auch vor, wenn zwar eine Beschäftigungsdauer von drei Monaten oder kürzer vorgesehen wurde, die *tatsächliche Beschäftigung* am Wahltag aber die Dauer von drei Monaten überschritten hat.

mehrfach Beschäftigte   **39**

Sie haben, soweit zu den einzelnen Betriebsinhabern Arbeitsverhältnisse bestehen, in *jedem Betrieb* das Wahlrecht zum Betriebsrat und sind wählbar. Unter dieser Voraussetzung (Bestehen eines Arbeitsverhältnisses) zählen sie auch bei der Betriebsratsgröße nach § 9 BetrVG mit.

Praktikanten/Volontäre   **40**

Diese Personengruppen gehören prinzipiell zu den *Wahlberechtigten.* Geht es bei dem *Praktikum* um die Vermittlung praktischer Kenntnisse und Erfahrungen, kommt es auf die Ausgestaltung an. So können die Hochschulen und Fachhochschulen das Praktikum als Hochschul- oder Fachhochschulmaßnahme deklarieren. Der Betrieb ist dann lediglich *Veranstaltungsort,* die Studenten dürfen den Betriebsrat nicht mitwählen. Das Praktikantenverhältnis kann aber auch so gestaltet sein, dass während des Praktikums eine *privatrechtliche Vertragsbeziehung* zum Betriebsinhaber besteht, der Praktikant in den Betrieb eingegliedert und damit wahlberechtigt zum Betriebsrat ist (BAG v. 30. 10. 1991, *R 117*).

Praktikanten sind daher jedenfalls dann wahlberechtigte Arbeitnehmer, wenn ihnen auf Grund eines *privatrechtlichen Vertrages* berufliche Kenntnisse, Fertigkeiten und Erfahrungen vermittelt werden sollen. Ein privatrechtlicher Vertrag ist auch zu bejahen, wenn der Praktikant in einem *überbetrieblichen Ausbildungszentrum* ausgebildet wird und die berufspraktische Ausbildung als Praktikum in einem Betrieb geleistet wird (LAG Schleswig-Holstein v. 25. 3. 2003, *R 127*). Der Arbeitnehmereigenschaft steht nicht entgegen, dass der berufspraktischen Ausbildung eine »Schnupperphase« vorgeschaltet wird, die eine Probezeit im Rahmen des Praktikums darstellt und der Praktikant seine Ausbildungsvergütung nicht vom Betrieb erhält (LAG Schleswig-Holstein v. 25. 3. 2003, *R 127*).

Zu dieser Personengruppe noch ein Hinweis: Die Praxis zeigt, dass Praktikanten in einem immer größeren Umfang als billige Arbeitskräfte eingesetzt werden. Auch bei der Einleitung der Betriebsratswahlen und der damit verbundenen Feststellung der Arbeitnehmereigenschaft bestimmter Beschäftigter durch den Wahlvorstand sollte daher der Frage, ob im konkreten Fall ein echtes Praktikantenverhältnis vorliegt, sorgfältig nachgegangen werden.

41 Propagandistinnen

Solche Beschäftigte sind häufig in Fachabteilungen von Kaufhäusern tätig und propagieren *bestimmte Waren eines Unternehmens*, zu dem sie in vertraglicher Beziehung stehen. Für die Beratung und den Verkauf des Sortiments erhält die Propagandistin eine Provision, wobei sie vertragsrechtlich regelmäßig als »selbstständige Gewerbetreibende« bezeichnet wird.

Auch bei dieser Beschäftigtengruppe ist *nicht die Vertragsgestaltung* ausschlaggebend, sondern die *tatsächliche Durchführung.* Dabei zeigt sich in aller Regel, dass die Propagandistin keineswegs selbstständige Gewerbetreibende ist, sondern in eigener Person, im Wesentlichen ohne eigenes Kapital und ohne eigene Organisation für ein Unternehmen tätig wird, von dem sie auch wirtschaftlich abhängig ist (vgl. freie Mitarbeiter Rn. 35).

42 Rote-Kreuz-Schwestern

Das BAG hat den Rote-Kreuz-Schwestern die Arbeitnehmereigenschaft dann abgesprochen, wenn die Schwestern in einem vom Roten Kreuz *selbst* betriebenen Krankenhaus eingesetzt werden (vgl. etwa BAG v. 3.6.1975, *R 115*; BAG v. 6.7.1995, *R 142*). Die Pflicht zur Arbeitsleistung beruhe in diesem Fall auf der *mitgliedschaftsrechtlichen Stellung* der Krankenschwester zur Schwesternschaft (DRK), während ein besonderes Arbeitsverhältnis zum DRK neben der Mitgliedschaft regelmäßig nicht begründet werde.

Nach der überholten Auffassung des BAG sind Mitglieder einer *DRK-Schwesternschaft* auch dann nicht Arbeitnehmer, wenn sie nicht in einem vom DRK selbst getragenen Krankenhaus, sondern aufgrund eines *Gestellungsvertrages* zwischen dem DRK und einem Dritten in dessen Krankenhaus tätig werden (BAG v. 20.2.1986, *R 135*). Wegen § 7 Satz 2 BetrVG ist bei Gestellungsverträgen davon auszugehen, dass die gestellten Rote-Kreuz-Schwestern jedenfalls dann im Einsatzbetrieb als betriebszugehörige Arbeitnehmer im Sinne des Betriebsverfassungsgesetzes anzusehen sind, wenn sie dort länger als drei Monate beschäftigt werden.

Das BAG hat allerdings hinsichtlich der (nicht mitgliedschaftlich gebundenen) Gastschwestern festgestellt, dass dieser Personenkreis dem Einsatzbetrieb dann betriebsverfassungsrechtlich zuzuordnen ist, wenn die das Personal gestellende Schwesternschaft mit der Krankenhausbetreibergesellschaft einen *Gemeinschaftsbetrieb* führt (BAG v. 14. 12. 1994, *R 119*). Zur Kritik an der zu engen Auffassung des BAG zur Arbeitnehmereigenschaft von Rote-Kreuz-Schwestern vgl. DKKW-Trümner, § 5 Rn. 185.

ruhendes Arbeitsverhältnis   **43**

Das Ruhen des Arbeitsverhältnisses kann verschiedene Ursachen haben und auch unterschiedlich lange dauern. Beispielhaft sind im *Mutterschaftsurlaub*, in der *Elternzeit* bzw. in der Pflegezeit befindliche Beschäftigte zu nennen. Auch *kranke* und *langzeiterkrankte*, denen eine befristete Rente wegen voller Erwerbsminderung bewilligt worden ist (ArbG Göttingen v. 7. 3. 2007, *R 164*) *sowie beurlaubte Arbeitnehmer* gehören zu den Beschäftigten, die während der Zeit der Krankheit bzw. des Urlaubs keine Arbeitsleistung erbringen. Allen diesen Beschäftigten ist gemeinsam, dass das Arbeitsverhältnis fortbesteht. Sie kehren nach der Freistellungsphase in der Regel in den Betrieb zurück (BAG v. 29. 3. 1974; *R 153*). Solche Arbeitnehmer zählen nicht nur bei § 9 BetrVG mit. Sie sind auch aktiv und passiv wahlberechtigt. Mit Wirkung zum 1. 7. 2011 sind der Zivildienst und der Grundwehrdienst ausgesetzt und der Zivildienst durch den Bundesfreiwilligendienst abgelöst worden, so dass *Wehrdienst* oder *Zivildienst* zunächst einmal keine Rolle mehr in der betrieblichen Praxis spielt. Zum Bundesfreiwilligendienst siehe Rn. 31a. Für den Fall, dass der Bundesfreiwilligendienst ein Arbeitsverhältnis unterbricht, führt dieser Sachverhalt in der Regel zum Ruhen des Arbeitsverhältnisses. Im Einzelnen kommt es auf die getroffene Regelung zwischen den Arbeitsvertragsparteien an.

Teilzeitbeschäftigte   **44**

Diese Arbeitnehmer – auch die Abrufkräfte nach § 12 TzBfG, die Arbeitnehmer eines sog. Job-Sharing-Arbeitsverhältnisses sowie die Beschäftigten in sog. Mini-Jobs mit einem Arbeitsentgelt von nicht mehr als 450,– Euro – sind, sofern ein Arbeitsverhältnis zum Arbeitgeber besteht, ohne Einschränkung *wahlberechtigt und* zum Betriebsrat *wählbar*. Sie zählen bei der Betriebsratsgröße mit, wobei die *zeitliche Dauer* ihrer täglichen bzw. wöchentlichen Beschäftigung für die Berechnung des Schwellenwerts nach § 9 BetrVG keine Rolle spielt. Das gilt ebenso für § 38 BetrVG.

45 Telearbeitnehmer

Diese Arbeitnehmer werden, wie auch Heimarbeitnehmer, in § 5 Abs. 1 BetrVG ausdrücklich erwähnt. Telearbeit kann allerdings nicht nur im Rahmen eines Arbeitsverhältnisses erfolgen, sondern auch *freiberuflich* ausgeübt werden. Im Streitfall gelten zur Bestimmung des jeweiligen Rechtstatus die allgemeinen Abgrenzungskriterien. Es kommt wesentlich auf die *persönliche Abhängigkeit und Weisungsgebundenheit* an. Nicht entscheidend ist, ob die Telearbeit im *online-Betrieb* erfolgt, also der auswärtige Telearbeitsplatz mit dem Zentralrechner verbunden ist. Dies spricht zwar wesentlich für eine persönliche Abhängigkeit. Aber auch, wenn die Telearbeit im offline-Betrieb vorgenommen wird, kann die Ausgestaltung der Tätigkeit für die Arbeitnehmereigenschaft sprechen (zum Rechtsstatus von Telearbeitnehmern vgl. DKKW-Trümner, § 5 Rn. 41).

Ist die *Arbeitnehmereigenschaft* zu bejahen, sind Telearbeitnehmer wahlberechtigt und wählbar. Auch bei § 9 BetrVG sind sie mitzuzählen.

46 Wehrdienst

Vgl. unter »ruhendes Arbeitsverhältnis«.

47 Werkvertrag

Werkarbeitnehmer sind *weder wahlberechtigt noch wählbar*. Sie zählen auch bei § 9 BetrVG nicht mit. Es handelt sich bei dieser Personengruppe um Beschäftigte, die in dem Betrieb als *Betriebsfremde* (sog. Fremdfirmenarbeitnehmer) ein bestimmtes Werk verrichten, beispielsweise die Errichtung einer Werkshalle, Montagearbeiten oder Ausführung von Reparaturarbeiten. Sie gehören in solchen Fällen nicht zu den Arbeitnehmern des Betriebs. Vielmehr haben sie ein Arbeitsverhältnis zu dem Arbeitgeber, der mit dem Betriebsinhaber des Betriebes, in dem sie als Werkarbeitnehmer vorübergehend tätig werden, einen *Werkvertrag* abgeschlossen hat.

Die gleichen Ausführungen gelten für die Beschäftigung von Personen auf der Grundlage eines Dienstvertrages. Kirchliche Lehrkräfte (Religionslehrer), die Angestellte eines Erzbischöflichen Ordinariats sind und von diesem an einer Schule eingesetzt werden, sind nicht betriebsangehörige Arbeitnehmer des Arbeitgebers, der diese Schule betreibt. Sie werden vielmehr im Rahmen eines Dienstvertrages an der Schule tätig (BAG v. 15.3.2006, *R 146*).

Zu prüfen ist allerdings, ob es sich nicht um einen *Scheinwerkvertrag* handelt und solche Beschäftigten in Wirklichkeit für den Betriebszweck arbeiten und insoweit auch den Weisungen des Betriebsinhabers unterworfen sind (vgl. freie Mitarbeiter Rn. 35). Sie sind nach § 7 BetrVG wahlberechtigt und bei Vorliegen der sonstigen Voraussetzungen des § 8 BetrVG wählbar, wenn die Eingliederung in die Betriebs- und Arbeitsorganisation so erfolgt, dass sie Tätigkeiten wie auch andere Arbeitnehmer des Betriebs erbringen.

Zivildienst   **48**
Vgl. unter »ruhendes Arbeitsverhältnis«.

Die angeführten und keineswegs abschließenden Beispiele zeigen, dass **49** der Wahlvorstand bei den einzelnen Beschäftigtengruppen *genau zu prüfen* hat, ob und inwieweit die wahlrechtlichen Bestimmungen anzuwenden sind. Es gibt allerdings auch bestimmte Beschäftigtengruppen, die das Gesetz ausdrücklich als *Nichtarbeitnehmer* im Sinne des Betriebsverfassungsrechts bezeichnet.

2.3   Nichtarbeitnehmer im Sinne des BetrVG

In § 5 Abs. 2 BetrVG werden die Personengruppen angeführt, die aus- **50** drücklich nicht als Arbeitnehmer im Sinne des Gesetzes gelten. Das betrifft zunächst diejenigen, die unternehmensrechtlich das Unternehmen vertreten und betriebsverfassungsrechtlich die *Arbeitgeberposition* einnehmen, wie etwa Vorstandsmitglieder einer Aktiengesellschaft oder Geschäftsführer einer GmbH.

Des Weiteren werden Personen angeführt, deren Beschäftigung nicht in **51** erster Linie ihrem Erwerb dient, sondern vorwiegend durch *Beweggründe karitativer oder religiöser Art* bestimmt ist (§ 5 Abs. 2 Nr. 3 BetrVG). Die für diese Regelung typische Personengruppe sind etwa Ordensschwestern. Dagegen sind Krankenschwestern, wie sie beim Caritas-Verband, der Inneren Mission oder beim Deutschen Roten Kreuz tätig sind, grundsätzlich betriebsverfassungsrechtlich Arbeitnehmer. Dies ist allerdings umstritten (vgl. Rn. 42).

Personen, deren Beschäftigung nicht in erster Linie ihrem Erwerb dient **52** und die vorwiegend zu ihrer *Heilung, Wiedereingewöhnung, sittlichen Besse-*

rung oder Erziehung beschäftigt werden, sind ebenfalls von der Arbeitnehmereigenschaft ausgenommen (§ 5 Abs. 2 Nr. 4 BetrVG). Beispielhaft sind Suchtkranke zu erwähnen, soweit sie in Anstalten oder sonstigen arbeitstherapeutischen Gründen beschäftigt werden. Eine die Arbeitnehmereigenschaft ausschließende Beschäftigung zur Wiedereingewöhnung liegt aber nur vor, wenn die Beschäftigung vorwiegend als Mittel zur Behebung eines gestörten Verhältnisses der beschäftigten Person zu einer geregelten Erwerbsarbeit eingesetzt wird, nicht aber, wenn die Beschäftigung vorwiegend der Vermittlung beruflicher Kenntnisse und Fertigkeiten dient (BAG v. 25. 10. 1989, *R 116*). Erwerbsfähige Hilfsbedürftige mit einem sog. Ein-Euro-Job sind keine Arbeitnehmer i. S. d. BetrVG (im Einzelnen Rn. 32).

53   Als Nichtarbeitnehmer werden auch Personen bezeichnet, die dem Arbeitgeber *persönlich* nahe stehen. Das Gesetz nennt den Ehegatten, den eingetragenen Lebenspartner sowie Verwandte und Verschwägerte ersten Grades (§ 5 Abs. 2 Nr. 5 BetrVG). Voraussetzung ist die häusliche Gemeinschaft (Wohnen, Schlafen, Kochen) mit dem Arbeitgeber. Es fallen allerdings Personen, die zu dem Arbeitgeber lediglich in einem *eheähnlichen Verhältnis* stehen, auch dann nicht unter § 5 Abs. 2 Nr. 5 BetrVG, wenn sie in die häusliche Gemeinschaft des Arbeitgebers aufgenommen worden sind (vgl. LAG Hamm v. 21. 9. 2001, *R 143*). Ob diese Vorschrift auch für die genannten Personen gilt, wenn der Arbeitsgeber eine juristische Person ist, ist umstritten, da das Gesetz offensichtlich auf eine natürliche Person abstellt. Das Gesetz will verhindern, dass enge persönliche Beziehungen zum Arbeitgeber, die einer Interessenvertretung gegenüber dem Arbeitgeber entgegenstehen, Einfluss auf die Arbeitnehmervertretungen nach dem Betriebsverfassungsgesetz haben. Der Ehegatte eines Geschäftsführers einer GmbH, der bei der GmbH angestellt ist, kann deshalb kein Arbeitnehmer im Sinne des Betriebsverfassungsgesetzes sein (ebenso Basiskommentar § 5 Rn. 6; Fitting § 5 Rn. 344; dagegen LAG Niedersachsen v. 5. 3. 2009, *R 151*; DKKW-Trümner § 5 Rn. 202).

2.4   Wer ist leitender Angestellter?

54   Leitende Angestellte sind zwar grundsätzlich Arbeitnehmer im arbeitsvertraglichen Sinne. Sie haben jedoch wegen ihrer *funktionalen Nähe* zum Unternehmer bzw. Arbeitgeber eine besondere betriebsverfassungsrechtliche Stellung. Das Betriebsverfassungsgesetz findet auf sie, von Ausnahmefällen abgesehen (vgl. § 105, § 107 Abs. 1 und 3, § 108 Abs. 2 BetrVG) keine Anwendung. Sie unterliegen somit auch *nicht der Vertretungszuständigkeit* des Betriebsrats.

Die Rechtsprechung des Bundesarbeitsgerichts zum Begriff des leiten- **55** den Angestellten nach § 5 Abs. 3 BetrVG ist *umfassend und differenziert.* Auszugehen ist von den Grundsätzen, wie sie das Bundesarbeitsgericht schon 1974 (BAG v. 5. 3. 1974, *R 184*) aufgestellt hat:

Leitende Angestellte im Sinne des § 5 Abs. 3 Nr. 3 BetrVG 1972 sind Angestellte, die spezifische unternehmerische Teilaufgaben wahrnehmen, die im Hinblick auf die Gesamttätigkeit des Angestellten und die Gesamtheit der Unternehmeraufgaben erheblich sind und bei deren Erfüllung der Angestellte einen eigenen erheblichen Entscheidungsspielraum hat.

Arbeitet der betreffende Angestellte aufgrund von Rahmenvorgaben, Plänen oder Richtlinien, kommt es auf den Bindungsgrad dieser Vorgaben an, um zu beurteilen, ob noch ein erheblicher eigener Entscheidungsspielraum vorhanden ist.

Es kommt somit entscheidend darauf an, dass ein leitender Angestellter **56** wesentlichen Anteil an der Unternehmensführung hat. Sein Handeln muss *tatsächlich und rechtlich* dem des Unternehmers gleichwertig sein. Zu den drei Fallgruppen, wie sie in § 5 Abs. 3 BetrVG genannt werden, ist im Einzelnen anzumerken:

Unter § 5 Abs. 3 Nr. 1 BetrVG fallen nur solche leitende Angestellte, die selbstständig die Auswahl der Einzustellenden und zu Entlassenden vornehmen können. Diese Befugnis kann sich zwar auf eine Betriebsabteilung beschränken, muss aber einen erheblichen Teil der Arbeitnehmerschaft umfassen und sowohl nach außen (Vertretungsbefugnis) als auch im Innenverhältnis gegenüber dem Arbeitgeber wirken. *Selbstständige Entscheidung* über Einstellungen und Entlassungen heißt, dass der Angestellte nicht an die Zustimmung des Arbeitgebers oder sonstiger über- oder gleichgeordneter Stellen im Unternehmen oder im Betrieb gebunden sein darf. Die Eigenschaft als leitender Angestellter i. S. v. 5 Abs. 3 Nr. 1 BetrVG muss sich im Übrigen aus der Zahl der betreffenden Arbeitnehmer oder aus der Bedeutung von deren Tätigkeit für das Unternehmen ergeben (BAG v. 25. 3. 2009, *R 192;* v. 16. 4. 2002, *R 191*).

§ 5 Abs. 3 Nr. 2 BetrVG erstreckt sich auf leitende Angestellte, die *Gene-* **57** *ralvollmacht* oder *Prokura* haben. Generalvollmacht ist die Vollmacht zum gesamten Geschäftsbetrieb oder zumindest eine solche, die die Besorgung eines wesentlichen Teils der Geschäfte des Vollmachtgebers umfasst. Die Prokura ist eine gesetzlich festgelegte Vollmacht zur Vornahme aller Rechtsgeschäfte, außer der Veräußerung von Grundstücken. Nicht jeder Prokurist ist leitender Angestellter nach § 5 Abs. 3 Nr. 2 BetrVG. Die sog. *Titelprokura* genügt nicht (*BAG* v. 28.1.1975 *R 186*). Vielmehr muss die Prokura sowohl im Außenverhältnis als auch nach innen umfassend sein, sie muss unternehmerische Führungsaufgaben beinhalten (*BAG* v. 29.6.2011, *R 197*). Eine Ausnahme hiervon gilt für Wirtschaftsprüfer, denen Prokura erteilt worden ist. Sie sind gem. § 41 Abs. 2 WPO leitende Angestellte, unabhängig davon, ob sie die Voraussetzungen des § 5 Abs. 3 Nr. 2 BetrVG erfüllen (*BAG* v. 29.6.2011, *R 196*).

58   Am schwierigsten ist die Auslegung des § 5 Abs. 3 Nr. 3 BetrVG. Hier lassen sich folgende Kriterien herausstellen, die erfüllt sein müssen, bevor von einem leitenden Angestellten gesprochen werden kann:

- Der Angestellte muss spezifische unternehmerische Führungsaufgaben wahrnehmen, die im Hinblick auf die Gesamttätigkeit des Angestellten und die Gesamtheit der Unternehmeraufgaben erheblich sind (*BAG* v. 29.6.2011, *R 197*). In bestimmten Fällen können sich allerdings die Aufgaben und Befugnisse, die die besondere Stellung eines leitenden Angestellten rechtfertigen, auch auf die *Leitung eines Betriebes* konzentrieren (BAG v. 16.4.2002, *R 191*).

- Dem Angestellten muss zur Bewältigung dieser unternehmerischen Aufgaben ein eigener erheblicher Entscheidungsspielraum zur Verfügung stehen, so dass er die unternehmerischen Entscheidungen im Wesentlichen frei von Weisungen trifft oder sie doch zumindest maßgeblich beeinflusst. Auch bei einer Zusammenarbeit in einem Team gleichberechtigter Mitarbeiter muss ein *eigener, erheblicher Entscheidungsspielraum* bleiben.

- Die Aufgaben müssen dem Angestellten aufgrund *besonderer Erfahrungen und Kenntnisse* übertragen worden sein. Ein akademisches Studium oder eine gleichwertige Ausbildung ist weder erforderlich noch allein ausreichend.

- Aus der Aufgabenstellung des Angestellten wird sich ein *Interessengegensatz* zwischen ihm und der Arbeitnehmerschaft ergeben, der allerdings nur ein Indiz für den Status des leitenden Angestellten ist.

- Die unternehmerischen Aufgaben des Angestellten müssen von ihm nach *Arbeitsvertrag und Stellung* im Unternehmen oder Betrieb wahrgenommen werden. Die Übertragung von Aufgaben und Befugnissen im Arbeitsvertrag reicht für sich allein nicht aus. Die *tatsächlichen Verhältnisse* müssen mit den arbeitsvertraglichen Grundlagen übereinstimmen (BAG v. 11.3.1982, *R 188*).

Nach Auffassung des Bundesarbeitsgerichts kann das Zurücktreten einzelner dieser Abgrenzungskriterien im Rahmen einer *Gesamtwürdigung* dadurch ausgeglichen werden, dass andere Kriterien besonders ausgeprägt sind. Das Bundesarbeitsgericht lässt in bestimmten Fällen eine »Schlüsselposition« genügen (vgl. etwa BAG v. 25.3.2009, *R 192*; v. 5.3.1974, *R 184*). Es handelt sich dabei um Angestellte, die zwar nicht selbst unternehmerische Entscheidungen treffen, aber die Grundlagen für solche Entscheidungen *eigenverantwortlich* erarbeiten und somit einen *maßgeblichen* Einfluss auf die Unternehmensleitung haben. **59**

Was Absatz 4 des § 5 BetrVG betrifft, soll dieser nur in Zweifelsfällen mit seinen *Hilfskriterien* die Auslegung des Absatzes 3 Nr. 3 erleichtern. Hierzu ist dieser Absatz absolut ungeeignet, weil in ihm nur nach *formalen Gesichtspunkten* entschieden werden soll, wer den leitenden Angestellten zugeordnet wird (vgl. DKKW-Trümner, § 5 Rn. 280 m.w.N.). Besonders deutlich wird dies an dem dritten Hilfskriterium, das die Zuordnung von der Gehaltshöhe abhängig macht. Dabei kann ein hoch bezahlter Spezialist durchaus ein gleiches oder höheres Einkommen als ein leitender Angestellter haben. **60**

Dieses Beispiel zeigt, dass die Vorschrift eindeutig dem *Gesamtsystem der Zuordnung widerspricht*, das allein auf die unternehmerische Funktion des leitenden Angestellten abstellt. Wegen dieser geradezu systemwidrigen Einordnung sollte die Vorschrift des § 5 Abs. 4 BetrVG grundsätzlich nicht zur Bestimmung des Personenkreises der leitenden Angestellten herangezogen werden. Sonst besteht die Gefahr, dass der Personenkreis der leitenden Angestellten ausgedehnt wird. **61**

Eine wesentliche Hilfe bei der Ermittlung des Personenkreises der leitenden Angestellten kann für den Wahlvorstand der *Organisationsplan* des Unternehmens sein. Die hieraus ersichtlichen Leitungsebenen können ebenso Anhaltspunkte für die Begriffsabgrenzung ergeben wie Funktions- und Stellenbeschreibungen, aus denen sich der Verantwortungsbereich und der Entscheidungsspielraum ablesen lässt. Es müssen unbedingt alle Umstände des Einzelfalls einer Gesamtwürdigung unterzogen werden. **62**

63   Erfolgt im zeitlichen Zusammenhang mit der Betriebsratswahl eine *Wahl des Sprecherausschusses* für leitende Angestellte oder ist bereits ein Sprecherausschuss vorhanden, ist das Zuordnungsverfahren nach § 18 a BetrVG durchzuführen (vgl. dazu Rn. 126 ff.).

3.   Wahlrecht und Wählbarkeit

3.1   Das aktive Wahlrecht

64 Es wird zwischen der *Wahlberechtigung* (aktives Wahlrecht) und der *Wählbarkeit* (passives Wahlrecht) unterschieden. Die Voraussetzungen für das aktive Wahlrecht, also die Berechtigung, den Betriebsrat mitwählen zu können, legt § 7 BetrVG fest:

»**§ 7 BetrVG – Wahlberechtigung**
Wahlberechtigt sind alle Arbeitnehmer des Betriebs, die das 18. Lebensjahr vollendet haben. Werden Arbeitnehmer eines anderen Arbeitgebers zur Arbeitsleistung überlassen, so sind diese wahlberechtigt, wenn sie länger als drei Monate im Betrieb eingesetzt werden.«

65 Die Arbeitnehmereigenschaft ergibt sich grundsätzlich aus § 5 Abs. 1 BetrVG (zur Problematik der betriebsverfassungsrechtlichen Arbeitnehmereigenschaft vgl. Rn. 15 ff.). Für die Lebensaltersgrenze und die damit verbundene Wahlberechtigung reicht es aus, dass der Arbeitnehmer am Wahltag (bei mehreren Wahltagen am letzten Tag der Wahl) das *18. Lebensjahr* vollendet hat, also an diesem Tage seinen 18. Geburtstag hat.

66   Die Wahlberechtigung setzt zwar die Arbeitnehmereigenschaft voraus, verlangt jedoch nach richtiger Auffassung nicht zwangsläufig das Bestehen eines Arbeitsvertrags. Das Bundesarbeitsgericht vertritt grundsätzlich eine andere Auffassung. Es geht in ständiger Rechtsprechung davon aus, dass wahlberechtigt nur die Arbeitnehmer des Betriebes i. S. d. § 5 Abs. 1 BetrVG sind. Das sind nach Auffassung des Bundesarbeitsgerichts solche Arbeitnehmer, die *betriebszugehörig* sind, weil sie nicht nur in den Betrieb eingegliedert sind, sondern darüber hinaus auch ein Arbeitsverhältnis zum Betriebsinhaber haben (zur der Kritik an dieser Rechtsprechung vgl. Rn. 18 ff.). Zu den verschiedenen Beschäftigtengruppen, bei denen zweifelhaft sein kann, ob und inwieweit sie das Wahlrecht besitzen, vgl. Rn. 25 ff.; vgl. auch Rn. 19 ff. zu Arbeitnehmern nach § 7 Satz 2 BetrVG.

In formeller Hinsicht ist für die Ausübung des Wahlrechts die Eintra- **67** gung in die *Wählerliste* erforderlich (vgl. § 2 Abs. 3 WO). Die Eintragung begründet zwar nicht das Wahlrecht. Es kann jedoch nur ein in die Wählerliste eingetragener Arbeitnehmer das Wahlrecht ausüben.

Auf die *Dauer der Betriebszugehörigkeit* kommt es nicht an. Auch der un- **68** mittelbar vor dem Wahltag in den Betrieb eingetretene Arbeitnehmer ist wahlberechtigt (Ergänzung der Wählerliste ist erforderlich!).

Arbeitnehmer nach § 7 Satz 2 BetrVG, die von einem *anderen Arbeitgeber* **69** zur Arbeitsleistung überlassen worden sind, haben im Beschäftigungsbetrieb das Wahlrecht, wenn sie für länger als drei Monate eingesetzt werden sollen. Die Wahlberechtigung ist gegeben, wenn die Beschäftigung für diesen Zeitraum *vorgesehen* ist. Die Zeit von mehr als drei Monaten muss somit keineswegs bereits am Wahltag zurückgelegt worden sein. Das aktive Wahlrecht für diesen Personenkreis besteht bereits am *ersten Arbeitstag*, wenn die Betriebsratswahl an diesem Tag erfolgt oder innerhalb von drei Monaten nach der Arbeitsaufnahme durchgeführt wird, sofern die sonstigen Voraussetzungen für das aktive Wahlrecht bestehen. Das Wahlrecht im Stammbetrieb, also im Betrieb des Vertragsarbeitgebers, bleibt von dem Wahlrecht zum Betriebsrat im Beschäftigungsbetrieb unberührt.

Der Grundsatz, dass ein Wahlrecht in *mehreren Betrieben* bestehen kann, **70** gilt im Übrigen unabhängig von der Arbeitnehmereigenschaft nach § 7 Satz 2 BetrVG. Wird beispielsweise ein Arbeitnehmer als Teilzeitkraft in mehreren Betrieben beschäftigt, so ist er in jedem Betrieb wahlberechtigt, sofern die Voraussetzungen des § 7 Satz 1 BetrVG vorliegen.

3.2 Das passive Wahlrecht

Es sind alle wahlberechtigten Beschäftigten, die dem Betrieb als Arbeitneh- **71** mer (mindestens) *sechs Monate* angehören, wählbar. Damit soll erreicht werden, dass nur solche Arbeitnehmer in den Betriebsrat gewählt werden, die einen gewissen Überblick über die *betrieblichen Verhältnisse* erworben haben. Das Gesetz macht eine Ausnahme von dem Erfordernis der sechsmonatigen Betriebszugehörigkeit, wenn der Betrieb *weniger als sechs Monate* besteht (vgl. § 8 Abs. 2 BetrVG).

72   Auf den Zeitraum von sechs Monaten werden die Zeiten angerechnet, in denen der Arbeitnehmer unmittelbar vorher einem anderen Betrieb desselben Unternehmens oder Konzerns angehört hat (§ 8 Abs. 1 BetrVG). Bei der Beurteilung der Frage, ob die Wählbarkeit vorliegt, ist auf den *Wahltag* abzustellen. Die materiellen Voraussetzungen der Wählbarkeit sind in § 8 BetrVG *abschließend* festgelegt. Es ist aber anzumerken, dass zusätzlich formelle Voraussetzung die Eintragung in die Wählerliste ist (vgl. § 2 Abs. 3 WO). Andererseits genügt die Eintragung in die Wählerliste allein nicht zur Ausübung des passiven Wahlrechts, wenn die sonstigen Voraussetzungen fehlen.

73   Eine in der betrieblichen Praxis immer wieder gestellte Frage ist, ob *Mitglieder des Wahlvorstands wählbar* sind. Das ist zu bejahen. Eine Unvereinbarkeit zwischen dem Amt als Wahlvorstandsmitglied und dem des zukünftigen Betriebsratsmitglieds besteht nicht (BAG v. 12.10.1976, *R 172*). In kleineren Betrieben würden im Übrigen kaum überwindbare Schwierigkeiten auftreten, wenn beide Ämter unvereinbar wären.

74   *Leiharbeitnehmer* im Rahmen einer erlaubten gewerbsmäßigen Arbeitnehmerüberlassung nach dem AÜG sind im Betrieb des Entleihers nicht wählbar (§ 14 Abs. 2 Satz 1 AÜG). Sie haben aber im Entleiherbetrieb das aktive Wahlrecht (vgl. Rn. 22 und 69). Bei *nicht gewerbsmäßig überlassenen Leiharbeitnehmern* ist das passive Wahlrecht umstritten (dagegen BAG v. 17.2.2010, R 166; vgl. Rn. 22). *Geringfügig Beschäftigte* sind dagegen wählbar; ebenso Arbeitnehmer, die für längere Zeit fehlen, beispielsweise der Inanspruchnahme der *Elternzeit*. Ein solcher Arbeitnehmer ist, wenn er in den Betriebsrat gewählt wird, für den Zeitraum der Verhinderung grundsätzlich daran gehindert, das Betriebsratsamt auszuüben. Es rückt vorübergehend ein Ersatzmitglied nach. Zur Frage der Wählbarkeit bei anderen Beschäftigtengruppen vgl. Rn. 25 ff.).

4.   Geheime und unmittelbare Wahl

75 Ein wesentlicher Grundsatz der Betriebsratswahl ist, dass sie *geheim und unmittelbar* durchgeführt werden muss. Die Geheimhaltung setzt voraus, dass der Wähler seine Stimme abgeben kann, ohne das festzustellen ist, wie er gewählt hat. Es muss daher auch dafür gesorgt werden, dass die Ausfüllung des Stimmzettels in *abgeschirmten Schreibgelegenheiten* (zum Beispiel Wahlkabine) erfolgen kann. Das gilt auch bei dem vereinfachten Wahlverfahren.

Die Geheimhaltung verlangt ferner, dass weder ein Wahlvorstandsmit- **76** glied noch ein Wahlhelfer oder ein Dritter bei der Ausfüllung des Stimmzettels behilflich sind. Die Wahlordnung macht davon eine Ausnahme. In § 12 Abs. 4 WO wird bestimmt, dass ein Wähler, der infolge einer *Behinderung bei der Stimmabgabe beeinträchtigt* ist, eine *Person seines Vertrauens* bestimmen kann, die ihm bei der Stimmabgabe behilflich ist.

Die Hilfeleistung der Vertrauensperson für den behinderten Wähler, **77** etwa für einen blinden wahlberechtigten Arbeitnehmer, hat sich auf dessen Wünsche bei der Stimmabgabe zu beschränken. Zu diesem Zweck darf die Vertrauensperson zusammen mit dem Wähler die Wahlzelle (Wahlkabine) aufsuchen.

Der Grundsatz der *unmittelbaren Wahl* bedeutet, dass es keine Zwischen- **78** schaltung von Wahlmännern geben darf. Es ist daher auch eine Vertretung in der Stimmabgabe nicht zulässig. Aus diesem Grunde sieht die Wahlordnung vor, dass der Wähler bei der Briefwahl eine Erklärung unterzeichnen muss, dass er den Stimmzettel *persönlich* gekennzeichnet hat (vgl. § 24 Abs. 1 Nr. 3 WO).

Die im Zusammenhang mit dem BetrVerfRG 2001 erlassene WO beinhaltet erstmals Regelungen, die ausdrücklich die Informations- und Kommunikationstechnik bei bestimmten Wahlhandlungen erlaubt (z. B. Bekanntgabe des Wahlausschreibens im normalen Verfahren, § 3 Abs. 4 Satz 3, 4 WO). Eine *elektronische Stimmabgabe* ist dagegen nach wie vor nicht vorgesehen und damit nicht zulässig. Es hat zwar vereinzelte Ansätze zu einer elektronischen Stimmabgabe seit den Betriebsratswahlen 2002 immer wieder gegeben; spätestens vor dem Arbeitsgericht wurde aber dem Wahlvorstand deutlich, dass eine elektronische Stimmabgabe bei der Betriebsratswahl gegen geltendes Recht verstößt. So kam es zu keinen Entscheidungen. Vor einer Änderung des geltenden Gesetzes wird diese Form der Stimmabgabe nicht möglich sein. Es gibt deswegen auch von Gewerkschaftsseite aus Bestrebungen, unter Beachtung rechtssichernder Verfahrensvorschriften und einer sicheren Hard- und Software eine Änderung über den Gesetzgeber, den Bundestag, zu erreichen. Das BVerfG hat mit Urteilen vom 3. 3. 2009 (*R 301*) den Einsatz von Wahlcomputern nur dann als zulässig erachtet, wenn die wesentlichen Schritte der Wahlhandlung und der Ergebnisermittlung vom Bürger zuverlässig und ohne besondere

Sachkenntnisse überprüft werden können. Dieses war bei dem Einsatz von Wahlcomputern bei der Bundestagswahl 2005 nicht gegeben, so dass den Wahlprüfungsbeschwerden durch das BVerfG stattgegeben wurde. Es liegt jetzt in der Hand des Gesetzgebers, die Vorgaben des BVerfG umzusetzen. Auf dieser Grundlage wäre auch ein Einsatz von Wahlcomputern bei der Betriebsratswahl möglich; dazu müsste aber zunächst einmal das BetrVG geändert werden. In Anbetracht der 2014 anstehenden Bundestagswahlen dürfte aber nicht mit einer Änderung der Wahlvorschriften des BetrVG zu rechnen sein. Vergleiche im Einzelnen zur Informations- und Kommunikationstechnik bei der Betriebsratswahl: Schneider/Wedde, AuR 07, 26.

5. Mehrheitswahl und Verhältniswahl

79 Das Gesetz unterscheidet zwischen der Mehrheitswahl, die auch als *Personenwahl* bezeichnet wird, und der Verhältniswahl, häufig auch *Listenwahl* genannt.

Zwischen den beiden Wahlarten bestehen *wesentliche Unterschiede*. Bei der Mehrheitswahl hat jeder Wähler so viele Stimmen, wie Betriebsratssitze zu vergeben sind. Ist also ein Betriebsrat zu wählen, dem fünf Mitglieder anzugehören haben, hat jeder Wähler fünf Stimmen. Er kann diese Stimmen verteilen, darf aber jedem Wahlbewerber nur eine Stimme geben. Der Wähler muss nicht alle fünf Stimmen vergeben, sondern kann auch weniger Wahlbewerbern, als Betriebsratsmitglieder zu wählen sind, je eine Stimme geben. Er darf allerdings über die ihm zustehende Stimmenzahl nicht hinausgehen.

80 Bei der *Mehrheitswahl* ist die Reihenfolge der Wahlbewerber auf dem Wahlvorschlag bzw. dem Stimmzettel nicht maßgebend. Die Reihenfolge, in der die gewählten Wahlbewerber in den Betriebsrat kommen, wird durch die Anzahl der Stimmen festgelegt, die auf die einzelnen Bewerber entfallen (vgl. dazu »Auszählung der abgegebenen Stimmen«, Rn. 220 ff.)

81 Die *Mehrheitswahl* kommt zur Anwendung, wenn ein aus *einer Person* bestehender Betriebsrat zu wählen ist oder dem Betriebsrat zwar mehrere Mitglieder angehören, aber nur *ein gültiger Wahlvorschlag* eingereicht wird. Bei dem vereinfachten Wahlverfahren nach § 14 a BetrVG ist immer die Mehrheitswahl anzuwenden.

Die Wahl erfolgt nach den Grundsätzen der *Verhältniswahl*, wenn ein aus **82** mehreren *Mitgliedern* bestehender Betriebsrat zu wählen ist und *zwei oder mehr gültige Wahlvorschläge* (Vorschlagslisten) eingereicht werden (Ausnahme: beim vereinfachten Wahlverfahren nach § 14 a BetrVG ist immer die Mehrheitswahl anzuwenden). Bei der Verhältniswahl muss sich der Wähler für *eine* der eingereichten bzw. auf dem Stimmzettel stehenden *Vorschlagslisten* entscheiden. Deshalb hat der Wähler nur eine Stimme, gleichgültig, wie groß der Betriebsrat zu sein hat.

Die Frage, welche Wahlbewerber von den einzelnen Listen in den Betriebs- **83** rat kommen, richtet sich nach zwei Eckpunkten: Einmal nach der *Anzahl der Stimmen*, die auf die einzelnen Listen entfallen sind, zum anderen nach der *Reihenfolge* in der Liste. Das bedeutet: Je mehr Stimmen auf eine Vorschlagsliste entfallen, desto mehr Wahlbewerber rücken von dieser Liste in den Betriebsrat ein, und zwar in der Reihenfolge, in der sie auf der Liste aufgeführt sind (vgl. dazu »Auszählung der abgegebenen Stimmen«, Rn. 224 ff.).

Sowohl bei der Mehrheitswahl als auch bei der Verhältniswahl ist zu **84** beachten, dass das Betriebsverfassungsgesetz seit dem In-Kraft-Treten des BetrVerfRG 2001 zwar keine Gruppenregelungen mehr kennt, die Vorschrift des § 15 Abs. 2 aber gegebenenfalls eine *Korrektur* des Wahlergebnisses verlangen kann. Nach dieser Bestimmung muss das *Geschlecht*, das in der Belegschaft in der *Minderheit* ist, *mindestens entsprechend seinem zahlenmäßigen Verhältnis* im Betriebsrat vertreten sein, wenn dieser aus wenigstens drei Mitgliedern besteht. Die Vorschrift gilt auch beim vereinfachten Wahlverfahren, sofern nicht lediglich ein aus einer Person bestehender Betriebsrat zu wählen ist.

Vom Wahlvorstand ist somit bei der Feststellung des Wahlergebnisses **85** zu prüfen, ob die Voraussetzungen des § 15 Abs. 2 BetrVG erfüllt sind. Ist das nicht der Fall, muss das Wahlergebnis entsprechend korrigiert werden. Das Verfahren hierzu ist *unterschiedlich*, je nachdem, ob die Wahl nach den Grundsätzen der Mehrheitswahl oder nach den Grundsätzen der Verhältniswahl erfolgte (vgl. dazu Rn. 220 ff.).

Das Bundesarbeitsgericht hat in einem Grundsatzurteil entschieden, **86** dass § 15 Abs. 2 BetrVG *verfassungsgemäß* ist (BAG v. 16. 3. 2005, *R 306*). Das gilt auch, wenn die nach § 15 Abs. 5 WO erforderliche Korrektur des Wahlergebnisses dazu führt, dass eine Liste, die das letzte Betriebsratsmandat erhalten und mit einem Angehörigen des Mehrheitsgeschlechts besetzt hat, aber keine noch nicht gewählten Angehörigen des Minderheitengeschlechts (mehr) aufweist, diesen Sitz zu Gunsten einer anderen Liste (mit ihr konkurrierenden Gewerkschaft) abgeben muss.

6. Fristenberechnung

87 Bei der Durchführung einer Betriebsratswahl müssen bestimmte Fristen beachtet werden. Ihre *Nichtbeachtung* kann zur *Wahlanfechtung* führen. Der Wahlvorstand muss sich daher mit den Grundsätzen der Fristenberechnung vertraut machen.

88 Der allgemeine Grundsatz für die Berechnung von Fristen bei der Durchführung einer Betriebsratswahl ist in § 41 WO enthalten. Danach finden auf die bei den Betriebsratswahlen zu beachtenden Fristen die *§§ 186 bis 193 des Bürgerlichen Gesetzbuches* (BGB) entsprechende Anwendung.

89 Von besonderer Bedeutung sind *§ 187 Abs. 1 und 2 sowie § 188 Abs. 1 und 2 BGB*. Die Vorschriften lauten wie folgt:

§ 187 – Fristbeginn

(1) Ist für den Anfang einer Frist ein Ereignis oder ein in den Lauf eines Tages fallender Zeitpunkt maßgebend, so wird bei der Berechnung der Frist der Tag nicht mitgerechnet, in welchen das Ereignis oder der Zeitpunkt fällt.

(2) Ist der Beginn eines Tages der für den Anfang einer Frist maßgebende Zeitpunkt, so wird dieser Tag bei der Berechnung der Frist mitgerechnet. Das Gleiche gilt von dem Tage der Geburt bei der Berechnung des Lebensalters.

§ 188 – Fristende

(1) Eine nach Tagen bestimmte Frist endigt mit dem Ablauf des letzten Tages der Frist.

(2) Eine Frist, die nach Wochen, nach Monaten oder nach einem mehrere Monate umfassenden Zeitraum – Jahr, halbes Jahr, Vierteljahr – bestimmt ist, endigt im Falle des § 187 Abs. 1 mit dem Ablaufe desjenigen Tages der letzten Woche oder des letzten Monats, welcher durch seine Benennung oder seine Zahl dem Tage entspricht, in den das Ereignis oder der Zeitpunkt fällt, im Fall des § 187 Abs. 2 mit dem Ablaufe desjenigen Tages der letzten Woche oder des letzten Monats, welcher dem Tage vorhergeht, der durch seine Benennung oder seine Zahl dem Anfangstage der Frist entspricht.

Diese Regelungen sind etwas kompliziert. Für die praktische Durchführung **90** einer Betriebsratswahl bedeuten sie am Beispiel der Einreichung von Wahlvorschlägen Folgendes: Nach § 6 Abs. 1 Satz 2 WO sind Wahlvorschläge (Vorschlagslisten) vor Ablauf von zwei Wochen seit Erlass des Wahlausschreibens beim Wahlvorstand einzureichen. Ist das Wahlausschreiben an einem *Montag zum Aushang* gekommen, läuft die Frist für die Einreichung von Wahlvorschlägen 14 Tage später ab, und zwar *wiederum am Montag*.

Es wird der Tag *nicht mitgerechnet*, in welchen das Ereignis – in vorstehen- **91** dem Beispiel der Aushang des Wahlausschreibens – fällt. Sinn dieser Regelung ist, dass der Tag, in den das Ereignis fällt, bereits mehr oder weniger verstrichen sein wird. Deshalb wird dieser Tag nicht mitgezählt.

Bei dem Fristende entsteht folgendes praktisches Problem. Nach § 188 **92** Abs. 1 BGB endet die Frist mit dem *Ablauf des letzten Fristtages*. Das würde in dem Beispiel bedeuten, dass Wahlvorschläge an dem betreffenden Montag (Fristablauf) bis 24.00 Uhr eingereicht werden könnten. Es wäre aber unsinnig, müsste der Wahlvorstand in dem ansonsten geschlossenen und menschenleeren Betrieb bis 24.00 Uhr warten oder es den Arbeitnehmern auf andere Weise ermöglichen, von dem Fristende nach § 188 Abs. 1 BGB bis Mitternacht Gebrauch zu machen. Andererseits gibt es Schichtbetriebe bzw. sogar vollkontinuierlich arbeitende Betriebe, in denen Arbeitnehmer bis spät abends oder rund um die Uhr tätig sind.

Das Bundesarbeitsgericht hat einen Ausweg zu diesem Problem aufge- **93** zeigt. Es hat erklärt, dass der Wahlvorstand am letzten Tag der Frist den Zeitpunkt des Endes der Einreichung von Wahlvorschlägen auf den Zeitpunkt des *Endes der täglichen Arbeitszeit* festsetzen kann. Voraussetzung ist dabei aber, dass es sich dabei um das Ende der Arbeitszeit der *ganz überwiegenden Mehrheit* der Arbeitnehmer des Betriebs handelt (BAG v. 4.10.1977, *R 239*; v. 1.6.1966, *R 238*; Hess. LAG v. 12.1.2012, *R 247*).

Das Ende der Arbeitszeit der ganz überwiegenden Mehrheit der Arbeit- **94** nehmer liegt in diesem Sinne nicht vor, wenn die Arbeitszeit für *mehr als 20 Prozent der wahlberechtigten Arbeitnehmer* noch nicht abgelaufen ist (vgl. etwa BAG v. 4.10.1977, *R 239*). Zu der Frage des Fristablaufs hat das Bundesarbeitsgericht im Übrigen darauf hingewiesen, dass der Wahlvorstand bei der Angabe des letzten Tages der Frist zur Einreichung von Vorschlagslisten keinen Entscheidungsspielraum hat. Er muss im Wahlausschreiben (vgl. § 3 Abs. 2 Nr. 7 WO) den sich aus § 6 Abs. 1 Satz 2 WO ergebenden Tag angeben (BAG v. 9.12.1992, *R 202*).

95 Es ist außerdem wichtig zu wissen, dass die Wahlordnung nicht nur Wochenfristen enthält, sondern in bestimmten Fällen auch von *Arbeitstagen* spricht (vgl. etwa § 6 Abs. 5 und Abs. 7, § 8 Abs. 2 WO). Arbeitstag ist jeder Tag, an dem die Arbeitnehmer arbeiten, und zwar ohne Rücksicht darauf, ob es sich um einen Werktag oder einen Sonn- oder Feiertag handelt. Zu beachten ist, dass nur diejenigen Tage Arbeitstage sind, an denen die *ganz überwiegende Mehrheit der Belegschaft* regelmäßig der Arbeit im Betrieb nachgeht (vgl. dazu Rn. 94).

96 Die Berechnung des Arbeitstages kann in Schichtbetrieben zu Problemen führen. Nach § 6 Abs. 5 WO zählt die Unterschrift eines wahlberechtigten Arbeitnehmers nach § 14 Abs. 4 BetrVG nur auf *einer Vorschlagsliste*. Hat er dennoch mehrere Vorschlagslisten unterzeichnet, so hat er auf Aufforderung des Wahlvorstands vor Ablauf von drei Arbeitstagen zu erklären, welche *Unterschrift er aufrecht erhält.* Unterbleibt die fristgerechte Erklärung, so wird sein Name auf der zuerst eingereichten Vorschlagsliste gezählt und auf den übrigen Listen *gestrichen.*

97 Es ist selbstverständlich, dass auch der in *Schicht arbeitende Arbeitnehmer,* der mehrere Vorschlagslisten unterzeichnet hat, in der Lage sein muss, die Frist für diese Erklärung voll auszuschöpfen. Das Bundesarbeitsgericht vertritt die Auffassung, dass die Frist von drei Arbeitstagen erst abgelaufen ist, wenn *drei volle Schichten* geleistet worden sind (BAG 1. 6. 1966, *R 238*). Das Bundesarbeitsgericht ist, damit dem Sinn des § 187 Abs. 1 BGB Rechnung getragen wird, sehr konsequent. Es erklärt, dass der Tag des Zugangs der Mitteilung des Wahlvorstands bei einem Schichtarbeitnehmer unabhängig davon nicht mitzählt, ob ihm die Mitteilung vor Schichtbeginn oder während der angebrochenen Schicht zugeht.

98 Wie sehr zwischen dem Arbeitstag und dem innerhalb einer Wochenfrist bedeutsamen Werktag zu unterscheiden ist, zeigt auch die Regelung des § 193 BGB. Sie legt fest:

§ 193 – Sonn- und Feiertage; Sonnabende
Ist an einem bestimmten Tag oder innerhalb einer Frist eine Willenserklärung abzugeben oder eine Leistung zu bewirken und fällt der bestimmte Tag oder letzte Tag der Frist auf einen Sonntag, einen am Erklärungs- oder Leistungsorte staatlich anerkannten allgemeinen Feiertag oder einen Sonnabend, so tritt an die Stelle eines solchen Tages der nächste Werktag.

Fällt somit das *Ende einer Wochenfrist* auf einen *Sonnabend* oder *Sonntag*, **99**
läuft die Frist erst am Montag ab – außer Ostermontag und Pfingstmontag.
Entsprechendes gilt, wenn das Ende einer Wochenfrist auf einen Feiertag
in der Woche fällt, wie das zum Beispiel bei Christi Himmelfahrt der Fall
sein kann. An dem Feiertag läuft die Frist nicht ab, sondern erst am nächsten Werktag. Wenn der Feiertag nicht auf den letzten Tag der Frist fällt, sondern auf irgendeinen Tag *innerhalb der Frist*, zählt er wie ein Werktag.

Anders ist es dagegen bei den nach *Arbeitstagen* berechneten Fristen. **100**
Soweit in einem Betrieb auch am Sonnabend, Sonntag oder an Feiertagen
gearbeitet wird, tritt – abweichend von den Vorschriften des BGB – auch an
diesen Tagen ein Fristablauf ein. Das gilt auch für die Arbeitnehmer, die an
diesen Tagen *nicht arbeiten*. Ein Arbeitstag liegt in diesem Sinne aber nur
vor, wenn die *ganz überwiegende Mehrheit* der Belegschaft der Arbeit im Betrieb nachgeht (vgl. Rn. 92 f.).

Eine Frist ist eingehalten, wenn *vor ihrem Ablauf* die erforderliche Hand- **101**
lung vorgenommen wird oder dem Empfänger die erforderliche Erklärung
zugegangen ist.

Eine besondere Fristenberechnung ergibt sich im *normalen Wahlverfah-* **102**
ren wie auch beim *vereinfachten Wahlverfahren* durch die teilweise rückwärts
zu berechnenden Fristen (vgl. dazu umfassend Rn. 105; 157; 178; 245 f.;
249; 278; 292; 300 ff.; 309; 311 ff.).

Als Beispiel sei die *Bestellung des Wahlvorstands im normalen Wahlverfah-*
ren gem. § 16 Abs. 1 Satz 1 BetrVG genannt (vgl. Rn. 105). Danach muss
der Betriebsrat spätestens zehn Wochen vor Ablauf seiner Amtszeit einen
aus drei wahlberechtigten Arbeitnehmern bestehenden Wahlvorstand bestellen. Die *Berechnung der Frist* richtet sich gem. § 41 WO nach §§ 186 bis
193 BGB (vgl. dazu die Erläuterungen in Rn. 87 ff.). Da § 16 Abs. 1 Satz 1
BetrVG den Tag des Ablaufs der Amtszeit des Betriebsrats als fristauslösendes Ereignis (§ 187 Abs. 1 BGB) festlegt, ist die Bestellungsfrist »rückwärts« zu berechnen. Dabei wird der Tag des Ablaufs der Amtszeit des Betriebsrats nicht mitgerechnet (§ 187 Abs. 1 BGB) und die 10-Wochen-Frist
endet mit dem Ablauf des letzten Tages der Frist (§ 188 Abs. 1 BGB). Endet
die Amtszeit des Betriebsrats am Mittwoch, dem15. Mai 2014, läuft die
Frist von mindestens zehn Wochen am Mittwoch, dem 6. März 2014,
0:00 Uhr, ab. Der Betriebsrat hat somit spätestens am Dienstag, den 5. März
2014, per Beschluss in einer Betriebsratssitzung den Wahlvorstand einzusetzen.

II.   Wahlvorbereitende Maßnahmen

103 Die Betriebsratswahl muss in allen Schritten sorgfältig geplant und organisiert werden. Sonst droht die Anfechtung der Wahl. Der Wahlvorstand, der gesetzlich gehalten ist, die Betriebsratswahl einzuleiten, durchzuführen und das Wahlergebnis festzustellen (vgl. § 18 Abs. 1 Satz 1 BetrVG), hat bereits bei den wahlvorbereitenden Maßnahmen wichtige Aufgaben zu erfüllen. Wahlvorbereitende Maßnahmen können sich bis zum Zeitpunkt der Stimmabgabe ergeben. So muss beispielsweise die Wählerliste bis zum Tage vor dem Beginn der Stimmabgabe berichtigt oder ergänzt werden (§ 4 Abs. 3 WO).

104 Aus Gründen der Übersicht wird hier unterschieden werden zwischen der Phase, die vor dem Aushang des Wahlausschreibens liegt, und der danach folgenden Phase bis zum Tag der Stimmabgabe. Diese Unterscheidung ist zweckmäßig, weil mit Erlass des Wahlausschreibens die Betriebsratswahl eingeleitet ist (§ 3 Abs. 1 Satz 2 WO). Zuerst ist freilich erforderlich, dass ein Wahlvorstand bestellt wird.

1.   Bestellung des Wahlvorstands

105 Ohne Wahlvorstand kann eine Betriebsratswahl nicht ordnungsgemäß durchgeführt werden. Seine Bestellung kann auf mehreren Wegen erfolgen, nämlich durch

- den noch amtierenden Betriebsrat, dessen Amtszeit abläuft,
- durch den Gesamt- oder Konzernbetriebsrat,
- eine Betriebsversammlung bzw. im vereinfachten Wahlverfahren eine Wahlversammlung, in der die Arbeitnehmer die Wahlvorstandsmitglieder wählen oder
- auf Antrag durch das Arbeitsgericht.

In Betrieben mit Betriebsrat hat die Bestellung durch den amtierenden Betriebsrat Priorität. Ist der Betriebsrat zurückgetreten, gehört es zu seinen Aufgaben, unverzüglich einen Wahlvorstand zu bestellen (LAG Schleswig-Holstein v. 7.4.2011 – 4 TABVGa 1/11, R 15.

Im *normalen Wahlverfahren* muss er spätestens zehn Wochen vor Ablauf seiner Amtszeit einen aus drei wahlberechtigten Arbeitnehmern bestehenden Wahlvorstand bestellen.

Die *Berechnung der Frist* richtet sich gem. § 41 WO nach §§ 186 bis 193 BGB (vgl. dazu die Erläuterungen in Rn. 87ff.). Da § 16 Abs. 1 Satz 1 BetrVG den Tag des Ablaufs der Amtszeit des Betriebsrats als fristauslösendes Ereignis (§ 187 Abs. 1 BGB) festlegt, ist die Bestellungsfrist »rückwärts« zu berechnen. Dabei wird der Tag des Ablaufs der Amtszeit des Betriebsrats nicht mitgerechnet (§ 187 Abs. 1 BGB) und die 10-Wochen-Frist endet mit dem Ablauf des letzten Tages der Frist (§ 188 Abs. 1 BGB). Endet die Amtszeit des Betriebsrats am Mittwoch, dem 15. Mai 2014, läuft die Frist von mindestens zehn Wochen am Mittwoch, dem 6. März 2014, 0:00 Uhr, ab. Der Betriebsrat hat somit spätestens am Dienstag, den 5. März 2014, per Beschluss in einer Betriebsratssitzung den Wahlvorstand einzusetzen.

Dazu folgende weitere Beispiele:

Beispiel 1:
Hat die Amtszeit des im Jahre 2010 gewählten Betriebsrats am 5.5.2010 begonnen, endet sie mit Ablauf des 4.5.2014. Von diesem Zeitpunkt zurück gerechnet, muss der Betriebsrat spätestens 10 Wochen vor diesem Datum den Wahlvorstand einsetzen. Um betriebsratslose Zeiten zu vermeiden, sollte der Betriebsrat den Wahlvorstand früher, d.h. 12 bis 14 Wochen vor dem Ablauf seiner Amtszeit, bestellen.

Wenn die Amtszeit mit der Bekanntgabe des Wahlergebnisses begonnen hat (§ 21 Satz 2 BetrVG) endet sie vier Jahre später an dem Tag, der seiner Benennung nach dem Tag der Bekanntgabe des Wahlergebnisses entspricht (§ 188 Abs. 2 i.V.m. § 187 Abs. 1 BGB). Ist z.B. das Wahlergebnis am 5.5.2010 bekanntgemacht worden, endet die Amtszeit am 5.5.2014.

Muss der Betriebsrat außerhalb des regelmäßigen Wahlzeitraums gewählt werden, beginnt seine Amtszeit mit der Bekanntgabe des Wahlergebnisses (§ 21 BetrVG). Die Wahl ist erforderlich, wenn genau 24 Monate, vom Tag der Wahl des Betriebsrats an gerechnet, die Zahl der regelmäßig beschäftigten Arbeitnehmer um die Hälfte, mindestens aber um fünfzig, gestiegen oder gesunken ist (§ 13 Abs. 2 Nr. 1 BetrVG). Gleiches gilt, wenn der Betriebsrat neu gewählt werden musste, weil die Zahl seiner Mitglieder unter die gesetzlich vorgeschriebene Mindestmitgliederzahl gesunken ist (§ 13 Abs. 2 Nr. 2 BetrVG).

59

Sofern außerhalb der regelmäßigen Betriebsratswahlen ein Betriebsrat gewählt wird, kann sich seine Amtszeit verlängern oder verkürzen. Betrug seine Amtszeit zu Beginn des Regelwahlzeitraums (1.3.2014, 1.3.2018 usw.) noch nicht ein Jahr, ist er erst bei den übernächsten regelmäßigen Betriebsratswahlen neu zu wählen.

Beispiel 2:

Der Betriebsrat wurde am 15.10.2013 gewählt. Er muss erst 2018 neu gewählt werden, da er am 1.3.2014 noch kein Jahr im Amt war. Wurde er jedoch am 11.1.2013 gewählt, muss er 2014 neu gewählt werden, da er am 1.3.2014 länger als ein Jahr im Amt ist.

Sofern Betriebsräte auf der Basis eines Tarifvertrages oder einer Betriebsvereinbarung nach § 3 Abs. 1 bis 3 BetrVG (Zusammenfassung von Betrieben, unternehmenseinheitlicher oder Spartenbetriebsart, andere Arbeitnehmervertretungsstrukturen) gebildet sind, kann sich eine abweichende Amtszeit ergeben. § 3 Abs. 4 Satz 2 BetrVG sieht vor, dass solche Tarifverträge oder Betriebsvereinbarungen erstmals bei der nächsten regelmäßigen Wahl anzuwenden sind. Jedoch kann ein abweichender Wahlzeitpunkt durch Tarifvertrag oder Betriebsvereinbarung festgelegt werden. In diesem Fall endet die Amtszeit der bestehenden Betriebsräte mit Bekanntgabe des Wahlergebnisses der Neuwahl.

Im *vereinfachten einstufigen Wahlverfahren* beträgt die Frist vier Wochen (§§ 16 Abs. 1 Satz 1; 17 a Nr. 1 BetrVG, vgl. Rn. 305).

Besteht acht Wochen vor Ablauf der Amtszeit des Betriebsrats *im normalen Wahlverfahren* noch kein Wahlvorstand, kann auch ein Gesamtbetriebsrat – oder falls ein solcher nicht besteht –, der Konzernbetriebsrat den Wahlvorstand bestellen (§ 16 Abs. 3 BetrVG). Das Gesetz enthält zwar eine Kann-Bestimmung, vor dem Hintergrund, dass das Betriebsverfassungsgesetz die Bildung von Betriebsräten vorschreibt (vgl. § 1 Abs. 1 BetrVG), gehört es aber zu den Pflichten eines Gesamt- oder Konzernbetriebsrats den Wahlvorstand zu bestellen, falls der Betriebsrat dies pflichtwidrig unterlässt.

Die Frist für die Bestellung durch den Gesamt- oder Konzernbetriebsrat beträgt im *vereinfachten Wahlverfahren* drei Wochen (§ 17 a Nr. 1 BetrVG).

Eines der drei Mitglieder muss er als Vorsitzenden bestimmen. Unterlässt der Betriebsrat die Bestellung eines Vorsitzenden, muss der Wahlvorstand selbst einen Vorsitzenden wählen.

Die Zahl der Wahlvorstandsmitglieder kann erhöht werden, wenn dies zur ordnungsgemäßen Durchführung der Wahl erforderlich ist. Es muss aber immer eine ungerade Zahl von Wahlvorstandsmitgliedern bestellt werden. Andernfalls könnte der Wahlvorstand keine Entscheidungen treffen.

Eine Erhöhung der Zahl der Wahlvorstandsmitglieder ist vor allem zweckmäßig, wenn es sich um große Betriebe oder einen Betrieb mit zahlreichen ausgelagerten Betriebsteilen (zum Beispiel Filialen) mit mehreren Wahllokalen handelt. In jedem Wahllokal müssen immer zwei Wahlvorstandmitglieder anwesend sein (§ 12 Abs. 2 WO). Hat der Betriebsrat Wahlhelfer für die Stimmabgabe bestellt (§ 1 Abs. 2 WO) muss mindestens ein Wahlvorstandsmitglied anwesend sein. Allerdings ist ein 9-köpfiger Wahlvorstand in einem Betrieb mit 250 Arbeitnehmern ohne Filialen nicht erforderlich (LAG Nürnberg v. 30. 3. 2006, *R 26*) Die Erhöhung der Zahl der Wahlvorstandsmitglieder kann durch den Betriebsrat auch noch zu einem späteren Zeitpunkt vorgenommen werden, wenn sich herausstellen sollte, dass die ursprünglich vorgesehene Zahl nicht ausreicht. Im *vereinfachten Wahlverfahren* muss der Wahlvorstand aus drei Mitgliedern bestehen. Eine Erhöhung der Mitgliederzahl ist nicht zulässig (§ 17a Nr. 2 BetrVG; siehe Rn. 262).

106 Für jedes Wahlvorstandsmitglied sollte für den Fall seiner Verhinderung ein Ersatzmitglied bestellt werden. Das ist zweckmäßig, da angesichts der Dauer der Betriebsratswahl immer einmal ein Wahlvorstandsmitglied verhindert sein kann. Ein Ersatzmitglied kann auch für mehrere Wahlvorstandsmitglieder bestellt werden (DKKW-Homburg, § 16 Rn. 16 m. w. N.). Dies muss der Betriebsrat festlegen.

107 Jede im Betrieb vertretene Gewerkschaft kann einen Betriebsangehörigen als nicht stimmberechtigtes Mitglied in den Wahlvorstand entsenden kann, sofern nicht bereits ein Mitglied der Gewerkschaft stimmberechtigtes Wahlvorstandsmitglied ist (§ 16 Abs. 1 Satz 6 BetrVG). Eine Gewerkschaft ist dann im Betrieb vertreten, wenn ihr mindestens ein Arbeitnehmer als Mitglied angehört. Der Wahlvorstand ist verpflichtet, der Gewerkschaft Auskunft über die Mitglieder des Wahlvorstands zu geben. Nur so kann die Gewerkschaft prüfen, ob die Voraussetzungen für die Entsendung eines betriebsangehörigen Beauftragten vorliegen.

108 Der Beauftragte muss von der Gewerkschaft, die ihn entsenden will, bevollmächtigt sein. Dies hat der Wahlvorstand mit seinen stimmberechtigten Wahlvorstandsmitgliedern ebenso zu prüfen, wie im Zweifelsfall die Frage, ob es sich bei der entsendenden Organisation um eine Gewerkschaft im Sinne des § 2 BetrVG handelt (zur Gewerkschaftseigenschaft vgl. DKKW-Berg, § 2 Rn. 50ff.; Fitting § 2 Rn. 33). Ist dies nicht der Fall, hat der Beauftragte der Organisation kein Teilnahmerecht. Keine Gewerkschaften in diesem Sinn sind u. a. die Gewerkschaft Holz und Kunststoff – GKH – im CGB (LAG Hamm v. 23. 9. 2011 – *R 46*), die medsonet (LAG Hamburg

v. 21. 3. 2012 – *R 46a*) und der »Interessenverband der Technischen Über-wachung« (BAG v. 6. 6. 2000 – 1 ABR 10/99, *R 36* weiteren Verbänden, die keine Gewerkschaften sind siehe DKKW-Berg § 2 Rn. 64 m. w. N.). Gewerk-schaften sind dagegen z. B. die Unabhängige Flugbegleiter Organisation – UFO – (BAG v. 14. 12. 2004 – *R 38*; zu weiteren als Gewerkschaft anerkann-ten Verbänden siehe DKKW-Berg § 2 Rn. 65 m. w. N.). Der Gewerkschafts-beauftragte kann zwar an den Sitzungen des Wahlvorstands teilnehmen. Er ist jedoch nicht stimmberechtigt. Sein Auftrag erschöpft sich in einer »kontrollierenden Beobachtung«.

109 In Betrieben mit männlichen und weiblichen Arbeitnehmern sollen beide Geschlechter dem Wahlvorstand angehören (§ 16 Abs. 1 BetrVG). Damit soll auch bei der Zusammensetzung des Wahlvorstands der Gleich-berechtigung der Geschlechter Rechnung getragen werden. Wenn dies auch nicht zwingend vorgeschrieben ist, sollte bei der Bestellung des Wahl-vorstands angestrebt werden, dass beide Geschlechter im Wahlvorstand vertreten sind.

110 Jeder wahlberechtigte Arbeitnehmer (zur Wahlberechtigung vgl. Rn. 64ff.) kann als Wahlvorstandsmitglied bestellt werden. Der Betreffende braucht nicht wählbar zu sein. Dem Wahlvorstand können auch Mitglieder des noch amtierenden Betriebsrats, der die Bestellung vorzunehmen hat, angehören. Ebenso ist es möglich, dass Bewerber für den zu wählenden Betriebsrat zu-gleich Wahlvorstandsmitglieder sind (BAG v. 12. 10. 1976; *R 172*).

111 Besteht im Betrieb kein Betriebsrat, muss die Bestellung des Wahlvor-stands auf andere Weise erfolgen. Sofern ein Gesamtbetriebsrat besteht, hat dieser den Wahlvorstand zu bestellen (§ 17 Abs. 1 BetrVG). Es gehört zu den Pflichten des GBR bzw. KBR Wahlvorstände für betriebsratslose Betriebe zu bestellen. Der Arbeitgeber ist verpflichtet, dem GBR bzw. KBR Auskunft über die betriebsratslosen Betriebe im Unternehmen bzw. Kon-zern zu erteilen (LAG Nürnberg v. 25. 1. 2007, *R 13*). Gibt es im Unterneh-men keinen GBR muss ein evtl. bestehender KBR den Wahlvorstand be-stellen (§ 17 Abs. 1 BetrVG). GBR bzw. KBR können nur wahlberechtigte Arbeitnehmer des Betriebs, in dem gewählt werden soll, zu Wahlvorstands-mitgliedern bestellen (Fitting § 17 Rn. 7). Der GBR bzw. KBR hat das Recht, den Betrieb, für die sie einen Wahlvorstand bestellen wollen, zu betreten und Kontakt zu den Arbeitnehmern aufzunehmen. Anders können sie keine geeigneten Kandidaten für den Wahlvorstand finden. Nach Ansicht des BAG (v. 16. 11. 2011 – 7 ABR 28/10, *R 16*) sollen GBR bzw. KBR aber nicht berechtigt sein, eine Informationsveranstaltung für alle Arbeitnehmer zur Ausführung von BR-Wahlen in betriebsratslosen Betrieben durchzuführen. Besteht weder ein GBR noch ein KBR bzw. unterlassen diese die Bestellung des Wahlvorstands wird der Wahlvorstand im *normalen Wahlverfahren* durch eine Betriebsversammlung nach § 17 Abs. 2 BetrVG gewählt. Im *vereinfachten Wahlverfahren* gilt das gleiche (§§ 17 a Nr. 3 BetrVG; 17 Abs. 2 BetrVG). Zu dieser Betriebsversammlung können (mindestens) drei wahlberechtigte Arbeitnehmer des Betriebs oder eine im Betrieb vertretene Gewerkschaft einladen. In der Regel sollte die Einladung durch die Gewerkschaft erfolgen um zu vermeiden, dass Arbeitgeber einladende Arbeitnehmer unter Druck setzen oder versuchen zu kündigen. An der Betriebsversammlung nach § 17 BetrVG kann auch ein Mitglied des Gesamtbetriebsrats unter der Voraussetzung teilnehmen, dass eine Einladung von drei wahlberechtigten Arbeitnehmern vorliegt (ArbG Frankfurt am Main v. 31. 10. 1996; *R 10*). Nicht teilnahmeberechtigt sind die in § 5 Abs. 2 und 3 BetrVG genannten Personen (Fitting § 17 Rn. 4.).

In der Betriebsversammlung wird von der Mehrheit der *anwesenden* **112** *Arbeitnehmer* ein Wahlvorstand gewählt. Die Versammlungsleitung muss daher die Zahl der anwesenden Arbeitnehmer genau dokumentieren. Eine Verletzung dieser Pflicht kann zum Abbruch der Wahl führen, wenn nicht nachgewiesen werden kann, dass die Mitglieder des Wahlvorstands mit der erforderlichen Mehrheit gewählt worden sind (LAG München v. 16. 6. 2008, *R 318*). Es kommt hierbei auf die Wahlberechtigung nicht an, d. h. auch Arbeitnehmer unter 18 Jahren können den Wahlvorstand wählen. Nicht wahlberechtigt bei der Wahl des Wahlvorstands sind leitende Angestellte und die in § 5 Abs. 2 BetrVG genannten Personen. Eine Mindestanzahl von teilnehmenden Arbeitnehmern ist für die Wahlversammlung nicht vorgeschrieben. Der Wahlvorstand kann auch von einer Minderheit der Arbeitnehmer eines Betriebs gewählt werden (LAG Baden-Württemberg v. 20. 2. 2009 – 5 TaBVGa 1/09, *R 14*). Dies gilt auch, wenn sich eine Mehrheit der Betriebsversammlung gegen die Wahl eines Wahlvorstands ausspricht und z. B. nicht an der Wahl teilnimmt.

Im *vereinfachten zweistufigen Wahlverfahren* wird der Wahlvorstand auf einer *Wahlversammlung* gewählt (§ 14a Abs. 1 BetrVG, vgl. Rn. 256ff.).

Findet eine Betriebsversammlung trotz Einladung nicht statt oder wählt **113** die Versammlung keinen Wahlvorstand, so kann dieser vom Arbeitsgericht bestellt werden (§ 17 Abs. 4 BetrVG). Antragsteller können (mindestens) *drei* *wahlberechtigte Arbeitnehmer* oder eine *im Betrieb vertretene Gewerkschaft* sein. Die Antragsteller können in dem Antrag Vorschläge für die Zusammensetzung des Wahlvorstands machen. Das Arbeitsgericht kann für Betriebe, die mehr als zwanzig wahlberechtigte Arbeitnehmer haben, auch Nichtbetriebsangehörige (z. B. Gewerkschaftssekretäre) in den Wahlvorstand berufen, die Mitglieder einer im Betrieb vertretenen Gewerkschaft sind (§ 16 Abs. 2 Satz 3 BetrVG). Die Anwendung dieser Regelung ist sinnvoll, wenn betriebsangehörige Arbeitnehmer aus Furcht vor Nachteilen nicht bereit sind, das Amt als Wahlvorstandsmitglied zu übernehmen oder die notwendige Erfahrung fehlt, um die Wahl ordnungsgemäß durchzuführen.

114   Die Bestellung des Wahlvorstands durch das *Arbeitsgericht* kommt auch in Betracht, wenn im Betrieb zwar ein Betriebsrat vorhanden ist, dieser aber acht Wochen vor Ablauf seiner Amtszeit – aus welchen Gründen auch immer – noch keinen Wahlvorstand bestellt hat und eine Bestellung auch nicht durch den Gesamt- oder Konzernbetriebsrat erfolgt. Auch hier können als Antragsteller (mindestens) drei wahlberechtigte Arbeitnehmer des Betriebs oder die im Betrieb vertretene Gewerkschaft auftreten (§ 16 Abs. 2 BetrVG). Auch bei dieser gerichtlichen Bestellung können in Betrieben mit in der Regel mehr als 20 wahlberechtigten Arbeitnehmern Nichtbetriebsangehörige in den Wahlvorstand entsandt werden, wenn es zur ordnungsgemäßen Durchführung der Wahl erforderlich ist.

Im *vereinfachten einstufigen Wahlverfahren* beträgt die Frist drei Wochen (§ 17a Nr. 1 BetrVG).

2.   Aufgaben des Wahlvorstands vor Einleitung der Wahl

115 Ist der Wahlvorstand bestellt, tritt er unverzüglich zusammen, um mit den Vorbereitungen für die Wahl zu beginnen. Sollte es der Betriebsrat versäumt haben, eines der bestellten Wahlvorstandsmitglieder zum Wahlvorstandsvorsitzenden zu bestellen, kann der Wahlvorstand dies nachholen (Fitting § 16 WO Rn. 33).

116   Die Beratungen und Entscheidungen des Wahlvorstands müssen in Sitzungen erfolgen. Eine Beschlussfassung im Umlaufverfahren, beispielsweise durch telefonischen Rundruf, ist nicht zulässig. Der Wahlvorstand ist nur als Organ handlungsfähig. Für die Wirksamkeit von Beschlüssen ist die einfache Mehrheit erforderlich. An Beschlussfassungen nehmen nur die stimmberechtigten Mitglieder des Wahlvorstands teil (§ 1 Abs. 3 Satz 1 WO). Stimmenthaltungen gelten als Ablehnung. Die Sitzungen sind nicht öffentlich (vgl. aber § 13 WO und § 18 Abs. 3 Satz 1 BetrVG; danach haben die Stimmauszählung und die Feststellung des Wahlergebnisses öffentlich zu erfolgen).

Im *vereinfachten zweistufigen Wahlverfahren* sind aber die Sitzungen des Wahlvorstands insoweit öffentlich, als dieser auf der Wahlversammlung, auf der er gewählt wurde, die Wählerliste zu erstellen hat, Wahlvorschläge entgegen nimmt und das Wahlausschreiben erlässt (vgl. ausführlich Rn. 269 ff.).

Über jede Sitzung des Wahlvorstands ist eine Niederschrift anzufertigen, **117** die von dem Vorsitzenden und einem weiteren stimmberechtigten Wahlvorstandsmitglied zu unterzeichnen ist. Sie hat mindestens den Wortlaut der gefassten Beschlüsse zu enthalten (§ 1 Abs. 3 Satz 2 und 3 WO).

Der Wahlvorstand kann sich eine schriftliche Geschäftsordnung geben; **118** eine Verpflichtung dazu besteht aber nicht. Eine Geschäftsordnung kann enthalten: Form der Einladung zu den Sitzungen; Öffnungszeiten des Wahlvorstandsbüros; Übertragung bestimmter laufender Geschäfte an stimmberechtigte Wahlvorstandsmitglieder, wie zum Beispiel die Gewährung der Einsichtnahme in die Wählerliste und die Wahlordnung, Entgegennahme von Einsprüchen gegen die Richtigkeit der Wählerliste und Entgegennahme von Wahlvorschlägen mit gleichzeitiger Eingangsbestätigung gegenüber dem Listenvertreter.

Im *vereinfachten Wahlverfahren* ist es – angesichts der kurzen Fristen – nicht zweckmäßig, wenn sich der Wahlvorstand noch mit der Frage befasst, ob und wenn ja welche Geschäftsordnung er sich geben soll.

Die Sitzungen des Wahlvorstands finden grundsätzlich während der *Ar-* **119** *beitszeit* statt. Den Wahlvorstandsmitgliedern darf durch ihre Tätigkeit weder beim Entgelt noch in sonstiger Hinsicht ein Nachteil entstehen. Die für die Durchführung der Wahl notwendigen Kosten hat der Arbeitgeber zu tragen (§ 20 Abs. 3 BetrVG; vgl. Rn. 325 ff.). Wahlvorstandsmitglieder unterliegen dem *Kündigungs- und Versetzungsschutz* nach § 103 BetrVG (vgl. dazu und zum nachwirkenden Kündigungsschutz Rn. 320 ff.).

Bei der Stimmabgabe und der Stimmauszählung kann der Wahlvor- **120** stand Wahlhelfer heranziehen (§ 1 Abs. 2 Satz 2 WO). In der Regel werden dies engagierte und aktive Arbeitnehmer sein, die sich mit den Grundsätzen des Wahlverfahrens auskennen. Es muss sich um wahlberechtigte Arbeitnehmer handeln. Die Entscheidung, wer als Wahlhelfer herangezogen werden soll, trifft der Wahlvorstand. Diese Entscheidung hat der Arbeitgeber zu akzeptieren. Auch die Wahlhelfer unterliegen dem Schutz des § 20 BetrVG (Fitting § 1 WO Rn. 4). Das bedeutet insbesondere, dass ihnen durch die Tätigkeit *keine Nachteile* entstehen dürfen; möglicher Lohn- oder Gehaltsausfall ist vom Arbeitgeber zu ersetzen.

121 Der Wahlvorstand hat, bevor er das Wahlausschreiben erlässt und aushängt, bestimmte Vorbereitungen zu treffen. Dazu gehören:

- Aufstellung der Wählerliste;

- Zuordnungsverfahren nach § 18 a BetrVG, wenn im Betrieb zeitgleich ein Sprecherausschuss für leitende Angestellte gewählt wird oder ein solches Vertretungsorgan besteht;

- Ermittlung der Anzahl der Betriebsratsmitglieder;

- Ermittlung der Mindestzahl der Betriebsratssitze, die auf das Minderheitengeschlecht entfallen (§ 15 Abs. 2 BetrVG);

- technische Vorbereitungen.

2.1   Aufstellung der Wählerliste

122 Die Wählerliste ist eine *wesentliche Voraussetzung* zur ordnungsgemäßen Durchführung der Betriebsratswahl. Der Arbeitgeber (Personalabteilung) muss dem Wahlvorstand die für die Anfertigung einer ordnungsgemäßen Wählerliste erforderlichen Auskünfte und die notwendigen Unterlagen geben (vgl. § 2 Abs. 2 WO). Tut er dies nicht, kann der Wahlvorstand im Wege einer einstweiligen Verfügung den Arbeitgeber zwingen, die Auskünfte zu erteilen und die Unterlagen herauszugeben (LAG Schleswig-Holstein v. 7. 4. 2011 – 4 TaBVGa 1/11, *R 214*). Zu den Besonderheiten im *zweistufigen vereinfachten Wahlverfahren* siehe Rn. 253 ff.

123 In der Wählerliste sind alle wahlberechtigten Arbeitnehmer, getrennt nach Geschlechtern, aufzuführen. Die Arbeitnehmer sind innerhalb der Geschlechter in alphabetischer Reihenfolge mit Familienname, Vorname und Geburtsdatum aufzuführen. Der (zeitgleich mit dem Wahlausschreiben) zur Auslegung im Betrieb vorgesehene Abdruck der Wählerliste soll aus datenschutzrechtlichen Gründen die Geburtsdaten der Wahlberechtigten nicht enthalten (vgl. § 2 Abs. 4 Satz 2 WO). Vor der Auslegung ist gegebenenfalls das Zuordnungsverfahren für leitende Angestellte nach § 18 a BetrVG durchzuführen (vgl. dazu Rn. 126 ff.).

Die Betriebsgröße und die Anzahl der räumlich vom Hauptbetrieb ent- **124** fernt liegenden Betriebsteile (sofern diese keinen eigenen Betriebsrat wählen) und Kleinstbetriebe sind entscheidend dafür, wie viele Exemplare der Wählerliste ausgelegt werden. Auf jeden Fall sollten Exemplare im Wahlvorstands- bzw. Betriebsratsbüro ausgelegt werden. Zugleich ist der Text der Wahlordnung auszulegen.

Wichtig ist, dass alle Wahlberechtigten ohne unzumutbaren Aufwand **125** von ihrem Einsichtsrecht in die Wählerliste Gebrauch machen können. Die Einsichtnahme ist schon deshalb bedeutsam, weil die Aufnahme in die Wählerliste in formaler Hinsicht Voraussetzung für die Ausübung des aktiven und passiven Wahlrechts ist. Ein Einspruch gegen die Wählerliste ist allerdings grundsätzlich erst dann möglich, wenn das Wahlausschreiben aushängt (zum Einspruch gegen die Wählerliste vgl. Rn. 179 ff.). Im Übrigen ist zu beachten, dass Ergänzungen und Änderungen der Wählerliste selbst nach Ablauf der Einspruchsfrist nach § 4 Abs. 1 WO erforderlich werden können (vgl. Rn. 197 ff.).

2.2   Zuordnungsverfahren nach § 18 a BetrVG

Das Zuordnungsverfahren nach § 18 a BetrVG ist erforderlich, wenn **126** in einem zeitlichen Zusammenhang mit der Betriebsratswahl eine Wahl des Sprecherausschusses für leitende Angestellte nach dem Sprecherausschussgesetz durchgeführt werden soll oder wenn im Betrieb bzw. Unternehmen bereits ein Sprecherausschuss vorhanden ist. Dieses Verfahren soll gewährleisten, dass nicht ein und derselbe Angestellte an beiden Wahlen teilnimmt bzw. eine Doppelvertretung durch beide Vertretungsorgane unterbleibt. Weder durch Tarifvertrag oder Betriebsvereinbarung, noch durch Arbeitsvertrag können die Voraussetzungen für den Status, wie sie in § 5 Abs. 3 BetrVG festgelegt sind, verändert werden. Die gesetzlichen Regelungen sind zwingend (BAG v. 5. 3. 1974, *R 185*).

Die beiden Wahlvorstände haben sich spätestens zwei Wochen vor Ein- **127** leitung der Wahlen gegenseitig darüber zu unterrichten und abzustimmen, welche Angestellten dem Personenkreis nach § 5 Abs. 3 BetrVG zugerechnet werden sollen. Besteht bereits ein Sprecherausschuss und findet dessen Wahl nicht zeitgleich mit der Betriebsratswahl statt, hat der Wahlvorstand für die Betriebsratswahl den Sprecherausschuss entsprechend zu unterrichten und eine Abstimmung mit ihm zu versuchen.

128 Kommt eine Einigung über die Zuordnung zum Personenkreis der leitenden Angestellten nicht zustande, tritt ein Vermittler auf den Plan. Die Wahlvorstände müssen sich auf eine Person einigen; ansonsten entscheidet das Los. Der Vermittler unternimmt erneut einen Einigungsversuch. Bleibt auch dieser ergebnislos, so entscheidet der Vermittler nach Beratung mit dem Arbeitgeber. Entsprechend der erfolgten Einigung bzw. dem Spruch des Vermittlers wird die Zuordnung entweder zu der Wählerliste für die Betriebsratswahl oder zu der Wählerliste für die Sprecherausschusswahl vorgenommen.

2.3 Anzahl der Betriebsratsmitglieder

Die zahlenmäßige Größe des Betriebsrats ergibt sich aus § 9 BetrVG:

129 **§ 9 – Zahl der Betriebsratsmitglieder**
Der Betriebsrat besteht in Betrieben mit in der Regel

5 bis	20	wahlberechtigten Arbeitnehmern aus einer Person
21 bis	50	wahlberechtigten Arbeitnehmern aus 3 Mitgliedern,
51		wahlberechtigten Arbeitnehmern bis 100 Arbeitnehmern aus 5 Mitgliedern,
101 bis	200	Arbeitnehmern aus 7 Mitgliedern,
201 bis	400	Arbeitnehmern aus 9 Mitgliedern,
401 bis	700	Arbeitnehmern aus 11 Mitgliedern,
701 bis	1.000	Arbeitnehmern aus 13 Mitgliedern,
1.001 bis	1.500	Arbeitnehmern aus 15 Mitgliedern,
1.501 bis	2.000	Arbeitnehmern aus 17 Mitgliedern,
2.001 bis	2.500	Arbeitnehmern aus 19 Mitgliedern,
2.501 bis	3.000	Arbeitnehmern aus 21 Mitgliedern,
3.001 bis	3.500	Arbeitnehmern aus 23 Mitgliedern,
3.501 bis	4.000	Arbeitnehmern aus 25 Mitgliedern,
4.001 bis	4.500	Arbeitnehmern aus 27 Mitgliedern,
4.501 bis	5.000	Arbeitnehmern aus 29 Mitgliedern,
5.001 bis	6.000	Arbeitnehmern aus 31 Mitgliedern,

6.001 bis 7.000 Arbeitnehmern aus 33 Mitgliedern,
7.001 bis 9.000 Arbeitnehmern aus 35 Mitgliedern.

In Betrieben mit mehr als 9.000 Arbeitnehmern erhöht sich die Zahl der Mitglieder des Betriebsrats für je angefangene weitere 3.000 Arbeitnehmer um 2 Mitglieder.

Maßgebender Zeitpunkt für die Ermittlung der Größe des Betriebsrats **130** ist der Zeitpunkt des Erlasses des Wahlausschreibens. Dabei geht es nicht um die konkrete Zahl der im Betrieb beschäftigten Arbeitnehmer exakt an diesem Tag. Der Begriff »in der Regel« bedeutet auch nicht die durchschnittliche Zahl der Arbeitnehmer. Es ist vielmehr auf die Arbeitnehmerzahl abzustellen, die »normalerweise«, also unter den normalen betrieblichen Verhältnissen, üblicherweise beschäftigt wird. Zur Feststellung der Zahl der regelmäßig Beschäftigten bedarf es daher eines Rückblicks und der Einschätzung der zukünftigen Entwicklung (BAG v. 19. 7. 1983; *R 218*; vgl. *R 233*). Es ist unerheblich, wenn sich die Zahl der beschäftigten Arbeitnehmer bis zum Tage der Wahl erhöht oder vermindert (zum Arbeitnehmerbegriff vgl. Rn. 15 ff.).

Von einem anderen Arbeitgeber zur Arbeitsleistung überlassene Arbeit- **131** nehmer sind, sofern sie länger als drei Monate im Betrieb eingesetzt werden (§ 7 Satz BetrVG), wahlberechtigt (zu den Einzelheiten siehe Rn. 38).

Für die Bestimmung der Größe des Betriebsrats zählen Leiharbeitnehmer grundsätzlich mit. Das BAG (BAG v. 13. 3. 2013, *R 237*) hat seine gegenteilige Rechtsprechung aufgegeben. Ob Leiharbeitnehmer bei Schwellenwerten nach dem BetrVG mitzuzählen seien, sei nach Sinn und Zweck der jeweiligen Schwellenwerte zu ermitteln. Die Urteilsgründe lagen bei Drucklegung noch nicht vor. Die folgende Darstellung bezieht sich daher auf die Wiedergabe der Entscheidung in der Pressemitteilung des BAG. Den Wahlvorständen wird daher empfohlen, zu prüfen, ob sich aus den Urteilsgründen abweichende Regeln für die Berücksichtigung von Leiharbeitnehmern ergeben, und sich von den Gewerkschaften diesbezüglich beraten zu lassen.

Damit Leiharbeitnehmer zur Bestimmung der Größe des Betriebsrats mitzählen, müssen sie gemäß § 9 Satz 1 BetrVG »in der Regel« beschäftigt sein, also auf Dauerarbeitsplätzen (zu »in der Regel« siehe Rn. 130). Wenn z. B. zwei Leiharbeitnehmer einmalig während einer Grippewelle für zwei Monate im Betrieb eingesetzt werden, zählen sie bei der Bestimmung nicht mit, da sie nicht »in der Regel« beschäftigt sind. Werden allerdings z. B. zehn Arbeitsplätze im Betrieb während des ganzen Jahres mit alle zwei Monate wechselnden Leiharbeitnehmern besetzt, zählen diese zehn Arbeitsplätze, die mit Leiharbeitnehmern besetzt sind, mit.

> **Beispiel:**
> In einem Betrieb werden in der Regel 180 Arbeitnehmer und ständig 25 Leiharbeitnehmer beschäftigt. Danach ist bei insgesamt in der Regel 205 beschäftigten Arbeitnehmern ein Betriebsrat mit neun Mitgliedern zu wählen.

§ 9 BetrVG stellt in den ersten drei Größenstufen für Betriebsräte mit einem, drei oder fünf Mitgliedern auf die Wahlberechtigung der Arbeitnehmer ab. Bei mehr als 100 Arbeitnehmern stellt § 9 BetrVG nicht mehr auf die Wahlberechtigung ab. Nach der BAG-Entscheidung v. 13. 3. 2013 (*R 237*) kommt es »jedenfalls bei einer Betriebsgröße von mehr als 100 Arbeitnehmern auf die Wahlberechtigung nicht an«. Nicht höchstrichterlich entschieden ist danach die Frage, wie Leiharbeitnehmer bei den Größenklassen zu berücksichtigen sind, die auf die Wahlberechtigung abstellen.

Nach dem Wortlaut des Gesetzes würden nur Leiharbeitnehmer mitzählen, die auch wahlberechtigt (§ 7 Satz BetrVG, vgl. Rn. 38; vgl. DKKW-Homburg § 9 Rn. 19; Fitting § 9 Rn. 44) sind, d.h. für länger als drei Monate im Betrieb eingesetzt werden bzw. werden sollen.

Bei einem fünfköpfigen Betriebsrat (»in der Regel 51 wahlberechtigte Arbeitnehmer bis 100 Arbeitnehmer«) müssen nach dem Wortlaut des Gesetzes mindestens 51 wahlberechtigte Arbeitnehmer in der Regel im Betrieb beschäftigt sein. Sind z.B. in einem Betrieb 60 Arbeitnehmer beschäftigt, davon aber nur 49 wahlberechtigt, ist nur ein drei-köpfiger Betriebsrat zu wählen (vgl. DKKW-Homburg § 9 Rn. 2).

Dies hätte bei einer am Wortlaut orientierten Auslegung zur Konsequenz, dass Leiharbeitnehmer zur Erreichung der Mindestanzahl von 51 wahlberechtigten Arbeitnehmern zur Wahl eines fünfköpfigen Betriebsrats nur mitgezählt werden dürfen, wenn sie gemäß § 7 Satz 2 BetrVG wahlberechtigt sind (DKKW-Homburg, § 9 Rn. 19; Fitting § 9 Rn. 44).

Dies hätte weiter zur Folge, dass bei der Besetzung von Dauerarbeitsplätzen im Betrieb mit Leiharbeitnehmern, die jeweils so kurz beschäftigt sind, dass ihnen die Wahlberechtigung (siehe Rn. 38) fehlt, diese Arbeitsplätze für die Bestimmung der Größe des Betriebsrats nicht mitzählen. Bei einer

Auslegung von § 9 BetrVG, die sich nur an den vermehrten Aufgaben des Betriebsrats durch Leiharbeitnehmer orientiert, zählen diese unabhängig von ihrer Wahlberechtigung mit.

Soweit der Pressemitteilung des BAG zu seiner Entscheidung v. 13. 3. 2013 (*R 237*) zu entnehmen ist, wird das Gericht zu dieser Frage in den Entscheidungsgründen wohl nicht Stellung nehmen. Den Wahlvorständen wird daher empfohlen, sich von den Gewerkschaften diesbezüglich beraten zu lassen.

Aushilfsarbeitnehmer sind mitzuzählen, sofern eine bestimmte Anzahl derartiger Arbeitnehmer regelmäßig für einen Zeitraum von mindestens sechs Monaten im Jahr beschäftigt worden ist und auch in Zukunft mit einer derartigen Beschäftigung gerechnet werden kann (BAG v. 12. 10. 1976, AP Nr. 1 zu § 8 BetrVG 1972, *R 216*; vgl. BAG v. 16. 11. 2004, *R 226*). Beschäftigt ein Arbeitgeber regelmäßig Tagesaushilfen (auf Basis vom Rahmenverträgen), mit denen er jeweils für einen Tag befristete Arbeitsverträge abschließt, zählt die durchschnittliche Anzahl der Tagesaushilfen, die tatsächlich an einem Tag beschäftigt werden, zu den in der Regel beschäftigten Arbeitnehmern. Nicht maßgebend ist die Anzahl der Arbeitnehmer, mit denen Rahmenverträge geschlossen wurden (BAG v. 7. 5. 2008; *R 229*). In Grenzfällen hat der Wahlvorstand einen *Beurteilungsspielraum*, weil – wie dargelegt – eine genaue Festlegung der Zahl der Beschäftigten durch einfaches Abzählen nicht möglich ist.

Arbeitnehmer des öffentlichen Dienstes (§ 5 Abs. 1 Satz 3 BetrVG), die in Betrieben der Privatwirtschaft eingesetzt werden, zählen für die Berechnung der Größe des Betriebsrats mit (BAG v. 15. 12. 2011, *R 234*).

Teilzeitarbeitnehmer (auch auf 450 € Basis beschäftigte Arbeitnehmer) werden, und das unabhängig von ihrer Beschäftigungsdauer, bei der Berechnung nach Köpfen gezählt. Es findet keine Umrechnung in Vollzeitarbeitnehmer statt.

In den ersten beiden Stufen, also bis 51 Arbeitnehmer, geht § 9 BetrVG **132** von der Zahl der *wahlberechtigten Arbeitnehmer* aus. Ist (in der dritten Stufe) ein Betriebsrat mit fünf Mitgliedern zu wählen, müssen wenigstens 51 wahlberechtigte Arbeitnehmer im Betrieb beschäftigt werden.

Beispiel:
Sind im Betrieb 100 Arbeitnehmer tätig, werden fünf Betriebsratsmitglieder gewählt, wenn wenigstens 51 Arbeitnehmer wahlberechtigt sind. Ab der vierten Stufe (ab 101 Arbeitnehmer) kommt es auf die Wahlberechtigung nicht mehr an.

133 Der Betriebsrat besteht aus einer *ungeraden Zahl* von Mitgliedern. Eine Abweichung von den in § 9 BetrVG angegebenen Größenordnungen kommt nur in Betracht, wenn

- im Betrieb nicht genügend Arbeitnehmer wählbar sind;
- sich nicht genügend Wahlbewerber zur Verfügung stellen;
- die Vorschlagslisten nicht genügend Kandidaten aufweisen;
- bei der Mehrheitswahl weniger Kandidaten mindestens eine Stimme erhalten haben, als der Betriebsrat Mitglieder haben muss.

134 In solchen Fällen richtet sich die abweichende Zahl der Betriebsratsmitglieder nach § 11 BetrVG. Diese Vorschrift kommt nicht zur Anwendung, wenn sich nicht genügend Kandidatinnen oder Kandidaten des Minderheitengeschlechts (§ 15 Abs. 2 BetrVG) zur Wahl gestellt haben. Die fehlenden Betriebsratsmitglieder werden dann vom Mehrheitsgeschlecht eingenommen, sofern es in ausreichender Zahl Kandidaten bzw. Kandidatinnen dieses Geschlechts gibt (vgl. § 15 Abs. 5 Nr. 5 WO; § 22 Abs. 4 WO).

2.4 Sitze für das Minderheitengeschlecht

135 In Betrieben, in denen der Betriebsrat aus mindestens drei Mitgliedern besteht, muss das Geschlecht, das in der Belegschaft in der Minderheit ist, *mindestens seinem Anteil entsprechend* im Betriebsrat vertreten sein. Die Vorschriften zur Geschlechterquote bei den Betriebsratswahlen sind verfassungskonform (BAG v. 16.3.2005; *R 306).* Nachdem der Wahlvorstand weiß, wie groß der zu wählende Betriebsrat zu sein hat, muss er die Anzahl der Sitze, die dem Minderheitengeschlecht zustehen, bestimmen (§ 15 Abs. 2 BetrVG; § 5 WO). Diese Ermittlung geschieht durch das so genannte d'Hondtsche System (vgl. LAG Rheinland-Pfalz v. 13.11.2002, *R 304).* Sind beide Geschlechter gleich stark in der Belegschaft vertreten, gibt es kein Minderheitengeschlecht und folglich auch keine reservierten Sitze.

136 Zur Errechnung der auf die Geschlechter entfallenden Sitze werden dabei die Zahlen der im Betrieb als Arbeitnehmer vorhandenen Frauen und Männer nebeneinander gestellt und durch die Zahlen 1, 2, 3, 4 usw. geteilt. Entsprechend den sich so ergebenden *Teilzahlen* (Höchstzahlen) erfolgt die Zuteilung der Mindestsitze für das Geschlecht in der Minderheit.

Beispiel:

In einem Betrieb arbeiten 131 Arbeitnehmer, davon 109 Frauen und 22 Männer. Der Betriebsrat besteht nach § 9 BetrVG aus sieben Mitgliedern. Der Wahlvorstand rechnet in einem ersten Schritt nach § 15 Abs. 2 BetrVG wie folgt:

109 geteilt durch 1 = <u>109</u>	22 geteilt durch 1 = <u>22</u>
109 geteilt durch 2 = <u>54,5</u>	22 geteilt durch 2 = 11
109 geteilt durch 3 = <u>36,3</u>	22 geteilt durch 3 = 7,3
109 geteilt durch 4 = <u>27,3</u>	
109 geteilt durch 5 = <u>21,8</u>	
109 geteilt durch 6 = <u>18,16</u>	
109 geteilt durch 7 = 15,57	

Unterstrichen sind die höchsten Teilzahlen. Sechs von ihnen entfallen auf die Frauen, eine auf die Männer. Dem Minderheitengeschlecht – in diesem Fall den Männern – steht also *mindestens* ein Sitz zu.

Zu beachten ist, dass für die Berechnung *nicht nur die wahlberechtigten Arbeitnehmer* berücksichtigt werden dürfen. Das Gesetz spricht in § 15 Abs. 2 BetrVG vom Anteil an der Belegschaft. Daher zählen bei der Berechnung auch nicht wahlberechtigte Arbeitnehmer, z. B. Jugendliche unter 18 Jahren sowie Leiharbeitnehmer mit (siehe Rn. 131).

137 Wenn beim letzten zu verteilenden Sitz die Teilung für beide Geschlechter die gleiche Höchstzahl nach d'Hondt ergibt, entscheidet das Los darüber, welches Geschlecht den letzten Sitz bekommt (§ 5 Abs. 2 WO). Wie gelost wird, entscheidet der Wahlvorstand. Es ist jede Methode zulässig, die zu einem unbeeinflussbaren Zufallsergebnis führt.

2.5 Technische Wahlvorbereitungen

138 Der Wahlvorstand wird zweckmäßigerweise schon in dem Zeitraum vor Aushang des Wahlausschreibens technisch und organisatorisch aktiv sein, damit die Stimmabgabe ordnungsgemäß erfolgen kann. So wird er beispielsweise rechtzeitig dafür sorgen, dass ein geeigneter Wahlraum (in größeren Betrieben bzw. bei Durchführung der Wahl in räumlich getrennten Betriebsteilen mehrere Wahlräume) zur Verfügung steht. Er wird prüfen, welche technischen Vorbereitungen zu treffen sind, damit eine ordnungsgemäße und geheime Stimmabgabe erfolgen kann. Sollten von früheren Wahlen keine Trennwände, Wahlurnen oder Wandschirme für die Stimmabgabe zur Verfügung stehen, sind diese anzuschaffen. Der Arbeitgeber trägt die Kosten.

Die Wahlordnung enthält keine besonderen Vorschriften zur Beschaffenheit der Wahlurnen. Allerdings müssen sie so gebaut sein, dass eingeworfene Wahlumschläge nicht herausgenommen werden können, ohne dass die Wahlurne insgesamt geöffnet wird (§ 12 Abs. 1 WO). Sie müssen jedoch, damit Manipulationen auszuschließen sind, verschließbar und aus festem Material (Holz, Kunststoff usw.) sein. Der Verschluss kann durch Siegellack, eine Plombe oder ein Schloss erfolgen. Wird ein Schloss verwendet, hat der Wahlvorstand die Schlüssel dazu sicher zu verwahren. Während der Wahlhandlung dürfen die Wahlurnen nicht geöffnet werden. Wird die Wahlhandlung unterbrochen (Wahl über mehrere Tage) ist die Wahlurne jeweils erneut zu versiegeln und sicher aufzubewahren, am besten in einem verschlossenen Schrank in einem Zimmer, zu dem Unbefugte keinen Zutritt haben.

Im *vereinfachten Wahlverfahren* hat der Wahlvorstand bei der nachträglichen schriftlichen Stimmabgabe (Briefwahl) die Urne wie beschrieben zu versiegeln und den Ablauf der Frist für die Briefwahlstimmen abzuwarten, bevor er mit der Auszählung beginnt (vgl. Rn. 298).

139 Es gibt auch Wahlvorbereitungen, die der Wahlvorstand erst *nach Erlass* des Wahlausschreibens treffen kann. Dazu gehört insbesondere die Versendung der Unterlagen für die schriftliche Stimmabgabe.

2.6   Inhalt und Erlass des Wahlausschreibens

140 Nachdem die Wählerliste aufgestellt und die Sitze für das Minderheitengeschlecht ermittelt sind, muss der Wahlvorstand das Wahlausschreiben erlassen. Mit dem Erlass (Aushang) des Wahlausschreibens wird die Betriebsratswahl eingeleitet.

Das Wahlausschreiben muss die in der WO vorgeschriebenen Angaben enthalten. Für die Bestimmung der Größe des Betriebsrats, die Sitze für das Minderheitengeschlecht und die erforderliche Anzahl der Stützunterschriften sind die Verhältnisse am Tag des Erlasses des Wahlausschreibens maßgeblich (vgl. BAG v. 22.11.1984, *R 215*; vgl. DKKW-Homburg § 9 Rn. 6). Ansonsten müsste das Wahlausschreiben permanent geändert werden. Ändert sich nach Erlass des Wahlausschreibens z.B. durch Ein- oder Austritt aus dem Betrieb das Geschlechterverhältnis in der Belegschaft (§ 15 Abs. 2 BetrVG), hat dies keinen Einfluss auf die dem Minderheits- bzw. Mehrheitsgeschlechts zustehenden Sitze im Betriebsrat. Gleiches gilt für die Größe des Betriebsrats (Fitting § 9 Rn. 38) sowie für erforderliche Stützunterschriften für einen Wahlvorschlag. Die Einzelheiten legt für das *normale Wahlverfahren*§ 3 Abs. 2 WO fest. Für das *vereinfachte Wahlverfahren* enthalten §§ 31 und 36 Abs. 3 WO besondere Bestimmungen; siehe hierzu Rn. 279 ff.

Vor Erlass des Wahlausschreibens muss der Wahlvorstand weiterhin überlegen, wie die Wahl ausgeführt wird. In kleinen Betrieben wird ein Wahllokal ausreichen, in größeren Betrieben kann der Wahlvorstand mehrere Wahllokale einrichten. Er muss dann sicherstellen, dass Wahlberechtigte nur in einem Wahllokal abstimmen. Dazu kann er die Wahlberechtigten aus bestimmten Abteilungen einzelnen Wahllokalen zuordnen. Eine solche Zuordnung ist im Wahlausschreiben oder in einem Anhang dazu mit dem Wahlausschreiben bekannt zu machen. In Betrieben mit vielen Filialen kann der Wahlvorstand mobile Wahllokale einrichten, d. h. Teams, die mit einer Wahlurne zu den einzelnen Filialen fahren und so die Stimmabgabe ermöglichen. Im Wahlausschreiben oder in einem Anhang dazu sind die Zeiten anzugeben, zu denen die mobilen Wahllokale vor Ort sind. Dabei muss berücksichtigt werden, dass in Filialbetrieben i. d. R. viele Teilzeitbeschäftigte arbeiten. Die Wahlzeiten sind also so zu wählen, dass diese abstimmen können. Diese sind dann strikt einzuhalten (LAG Schleswig-Holstein v. 21. 6. 2011 – 2 TaBV 41/10, *R 421*). Die Wahlurne muss nach der Stimmabgabe in den einzelnen Filialen versiegelt werden. Auch beim Einsatz von mobilen Wahllokalen müssen immer mindestens zwei Mitglieder des Wahlvorstands bzw. ein Wahlvorstandsmitglied und ein Wahlhelfer anwesend sein (§ 12 Abs. 2 WO).

Normales Wahlverfahren

§ 3 Wahlausschreiben

(2) Das Wahlausschreiben muss folgende Angaben enthalten:

1. das Datum seines Erlasses;
2. die Bestimmung des Orts, an dem die Wählerliste und die Wahlordnung ausliegen; sowie im Fall der Bekanntmachung in elektronischer Form (§ 2 Abs. 4 Satz 3 und 4 WO), wo und wie von der Wählerliste und der Wahlordnung Kenntnis genommen werden kann;
3. dass nur Arbeitnehmer wählen oder gewählt werden können, die in die Wählerliste eingetragen sind, und dass Einsprüche gegen die Wähler-

liste (§ 4) nur vor Ablauf von zwei Wochen seit dem Erlass des Wahlausschreibens schriftlich beim Wahlvorstand eingelegt werden können; der letzte Tag der Frist ist anzugeben;

4. den Anteil der Geschlechter und den Hinweis, dass das Geschlecht in der Minderheit im Betriebsrat mindestens entsprechend seinem zahlenmäßigen Verhältnis vertreten sein muss, wenn der Betriebsrat aus mindestens drei Mitgliedern besteht (§ 15 Abs. 2 BetrVG);

5. die Zahl der zu wählenden Betriebsratsmitglieder (§ 9 des BetrVG) sowie die auf das Geschlecht in der Minderheit entfallenden Mindestsitze im Betriebsrat (§ 15 Abs. 2 BetrVG);

6. die Mindestzahl von Wahlberechtigten, von denen ein Wahlvorschlag unterzeichnet sein muss (§ 14 Abs. 4 BetrVG);

7. dass der Wahlvorschlag einer im Betrieb vertretenen Gewerkschaft von zwei Beauftragten unterzeichnet sein muss;

8. dass Wahlvorschläge vor Ablauf von zwei Wochen seit dem Erlass des Wahlausschreibens beim Wahlvorstand in Form von Vorschlagslisten einzureichen sind, wenn mehr als drei Betriebsratsmitglieder zu wählen sind; der letzte Tag der Frist ist anzugeben;

9. dass die Stimmabgabe an die Wahlvorschläge gebunden ist und dass nur solche Wahlvorschläge berücksichtigt werden dürfen, die fristgerecht (Nr. 8) eingereicht sind;

10. die Bestimmung des Orts, an dem die Wahlvorschläge bis zum Abschluss der Stimmabgabe aushängen;

11. Ort, Tag und Zeit der Stimmabgabe sowie die Betriebsteile und Nebenbetriebe, für die schriftliche Stimmabgabe (§ 24 Abs. 3) beschlossen ist;

12. den Ort, an dem Einsprüche, Wahlvorschläge und sonstige Erklärungen gegenüber dem Wahlvorstand abzugeben sind (Betriebsadresse des Wahlvorstands);

13. Ort, Tag und Zeit der öffentlichen Stimmauszählung.

Zum Inhalt der Wahlausschreiben im vereinfachten Wahlverfahren siehe Rn. 279 ff.

141   Der Wahlvorstand soll, sofern das nach Größe, Eigenart oder Zusammensetzung der Arbeitnehmerschaft des Betriebs zweckmäßig ist, im Wahlausschreiben außerdem darauf hinweisen, dass bei der Aufstellung von Wahlvorschlägen die Betriebsabteilungen und einzelnen Organisationsbereiche berücksichtigt werden sollen (§ 3 Abs. 3 WO).

Es ist nicht unproblematisch, »handgestrickte« Wahlausschreiben zu **142** verwenden. Sinnvoll ist es auf Formularvordrucke zurückzugreifen, z. B. in: Berg/Hayen/Heilmann/Ratayczak, Betriebsratswahl 2014, Bund-Verlag 2013.

2.7 Bedeutung des Wahlausschreibens

Welche praktische und rechtliche Bedeutung haben die in § 3 Abs. 2 WO **143** vorgesehenen einzelnen Angaben für die Wähler? Zunächst ist hervorzuheben, dass mit Aushang des Wahlausschreibens die Wähler des Betriebs aufgefordert werden, Wahlvorschläge einzureichen. In dieser Hinsicht ist die Angabe der Mindestzahl von Arbeitnehmern, von denen ein Wahlvorschlag unterzeichnet sein muss, unerlässlich.

Es besteht eine Sonderregelung für kleine Betriebe mit einer geringen **144** Zahl von wahlberechtigten Arbeitnehmern. In Betrieben, die in der Regel nur fünf bis 20 wahlberechtigte Arbeitnehmer haben, in denen der Betriebsrat somit nur aus einer Person besteht, genügt für die Gültigkeit eines Wahlvorschlags die Unterzeichnung durch zwei wahlberechtigte Arbeitnehmer.

Eine weitere Besonderheit ergibt sich, wenn eine im Betrieb vertretene **145** Gewerkschaft unabhängig von Stützunterschriften durch die Arbeitnehmer einen Wahlvorschlag einreicht. Dieser Vorschlag muss von zwei Beauftragten der Gewerkschaft unterzeichnet sein.

Durch das Wahlausschreiben wird zugleich die Frist für die Einreichung **146** von Wahlvorschlägen (Vorschlagslisten) in Gang gesetzt. Sie ergibt sich aus § 6 Abs. 1 Satz 2 WO und beträgt zwei Wochen seit Erlass (Aushang) des Wahlausschreibens. Die Fristberechnung erfolgt nach § 187 Abs. 1 BGB i. V. m. § 188 Abs. 2 BGB (vgl. Rn. 87ff.). Wird also das Wahlausschreiben an einem Montag im Betrieb ausgehangen, läuft die Frist in vierzehn Tagen, wiederum am Montag, ab. Etwas anderes gilt nur, wenn dieser Montag ein Feiertag ist (§ 193 BGB; vgl. Rn. 98ff.). Der letzte Tag des Fristablaufs ist im Wahlausschreiben zu benennen. Bei seiner Angabe hat der Wahlvorstand keinen Entscheidungsspielraum (BAG v. 9. 12. 1992; *R 202*).

Von besonderer Bedeutung ist auch der Hinweis im Wahlausschreiben, **147** dass nur Arbeitnehmer wählen oder gewählt werden können, die in die Wählerliste eingetragen sind. So begründet die Eintragung in die Wählerliste zwar nicht die Wahlberechtigung. Andererseits kann das Wahlrecht nicht ausüben, wer die Voraussetzungen für das aktive Wahlrecht (§ 7 BetrVG) erfüllt, aber nicht in der Wählerliste steht. Im Wahlausschreiben ist anzugeben, wo die Wähler Einblick in die Wählerliste und Wahlordnung nehmen können. Einsprüche gegen die Wählerliste sind schriftlich beim Wahlvorstand einzureichen. Die Einspruchsfrist gegen die Wählerliste beginnt ebenfalls mit Aushang des Wahlausschreibens und beträgt zwei Wochen (§ 187 Abs. 1 BGB i. V. m. § 188 Abs. 2 BGB). Auch hier ist der letzte Tag der Frist zu benennen.

2.8   Aushang und/oder elektronische Bekanntmachung des Wahlausschreibens

148   Das Wahlausschreiben muss im Betrieb bekanntgemacht werden. Dies geschieht üblicherweise an vorhandenen »Schwarzen Brettern« usw., an denen auch sonst Bekanntmachungen im Betrieb erfolgen. In Betrieben mit vielen Betriebsteilen, z. B. Filialen, muss in jedem Betriebsteil eine Kopie des Wahlausschreibens ausgehängt werden (BAG v. 5. 5. 2004, *R 407*). Sind im Betrieb Arbeitnehmer beschäftigt, die nur selten im Betrieb sind – z. B. Außendienstler, Monteure oder Arbeitnehmer, die von zu Hause aus arbeiten (home office) – muss der Wahlvorstand diesen Arbeitnehmern das Wahlausschreiben zusätzlich übersenden (LAG Hamburg v. 28. 3. 2007, *R 205*). § 24 Abs. 2 WO über die Zusendung von Briefwahlunterlagen an bestimmte Arbeitnehmergruppen ist entsprechend anzuwenden.
Der Wahlvorstand kann die Bekanntmachung

- der Wählerliste und der Wahlordnung (§ 2 Abs. 4 WO),
- des Wahlausschreibens (§ 3 Abs. 4 WO),
- des Wahlergebnisses (§ 13 WO) und
- der Gewählten (§ 18 WO)

ergänzend zum normalen Aushang in elektronischer Form, z. B. durch E-Mail oder im Intranet, vornehmen. Der Wahlvorstand sollte dies nutzen. So können mehr Arbeitnehmer schneller über die Wahl informiert werden.

149   Aber auch die Bekanntmachung ausschließlich in elektronischer Form ist zulässig. Voraussetzung hierfür ist, dass sichergestellt ist, dass alle Arbeitnehmer von der Bekanntmachung Kenntnis erlangen können. Zudem muss sichergestellt sein, dass Änderungen an den Bekanntmachungen nur vom Wahlvorstand (§ 2 Abs. 4 WO) und nicht allein von Systemadministratoren vorgenommen werden können (BAG v. 21. 1. 2009, *R 270*). Dies kann z. B. durch ein dem Wahlvorstand vorbehaltenes Passwort geschehen.

Kenntnis können Arbeitnehmer dann erlangen, wenn sie ohne größeren **150** Aufwand Zugang zu den im Betrieb benutzten elektronischen Medien, also i. d. R. Intranet und E-Mail, haben.

Dies ist kein Problem in Betrieben, in denen alle Arbeitnehmer einen eigenen PC benutzen und z. B. eine persönliche E-Mail-Adresse haben. Sofern es allerdings Arbeitnehmer in Abteilungen gibt, die diesen Zugang nicht haben (z. B. Reinigungspersonal, bestimmte Produktionsabteilungen, Handwerker auf Montage usw.) ist eine ausschließliche elektronische Bekanntmachung nicht zulässig (vgl. BAG v. 22. 1. 2009; *R 270*). In diesem Fall muss der Wahlvorstand seine Bekanntmachungen in traditioneller Weise im Betrieb aushängen.

Beispiel:
Ein Betrieb besteht aus einer Produktionsabteilung und einer Verwaltung. In der Verwaltung verfügen alle Arbeitnehmer über einen eigenen PC. In der Produktion sind Terminals aufgestellt, an denen Arbeitnehmer das Intranet einsehen können. In diesem Fall ist eine Bekanntmachung ausschließlich in elektronischer Form nicht zulässig, auch wenn es üblich ist, dass Bekanntmachungen der Firma nur über das Intranet bekannt gemacht werden und deshalb die Arbeitnehmer in der Produktion gezwungen sind, regelmäßig ins Intranet zu schauen.

Bei der Benutzung des Intranets sollte der Wahlvorstand dafür sorgen, dass **152** die Bekanntmachungen nicht einfach nur in einen Ordner eingestellt werden, sondern dass beim Aufrufen des Intranets die Arbeitnehmer auf die Betriebsratswahl und die Bekanntmachungen automatisch hingewiesen werden.

Will der Wahlvorstand die Bekanntmachungen durch E-Mail nutzen, **153** kann er hierfür seinen eigenen E-Mail-Zugang im Betrieb nutzen. Vorschriften des Unternehmens (E-Mail-Policies usw.), die die private Nutzung des E-Mail-Systems untersagen, greifen hier nicht. Es handelt sich nicht um eine private Nutzung, sondern um eine im Gesetz vorgesehene Möglichkeit für den Wahlvorstand. Der Arbeitgeber muss, wenn der Wahlvorstand sich für diesen Weg entscheidet, die Nutzung seiner Anlagen und Systeme dulden, wie er sonst die Nutzung seines Eigentums für Aushänge dulden muss. Ob der Wahlvorstand von dieser Möglichkeit Gebrauch machen will, liegt in seinem pflichtgemäßen Ermessen. Er allein muss sich überlegen, ob die Bekanntmachungen auf elektronischem Wege nicht effektiver sind und auf diesem Weg mehr Arbeitnehmer schneller erreicht werden. Wenn der Wahlvorstand die elektronischen Möglichkeiten ergänzend oder ausschließlich nutzen will, ist der Arbeitgeber verpflichtet, ihm die dafür notwendige technische Unterstützung und Beratung zur Verfügung zu stellen.

154 Auch die Administratoren des Intranets haben keine Befugnis, Bekanntmachungen des Wahlvorstands abzulehnen oder etwa inhaltlich verändern zu wollen.

155 Wie der Wahlvorstand sicherstellen kann, dass Änderungen in den Bekanntmachungen nur von ihm vorgenommen werden können, hängt vom verwandten System ab.

Er kann entweder schreibgeschützt Dateien versenden oder Dateien ins Intranet einstellen, die nur gelesen, aber nicht bearbeitet werden können.

156 Die Einstellung der Bekanntmachungen ins Internet wäre zwar unter dem Gesichtspunkt der Bekanntmachung – Zugang für alle Arbeitnehmer während der Arbeitszeit im Betrieb vorausgesetzt – denkbar. Allerdings ist sie datenschutzrechtlich nicht zulässig. Mit der Wählerliste wird bekannt gemacht, in welchem Betrieb ein Arbeitnehmer in welcher Abteilung arbeitet. Die Wahlordnung untersagt schon die allgemeine Bekanntmachung des Geburtsdatums im Betrieb (§ 2 Abs. 4 Satz 2 WO).

2.9 Frist zum Erlass des Wahlausschreibens, Berichtigungen, Neuerlass

157 Der Erlass des Wahlausschreibens erfolgt im *normalen Wahlverfahren* spätestens sechs Wochen vor dem ersten Tag der Stimmabgabe (Wahltag) durch Aushang. Wird das Wahlausschreiben an mehreren Stellen ausgehängt, ist es erst erlassen, wenn es an der letzten der vorgesehenen Stellen aushängt. Ist der erste Tag der Stimmabgabe z. B. Freitag, der 25. April 2014, ist das Wahlausschreiben spätestens am Donnerstag, den 13. März 2014 auszuhängen.

Im *einstufigen vereinfachten Wahlverfahren* erlässt der Wahlvorstand im Anschluss an die Aufstellung der Wählerliste das Wahlausschreiben. Im *zweistufigen vereinfachten Wahlverfahren* wird es auf der Wahlversammlung zur Wahl des Wahlvorstands erlassen.

Der Inhalt des Wahlausschreibens, insbesondere die darin enthaltenen **158** Daten und Fristen, sind grundsätzlich bindend. Berichtigungen sind nur in engen Grenzen zugelassen, so vor allem bei Schreib- und Rechenfehlern und sonstigen offenbaren Unrichtigkeiten. Der Wahlvorstand muss aber Berichtigungen bzw. Ergänzungen vornehmen, um einer Anfechtung der Wahl vorzubeugen (vgl. § 19 Abs. 1 BetrVG, wonach eine Anfechtung u. a. voraussetzt, das Verstöße gegen wesentliche Wahlbestimmungen nicht berichtigt worden sind). Nimmt der Wahlvorstand Berichtigungen vor, die wesentliche Wahlvorschriften betreffen (z. B. Ort und Zeit der Stimmabgabe, Anzahl Sitze Minderheitengeschlecht, Größe des Betriebsrats, Stützunterschriften), muss dieser die Wahlberechtigten deutlich auf diese Änderungen hinweisen. Ein schlichter Austausch des Wahlausschreibens ist nicht ausreichend.

Entscheidend ist, dass eine Berichtigung bzw. Ergänzung des Wahlausschreibens keine Einschränkung des Wahlrechts der Wähler zur Folge hat (BAG v. 19. 9. 1985, *R 201*). So stellt z. B. die fehlende Angabe eines Wahllokals keinen Verstoß gegen wesentliche Wahlvorschriften dar, wenn sie rechtzeitig ergänzt wird, dass alle Wahlberechtigten davon Kenntnis nehmen können (BAG v. 19. 9. 1985, *R 201*, im konkreten Fall neun Tage vor der Wahl).

Muss der Wahlvorstand Angaben im Wahlausschreiben korrigieren, die Einfluss auf die Einreichung von Wahlvorschlägen haben können (Größe des Betriebsrats, Anzahl der erforderlichen Stützunterschriften, Anzahl der Sitze für das Minderheitengeschlecht), muss er dies durch Aushang und deutlichen Hinweis auf die Korrekturen (Angabe der Änderungen) an allen Stellen, an denen das ursprüngliche Wahlausschreibens bekannt gemacht worden ist, den Wählern bekannt machen, Den im Betrieb vertretenen Gewerkschaften muss das geänderte Wahlausschreiben ebenfalls unverzüglich übermittelt werden, da es Einfluss auf die Frage der Einreichung von Wahlvorschlägen durch sie haben kann.

Korrigiert der Wahlvorstand diese Angaben, muss er eine Nachfrist von einer Woche für die Einreichung von Wahlvorschlägen setzen (DKKW-Homburg § 3 WO Rn. 31, Fitting § 3 WO Rn. 14 m. w. N.). Sind schon Wahlvorschläge eingereicht worden, verlieren diese ihre Gültigkeit (DKKW-Homburg § 3 WO Rn. 31). Würde die Korrektur und das Setzen einer Nachfrist zur Einreichung von Wahlvorschlägen dazu führen, dass die Mindestfrist zur Bekanntmachung der Wahlvorschläge (spätestens eine Woche vor

Beginn der Stimmabgabe, § 10 Abs. 2 WO) nicht eingehalten werden kann, muss der Wahltermin verschoben werden.

159 Eine Verschiebung des Wahltermins ist nicht durch eine Korrektur des Wahlausschreibens möglich. In diesem Fall hat der Wahlvorstand ein neues Wahlausschreiben zu erlassen und bekanntzumachen (DKKW-Homburg § 3 WO Rn. 34). Dies kann aber zu einer betriebsratslosen Zeit führen.

2.10 Entgegennahme und Prüfung von Wahlvorschlägen

160 Wahlvorschläge sind *im normalen Wahlverfahren* innerhalb einer Frist von zwei Wochen nach Erlass des Wahlausschreibens beim Wahlvorstand einzureichen. Ist das Wahlausschreiben z.B. am Donnerstag, den 13. März 2014 erlassen worden, sind Wahlvorschläge bis spätestens Donnerstag, den 27. April 2014 beim Wahlvorstand einzureichen. Im *vereinfachten einstufigen Wahlverfahren* beträgt die Frist eine Woche vor dem Tag der Wahlversammlung zur Wahl des Betriebsrats. Im *zweistufigen vereinfachten Wahlverfahren* müssen Wahlvorschläge bis zum Abschluss der Wahlversammlung zur Wahl des Wahlvorstands gemacht werden (siehe Rn. 282ff.).

Innerhalb der Einreichungsfrist muss sich der Wahlvorstand bereithalten, Wahlvorschläge entgegenzunehmen und unverzüglich zu prüfen (BAG v. 25.5.2005, *R 268*). Das gilt vor allem für die Zeit kurz vor dem Fristablauf. Der Wahlvorstand muss sich am letzten Tag der Einreichungsfrist bereithalten, um evtl. eingehende Wahlvorschläge kurzfristig zu prüfen. Nur so ist gewährleistet, dass Mängel der Wahlvorschläge auch noch vor Ablauf der Einreichungsfrist korrigiert werden können (BAG v. 18.7.2012, *R 272*, BAG v. 21.1.2009, *R 270*). Wird ein Wahlvorschlag z.B. einen Tag vor Ablauf der Einreichungsfrist eingereicht, darf der Wahlvorstand diesen nicht erst einen Tag nach Ablauf der Frist prüfen. Zwar sieht § 7 Abs. 2 WO vor, dass Wahlvorschläge möglichst binnen einer Frist von zwei Arbeitstagen geprüft werden sollen, dies ist jedoch keine starre Frist. Vielmehr ist entscheidend, dass der Wahlvorstand denjenigen, die die Wahlvorschläge einreichen, durch rechtzeitiges Überprüfen die Korrektur von eventuellen Mängeln ermöglicht (BAG v. 18.7.2012, *R 272*; BAG v. 21.1.2009, *R 270*).

Hat der Wahlvorstand (mit Ausnahme des zweistufigen vereinfachten **161** Wahlverfahrens) zur Entgegennahme von Wahlvorschlägen im Wahlausschreiben bestimmte Bürostunden angegeben, so müssen sie bis zum Ende dieser Bürostunden am letzten Tag der Frist bei ihm eingegangen sein. Das Fristende am letzten Tag darf mit dem Zeitpunkt zusammenfallen, an dem die betriebliche Arbeitszeit abläuft (vgl. BAG v. 4. 10. 1977; *R 239*; LAG München v. 18. 7. 2007, *R 244*, zum Einzelhandel; Hess. LAG v. 12. 1. 2012, *R 247*; vgl. LAG Hamm v. 26. 11. 2010, *R 245*).

Es ist nicht erforderlich, dass ein Wahlvorschlag beim Wahlvorstand in **162** dessen Büro abgegeben wird. Er kann auch durch die Post übersandt oder durch einen Boten überbracht werden. Ein Wahlvorschlag ist dem Wahlvorstand auch dann zugegangen, wenn er – soweit vorhanden – rechtzeitig in den Briefkasten oder in das Postfach des Wahlvorstands gelangt ist. Der Wahlvorstand ist dagegen nicht verpflichtet, Wahlvorschläge an anderen Stellen des Betriebes entgegenzunehmen. Der Wahlvorstand kann allerdings, was aber keineswegs vorgeschrieben ist, im Wahlausschreiben bestimmte Wahlvorstandsmitglieder namentlich bezeichnen, die zur Entgegennahme von Wahlvorschlägen berechtigt sind. Ist das der Fall, ist die Einreichung von Wahlvorschlägen bei den namentlich bezeichneten Wahlvorstandsmitgliedern rechtzeitig und wirksam, wenn die Einreichung innerhalb der Frist nach § 6 Abs. 1 Satz 2 WO erfolgte (vgl. LAG Hamm v. 9. 9. 1994; *R 241*).

Der Wahlvorstand hat neben der Fristeinhaltung zu prüfen, ob und in- **163** wieweit die Wahlvorschläge ordnungsgemäß und damit gültig sind. Die Wahlordnung verwendet die Begriffe »Vorschlagslisten« und »Wahlvorschläge«, wobei diese Begriffe nicht in der Wahlordnung definiert werden.

Die Verwendung des Begriffs Vorschlagsliste ist an sich nur dann konse- **164** quent, wenn mehrere Personen zu wählen sind und mehrere Wahlvorschläge eingereicht werden (vgl. auch Rn. 79 ff.). Es soll nachfolgend prinzipiell von Wahlvorschlägen gesprochen werden. Die Ausführungen beziehen sich dabei grundsätzlich zugleich auf Vorschlagslisten, die im Grunde jeweils für sich Wahlvorschläge sind.

Ein Wahlvorschlag besteht aus dem Teil, der die Kandidatenvorschläge **165** enthält (Bewerberteil) und dem Teil, der die Unterzeichner des Wahlvorschlags namentlich anführt (Stützunterzeichner). Bewerber- und Unterzeichnerteil des Wahlvorschlages müssen von Beginn an eine einheitliche Urkunde bilden. Vor allem in Groß- oder Filialbetrieben werden Stützunterschriften für Wahlvorschläge auf mehreren Exemplaren gesammelt werden müssen. Befinden sich Bewerberliste und Stützunterschriften auf mehreren Blättern, muss in jedem Fall eindeutig erkennbar sein, dass sie eine einheitliche Urkunde bilden. Dies kann durch die Wiedergabe eines Kennwortes auf allen Blättern erreicht werden (BAG v. 25. 5. 2005, *R 256*, vgl. BAG v. 20. 1. 2010, *R 259*, zum vergleichbaren Fall bei der Wahl der Schwerbehindertenvertretung). Um hier allen Zweifelsfragen aus dem Weg zu gehen, empfiehlt es sich, Bewerberteil und Stützunterschriften fest mit einander zu verbinden, z. B. durch Heftklammern. Zulässig ist es auch, auf mehreren Ausfertigungen des Wahlvorschlags Stützunterschriften zu sammeln (DKKW-Homburg § 6 WO Rn. 22, 23). Ein Wahlvorschlag ist der Vorschlag aller, die ihn als Stützunterzeichner unterschrieben haben. Das gilt unabhängig davon, dass der an erster Stelle stehende Unterzeichner als Listenvertreter gilt, sofern ein solcher im Wahlvorschlag nicht ausdrücklich angeführt wird (§ 6 Abs. 4 Satz 1 WO). Der Listenvertreter ist berechtigt und verpflichtet, gegenüber dem Wahlvorstand Erklärungen abzugeben sowie von diesem Erklärungen und Entscheidungen entgegenzunehmen (§ 6 Abs. 4 Satz 2 WO).

166   Jeder Wahlvorschlag soll – damit gegebenenfalls Ersatzmitglieder vorhanden sind – mindestens doppelt so viele Kandidaten aufweisen, wie bei der Wahl Betriebsratsmitglieder zu wählen sind (§ 6 Abs. 2 WO). Sind es weniger, wird der Wahlvorschlag dadurch nicht ungültig. Die Wahlbewerber sind in erkennbarer Reihenfolge in dem Wahlvorschlag unter fortlaufender Nummer mit Vornamen, Familiennamen, Geschlecht, Art der Beschäftigung aufzuführen. Die schriftliche Zustimmung eines jeden Bewerbers muss entweder (zweckmäßigerweise) in einer entsprechenden Rubrik im Wahlvorschlag vorgenommen oder dem Vorschlag beigefügt werden. Jeder Wahlvorschlag muss von mindestens einem Zwanzigstel der wahlberechtigten Arbeitnehmer, mindestens aber jedoch von drei Wahlberechtigten unterzeichnet sein (§ 14 Abs. 4 BetrVG). In Betrieben mit in der Regel bis zu zwanzig Arbeitnehmern genügen zwei Stützunterschriften. Der Wahlvorstand muss dies entsprechend prüfen. Der Wahlvorstand hat auch darauf zu achten, dass ein Bewerber nicht auf mehreren Wahlvorschlägen kandidiert. Ist mit seiner schriftlichen Zustimmung sein Name auf mehreren Wahlvorschlägen (Listen) vorhanden, hat ihn der Wahlvorstand aufzufordern, sich binnen drei Arbeitstagen zu erklären, auf welchem Vorschlag er seine Bewerbung aufrechterhält. Äußert er sich nicht, ist er auf sämtlichen Listen zu streichen (§ 6 Abs. 7 WO).

Wahlvorschläge können nicht elektronisch, z. B. per E-Mail, gemacht werden. Die Wahlordnung sieht dies nicht vor. Gleiches gilt für die Leistung von Stützunterschriften (BAG v. 20. 1. 2010, *R 259*, vgl. LAG Düsseldorf v. 18. 10. 2007, *R 258*). Nur im Original kann der Wahlvorstand die Unterlagen wirklich prüfen.

2.11 Wahlvorschläge zu dem aus einer Person bestehenden Betriebsrat

Unabhängig davon, ob ein oder mehrere Wahlvorschläge eingereicht worden **167** sind, findet die Wahl des Betriebsrats im vereinfachten Wahlverfahren immer als Mehrheitswahl (Personenwahl) statt. Außerdem sind die Bewerber auf dem Stimmzettel in alphabetischer Reihenfolge aufzuführen (§ 14 Abs. 2 BetrVG).

2.12 Heilbare und unheilbare Mängel von Wahlvorschlägen

Jeder Wahlvorschlag ist nach dem Einreichen, das dem Listenvertreter zu **168** bestätigen (mit Datum und Uhrzeit) ist, unverzüglich vom Wahlvorstand zu prüfen; grundsätzlich innerhalb von zwei Arbeitstagen (§ 7 Abs. 2 WO). Zur Pflicht des Wahlvorstands quasi sofort einen Wahlvorschlag zu prüfen, vor allem am letzten Tag der Einreichungsfrist, siehe Rn. 160.

Die Wahlordnung unterscheidet zwischen unheilbaren und heilbaren **169** Mängeln. Unheilbare Mängel enthalten nach § 8 Abs. 1 WO Wahlvorschläge, die

■ nicht fristgerecht eingereicht worden sind,

■ auf denen die Bewerber nicht in erkennbarer Reihenfolge aufgeführt sind,

■ die bei der Einreichung nicht die erforderliche Zahl von Unterschriften aufweisen, mit denen der Wahlvorschlag gestützt werden muss.

Doppelunterzeichnungen

170 Die Streichung von Stützunterschriften beeinträchtigt die Gültigkeit eines Wahlvorschlags nicht zwangsläufig. Soweit in § 8 Abs. 1 WO bei der erforderlichen Zahl der Unterschriften darauf hingewiesen wird, dass § 6 Abs. 5 WO unberührt bleibt, ist damit Folgendes gemeint: Es kann das Problem von Doppelunterzeichnungen auftreten (ein und derselbe Arbeitnehmer hat zwei oder mehr Wahlvorschläge unterzeichnet, vgl. § 6 Abs. 5 WO). Er ist dann vom Wahlvorstand aufzufordern, sich zu erklären, auf welchem Wahlvorschlag er seine Unterschrift aufrechterhält. Erklärt er sich nicht, bleibt die Unterschrift auf dem zuerst eingereichten Wahlvorschlag bestehen, auf dem anderen wird sie gestrichen. Werden Listen zeitgleich eingereicht, entscheidet das Los.

171 Kommt es bei einem Wahlvorschlag wegen Doppelunterzeichnungen zur Streichung von Stützunterschriften, kann es vorkommen, dass dadurch die notwendige Zahl von Stützunterschriften nach § 14 Abs. 4 BetrVG nicht mehr vorhanden ist. Es liegt dann kein unheilbarer Mangel vor, sondern ein heilbarer Mangel (vgl. Rn. 169).

172 Die in § 8 Abs. 1 WO genannten Gründe, die zur Ungültigkeit eines Wahlvorschlags führen können, sind nicht abschließend. Ein Wahlvorschlag kann beispielsweise auch ungültig sein, wenn er Kandidaten enthält, die nicht wählbar sind.

Demgegenüber verweist § 8 Abs. 2 WO auf heilbare Mängel. Solche Mängel liegen vor, wenn

- die Bewerber nicht in der in § 6 Abs. 3 WO bestimmten Weise bezeichnet sind,

- die schriftliche Zustimmung der Bewerber zur Aufnahme in den Wahlvorschlag nicht vorliegt,

- der Wahlvorschlag infolge von Streichungen gem. § 6 Abs. 5 WO nicht mehr die erforderliche Zahl von Stützunterschriften aufweist.

Enthält ein Wahlvorschlag ein irreführendes Kennwort (z. B. weil ein Wahlvorschlag ein Gewerkschaftskürzel benutzt, das schon von einem anderen Wahlvorschlag mit offizieller Unterstützung einer Gewerkschaft benutzt wird), muss der Wahlvorstand auf eine Korrektur bei dem Einreicher dringen. Wird das irreführende Kennwort nicht korrigiert, ist der Wahlvorschlag ungültig. Der Wahlvorstand selbst darf das Kennwort nicht eigenmächtig korrigieren (LAG Hamm v. 18.3.2011, *R 260*).

Einschaltung des Listenvertreters

Mängel nach § 8 Abs. 2 WO können binnen einer Frist von drei Arbeitsta- **173** gen beseitigt werden. Die Frist beginnt, wenn der Listenvertreter über die Mängel unterrichtet wurde. Ist der Listenvertreter z. B. am Montag, den 24. März 2014 über Mängel unterrichtet worden, müssen die Mängel bis spätestens Donnerstag, den 27. März 2014 beseitigt sein. Der Tag der Unterrichtung zählt bei der Fristberechnung nicht mit (§ 187 Abs. 1 BGB). Die Wahlordnung schreibt deshalb vor, dass der Wahlvorstand den Listenvertreter unverzüglich schriftlich unter Angabe der Gründe zu unterrichten hat (§ 7 Abs. 2 WO). Dieser soll dadurch in die Lage versetzt werden, die Mängel innerhalb der dreitägigen Frist zu beheben. Unterbleibt die Mitteilung des Wahlvorstands an den Listenvertreter, ist die Wahl anfechtbar (LAG Frankfurt v. 5. 7. 1965; *R 262*). Aber auch bei unheilbaren Mängeln nach § 8 Abs. 1 WO ist der Listenvertreter darauf hinzuweisen, dass die Liste unheilbar ungültig ist. Der Listenvertreter kann, wenn die Einreichungsfrist für Vorschlagslisten noch läuft, versuchen, eine neue und gültige Vorschlagsliste einzureichen.

Zu den Besonderheiten im *vereinfachten Wahlverfahren* siehe Rn. 282, 325.

Es ist in der Wahlordnung nicht ausdrücklich geregelt, ob die Unterrich- **174** tung des Listenvertreters unter Beifügung des Originals der Vorschlagsliste zu geschehen (DKKW-Homburg § 7 WO Rn. 8) hat oder ob dem Listenvertreter lediglich eine Kopie der Liste auszuhändigen ist (LAG Hamm v. 18. 3. 2011, *R 271*; Fitting § 7 Rn. 7).

Liegen heilbare Mängel vor, kann der Listenvertreter die erforderlichen **175** Nachbesserungen vornehmen. Ist beispielsweise die Zahl der erforderlichen Stützunterschriften wegen der Streichung von Doppelunterzeichnern unter die nach § 14 Abs. 4 BetrVG notwendige Zahl gesunken, muss der Listenvertreter innerhalb der Frist nach § 8 Abs. 2 WO weitere Stützunterschriften beibringen. Weist ein so ergänzter Wahlvorschlag wiederum Unterschriften auf, die bereits unter anderen Wahlvorschlägen (Vorschlagslisten) stehen, sind die Doppelunterschriften auf der ergänzten Liste zu streichen (ArbG Gelsenkirchen v. 15. 3. 1968; *R 263*). Führt die Streichung von Doppelunterschriften auf der ergänzten Liste dazu, dass die notwendige Anzahl von Stützunterschriften wiederum nicht erreicht wird, ist der Vorschlag unheilbar ungültig.

176 Von der Problematik mangelhafter Wahlvorschläge ist die Frage zu unterscheiden, ob der Listenvertreter berechtigt ist, einen bereits beim Wahlvorstand eingereichten Wahlvorschlag (Vorschlagsliste) wieder zurückzunehmen. Das ist zu verneinen (LAG Niedersachsen v. 28. 6. 2007, *R 257*). Die Aufgabe des Listenvertreters beschränkt sich nach § 6 Abs. 4 WO auf »die zur Beseitigung von Beanstandungen erforderlichen Erklärungen« (LAG Niedersachen v. 28. 6. 2007, *R 257*). Die Rücknahme eines beim Wahlvorstand eingereichten Wahlvorschlags durch den Listenvertreter ist selbst dann nicht zulässig, wenn die Einreichungsfrist noch nicht abgelaufen ist (BVerwG v. 11. 6. 1975; *R 264*, zu §§ 7, 8 Abs. 4 WO BPersVG).

Auch darf ein Wahlvorschlag, für den schon Stützunterschriften gesammelt wurden, nicht mehr geändert werden. Der Wahlvorschlag ist dann ein gemeinsamer Vorschlag aller Unterstützer. Deshalb dürfen weder Kandidaten gestrichen, noch die Reihenfolge der Kandidaten geändert werden (LAG Niedersachsen v. 28. 6. 2007, *R 257*).

2.13   Nachfrist zum Einreichen von Wahlvorschlägen

177 Zu einer Nachfrist im *normalen Wahlverfahren* kann es kommen, wenn innerhalb der Frist keine Vorschläge eingereicht worden sind (§ 9 Abs. 1 WO).

Im *vereinfachten Wahlverfahren* gibt es keine Nachfrist (§§ 33 Abs. 5; 36 Abs. 6 WO).

Bekanntmachung der Wahlvorschläge

178 Nach Ablauf der Einreichungsfrist bzw. nach Ablauf der Nachfrist sind die gültigen Vorschläge an den gleichen Stellen im Betrieb bekannt zu machen, an denen auch das Wahlausschreiben aushängt. Dies hat spätestens eine Woche vor Beginn der Stimmabgabe zu geschehen (§ 10 Abs. 2 WO). Beginnt diese z. B. am Freitag, den 25. April 2014, sind die gültigen Wahlvorschläge spätestens am Donnerstag, den 17. April 2014 bekanntzumachen. Sind mehrere Listen eingereicht worden, ist vor dem Aushang durch Losentscheid in Anwesenheit der Listenvertreter die Reihenfolge der Ordnungsnummern zu ermitteln, die den eingereichten Vorschlagslisten zugeteilt werden (§ 10 Abs. 1 WO). Die Bekanntmachung hat bei der Listenwahl zu umfassen: die Ordnungsnummer, das Kennwort (soweit vorhanden) und die beiden an erster Stelle stehenden Bewerber sowie die genaue Anführung aller Wahlbewerber. Bei der Personen- bzw. Mehrheitswahl sind alle Bewerber in der Reihenfolge bekanntzumachen, wie sie auf dem Wahlvorschlag stehen.

2.14 Einspruch gegen die Wählerliste

Die Arbeitnehmer können *im normalen Wahlverfahren* innerhalb von zwei **179** Wochen seit Erlass des Wahlausschreibens Einspruch gegen die Wählerliste einlegen, wobei die Schriftform vorgeschrieben ist (§ 4 Abs. 1 WO). Ist das Wahlausschreiben z. B. am Donnerstag, den 13. März 2014 erlassen und ausgehängt worden, endet die Frist für Einsprüche am Donnerstag, den 27. März 2014. Es ist nicht erforderlich, dass der Arbeitnehmer, der Einspruch einlegt, selbst von der von ihm angenommenen Unrichtigkeit betroffen ist. So könnte ein Arbeitnehmer geltend machen, dass andere Beschäftigte nicht oder zu Unrecht in die Wählerliste aufgenommen worden sind. Der Einspruch ist allerdings insoweit ausgeschlossen, als er sich darauf stützt, dass die Zuordnung zum Personenkreis der leitenden Angestellten nach § 18 a BetrVG (zu dem Zuordnungsverfahren vgl. Rn. 126 ff.) fehlerhaft erfolgt sei (vgl. auch § 4 Abs. 2 Satz 2 und 3 WO).

Im vereinfachten Wahlverfahren sind Einsprüche binnen drei Tagen seit Erlass des Wahlausschreibens einzulegen (§ 31 Abs. 1 Nr. 3 WO).

Einsprüche sind grundsätzlich an der Betriebsadresse des Wahlvor- **180** stands abzugeben. Dieser kann jedoch bestimmte Vorkehrungen treffen (z. B. Briefkasten), damit die Abgabe eines Einspruchs erleichtert wird.

Der Wahlvorstand hat über Einsprüche grundsätzlich unverzüglich zu entscheiden. Es muss ihm natürlich die zur tatsächlichen und rechtlichen Prüfung notwendige Zeit bleiben. Entschieden wird durch Mehrheitsbeschluss. Abstimmungsberechtigt sind auch hier nur die stimmberechtigten Wahlvorstandsmitglieder.

Demjenigen, der den Einspruch eingelegt hat, ist die Entscheidung des **181** Wahlvorstands schriftlich mitzuteilen. Wenn im § 4 Abs. 2 Satz 5 WO festlegt wird, dass die Entscheidung des Wahlvorstands demjenigen, der Einspruch eingelegt hat, spätestens am Tage vor dem Beginn der Stimmabgabe zugehen muss, heißt das nicht, dass der Wahlvorstand generell bis zu diesem Tage warten darf.

182   Der Wahlvorstand ist nicht verpflichtet, seine Entscheidung zu begründen. Im Falle der Ablehnung des Einspruchs sollte er dies dennoch tun, um seine Entscheidung transparent und verständlich zu machen. Hält der Wahlvorstand den Einspruch für begründet, ist die Wählerliste entsprechend zu berichtigen.

2.15   Weitere wahlvorbereitende Maßnahmen, insbesondere für die persönliche und schriftliche Stimmabgabe sowie die Berichtigung der Wählerliste

183 Auf bestimmte wahlvorbereitende Maßnahmen, wie etwa die Bereitstellung eines geeigneten Wahlraumes und die Beschaffung von Wahlurnen, ist bereits hingewiesen worden (vgl. Rn. 138). Solche technischen Vorbereitungen werden sicherlich je nach Arbeitsanfall und betrieblichen Gegebenheiten zeitlich etwas differieren. Das Ziel muss aber immer sein, dass die Wahl zeitgerecht und ordnungsgemäß ablaufen kann. Über die bereits erwähnten Maßnahmen hinaus sind weitere Handlungen des Wahlvorstands vor der Wahl notwendig, wie etwa die Anfertigung der Stimmzettel und der Unterlagen für die schriftliche Stimmabgabe.

Anfertigung von Stimmzetteln

184 Rechtzeitig zur Wahl müssen die Stimmzettel und die Wahlumschläge bereitliegen. Bei der Anfertigung der Stimmzettel ist danach zu unterscheiden, ob die Betriebsratswahl als Mehrheitswahl (Personenwahl) oder als Verhältniswahl (Listenwahl) durchgeführt wird. Bei der Verhältnis- bzw. Listenwahl (§ 11 Abs. 2 WO) sind die Wahlvorschläge in der Reihenfolge der ausgelosten Ordnungsnummern mit Angabe der beiden auf dem Wahlvorschlag an erster Stelle stehenden Wahlbewerber mit Familienname, Vorname und Art der Beschäftigung im Betrieb untereinander sowie – soweit vorhanden – das Kennwort der Liste anzugeben. Nicht zulässig ist die Verwendung von mehreren Stimmzetteln für verschiedene Wahlvorschläge (LAG Schleswig-Holstein v. 15.9.2011, R 455). Bei der Listenwahl dürfen auf den Stimmzetteln – neben einem evtl. Kennwort der Liste – nur die ersten beiden auf den Wahlvorschlag aufgeführten

Kandidaten auf dem Stimmzettel abgedruckt werden und nicht alle Kandidaten der Liste (LAG Schleswig-Holstein v. 15. 9. 2011, *R 425*).

Bei der Mehrheits- bzw. Personenwahl sind auf dem Stimmzettel alle Kandidaten mit Name und Vorname sowie mit der Art der Beschäftigung im Betrieb in der Reihenfolge aufzuführen, wie sie auf dem Wahlvorschlag stehen (§ 20 Abs. 2 WO). Der Wahlvorstand darf die Reihenfolge nicht verändern, in dem er z. b. die Kandidaten abweichend vom Wahlvorschlag alphabetisch auf dem Stimmzettel aufführt (LAG Berlin-Brandenburg v. 25. 8. 2011, *R 276*).

185 Alle Stimmzettel (und Briefumschläge) müssen gleich sein. Bereits ein stärkerer Aufdruck eines Stimmkreises oder andere drucktechnische Differenzierungen können die Wahl anfechtbar machen (vgl. BAG v. 14. 1. 1969; *R 273*).

186 Unabhängig von der Wahlart ist erforderlich, dass Wahlumschläge vorhanden sind, in die die Stimmzettel nach der Stimmabgabe eingelegt werden können. Bei einer Wahl ohne die Verwendung von Wahlumschlägen ist das Wahlgeheimnis nicht gewahrt (LAG Berlin-Brandenburg v. 25. 8. 2011, *R 276*; LAG Niedersachsen v. 1. 3. 2004, *R 275*).

Vorbereitungen für die schriftliche Stimmabgabe

187 Die Voraussetzungen und Einzelheiten für die Briefwahl (auch die nachträgliche schriftliche Stimmabgabe) sind in § 24 WO geregelt. Diese Bestimmung schreibt vor, dass der Wahlvorstand bestimmten wahlberechtigten Arbeitnehmern Unterlagen für die schriftliche Stimmabgabe unaufgefordert zusenden oder auf Verlangen aushändigen muss. Es handelt sich um drei Arbeitnehmergruppen (§ 24 WO):

- wahlberechtigte Arbeitnehmer, die zum Zeitpunkt der Wahl wegen Abwesenheit vom Betrieb die Stimme nicht persönlich abgeben können;
- wahlberechtigte Arbeitnehmer, die wegen der Eigenart ihres Beschäftigungsverhältnisses zum Zeitpunkt der Wahl voraussichtlich nicht im Betrieb anwesend sein werden (insbesondere im Außendienst oder mit Telearbeit und in Heimarbeit Beschäftigte), und
- wahlberechtigte Arbeitnehmer in Betriebsteilen und Kleinstbetrieben, die räumlich weit vom Hauptbetrieb entfernt sind, sofern der Wahlvorstand für diese Bereiche die schriftliche Stimmabgabe beschlossen hat und in den Betriebsteilen kein eigener Betriebsrat gewählt wird.

188   Wahlberechtigte Arbeitnehmer, die am Wahltag die Stimme nicht persönlich abgeben können, erhalten die Unterlagen auf Anforderung. Der Grund der Abwesenheit vom Betrieb ist dabei gleichgültig. Die Abwesenheit kann auf persönlichen oder anderen Gründen beruhen, wie etwa Krankheit, Urlaub, Ableistung von Zivil- oder Wehrdienst oder Inanspruchnahme von Elternzeit. Auch betriebliche Gründe, wie zum Beispiel eine Dienstreise bei einem sonst im Betrieb anwesenden Arbeitnehmer, rechnen dazu. Die Briefwahlunterlagen können persönlich oder schriftlich beim Wahlvorstand beantragt werden.

189   Wahlberechtigte, die zum Zeitpunkt der Wahl wegen der Eigenart ihres Beschäftigungsverhältnisses voraussichtlich nicht im Betrieb anwesend sein werden, erhalten die Wahlunterlagen vom Wahlvorstand ohne Anforderung zugesandt. Zur Übersendung der Wahlunterlagen ist der Wahlvorstand natürlich nur verpflichtet, wenn er Kenntnis von einer solchen Beschäftigung hat. Er muss aber alles tun, um diese Kenntnis zu erlangen. Das bedeutet insbesondere, dass – wenn diese Kenntnis nicht ohne weiteres vorhanden ist – der Arbeitgeber aufgefordert wird, rechtzeitig entsprechende Angaben zu machen.

190   Beschäftigtengruppen, denen der Wahlvorstand die Unterlagen von Amts wegen zuleiten muss, sind beispielsweise Telearbeiter, Heimarbeiter, Außendienstbeschäftigte, Monteure und Kraftfahrer sowie Leiharbeitnehmer in Leihfirmen (LAG Hessen v. 17. 4. 2008, *R 289*).

191   Voraussetzung für die Übersendung von Wahlunterlagen an die in Betriebsteilen und Nebenbetrieben beschäftigten Arbeitnehmer ist ein Beschluss des Wahlvorstands, dass für diese Bereiche die schriftliche Stimmabgabe erfolgen soll. Dieser Beschluss ist prinzipiell vor Erlass des Wahlausschreibens zu fassen. Für Betriebsteile und Kleinbetriebe schreibt dies § 3 Abs. 1 Nr. 11 WO ausdrücklich vor. Liegt er vor, erhalten die wahlberechtigten Arbeitnehmer dieser Bereiche die Unterlagen ebenfalls ohne Anforderung zugesandt.

Der Wahlvorstand kann aber nicht – zur Vereinfachung der Dinge – generell für alle Arbeitnehmer die schriftliche Stimmabgabe beschließen (LAG Hamm v. 16. 11. 2007, *R 288*; LAG Niedersachsen v. 9. 3. 2011, *R 290*). Die Wahlordnung geht vom Regelfall der persönlichen Stimmabgabe aus.

192   Welche Unterlagen sind den Arbeitnehmern für die Briefwahl zu übergeben bzw. zu übersenden? § 24 Abs. 1 WO nennt folgende Unterlagen:

- das Wahlausschreiben,
- die Vorschlagslisten (Wahlvorschläge),
- den Stimmzettel und den Wahlumschlag,
- eine bereits vorgedruckte und vom Wähler abzugebende Erklärung, in der er versichert, dass der Stimmzettel von ihm persönlich gekennzeichnet worden ist, und
- einen größeren Freiumschlag, der die Anschrift des Wahlvorstands und als Absender den Namen und die Anschrift des Wahlberechtigten sowie den Vermerk »Schriftliche Stimmabgabe« trägt.

Nicht zwingend vorgeschrieben ist die Übersendung eines Merkblattes, **193** das über die Art und Weise der schriftlichen Stimmabgabe informiert. Ein solches Merkblatt ist allerdings zweckmäßig.

Die Unterlagen für die schriftliche Stimmabgabe sollten baldmöglichst angefertigt, zusammengestellt und übersandt werden, nachdem feststeht, welche gültigen Wahlvorschläge vorliegen. Der späteste Zeitpunkt zur Übersendung der Unterlagen für die schriftliche Stimmabgabe dürfte der Tag sein, an dem die gültigen Wahlvorschläge im Betrieb bekannt gemacht werden (§ 10 Abs. 2 WO). Das schließt wiederum nicht aus, dass die Unterlagen in Einzelfällen noch bis zum Wahltag angefordert werden. Auf jeden Fall müssen die Unterlagen den Wähler so rechtzeitig erreichen, dass dieser Gelegenheit hat, sie auf postalischem oder anderem Wege vor Abschluss der Stimmabgabe wieder an den Wahlvorstand zurückzusenden.

Zur nachträglichen schriftlichen Stimmabgabe im *vereinfachten Wahlverfahren* vgl. Rn. 298 ff.

Es dient der Beschleunigung, dem Wähler die Unterlagen für die schrift- **194** liche Stimmabgabe, sofern dies möglich ist, vor seiner Abwesenheit noch im Betrieb zu geben. Sie sind ihm ansonsten auf dem Postweg oder durch andere Weise zu übermitteln, etwa durch einen Boten. Die Übergabe bzw. die Absendung der Unterlagen für die schriftliche Stimmabgabe ist im Wählerverzeichnis zu vermerken. Sinn des Vermerks ist, zu verhindern, dass ein Arbeitnehmer seine Stimme sowohl schriftlich als auch persönlich im Wahlraum abgibt (zu der Stimmabgabe bei der Briefwahl und zu der Behandlung der schriftlichen Stimmen durch den Wahlvorstand: vgl. Rn. 212 ff.).

Unterrichtung der ausländischen Arbeitnehmer

195 Arbeitnehmer, die der deutschen Sprache nicht mächtig sind, muss der Wahlvorstand vor Einleitung der Betriebsratswahl in geeigneter Form über Wahlverfahren, Ausstellung der Wähler- und Vorschlagslisten, Wahlvorgang und Stimmabgabe unterrichten (§ 2 Abs. 5 WO). Die Unterrichtung hat teilweise sogar schon vor der Einleitung der Betriebsratswahl, also vor Aushang des Wahlausschreibens zu erfolgen. Die Vorschrift des § 2 Abs. 5 WO führt neben der Unterrichtung der ausländischen Arbeitnehmer über den Wahlvorgang und die Stimmabgabe auch die Unterrichtung über das Wahlverfahren und die Aufstellung der Wählerliste und der Wahlvorschläge an. Dabei ist ein strenger Maßstab anzulegen. Im Zweifelsfall muss der Wahlvorstand davon ausgehen, dass die Sprachkenntnisse für die nicht unkomplizierte Betriebsratswahl nicht ausreichen. Das Verständnis der Wahlvorschriften erfordert in der Regel bessere Kenntnisse der deutschen Sprache als die tägliche Arbeit im Betrieb (vgl. LAG Niedersachsen v. 16.6.2008, *R 206*; s. auch BAG v. 13.10.2004, *R 204*). Die Beachtung der Regelung des § 2 Abs. 5 WO ist umso wichtiger, als eine Nichtinformation die Anfechtung der Wahl begründen kann, wenn das Gericht zu der Auffassung kommt, die ausländischen Arbeitnehmer hätten nicht die erforderlichen Kenntnisse gehabt, um sich an der Betriebsratswahl zu beteiligen (vgl. LAG Frankfurt v. 5.7.1965; *R 199*).

196 In welcher Form der Wahlvorstand die ausländischen Arbeitnehmer unterrichtet legt die Wahlordnung nicht fest. Der Wahlvorstand hat in dieser Hinsicht einen Ermessensspielraum (DKKW-Homburg, § 2 WO Rn. 27). Das Wahlausschreiben wird wegen seiner Bedeutung für die Wahl stets in die Sprachen der im Betrieb vertretenen ausländischen Arbeitnehmer übersetzt werden müssen, sofern die ausländischen Arbeitnehmer nicht in der Lage sind, den deutschen Text des Wahlausschreibens zu verstehen (BAG v. 13.10.2004; *R 204*). Auch wesentliche Aushänge des Wahlvorstands (z. B. Setzen einer Nachfrist zur Einreichung von Wahlvorschlägen) sollten in die jeweiligen Sprachen übersetzt werden. Im vereinfachten Wahlverfahren muss auf den Wahlversammlungen im Zweifelsfall ein Dolmetscher hinzugezogen werden. Dagegen dürfen Doppelunterzeichner im Sinne des § 6 Abs. 5 WO vom Wahlvorstand in deutscher Sprache aufgefordert werden, sich für die eine oder andere Vorschlagsliste zu entscheiden (so LAG Hamm v. 17.5.1973; *R 200*). Notwendig ist es, ein Merkblatt in den Sprachen der im Betrieb vorhandenen ausländischen Arbeitnehmer herauszubringen, das diese allgemein über das Wahlverfahren und ihre Rechte und Möglichkeiten aufklärt.

Berichtigung der Wählerliste

Die Wahlordnung (§ 4 Abs. 3) schreibt vor, dass der Wahlvorstand nach **197** Ablauf der Einspruchsfrist die Wählerliste (vgl. § 4 Abs. 1 WO) nochmals überprüfen soll, ob sie vollständig ist. Die Überprüfung wird sich insbesondere darauf erstrecken, ob alle wahlberechtigten Arbeitnehmer des Betriebs in diese Liste aufgenommen worden und auch die sonst notwendigen Angaben enthalten sind. Es handelt sich um die letzte umfassende Überprüfung vor der Wahl, weil die Wählerliste nach Ablauf der Einspruchsfrist nur in besonders vorgesehenen Fällen berichtigt oder ergänzt werden kann.

Nach Ablauf der Einspruchsfrist ist eine Berichtigung bzw. Ergänzung **198** nur noch zulässig

- bei Schreibfehlern,
- bei offenbaren Unrichtigkeiten,
- in Erledigung rechtzeitig eingelegter Einsprüche,
- bei Eintritt eines wahlberechtigten Arbeitnehmers in den Betrieb,
- bei Eintritt eines zur Arbeitsleistung überlassenen Arbeitnehmers, sofern dieser länger als drei Monate im Betrieb bleiben soll,
- Ausscheiden eines Arbeitnehmers aus dem Betrieb bis zum Wahltag.

Ein Schreibfehler liegt vor, wenn ein Wort oder eine Zahl (z. B. die Zahlen **199** des Geburtstags) nicht so geschrieben sind, wie der Schreibende es eigentlich wollte. Offenbar unrichtig ist die Wählerliste, wenn sie noch den Namen eines Arbeitnehmers enthält, der bereits aus dem Betrieb ausgeschieden ist. Ebenso kommt eine Ergänzung in Betracht, wenn nach Ablauf der Einspruchsfrist ein Arbeitnehmer (bis zum Tage vor dem Wahltag) in den Betrieb eintritt. Das muss nicht immer eine Neueinstellung sein. Das Eintreten in den Betrieb kann auch dadurch geschehen, dass ein Arbeitnehmer von einem Betrieb in einen anderen Betrieb desselben Unternehmens versetzt wird, in dem eine Betriebsratswahl bevorsteht. Jede Berichtigung oder Ergänzung der Wählerliste bedarf eines Beschlusses des Wahlvorstands. Das gilt selbst bei der Berichtigung von bloßen Schreibfehlern (DKKW-Homburg, § 4 WO Rn. 28). Wurde die Wählerliste berichtigt, ist sie in der berichtigten Fassung auszulegen (vgl. § 2 Abs. 4 BetrVG).

III. Die Stimmabgabe

1. Die persönliche Stimmabgabe

200 Unmittelbar vor Beginn der Stimmabgabe wird der Wahlvorstand noch einmal prüfen, ob alles für eine *ordnungsgemäße Wahl* vorbereitet ist. Im Wahlraum hat der Wahlvorstand für die Zeit der Vorbereitung und der Durchführung der Wahl das Hausrecht und führt dementsprechend auch die Aufsicht. Er hat dafür zu sorgen, dass die Wahl ordnungsgemäß abläuft.

201 Vor Beginn der Stimmabgabe hat sich der Wahlvorstand davon zu überzeugen, dass die Wahlurnen in *einwandfreiem Zustand und leer* sind. Während der gesamten Wahl müssen mindestens zwei stimmberechtigte Wahlvorstandsmitglieder im Wahlraum anwesend sein. Sind Wahlhelfer bestellt (vgl. § 1 Abs. 2 WO), so genügt die Anwesenheit eines stimmberechtigten Wahlvorstandsmitglieds und eines Wahlhelfers (§ 12 Abs. 2 WO).

Abgabe der Wählerstimme

202 Die Wähler erhalten bei der *persönlichen Stimmabgabe* im Wahlraum die Wahlunterlagen, nachdem der Wahlvorstand geprüft hat, ob sie in die Wählerliste eingetragen sind. Mit Stimmzettel und Wahlumschlag geht der Wähler in die Wahlkabine bzw. hinter die für die unbeobachtete Stimmabgabe vorgesehene Trennwand und füllt den Stimmzettel aus.

203 Erfolgt der Wahlgang als *Listenwahl*, hat der Wähler eine Stimme. Er kann sie durch Ankreuzen einer Liste an der im Stimmzettel vorgesehenen Stelle abgeben. Wird die Wahl als *Mehrheitswahl* durchgeführt, kann der Wähler höchstens so viele Bewerber ankreuzen, wie Betriebsratsmitglieder zu wählen sind. Er darf weniger ankreuzen, aber nicht mehr.

204 Nach der Stimmabgabe hat der Wähler den Stimmzettel in den Wahlumschlag zu stecken. Er geht zurück zur Wahlurne und nennt seinen Namen, soweit dieser den die Wahlhandlung durchführenden Wahlvorstandsmitgliedern nicht ohnehin bekannt ist. Die Stimmabgabe ist in der Wählerliste zu vermerken (§ 12 Abs. 3 WO). Sind mehrere Wahllokale eingerichtet, muss sichergestellt sein, dass niemand doppelt abstimmen kann. Dies kann durch die Einrichtung von Wahlbezirken erfolgen, d. h. durch die Zuordnung von Wahlberechtigten aus bestimmten Abteilungen zu Wahllokalen. Dann kann auch nur in diesen Wahllokalen abgestimmt werden. Diese Zuordnung muss im Wahlausschreiben angegeben sein. Wird die Wählerliste elektronisch geführt, muss sichergestellt sein, dass Stimmabgabevermerke nicht geändert werden können.

Die Wahlordnung sieht vor, dass der Wähler den Wahlumschlag mit **205** dem darin befindlichen Stimmzettel selbst in die Wahlurne einwirft (§ 12 Abs. 3 WO). Bei der Stimmabgabe müssen Wahlumschläge verwendet werden. Eine Stimmabgabe, bei der z. B. nur der gefaltete Stimmzettel in die Wahlurne eingeworfen wird, wahrt das Wahlgeheimnis nicht (LAG Berlin-Brandenburg v. 25. 8. 2011, *R 276*; LAG Niedersachsen v. 1. 3. 2004, *R 275*). Notwendig ist, dass das Wahlvorstandsmitglied den Einwurf des Wahlumschlags mit dem Stimmzettel beobachtet, damit nicht weitere (Wahl-)Unterlagen in die Urne gelangen.

Die Stimmabgabe ist *abgeschlossen*, wenn die im Wahlausschreiben dafür **206** festgesetzte Zeit abgelaufen ist. Unmittelbar vor der festgesetzten Zeit hat sich der Wahlvorstand mit den bis zu diesem Zeitpunkt eingegangenen schriftlichen Stimmabgaben zu befassen (vgl. Rn. 213 ff.). Eine wesentliche Ausnahme gibt es bei dem *vereinfachten Wahlverfahren,* sofern die nachträgliche Stimmabgabe angewandt wird. Erst mit Fristablauf der nachträglichen schriftlichen Stimmabgabe kann die Wahlurne geöffnet und mit der Stimmauszählung begonnen werden (vgl. dazu Rn. 297, 304).

2.   Die Briefwahl

Die *schriftliche Stimmabgabe,* die nicht in einem unmittelbaren zeitlichen **207** Zusammenhang mit der persönlichen Stimmabgabe steht, soll gewährleisten, dass der am Wahltag nicht im Betrieb anwesende Wähler Gelegenheit hat, seine Stimme im Wege der schriftlichen Abstimmung (Briefwahl) abzugeben.

208 Welche Voraussetzungen für die schriftliche Stimmabgabe bestehen und welche Unterlagen den schriftlich Abstimmenden zuzuleiten sind, ist bereits erläutert worden (vgl. Rn. 197 ff.; zu dem besonderen System der nachträglichen Stimmabgabe beim vereinfachten Wahlverfahren vgl. Rn. 298 ff.). Nachfolgend geht es um die *Art der schriftlichen Stimmabgabe* und ihre *weitere Behandlung* durch den Wahlvorstand.

Auch bei Briefwahl geheim und persönlich abstimmen

209 Auch für die schriftliche Stimmabgabe ist vorgeschrieben, dass sie *geheim* erfolgt. Am Arbeitsplatz darf der Wähler die Unterlagen daher nur dann ausfüllen, wenn er die Stimmabgabe *unbeobachtet* vornehmen kann. Die entsprechenden Kontrollmöglichkeiten sind für den Wahlvorstand freilich ziemlich gering, weil die schriftliche Stimmabgabe in vielen Fällen ohnehin zu Hause erfolgen wird. Die Wahlordnung sieht nicht zuletzt wegen der fehlenden Kontrollmöglichkeit vor, dass der schriftlich Abstimmende eine Erklärung darüber abgeben muss, dass er den Stimmzettel *persönlich* gekennzeichnet hat (§ 24 Abs. 1 Nr. 4 WO).

210 Der ausgefüllte Stimmzettel ist durch den schriftlich Abstimmenden in den *Wahlumschlag* zu stecken. Sodann muss der Wähler die *Erklärung*, mit der die persönliche Kennzeichnung des Stimmzettels versichert wird, unter Angabe des Ortes und des Datums gemeinsam mit dem Wahlumschlag, der den ausgefüllten Stimmzettel enthält, in den größeren Freiumschlag stecken (die Erklärung darf *nicht* in den Wahlumschlag gelegt werden!). Der Freiumschlag ist zu verschließen und so rechtzeitig an den Wahlvorstand abzusenden bzw. dem Wahlvorstand zu übergeben, dass er diesem bis zum Schluss der Stimmabgabe (Zeitpunkt ist im Wahlausschreiben angegeben) zugegangen ist. Danach eingehende Freiumschläge mit der schriftlichen Stimmabgabe dürfen bei der Stimmauszählung *nicht mehr berücksichtigt* werden.

211 Der Wähler bestimmt die *Art der Versendung*. Die Übersendung an den Wahlvorstand wird regelmäßig auf postalischem Wege oder durch unmittelbare Abgabe beim Wahlvorstand geschehen. Das *Risiko* für die rechtzeitige Ankunft der schriftlich abgegebenen Stimme trägt grundsätzlich der Wähler.

Behandlung der Briefwahlunterlagen

Der Wahlvorstand hat die bei ihm eingehenden Freiumschläge mit einem **212**
Eingangsvermerk zu versehen. Er darf sie jedoch nicht öffnen und etwa die
darin befindlichen Wahlumschläge entnehmen. Vielmehr sind die *ungeöff-
neten Freiumschläge* bis zum Wahltag sicher aufzubewahren. Allein der
Wahlvorstand darf Zugriff haben.

Der Wahlvorstand öffnet erst *unmittelbar* vor Abschluss der Stimm- **213**
abgabe die bis zu diesem Zeitpunkt eingegangenen Freiumschläge und
entnimmt ihnen die Wahlumschläge. Er prüft, ob die schriftliche Stimmabgabe *ordnungsgemäß* erfolgt ist. Das bedeutet insbesondere, dass die Freiumschläge rechtzeitig eingegangen sein und die vorgeschriebenen vorgedruckten Erklärungen vorhanden und unterschrieben sein müssen. Die
Wahlumschläge selbst dürfen *keine Kennzeichnung* tragen. Eine Stimmabgabe ohne die unterschriebene persönliche Erklärung ist ungültig (LAG
Hamm v. 9. 3. 2007, *R 286*). Eine Stimmabgabe, der nicht die unterschriebene Erklärung mit der persönlichen Kennzeichnung beiliegt, ist selbst
dann ungültig, wenn der Wahlvorstand vermutet, dass sich diese Erklärung
im Wahlumschlag bei dem Stimmzettel befindet. Er darf den Wahlumschlag
nicht öffnen, um eine entsprechende Prüfung vorzunehmen.

Ist die schriftliche Stimmabgabe ordnungsgemäß erfolgt, legt der Wahl- **214**
vorstand den Wahlumschlag nach Vermerk der Stimmabgabe *ungeöffnet*
in die Wahlurne (§ 28 Abs. 1 WO). Die schriftlich abgegebenen Stimmen
werden so mit den persönlich abgegebenen Stimmen *vermischt*. Nach Abschluss der Stimmabgabe eingehende Freiumschläge mit der schriftlichen
Stimmabgabe hat der Wahlvorstand mit einem Vermerk über den Zeitpunkt des Eingangs ungeöffnet zu den Wahlunterlagen zu nehmen (§ 26
Abs. 2 WO).

3. **Auszählung der abgegebenen Stimmen**

215 Unverzüglich nach Abschluss der Wahl nimmt der Wahlvorstand *öffentlich* die Auszählung der Stimmen vor (§ 13 WO). »Unverzüglich« bedeutet nicht, dass sich die Stimmauszählung direkt an den Wahlgang anschließen muss. Die Stimmauszählung kann auch an dem auf den letzten Wahltag folgenden Arbeitstag vorgenommen werden (zur besonderen Verfahrensweise bei der nachträglichen schriftlichen Stimmabgabe beim vereinfachten Wahlverfahren vgl. Rn. 298). Es ist sorgfältig darauf zu achten, dass die Wahlurne versiegelt und sicher aufbewahrt wird (vgl. § 12 Abs. 5 WO).

Die Stimmauszählung muss, damit der Grundsatz der Öffentlichkeit gewahrt bleibt, zum im Wahlausschreiben angegebenen Zeitpunkt stattfinden. Will der Wahlvorstand den Zeitpunkt der Auszählung verschieben, muss dies durch Aushang an allen Stellen an denen das Wahlausschreiben bekannt gemacht wurde, geschehen (LAG München v. 10. 3. 2008, *R 300*; LAG Nürnberg. 27. 11. 2007, *R 299*). Eine Verschiebung am Wahltag scheidet in der Regel schon deshalb aus, weil nicht alle Arbeitnehmer hiervon Kenntnis erlangen konnten. Der Raum in dem ausgezählt wird, muss für alle Arbeitnehmer des Betriebes ohne Schwierigkeiten (z. B. Einlass nur nach Klingeln) zugänglich sein.

216 Die Stimmauszählung wird damit eingeleitet, dass die Wahlurne durch ein *Wahlvorstandsmitglied* geöffnet wird. Sodann entnehmen die Wahlvorstandsmitglieder den Wahlumschlägen die Stimmzettel und prüfen, ob sie Fehler aufweisen, die die Stimmabgabe *ungültig* machen. Der Wahlvorstand kann bei der Stimmauszählung zu seiner Unterstützung Wahlhelfer hinzuziehen (§ 1 Abs. 2 Satz 2 WO).

217 Bei Zweifeln über die *Gültigkeit von Stimmzetteln* entscheiden mit einfacher Mehrheit allein die stimmberechtigten Wahlvorstandsmitglieder. Wahlhelfer oder nach § 16 Abs. 1 Satz 6 BetrVG entsandte Wahlvorstandsmitglieder stimmen nicht mit. Die Öffentlichkeit darf vom Wahlvorstand auch bei Beratungen über die Gültigkeit oder Ungültigkeit von Stimmen nicht ausgeschlossen werden (LAG Nürnberg v. 20. 9. 2011, *R 426*). Stimmzettel sind ungültig, wenn

218 ■ sie mit einem *besonderen Merkmal* versehen sind oder *Zusätze* und sonstige *Änderungen* enthalten;

■ sich der *Wählerwille nicht zweifelsfrei* ergibt. So kann es etwa sein, dass der Wähler das Kreuz zwischen zwei Stimmkreisen gemacht hat, sodass nicht zu erkennen ist, welche Liste bzw. welcher Bewerber gewählt werden sollte. Dagegen wäre der Stimmzettel gültig, wenn das Kreuz nur zum Teil im Abstimmungskreis enthalten ist und darüber hinausgeht. Der Wählerwille wird auch erkennbar sein, wenn Stimmzettel vorliegen, auf denen bei der Listenwahl alle Vorschlagslisten bis auf eine und bei der Mehrheitswahl alle Bewerber bis auf einen (oder bis auf so viele, wie gewählt werden konnten) durchgestrichen sind;

- in einem Wahlumschlag *mehrere gekennzeichnete Stimmzettel* liegen, die nicht vollständig übereinstimmen. Stimmen sie überein, werden sie nur einfach gezählt;

- sie *nicht in einem Wahlumschlag* abgegeben wurden.

Die Auszählung der Stimmen wird in der Regel *manuell* erfolgen, wobei **219** Strichlisten geführt werden. Es ist aber zulässig, die Stimmauszählung mit Hilfe der EDV durchzuführen (zu der Zulässigkeit der Verwendung der im Betrieb vorhandenen Informations- und Kommunikationstechnik bei den einzelnen Wahlphasen vgl. Rn. 148 ff.). Erfolgt die Stimmauszählung mit *Hilfe der EDV*, muss die Verantwortlichkeit des Wahlvorstands für den gesamten Auszählungsvorgang gewährleistet sein. Das ist nicht der Fall, wenn während der elektronischen Datenerfassung der Stimmzettel nicht ständig Wahlvorstandsmitglieder dabei sind und den Verbleib der Stimmzettel beobachten (vgl. LAG Berlin 16.11.1987; *R 294*). Dabei ist auch das Prinzip der öffentlichen Stimmauszählung zu beachten. Eine Stimmauszählung, die teilweise außerhalb des bekannt gemachten Auszählungsraumes wegen der Auszählung durch die EDV in einem anderen Raum (Rechenzentrum) stattfindet, ist nicht öffentlich, wenn interessierte Beobachter in das Rechenzentrum nur auf Klingelzeichen Einlass finden (LAG Berlin v. 16.11.1987; *R 294*).

4. Feststellung des Wahlergebnisses

4.1 Mehrheitswahl (Personenwahl)

Erfolgte die Wahl nach den Grundsätzen der *Mehrheitswahl*, sind grund- **220** sätzlich die Wahlbewerber gewählt, die die *meisten Stimmen* erhalten haben (zu den Einzelheiten dieser Wahlart vgl. Rn. 79 ff.). Entsprechend den erhaltenen höchsten Stimmenzahlen werden die zu vergebenden Betriebsratsmandate so lange auf die Wahlbewerber verteilt, bis alle Sitze, die ein Betriebsrat zu bekommen hat, verteilt sind. Es ist aber dann anders zu verfahren, wenn die *Grundsätze des § 15 Abs. 2 BetrVG* zur Anwendung kommen. Nach dieser Vorschrift muss das Geschlecht, das in der Belegschaft in der Minderheit ist, mindestens entsprechend seinem zahlenmäßigen Verhältnis im Betriebsrat vertreten sein, sofern dieser aus mindestens drei Mitgliedern besteht. Die Vorschrift kommt zur Anwendung, wenn im Betrieb *beide Geschlechter* vorhanden sind und der Betriebsrat *mindestens aus drei Mitgliedern* besteht. Diese Voraussetzungen werden in den weitaus meisten Betrieben gegeben sein.

221   Es ist grundsätzlich auf die *Zahl der Arbeitnehmer im Sinne § 5 Abs. 1 BetrVG* abzustellen. Mitzuzählen sind aber auch die Arbeitnehmer, die in den Betrieb *eingegliedert* sind und dem Betriebszweck dienen, aber zum Betriebsinhaber (Beschäftigungs-Arbeitgeber) in keinen vertragsrechtlichen Beziehungen stehen. Damit sind insbesondere auch die in § 7 Satz 2 BetrVG ausdrücklich erwähnten wahlberechtigten Arbeitnehmer bei der Ermittlung des Anteils der Geschlechter mitzuzählen. Bei der Feststellung des Anteils der Geschlechter geht es, anders als etwa bei § 9 BetrVG, nicht um die »in der Regel« beschäftigten Arbeitnehmer. Bei der Feststellung, wie hoch der Anteil der Geschlechter ist, kann daher grundsätzlich auf die entsprechenden Arbeitnehmerzahlen abgestellt werden, wie sie sich bei Erstellung der Wählerliste ergeben. Von ihr ist allerdings *nicht ausschließlich* auszugehen, weil zu der vom Betriebsrat vertretenen Belegschaft auch die *nicht wahlberechtigten Arbeitnehmer* hinzugezählt werden müssen, wie insbesondere Auszubildende und jugendliche Arbeitnehmer unter 18 Jahren.

222   Hat der Wahlvorstand festgestellt, wie viele Frauen und Männer im Betrieb beschäftigt sind, ist zur Ermittlung des Mindestanteils des Minderheitengeschlechts an Betriebsratssitzen das *Höchstzahlensystem* zu verwenden. Die Zahlen der Frauen und Männer werden nebeneinander gestellt und so lange durch 1, 2, 3, 4 usw. geteilt, bis die ermittelten Teilzahlen ausreichen, um die Betriebsratssitze auf die Geschlechter zu verteilen.

Zur Ermittlung der dem Minderheitengeschlecht zustehenden Mindestsitze und zur Berechnung der Verteilung der Sitze bei Anwendung der Grundsätze des § 15 Abs. 2 BetrVG werden nachstehend mehrere Beispiele gebracht, die weitgehend den im Bund-Verlag erschienenen Kommentaren Basiskommentar (17. Aufl.) und DKKW (13. Aufl.) entnommen sind.

Beispiel

zur Ermittlung der dem Minderheitengeschlecht zustehenden Mindestsitze (zur Angabe im Wahlausschreiben):

In einem Betrieb sind 120 Arbeitnehmer tätig, davon 85 Männer und 35 Frauen. Es sind sieben Betriebsratsmandate zu vergeben. Es ist vor Aushang des Wahlausschreibens ermittelt worden, wie viele Sitze das Minderheitengeschlecht erhält.

Männer		Frauen	
: 1 = <u>85</u>	(1)	<u>35</u>	(3)
: 2 = <u>42,5</u>	(2)	<u>17,5</u>	(6)
: 3 = <u>28,3</u>	(4)	11,7	
: 4 = <u>21,3</u>	(5)		
: 5 = <u>17</u>	(7)		
: 6 = 14,2			

Die Frauen erhalten nach § 15 Abs. 2 BetrVG mindestens zwei Sitze.

Beispiel

zur Ermittlung der dem Minderheitengeschlecht zustehenden Mindestsitze nach erfolgter Mehrheitswahl:

Es wird von dem vorstehenden Beispiel mit sieben zu vergebenden Betriebsratssitzen, von denen die Frauen als Minderheitengeschlecht mindestens zwei Sitze erhalten müssen, ausgegangen. Es wird angenommen, dass sich sechs Männer und vier Frauen zur Wahl stellen und sich folgende Stimmenzahlen ergeben:

F1	85 Stimmen
F2	63 Stimmen
M1	103 Stimmen
M2	72 Stimmen
M3	62 Stimmen
F3	101 Stimmen
M4	64 Stimmen
M5	67 Stimmen
F4	55 Stimmen
M6	88 Stimmen

Der Wahlvorstand hat nunmehr in einem *ersten Schritt* die dem Geschlecht in der Minderheit zustehenden Mindestsitze mit Angehörigen dieses Geschlechts in der Reihenfolge der jeweils höchsten auf sie entfallenden Stimmenzahlen zu besetzen (§ 22 Abs. 1 WO). Ausgehend von dem Beispiel, bei dem die Frauen mindestens zwei Sitze erhalten, sind somit die beiden Frauen zu ermitteln, auf die die *höchsten Stimmenzahlen innerhalb ihres Geschlechts* entfallen sind. Die zwei Mindestsitze entfallen auf F3 und F1.

Nach der Verteilung der Mindestsitze erfolgt die Verteilung der *übrigen Sitze,* wiederum in der Reihenfolge der erhaltenen Stimmenzahlen, aber diesmal *unabhängig von dem Geschlecht.* Die weiteren zu vergebenden Sitze verteilen sich auf: M1, M6, M2, M5 und M4.

Der Betriebsrat besteht aus fünf Männern und zwei Frauen. Bei diesem Ergebnis haben die Frauen als Minderheitengeschlecht lediglich die ihnen zustehenden Mindestsitze erhalten. Würde sich aber bei dem zweiten Schritt, also bei den weiteren zu vergebenden Sitzen zeigen, dass sich unter diesen gewählten Bewerbern noch eine Frau befindet oder mehrere Frauen, so bekämen die Frauen über ihre Mindestsitze hinaus anstelle der Männer einen bzw. weitere Sitze. In dem Beispiel wäre das der Fall, wenn F2 nicht 63, sondern 65 Stimmen erhalten hätte. Sie würde an Stelle von M4 in den Betriebsrat kommen. Dieser bestände in dieser Variante somit aus vier Männern und drei Frauen.

4.2 Verhältniswahl (Listenwahl)

224 Bei der *Verhältniswahl* stehen nicht einzelne Personen zur Wahl, sondern *Listen.* Der Wähler hat nur eine Stimme, die für eine der sich an der Wahl beteiligenden Vorschlagslisten abgegeben werden kann. Welche Listen wie viele Sitze bekommen, entscheidet sich nach der Anzahl der auf sie *entfallenden Stimmen* (Ermittlung durch das Höchstteilzahlensystem). Innerhalb der jeweiligen Liste ist dann die *Reihenfolge* maßgebend, in der die einzelnen Wahlbewerber auf der Liste stehen. Bei dieser Wahlart ist die Ermittlung der dem Minderheitengeschlecht nach § 15 Abs. 2 BetrVG zustehenden Mindestsitze schwieriger als bei der Mehrheitswahl.

Der Wahlvorstand hat zunächst – unabhängig von § 15 Abs. 2 BetrVG – zu ermitteln, *wie viele Sitze* die einzelnen Listen erhalten haben. Sodann sind die den einzelnen Listen zugefallenen Sitze auf die Wahlbewerber in der Reihenfolge zu verteilen, in der die Bewerber auf der Liste stehen. Nach diesem (vorläufigen) Ergebnis zeigt sich, ob das Minderheitengeschlecht die ihm zustehenden Mindestsitze erhalten hat. Ist das der Fall, bleibt es bei diesem Ergebnis, wie das folgende Beispiel zeigt.

Beispiel a):

Verhältniswahl und Verteilung der Betriebsratssitze – Wahlergebnis bleibt bestehen

In den folgenden Beispielen wird von einem Betrieb mit 350 wahlberechtigten Arbeitnehmern ausgegangen, von denen 230 Männer und 120 Frauen sind. Der Betriebsrat hat aus neun Mitgliedern zu bestehen; der Mindestanteil nach § 15 Abs. 2 BetrVG beträgt im Beispiel drei Sitze. Es haben drei Listen an der Wahl mit folgendem Ergebnis teilgenommen:

Liste 1 = 220 St.		Liste 2 = 85 St.		Liste 3 = 45 St.	
: 1	220 (1)	85	(3)	45	(6)
: 2	110 (2)	42,5	(8)	22,5	
: 3	73,3 (4)	28,3			
: 4	55 (5)				
: 5	44 (7)				
: 6	36,7 (9)				
: 7	31,4				

Von den neun zu vergebenden Betriebsratssitzen haben erhalten: Liste 1 sechs Sitze, Liste 2 zwei Sitze, Liste 3 einen Sitz. Es ist vom Wahlvorstand nunmehr festzustellen, ob sich unter den Wahlbewerbern, die aufgrund dieser Sitzverteilung und der Reihenfolge in der Liste dem Betriebsrat angehören sollen, *genügend Gewählte* befinden, die dem *Minderheitengeschlecht* angehören und damit der von § 15 Abs. 2 BetrVG geforderte Mindestanteil erreicht ist. Diese Feststellung hat *listenübergreifend* zu erfolgen. Bei der nachstehenden Aufstellung, mit der das Erreichen der Mindestanzahl von Sitzen geprüft wird, soll aus Gründen der besseren Übersicht nicht von Namen, sondern unmittelbar von dem Geschlecht ausgegangen werden, dem der einzelne Wahlbewerber in der jeweiligen Liste angehört.

Liste 1	Liste 2	Liste 3
Frau	Mann	Mann
Mann	Frau	Frau
Frau	Mann	Mann
Mann	Mann	
Mann	Mann	
Frau	Frau	
Mann		
Mann		
Frau		
Mann		

Die Feststellungen nach dem Beispiel a) zeigen, dass der Mindestanteil des Minderheitengeschlechts an Betriebsratssitzen aufgrund des Wahlergebnisses nicht nur erreicht, sondern sogar überschritten ist. Dem Betriebsrat gehören vier Frauen und fünf Männer an. Das Wahlergebnis bleibt bestehen.

225 | Beispiel b):

Verhältniswahl und Verteilung der Betriebsratssitze – Wahlergebnis ist zu korrigieren.

Liste 1	Liste 2	Liste 3
Frau	Mann	Mann
Mann	Mann	Frau
Mann	Frau	Mann
Mann	Mann	
Frau	Mann	
Mann	Frau	
Mann		
Mann		
Frau		
Mann		

Unter Zugrundelegung des Wahlergebnisses von Beispiel a), aber diesmal mit einer anderen Reihenfolge von Frauen und Männern innerhalb der Listen, zeigt sich, dass der Mindestanteil nach § 15 Abs. 2 BetrVG *nicht erreicht* worden ist. Nach dem Wahlergebnis würden – auch listenübergreifend – nur zwei Frauen in den Betriebsrat kommen. Damit fehlt ein Sitz für die Frauen an dem Mindestanteil. Das Wahlergebnis ist zu korrigieren. § 15 Abs. 5 Nr. 1 WO bestimmt in einem solchen Falle, dass an die Stelle der Person mit der niedrigsten Höchstzahl, die dem Mehrheitsgeschlecht angehört, die in der *selben Liste* in der Reihenfolge nach ihr benannte und noch *nicht berücksichtigte Person des Minderheitengeschlechts* in den Betriebsrat kommt.

Das bedeutet für das Beispiel: Die letzte höchste Teilzahl, mit der der letzte Sitz an einen Mann gefallen ist, ist 36,7 von der Liste 1. Diesen Sitz muss der (an sechster Stelle stehende) Mann zugunsten der Frau abgeben, die in der Reihenfolge der Liste an *nächster Stelle* hinter ihm steht. Das ist die in der Liste 1 an neunter Stelle stehende und noch nicht berücksichtigte Frau. Diese Verfahrensweise sichert, dass die Liste 1 die ihr durch das Wahlergebnis zugefallenen sechs Sitze behält.

Es könnte allerdings sein, dass eine Liste, die auf diese Weise »umwandeln« muss, *keinen Angehörigen des Minderheitengeschlechts* mehr hat. Das würde bei folgender Aufstellung eintreten:

Beispiel c):   **226**
Verhältniswahl und Verteilung der Betriebsratssitze – Wahlergebnis ist zu korrigieren.

Liste 1	Liste 2	Liste 3
Frau	Mann	Mann
Mann	Mann	Frau
Mann	Frau	Mann
Mann	Mann	
Frau	Mann	
Mann	Frau	
Mann		
Mann		
Mann		
Mann		

Wie in dem Beispiel b) fehlt den Frauen als Minderheitengeschlecht ein Sitz. Die Liste 1, die an sich umwandeln müsste, hat aber *keine Frau,* die bei der Verteilung von Sitzen noch nicht berücksichtigt worden ist. In einem solchen Fall ist nach § 15 Abs. 5 Nr. 2 WO zu verfahren. Der Sitz geht auf die *Liste* mit der *folgenden noch nicht berücksichtigten Höchstteilzahl* über, sofern diese Liste noch nicht berücksichtigte Angehörige des Minderheitengeschlechts aufweist. Das ist die Liste 2 mit der nächst niedrigeren Teilzahl 28,3. Der Sitz geht somit auf die Liste 2 über. Die an dritter Stelle auf dieser Liste stehende Frau erhält das Betriebsratsmandat. Die Liste 2 würde damit *drei Sitze* erhalten.

Wenn auf der Liste 2 auch keine Frauen mehr stehen würden, würde die Liste 3 mit der dann zum Zuge kommenden Teilzahl 22,5 den Sitz erhalten, weil sie noch eine nicht berücksichtigte Frau als Angehörige des Minderheitengeschlechts hat. Damit bekäme die *Liste 3 zwei Sitze.*

Die Wahlordnung hat auch den Fall berücksichtigt, dass nicht nur die Liste, die an sich »umwandeln« müsste, dies nicht kann, sondern auch die *weiteren Listen keinen Angehörigen des Minderheitengeschlechts* mehr aufweisen. Diese Möglichkeit wird in § 15 Abs. 5 Nr. 5 WO berücksichtigt. Verfügt auch keine andere Vorschlagsliste über Angehörige des Geschlechts in der Minderheit, verbleibt der Sitz bei der Liste, die *zuletzt* ihren Sitz zugunsten des Geschlechts in der Minderheit nach der Nummer 1 hätte abgeben müssen. Wenn also das Beispiel c) so abgewandelt wird, dass weder die Liste 2 noch die Liste 3 eine Frau aufweisen, die noch nicht berücksichtigt worden ist, verbleibt der Sitz bei der Liste 1. Der mit der Teilzahl 36,7 gewählte Mann behält den Sitz. Damit hat bleibt die *Liste 1 bei ihren sechs Sitzen.* Der Betriebsrat besteht bei dieser Variante aus sieben Männern und zwei Frauen.

5. Wahlniederschrift und Benachrichtigung der Gewählten

227 Unverzüglich nach Feststellung des Wahlergebnisses fertigt der Wahlvorstand eine *Niederschrift* über das Ergebnis an. Die erforderlichen Angaben ergeben sich aus der Stimmauszählung und dem Wahlverlauf. Die Niederschrift muss Folgendes enthalten (§ 16 Abs. 1 WO):

- die Zahl der abgegebenen Wahlumschläge und die Zahl der abgegebenen gültigen Stimmen;
- bei Verhältniswahl die jeder Liste zugefallenen Stimmenzahlen, die berechneten Höchstzahlen und ihre Verteilung auf die Listen; bei Mehrheitswahl die jedem Wahlbewerber zugefallenen Stimmenzahlen;
- die Zahl der ungültigen Stimmen;
- die Namen der in den Betriebsrat gewählten Bewerber.

228 Es ist außerdem in der Wahlniederschrift festzuhalten, ob und welche während der Betriebsratswahl eingetretenen *Zwischenfälle* oder *sonstigen Ereignisse* es gegeben hat. Das können zum Beispiel Beschwerden von Wählern oder Beanstandungen wegen der Durchführung der Wahl sein. Auch die Zurückweisung von wahlberechtigten Arbeitnehmern, die nicht in die Wählerliste eingetragen wurden, wäre ein Ereignis im Sinne des § 16 Abs. 1 WO. Die Wahlniederschrift ist von dem Vorsitzenden des Wahlvorstands und von mindestens einem weiteren stimmberechtigten Mitglied zu unterschreiben.

229 Der Wahlvorstand hat die gewählten Wahlbewerber *unverzüglich schriftlich* von ihrer Wahl zu benachrichtigen. Dabei ist zugleich darauf hinzuweisen, dass die Wahl nur binnen drei Arbeitstagen nach Zugang der schriftlichen Benachrichtigung abgelehnt werden kann. Ist die Benachrichtigung über die Wahl z. B. am Montag, den 28. April 2014 den Gewählten zugegangen, würde die Frist am 1. Mai 2014 enden. Da der 1. Mai ein gesetzlicher Feiertag ist, endet die Frist am 2. Mai 2014 (§ 193 BGB). Erfolgt innerhalb der Frist keine entsprechende Erklärung, gilt die Wahl als *angenommen* (§ 17 Abs. 1 WO). Unabhängig davon besteht auch nach Ablauf dieser Frist die Möglichkeit, das Betriebsratsamt niederzulegen.

230 In der Praxis werden vielfach die Wahlbewerber oder zumindest einige von ihnen an der *Stimmauszählung teilnehmen*. Sie haben somit die Möglichkeit, unmittelbar nach Feststellung des Wahlergebnisses zu erklären, ob sie die Wahl annehmen. Es wäre unnötig bürokratisch, wenn der Wahlvorstand auch an die bei der Feststellung des Wahlergebnisses anwesenden und gewählten Bewerber die schriftliche Frage richten müsste, ob sie die Wahl annehmen. Die Benachrichtigung nach § 17 WO ist daher nicht erforderlich, wenn der gewählte Bewerber unmittelbar nach Abschluss der Stimmauszählung und nach Feststellung des Wahlergebnisses gegenüber dem Wahlvorstand erklärt, dass er die Wahl annimmt. Diese Erklärung ist in der Wahlniederschrift ausdrücklich *anzuführen* bzw., wenn sie schriftlich abgegeben worden ist, der Niederschrift *beizufügen* (DKKW-Homburg, § 17 WO Rn. 1).

Die *Namen der gewählten Betriebsratsmitglieder* sind vom Wahlvorstand **231** durch *zweiwöchigen Aushang* im Betrieb bekannt zu geben, sobald endgültig feststeht, dass die Gewählten die Wahl angenommen haben. Der Aushang ist an den gleichen Stellen vorzunehmen wie das *Wahlausschreiben*. Eine Abschrift der Wahlniederschrift ist dem *Arbeitgeber* und den im *Betrieb vertretenen Gewerkschaften* unverzüglich zu übersenden (§ 18 WO). Der Wahlvorstand hat die Wahlakten (Wählerliste, Wahlausschreiben, Protokolle, Schriftverkehr, Stimmzettel usw.) dem Betriebsrat zu übergeben. Dieser hat die Akten mindestens bis zum Ablauf seiner Amtszeit aufzubewahren (§ 19 BetrVG).

6. Anfechtung und Nichtigkeit der Wahl

Der Aushang des Wahlergebnisses, wie er in § 18 WO vorgeschrieben wird, **232** ist von erheblicher Bedeutung. Mit dem Aushang beginnt die *Frist von zwei Wochen*, innerhalb derer nach § 19 BetrVG die Betriebsratswahl *angefochten* werden kann. Ist z. B. das Wahlergebnis am Montag, den 14. Mai 2014 bekanntgemacht worden, endet die Anfechtungsfrist am Montag, den 19. Mai 2014 (§ 187 Abs. 1 BGB).

Die Anfechtung setzt voraus, dass *mindestens drei wahlberechtigte Arbeit-* **233** *nehmer,* eine im Betrieb vertretene *Gewerkschaft* oder der *Arbeitgeber* einen entsprechenden Antrag beim zuständigen Arbeitsgericht stellen. Der Antrag hat nur Aussicht auf Erfolg, wenn gegen wesentliche Vorschriften über das Wahlrecht, die Wählbarkeit oder das Wahlverfahren verstoßen worden ist und eine Berichtigung während der Wahl nicht erfolgte.

Während des Wahlverfahrens sind einstweilige Verfügungen möglich, die die Entscheidungen des Wahlvorstands korrigieren, z. B. Aufnahme oder Streichung von Wählern aus der Wählerliste, Zulassung von Wahlvorschlägen (vgl. Fitting § 18 Rn. 40; DKKW-Homburg § 19 Rn. 2 m. w. N.). Da derartige einstweilige Verfügungen erheblich in das Wahlverfahren eingreifen und endgültige Regelungen schaffen (Fitting § 18 Rn. 41), sind strenge Anforderungen an sie zu stellen. Eine Aussetzung der Wahl bis zur Klärung der Streitfragen in einem langwierigen arbeitsgerichtlichen Beschlussverfahren ist aber nicht möglich (DKKW-Homburg § 19 Rn. 20).

Ein Abbruch der Betriebsratswahl kommt grundsätzlich nicht in Betracht. Nur in besonderen Ausnahmefällen kann durch eine einstweilige Verfügung ein vorzeitiger Abbruch und die Einleitung einer neuen Wahl vorgesehen werden. Dies ist nur der Fall, wenn die Betriebsratswahl voraussichtlich nichtig wäre (BAG v. 27. 7. 2011, *R 321*). Die Rechtsprechung der Landesarbeitsgerichte zu den Anforderungen an den Abbruch einer Betriebsratswahl ist nicht einheitlich (vgl. LAG Hamm v. 19. 3. 2012, *R 323*; LAG Schleswig-Holstein v. 5. 4. 2012, R 324; LAG Köln, v. 8. 5. 2006 – Nichtigkeit, *R 317*; Hess. LAG v. 5. 4. 2002, *R 462*; LAG Nürnberg v. 30. 3. 2006 – Anfechtbarkeit, *R 315*; Fitting § 18 Rn. 42 m. w. N.). Ob die Landesarbeitsgerichte, die im einstweiligen Verfügungsverfahren die letzte Instanz sind, dem BAG folgen, bleibt abzuwarten.

234 Aber auch ein entsprechender Verstoß gegen Wahlgrundsätze führt *nicht ohne weiteres* dazu, dass die Wahl erfolgreich angefochten werden kann und wiederholt werden muss. Der Verstoß führt nur dann zur erfolgreichen Anfechtung, wenn durch ihn das Wahlergebnis *geändert oder beeinflusst* werden konnte (vgl. § 19 Abs. 1 BetrVG). Ist beispielsweise ein wahlberechtigter Arbeitnehmer nicht in die Wählerliste eingetragen worden und konnte deshalb nicht mitwählen, liegt zwar ein Verstoß gegen das Wahlrecht vor. Er führt gleichwohl nur dann zu einer erfolgreichen Anfechtung, wenn das Arbeitsgericht feststellt, dass die Stimme dieses Arbeitnehmers wegen der Stimmenrelation beim Wahlergebnis den Ausschlag hätte geben können.

235 Wird allerdings ein Betriebsrat mit *zu hoher Mitgliederzahl* gewählt, so kann das Wahlergebnis nicht berichtigt werden. Eine auf diesem Fehler beruhende Wahl ist insgesamt für unwirksam zu erklären. Das Rechtsschutzinteresse für einen Antrag, die Wahl für unwirksam zu erklären, entfällt, wenn die Amtszeit des Gremiums, gegen das sich die Wahlanfechtung richtete, abgelaufen ist (BAG v. 13. 3. 1991, *R 396*).

236 Die erfolgreiche Anfechtung entzieht dem gewählten Betriebsrat mit der *Rechtskraft* der Entscheidung die Grundlage für sein weiteres Bestehen. Es kommt zu einem *betriebsratslosen Zustand* im Betrieb. Ein Betriebsrat, dessen Wahl erfolgreich angefochten wurde, darf – nach Rechtskraft der Entscheidung – auch keinen Wahlvorstand mehr bestellen. Vielmehr ist in einer Betriebsversammlung nach § 17 BetrVG ein Wahlvorstand zur Einleitung einer neuen Betriebsratswahl zu wählen. Die vom Betriebsrat, dessen Wahl erfolgreich angefochten worden ist, bis zur Rechtskraft der gerichtlichen Entscheidung vorgenommenen Handlungen bleiben aber *wirksam*. Das gilt einschließlich des Abschlusses von Betriebsvereinbarungen. Erfolgt die Anfechtung der Betriebsratswahl nicht, so behält der Betriebsrat alle entsprechenden Beteiligungsrechte, und zwar auch unabhängig davon, ob er tatsächlich für eine betriebsratsfähige Einheit gewählt wurde (BAG v. 27. 6. 1995, *R 400*).

Nichtigkeit der Wahl

In *extremen Ausnahmefällen* kommt die Nichtigkeit der Wahl in Betracht. **237** Das wäre etwa bei der Bildung eines Betriebsrats in einer Betriebsversammlung, in der durch Handzeichen »gewählt« wird, der Fall. Die Nichtigkeit der Betriebsratswahl kann sich nur aus einem offensichtlichen und besonders groben Verstoß gegen die Wahlvorschriften ergeben. Rechtfertigen mehrere Verstöße gegen die Wahlvorschriften, jeder für sich genommen, lediglich die Anfechtung der Betriebsratswahl, kann auch die Summe dieser Verstöße oder ihre Gesamtwürdigung die Nichtigkeit der Betriebsratswahl nicht begründen (BAG v. 19. 11. 2003; *R 438*). Die gerichtliche Feststellung der Nichtigkeit der Wahl hat – anders als bei der erfolgreichen Anfechtung – sogar *rückwirkende Kraft*. Ein Betriebsrat dessen Wahl gerichtlich für nichtig erklärt wird, hat von *Anfang an nicht bestanden*.

IV. Das vereinfachte Wahlverfahren

238 Gem. § 14 a Abs. 1 BetrVG kommt das vereinfachte Wahlverfahren für alle Betriebe zwingend zur Anwendung, denen in der *Regel 5 bis 50 wahlberechtigte Arbeitnehmer* angehören (Kleinbetriebe i. S. d. § 14 a BetrVG). Die gesetzliche Definition der für einen *Kleinbetrieb* i. S. d. § 14 a BetrVG maßgebenden Schwellenwerte knüpft an die Vorschrift des § 9 BetrVG an, nach der die Größe des Betriebsrats in den ersten Stufen ebenfalls von der Anzahl der in der Regel dem Betrieb angehörenden *wahlberechtigten* Arbeitnehmer abhängt (zum Begriff »wahlberechtigte Arbeitnehmer« vgl. Rn. 64 ff. zum Begriff »in der Regel im Betrieb beschäftigt« vgl. Rn. 130).

Das vereinfachte Wahlverfahren kommt in Kleinbetrieben sowohl für bisher betriebsratslose Betriebe *(erstmalige Betriebsratswahlen)* als auch für Betriebe mit Betriebsrat *(Betriebsratsneuwahlen)* zur Anwendung.

239 In Betrieben mit in der Regel *51 bis 100 wahlberechtigten Arbeitnehmern* können Arbeitgeber und Wahlvorstand die Anwendung des vereinfachten Wahlverfahrens *vereinbaren* (§ 14 a Abs. 5 BetrVG). Da § 14 a Abs. 5 BetrVG ausdrücklich auf *wahlberechtigte* Arbeitnehmer abstellt, kann das vereinfachte Wahlverfahren auch für Betriebe vereinbart werden, die in der Regel insgesamt *mehr als 100 Arbeitnehmer* beschäftigen, wenn von diesen nicht mehr als 100 Arbeitnehmer *wahlberechtigt* sind. Werden beispielsweise 98 wahlberechtigte Arbeitnehmer und zusätzlich 8 nicht wahlberechtigte Arbeitnehmer, die etwa das 18. Lebensjahr noch nicht vollendet haben, beschäftigt, kann für die Wahl des dann aus sieben Mitgliedern bestehenden Betriebsrats das vereinfachte Wahlverfahren vereinbart werden.

Eine Vereinbarung nach § 14 a Abs. 5 BetrVG setzt die Existenz eines bestellten oder gewählten Wahlvorstands voraus, für den dann auch nur die Durchführung des einstufigen vereinfachten Wahlverfahrens gem. § 14 a Abs. 3 BetrVG in Frage kommt (§ 37 WO; vgl. Rn. 306).

Eine *Vereinbarung* gem. § 14 a Abs. 5 BetrVG ist *nicht erzwingbar,* sondern kann nur einvernehmlich von Arbeitgeber und Wahlvorstand abgeschlossen werden. Die Vereinbarung kann ausdrücklich oder konkludent abgeschlossen werden. Dies erfordert das Vorliegen übereinstimmender Willenserklärungen des Wahlvorstands und des Arbeitgebers. Die schweigende Kenntnisnahme des Beschlusses des Wahlvorstands über die Durchführung der Betriebsratswahl im vereinfachten Wahlverfahren durch den Arbeitgeber ist für das Zustandekommen einer Vereinbarung i. S. des § 14 a Abs. 5 BetrVG nicht ausreichend (so BAG v. 19. 11. 2003, *R 469*).

240 Die gesetzliche Vorschrift unterscheidet zwischen dem *zweistufigen Verfahren* (vgl. Rn. 241), das in betriebsratslosen Kleinbetrieben zur Anwendung kommt, in denen ein Wahlvorstand durch den Gesamtbetriebsrat, den Konzernbetriebsrat oder das Arbeitsgericht nicht bestellt worden ist (§ 14 a Abs. 1, 2 BetrVG), und dem *einstufigen Verfahren* (vgl. Rn. 306) für diejenigen Kleinbetriebe, in denen ein Wahlvorstand auf Grund seiner Bestellung (durch den Betriebsrat, den Gesamtbetriebsrat, den Konzernbetriebsrat oder das Arbeitsgericht) bereits vorhanden ist.

Für das vereinfachte Wahlverfahren sind neben § 14 a BetrVG vor allem § 17 a BetrVG und die §§ 28–37 WO als spezielle Vorschriften zu beachten.

1. Die Wahl des Betriebsrats im zweistufigen Verfahren

241 Das zweistufige Verfahren gem. § 14 a Abs. 1, 2 BetrVG sieht vor, dass in Kleinbetrieben, in denen ein Wahlvorstand nicht bestellt worden ist (vgl. Rn. 306), zunächst ein Wahlvorstand auf einer *ersten Wahlversammlung* (vgl. dazu §§ 28, 29 WO) und eine Woche später der Betriebsrat auf einer *zweiten Wahlversammlung* (zur Vorbereitung der Wahl des Betriebsrats auf der ersten Wahlversammlung und Durchführung der Wahl des Betriebsrats auf der zweiten Wahlversammlung, vgl. §§ 30 ff. WO) gewählt wird.

Die *erste Wahlversammlung* hat folgenden Zweck:
- Wahl des Wahlvorstands (vgl. Rn. 263 ff.);
- Aufstellung der Wählerliste durch den Wahlvorstand (vgl. Rn. 272 ff.);
- Erlass des Wahlausschreibens durch den Wahlvorstand (vgl. Rn. 279 ff.);

- Einreichung und Prüfung von Wahlvorschlägen (vgl. Rn. 282 ff.).
  Die *zweite Wahlversammlung* findet allein statt zur
- Wahl des Betriebsrats (vgl. Rn. 292 ff.).

242 Im Vergleich zum normalen Wahlverfahren kann die Betriebsratswahl im vereinfachten Wahlverfahren auf Grund erheblich *verkürzter Fristen* wesentlich schneller durchgeführt und in *rund drei bis vier Wochen* abgeschlossen werden. Dies führt allerdings insbesondere bei der erstmaligen Wahl eines Betriebsrats im zweistufigen Verfahren zu dem praktischen Problem, dass der Wahlvorstand für die sorgfältige *Vorbereitung der Betriebsratswahl* und die *Beachtung aller Formalitäten* sehr wenig Zeit hat und insbesondere auf der ersten Wahlversammlung – unmittelbar nach seiner Wahl – »aus dem Stand« in der Lage sein muss, die *Betriebsratswahl korrekt einzuleiten* (unter anderem Aufstellung der Wählerliste, Erlass des Wahlausschreibens, Entgegennahme und Prüfung der Wahlvorschläge) und *durchzuführen*.

243 Da sich der *Wahlvorstand* die dafür *erforderlichen Kenntnisse* aus Zeitgründen nicht nach seiner Wahl auf der ersten Wahlversammlung aneignen kann, sollten die Personen, die als Initiatoren einer erstmaligen Betriebsratswahl im zweistufigen Verfahren zu der ersten Wahlversammlung einladen (vgl. Rn. 245), schon im Vorfeld der Einladung Überlegungen dazu anstellen, welche Arbeitnehmer für die Wahl in den Wahlvorstand vorgeschlagen werden sollen und mit Unterstützung der zuständigen Gewerkschaft schon vor der ersten Wahlversammlung auf Grundlage eigener Kenntnisse damit beginnen,

- eine *Wählerliste* zu erstellen,
- problematische Grenzfälle der *Wahlberechtigung* bzw. *Wählbarkeit* zu identifizieren und
- ein Muster für ein *Wahlausschreiben* im Sinne eines Entwurfs betriebsbezogen zu ergänzen.

244 Bei der Vorbereitung der ersten Wahlversammlung ist unbedingt zu berücksichtigen, dass der *Sonderkündigungsschutz*

- für *einladende Arbeitnehmer* erst mit dem Aushang der Einladung (§ 15 Abs. 3 a KSchG),
- für *Wahlvorstandsmitglieder* erst mit der Wahl in den Wahlvorstand (§ 15 Abs. 3 KSchG) und
- für *Wahlbewerber* erst mit der Aufstellung des Wahlvorschlags (§ 15 Abs. 3 KSchG)

beginnt (vgl. zu den Einzelheiten des Sonderkündigungsschutzes Rn. 319 ff.). Es ist daher in der Regel empfehlenswert, dass die *Einladung zur ersten Wahlversammlung durch* die im Betrieb vertretene *Gewerkschaft* (vgl. Rn. 107 ff.) erfolgt.

1.1 Die Einladung zur ersten Wahlversammlung zur Wahl des Wahlvorstands

Zu der ersten Wahlversammlung zur Wahl des Wahlvorstands (§ 17 a Nr. 3 **245** BetrVG) können *drei wahlberechtigte Arbeitnehmer* (vgl. Rn. 64 ff.) des Betriebs oder eine im Betrieb vertretene *Gewerkschaft* (vgl. Rn. 107 ff.) alle im Betrieb beschäftigten Arbeitnehmer (und nicht nur die wahlberechtigten Arbeitnehmer) einladen und *Vorschläge für die Zusammensetzung des Wahlvorstands* machen (§ 17 Abs. 3 BetrVG, § 28 Abs. 1 Satz 1 WO). Beauftragte einer im Betrieb vertretenen Gewerkschaft haben zum Zweck der Einladung zur Wahlversammlung das *Zugangsrecht zum Betrieb* (vgl. § 2 Abs. 2 BetrVG) und dürfen auch im Betrieb die Arbeitnehmer über die Bedeutung der Betriebsratswahl aufklären und versuchen, geeignete Arbeitnehmer für die Kandidatur als Wahlvorstandsmitglied zu gewinnen (DKKW-Homburg, § 17 Rn. 7; Fitting, § 17 Rn. 20).

Der *Arbeitgeber* ist nicht befugt, die Arbeitnehmer zur ersten Wahlver- **246** sammlung einzuladen.

Die Einladung muss mindestens *7 Tage vor dem Tag der Wahlversammlung* (zur Fristberechnung vgl. Rn. 249) durch Aushang an geeigneten Stellen im Betrieb erfolgen (§ 28 Abs. 1 Satz 2, 3 WO). Dabei ist zu berücksichtigen, dass *alle Arbeitnehmer* die Möglichkeit haben müssen, *vom Inhalt der Einladung Kenntnis* nehmen zu können (vgl. BAG v. 19. 11. 2003, *R 27*). Hat ein Betrieb *mehrere Betriebsstätten* oder *regelmäßig auswärts beschäftigte Arbeitnehmer (z. B. Leiharbeitnehmer, Außendienstler)*, ist die Einladung deshalb in Kopie in allen Betriebsstätten auszuhängen (zum Aushang des Wahlausschreibens vgl. Rn. 140) und/oder per Bote, Post oder E-Mail den entsprechenden Arbeitnehmern zukommen zu lassen. Auf Verlangen der einladenden Stelle ist der Arbeitgeber in diesem Fall verpflichtet, die Übermittlung der Einladung an die Arbeitnehmer vorzunehmen (BAG v. 26. 2. 1992, *R 8*, LAG Rheinland-Pfalz v. 7. 1. 2008, *R 475*; vgl. auch Rn. 248).

247 Sind im Betrieb *ausländische Arbeitnehmer* beschäftigt, die der deutschen Sprache nicht mächtig sind, sollte ihnen die Einladung möglichst in entsprechend übersetzter Form zur Kenntnis gebracht werden. Die Einladenden sollten zumindest dafür sorgen, dass die ausländischen Arbeitnehmer mündlich über den Inhalt der Einladung in ihrer Muttersprache aufgeklärt werden.

248 Statt durch Aushang (oder per Post bei regelmäßig auswärts beschäftigten Arbeitnehmern durch den Arbeitgeber, vgl. BAG v. 26. 2. 1992, *R 8*, oder durch die Einladenden) kann die Einladung auch mittels der im Betrieb vorhandenen *Informations- und Kommunikationstechnik (z. B. im Intranet* oder durch *Rund-E-Mail)* bekannt gemacht werden, wenn gesichert ist, dass *alle* Arbeitnehmer dadurch von der Einladung Kenntnis erlangen können (vgl. § 2 Abs. 4 Satz 4 WO). Dies setzt in der Regel voraus, dass alle wahlberechtigten Arbeitnehmer über einen eigenen E-Mail-Anschluss verfügen (BAG v. 19. 11. 2003, *R 27*; vgl. auch Rn. 148 ff.) Als Ergänzung zum Aushang ist die Einladung in elektronischer Form stets zulässig (§ 28 Abs. 1 Satz 4 WO).

249 Die *Berechnung der Einladungsfrist* von mindestens 7 Tagen richtet sich gem. § 41 WO nach §§ 186 bis 193 BGB (vgl. dazu die Erläuterungen in Rn. 87 ff.). Da § 28 Abs. 1 Satz 1 WO den Tag der Wahlversammlung als fristauslösendes Ereignis (§ 187 Abs. 1 BGB) festlegt, ist die Einladungsfrist »rückwärts« zu berechnen. Dabei wird der Tag der Wahlversammlung nicht mitgerechnet (§ 187 Abs. 1 BGB) und die 7-Tage-Frist endet mit dem Ablauf des letzten Tages der Frist (§ 188 Abs. 1 BGB).

Beispiel 1:
Findet die Wahlversammlung am 17. 4. 2014 (Donnerstag) statt, läuft die Einladungsfrist von mindestens sieben Tagen am 10. 4. 2014 (Donnerstag), 0:00 Uhr, ab. Die Einladung hat somit spätestens am 9. 4. 2014 (Mittwoch) zu erfolgen.

Beispiel 2:
Findet die Wahlversammlung am 29. 4. 2014 (Dienstag) statt, läuft die Einladungsfrist von mindestens sieben Tagen am 22. 4. 2014 (Dienstag), 0:00 Uhr, ab. Da es sich bei den vier vor dem 22. 4. 2014 liegenden Tagen um einen Feiertag (Ostermontag), Sonntag, Sonnabend und um einen weiteren Feiertag (Karfreitag) handelt, muss die Einladung spätestens am davorliegenden Arbeitstag, den 17. 4. 2014 (Freitag), erfolgen (§ 193 BGB, vgl. dazu Rn. 98 f.; zur Fristberechnung in Betrieben, in den die ganz überwiegende Mehrheit der Beschäftigten auch an den Sonnabenden, Sonntagen und/oder Feiertagen arbeitet vgl. Rn. 95, 100).

Die *Einladung muss mindestens die folgenden Hinweise enthalten* (§ 28 Abs. 1 **250** Satz 5 WO):

- Ort (vgl. Rn. 259), Tag und Zeit der *Wahlversammlung;*
- dass bis zum Ende der Wahlversammlung *Wahlvorschläge* zur Wahl des Betriebsrats gemacht werden können (§ 14 a Abs. 2 BetrVG);
- dass *Wahlvorschläge* der Arbeitnehmer zur Wahl des Betriebsrats mindestens von einem Zwanzigstel der Wahlberechtigten, mindestens jedoch von drei Wahlberechtigten unterzeichnet werden müssen und dass in Betrieben mit i. d. R. bis zu zwanzig Wahlberechtigten die Unterzeichnung durch zwei Wahlberechtigte reicht;
- dass *Wahlvorschläge* zur Wahl des Betriebsrats, die erst *in der Wahlversammlung* zur Wahl des Wahlvorstands gemacht werden, *nicht der Schriftform bedürfen.*

Die *Vorschriften über den Aushang, die Frist und den Inhalt der Einladung* **251** zur ersten Wahlversammlung müssen *genau* eingehalten werden. Im Unterschied zur Betriebsversammlung gem. § 17 Abs. 2, 3 BetrVG zur Wahl des Wahlvorstands im normalen Wahlverfahren stellt die erste Wahlversammlung im vereinfachten Wahlverfahren nicht lediglich einen vorbereitenden Akt der eigentlichen Betriebsratswahl dar. Können nicht alle Arbeitnehmer des Betriebs rechtzeitig vor der ersten Wahlversammlung vom vorgeschriebenen Inhalt der Einladung Kenntnis nehmen, kann sich dies z. B. auf die Einreichung der Wahlvorschläge auswirken und damit *einen Verstoß gegen wesentliche Wahlvorschriften* mit der Folge der *Anfechtbarkeit der Betriebsratswahl* (vgl. Rn. 232) darstellen (BAG v. 19. 11. 2003, *R 27*).

1.2 Die Informations- und Mitwirkungspflichten des Arbeitgebers

Der Arbeitgeber ist verpflichtet, den *Aushang der Einladung* im Betrieb **252** (und/oder ihre Bekanntgabe im Intranet, vgl. Rn. 148) zu dulden und ggf. durch erforderliche Mitwirkungshandlungen zu ermöglichen (vgl. auch Rn. 248). Das gilt auch, wenn die Einladung durch die im Betrieb vertretene Gewerkschaft erfolgt.

Um dem Wahlvorstand unmittelbar nach seiner Wahl die Einleitung der **253** Betriebsratswahl noch während der ersten Wahlversammlung zu ermöglichen (vgl. § 30 WO), ist der Arbeitgeber verpflichtet, unverzüglich nach

Aushang der Einladung zur ersten Wahlversammlung der einladenden Stelle (3 wahlberechtigte Arbeitnehmer oder eine im Betrieb vertretene Gewerkschaft) alle *für die Ausfertigung der Wählerliste erforderlichen Unterlagen* (§ 2 Abs. 2 WO) in einem *verschlossenen Umschlag* auszuhändigen (§ 28 Abs. 2 WO). Dazu gehört grundsätzlich eine *Liste aller Beschäftigten des Betriebs* mit Angabe des Familiennamens, Vornamens, Geburtsdatums, Datums des Eintritts in den Betrieb und des Geschlechts sowie Unterlagen, mit deren Hilfe geprüft werden kann, ob Beschäftigte zum Kreis der Personen gem. § 5 Abs. 3 BetrVG (vgl. dazu Rn. 54 ff.) gehören und inwieweit zur Arbeitsleistung überlassene Arbeitnehmer eines anderen Arbeitgebers wahlberechtigt sind (vgl. Rn. 16 ff.; 38). Aus diesem Grund ist der Arbeitgeber verpflichtet, zusätzlich Tätigkeitsbeschreibungen, Organisationspläne, Dienst- und Arbeitsverträge und Überlassungs- bzw. Werkverträge vorzulegen und im Einzelfall darüber hinausgehende Erläuterungen und Auskünfte zu geben.

254   Der Umschlag mit den Unterlagen zur Aufstellung der Wählerliste darf von den Einladenden nicht geöffnet werden, sondern ist *dem Wahlvorstand* unmittelbar nach seiner Wahl *auf der ersten Wahlversammlung auszuhändigen* (§ 30 Abs. 1 Satz 4 WO; vgl. dazu Rn. 272).

255   Die einladende Stelle sollte *den Arbeitgeber* ggf. über den Inhalt und den Zeitpunkt seiner Mitwirkungs- und Informationsverpflichtungen frühzeitig *unterrichten* (im Fall der Einladung durch drei wahlberechtigte Arbeitnehmer in der Regel nicht vor dem Aushang der Einladung wegen des erst zu diesem Zeitpunkt einsetzenden Sonderkündigungsschutzes gem. § 15 Abs. 3a KSchG, vgl. Rn. 324). Dann kann sich der Arbeitgeber auf die rechtzeitige und ordnungsgemäße Erfüllung seiner Informations- und Mitwirkungspflichten einstellen und es ergibt sich kein Anlass für Vorwände für eine Behinderung der Einleitung der Betriebsratswahl durch Verzögerungstaktiken des Arbeitgebers. Der Arbeitgeber sollte gebeten werden, am Tag der ersten Wahlversammlung – ggfs. durch einen entsprechenden qualifizierten innerbetrieblichen Vertreter – für Auskunftsbegehren oder Nachfragen des Wahlvorstands im Zusammenhang mit der Aufstellung der Wählerliste (vgl. Rn. 273) zur Verfügung zu stehen (ein Teilnahmerecht des Arbeitgebers an der ersten Wahlversammlung besteht nicht, vgl. Rn. 258).

255a   *Verweigert oder verzögert der Arbeitgeber* die Erfüllung seiner Mitwirkungs- und/oder Informationspflichten im Zusammenhang mit der Bekanntgabe der Einladung zur ersten Wahlversammlung (§ 28 Abs. 1 WO) oder der

Aushändigung aller für die Anfertigung der Wählerliste erforderlichen Unterlagen (§ 28 Abs. 2 WO), stellt dies einen *Verstoß gegen das Verbot der Behinderung der Wahl des Betriebsrats* (§ 20 Abs. 1 BetrVG, vgl. dazu Rn. 314 ff.) dar und kann auch den *Straftatbestand des § 119 Abs. 1 Nr. 1 BetrVG* (vgl. Rn. 318) erfüllen. Gegebenenfalls kann der Arbeitgeber *im Wege der einstweiligen Verfügung arbeitsgerichtlich* gezwungen werden, seinen Verpflichtungen nachzukommen. Antragsberechtigt ist die einladende Stelle. Zur alternativen Möglichkeit der *arbeitsgerichtlichen Bestellung des Wahlvorstands* gem. § 17 a Nr. 4 i. V. m. § 17 Abs. 4 BetrVG kann in einem Fall der Be- oder Verhinderung der Durchführung der ersten Wahlversammlung durch den Arbeitgeber nach höchstrichterlicher Rechtsprechung wegen des Vorrangs der Wahl des Wahlvorstands vor seiner gerichtlichen Bestellung erst übergegangen werden, wenn von der einladenden Stelle zumindest ein *ernsthafter Versuch* unternommen wurde, zur Wahlversammlung einzuladen bzw. diese durchzuführen (BAG v. 26. 2. 1992, *R* 8; Berg, AiB 02, 17, 20, m. w. N.).

1.3   Die Durchführung der ersten Wahlversammlung

Die Wahlversammlung darf frühestens sieben Tage nach Bekanntmachung **256** der Einladung im Betrieb (zur Fristberechnung vgl. Rn. 249) durchgeführt werden und findet grundsätzlich *während der Arbeitszeit* statt (§ 44 Abs. 1 Satz 1 BetrVG). *Teilnahmeberechtigt* sind alle im Betrieb beschäftigten Arbeitnehmer (und nicht nur die Wahlberechtigten).

Gewerkschaftsbeauftragte einer im Betrieb vertretenen Gewerkschaft haben **257** auch dann ein *Teilnahmerecht*, wenn die Einladung nicht durch die Gewerkschaft, sondern durch wahlberechtigte Arbeitnehmer des Betriebs erfolgte.

Ein *Teilnahmerecht des Arbeitgebers* sowie *leitender Angestellter* besteht **258** nach hier vertretener (aber streitiger) Auffassung nicht, da die Wahl des Wahlvorstands, die Betriebsratswahl, ihre Einleitung und insbesondere die Einreichung von Wahlvorschlägen ohne Beeinflussungsmöglichkeit durch den Arbeitgeber stattzufinden hat (Däubler, AuR 01, 285, 287; DKKW-Homburg, § 17 Rn. 8, jeweils auch mit Hinweisen zur Gegenmeinung; a. A. etwa Fitting, § 14a Rn. 21, § 30 WO Rn. 3). Dies gilt auch für Beauftragte eines Arbeitgeberverbands (a. A. Fitting, a. a. O., § 17 Rn. 26) oder vom Arbeitgeber beauftragte Rechtsanwälte, die als betriebsfremde Personen ohnehin grundsätzlich kein Teilnahmerecht an Betriebsversammlungen haben (ArbG Essen v. 22. 6. 2004, *R 11*; DKKW-Berg, § 46, Rn. 12).

259 Die Wahlversammlung findet grundsätzlich in den *Betriebsräumen* statt. Ist kein geeigneter Versammlungsraum vorhanden, kann auch ein Ort außerhalb des Betriebs gewählt werden (in Einzelheiten vgl. DKKW-Berg, § 42 Rn. 20).

Bei der Planung der Durchführung der ersten Wahlversammlung ist zu berücksichtigen, dass der Wahlvorstand für die während der Wahlversammlung zu erledigenden Schritte der Vorbereitung und Einleitung der Betriebsratswahl *Büromaterial, PC, Drucker* und ggfs. einen *Kopierer* benötigt.

260 Sind im Betrieb *ausländische Arbeitnehmer* beschäftigt, die der deutschen Sprache nicht mächtig sind, sollten die Einladenden dafür sorgen, dass durch die Anwesenheit eines geeigneten *inner- oder außerbetrieblichen Dolmetschers* gesichert ist, dass die ausländischen Arbeitnehmer dem Verlauf der Wahlversammlung folgen und ihre Rechte wahrnehmen können. Die Information der ausländischen Arbeitnehmer kann auch durch *schriftliche Hinweise* in der entsprechenden ausländischen Sprache erfolgen. Eine rechtliche Verpflichtung der Einladenden oder des Wahlvorstands zur Information der ausländischen Arbeitnehmer sieht die Wahlordnung im zweistufigen Verfahren allerdings nicht vor (vgl. § 30 Abs. 1 Satz 6 WO, der nicht auf § 2 Abs. 5 WO verweist; wie hier *Quecke*, AuR 02, 1, 4; zur Beachtung von § 2 Abs. 5 WO im normalen und einstufigen vereinfachten Wahlverfahren vgl. Rn. 195 f.).

261 Die Wahlversammlung wird von den Einladenden eröffnet. Sie üben im Versammlungsraum bis zur Bestimmung des Versammlungsleiters zunächst das Hausrecht aus, das dann auf diesen übergeht. Die Einladenden sollten einen Vorschlag für die *Person des Versammlungsleiters* unterbreiten und zur Abstimmung stellen. Für die Wahl des Versammlungsleiters ist die Mehrheit der abgegebenen Stimmen erforderlich. Als Versammlungsleiter kann auch der *Beauftragte einer im Betrieb vertretenen Gewerkschaft* gewählt werden. In Betracht kommt aber auch jeder andere teilnahmeberechtigte Arbeitnehmer.

262 Alle teilnahmeberechtigten Arbeitnehmer (vgl. Rn. 256) des Betriebs sind *abstimmungsberechtigt*. Eine bestimmte Mindestanzahl teilnehmender Arbeitnehmer ist für die *Beschlussfähigkeit* der Wahlversammlung nicht erforderlich. Von der Wahl des Wahlvorstands abgesehen (§ 29 WO, vgl.

Rn. 264) werden Beschlüsse mit der Mehrheit der abgegebenen Stimmen gefasst.

Wird der Versammlungsleiter, etwa ein Gewerkschaftssekretär (als Beauftragter einer im Betrieb vertretenen Gewerkschaft) oder ein anderer teilnahmeberechtigter Arbeitnehmer, nicht durch eine förmliche Wahl bestimmt, ist dies zulässig, wenn erkennbar ist, dass die Mehrheit der Teilnehmer der Wahlversammlung mit dieser Verfahrensweise einverstanden ist (BAG v. 14.12.1965, *R 1*; LAG Berlin v. 10.2.1986, *R 3*).

Im Zusammenhang mit der Eröffnung der ersten Wahlversammlung durch die Einladenden sollten diese den Teilnehmern die Aufgaben der Wahlversammlung die Tagesordnung und den Ablauf (Wahl des Wahlvorstands, Aufstellen der Wählerliste, Erlass des Wahlausschreibens, Einreichung und Prüfung von Wahlvorschlägen) und die weiteren Schritte (zweite Wahlversammlung zur Betriebsratswahl) erläutern. Außerdem sollte der Versammlungsleiter einen Protokollführer bestimmen.

1.4 Die Wahl des Wahlvorstands in der ersten Wahlversammlung

Der Wahlvorstand *besteht zwingend aus drei (und nicht mehr) wahlberechtigten Arbeitnehmern* (§ 17 a Nr. 2 BetrVG; § 16 Abs. 1 Satz 2 und 3 BetrVG kommen nicht zur Anwendung). Die Wahlvorstandsmitglieder müssen nicht zum Betriebsrat wählbar sein. Die Wahl von *Ersatzmitgliedern für jedes Wahlvorstandsmitglied* ist zulässig (§ 16 Abs. 1 Satz 4 BetrVG) und zweckmäßig (vgl. Rn. 106). In Betrieben mit weiblichen und männlichen Arbeitnehmern sollen dem Wahlvorstand *Frauen und Männer* angehören (§ 16 Abs. 1 Satz 5 BetrVG). Die Entsendung eines betriebsangehörigen *Gewerkschaftsvertreters* als nicht stimmberechtigtes Wahlvorstandsmitglied ist unter den Voraussetzungen des § 16 Abs. 1 Satz 6 BetrVG zulässig (vgl. dazu Rn. 107 f.). **263**

Der Wahlvorstand wird von der *Mehrheit der anwesenden Arbeitnehmer* gewählt (§§ 17 a Nr. 3 Satz 1 BetrVG, 29 Abs. 1 Satz 1 WO). Sind beispielsweise dreißig Arbeitnehmer anwesend, sind für die Wahl jedes Wahlvorstandsmitglieds mindestens sechzehn Stimmen erforderlich. Werden entsprechende Mehrheiten im ersten Wahlgang nicht erreicht, sind weitere Wahlgänge durchzuführen. **264**

265   *Abstimmungsberechtigt* bei der Wahl der Wahlvorstandsmitglieder sind alle teilnahmeberechtigten Arbeitnehmer, nicht nur die Wahlberechtigten. Vor Eintritt in die Abstimmung über die Wahl des Wahlvorstands hat der Versammlungsleiter die *Zahl der anwesenden abstimmungsberechtigten Arbeitnehmer* (vgl. Rn. 262) festzustellen und sollte diese protokollieren lassen.

266   Die Einladenden sollten in Vorbereitung der Wahlversammlung *Vorschläge für die personelle Zusammensetzung des Wahlvorstands* machen (vgl. § 28 Abs. 1 Satz 1 WO) und diese auf der Wahlversammlung zur Abstimmung stellen. Entsprechende Wahlvorschläge können aber auch von jedem anderen Teilnehmer der Wahlversammlung gemacht werden.

267   Die *Wahl* der vorgeschlagenen Wahlvorstandsmitglieder kann *einzeln oder im Block* erfolgen. Liegt ein Vorschlag mit drei Kandidaten vor, empfiehlt sich die Abstimmung über den kompletten Vorschlag zur Vereinfachung des Verfahrens. Stehen mehr als drei Kandidaten zur Wahl, ist über jeden Wahlvorschlag einzeln abzustimmen. Bei Stimmengleichheit entscheidet das Los. Die Wahl des Wahlvorstands kann in *offener Abstimmung durch Handaufheben* erfolgen. Die geheime schriftliche Wahl ist nicht vorgeschrieben und im Sinne der Erleichterung und Vereinfachung des Wahlverfahrens in der Regel auch nicht sinnvoll (so im Ergebnis auch die Wertung des BAG, Beschluss v. 14.12.1965, *R 1*, nach der die Einhaltung eines förmlichen Wahlverfahrens verzichtbar ist, wenn nach dem Verlauf der Versammlung keine berechtigten Zweifel darüber bestehen können, wer als Mitglied des Wahlvorstands gewählt wurde; vgl. auch ArbG Bielefeld v. 6.7.1987, *R 7*). Eine Bestimmung der Mitglieder des Wahlvorstands durch den Versammlungsleiter ohne formlose Meinungsbildung der Versammlungsteilnehmer entspricht dieser Anforderung allerdings nicht und führt zur Nichtigkeit der Wahl des Wahlvorstands (ArbG Bielefeld v. 6.7.1987, *R 7*).

Die Bestimmung eines der gewählten Wahlvorstandsmitglieder als *Vorsitzenden des Wahlvorstands* erfolgt ebenfalls mit Mehrheit der anwesenden Arbeitnehmer durch die Wahlversammlung (§ 29 Satz 3 WO). Versäumt die Wahlversammlung, den Vorsitzenden des Wahlvorstands zu bestimmen, kann die Bestimmung durch Beschluss des Wahlvorstands selbst erfolgen (DKKW-Homburg, § 14 a Rn. 13; Fitting, § 17 Rn. 29).

Im *Protokoll der Wahlversammlung* sollten die Wahl des Wahlvorstands und die Abstimmungsergebnisse nachvollziehbar festgehalten werden.

Findet die erste Wahlversammlung trotz ordnungsgemäßer Einladung **268** nicht statt oder *wird auf der Wahlversammlung der Wahlvorstand nicht gewählt* (z. B. weil der anwesende Arbeitgeber oder andere Teilnehmer eine Abstimmung gegen die Wahl eines Betriebsrats erzwingen), kann gem. §§ 17 a Nr. 4, 17 Abs. 4 BetrVG der Wahlvorstand durch das *Arbeitsgericht bestellt* werden (vgl. Rn. 113 f.). Der vom Arbeitsgericht bestellte Wahlvorstand hat dann die Betriebsratswahl im einstufigen Verfahren durchzuführen (vgl. Rn. 306 ff.).

1.5 Die Aufgaben des Wahlvorstands in der ersten Wahlversammlung

Im Anschluss an die Wahl des Wahlvorstands ist auf der ersten Wahlver- **269** sammlung zur Durchführung der Betriebsratswahl selbst überzugehen. Die *Leitung der Betriebsratswahl* obliegt dem Wahlvorstand (§ 1 Abs. 1 WO i. V. m. § 30 Abs. 1 Satz 2 WO). Aus diesem Grund sollte auch der Vorsitzende oder ein anderes Mitglied des Wahlvorstands ab dem Zeitpunkt der Einleitung der Betriebsratswahl die *Versammlungsleitung auf der ersten Wahlversammlung* übernehmen.

Bezüglich der *Sitzungen*, der *Geschäftsordnung* und der *Beschlussfassung* **270** *des Wahlvorstands* gelten die auch im normalen Wahlverfahren anzuwendenden Vorschriften (§ 1 Abs. 2, 3 i. V. m. § 30 Abs. 1 Satz 2 WO; vgl. Rn. 118 ff.), allerdings mit der Besonderheit, dass der Wahlvorstand zur Erledigung seiner in den §§ 30 bis 33 WO genannten Aufgaben während der ersten Wahlversammlung, d. h. in Anwesenheit der teilnehmenden Arbeitnehmer, Beschlüsse fassen muss und insoweit – zumindest im Rahmen der ersten Wahlversammlung – eine *öffentliche Sitzung des Wahlvorstands* durchführen muss.

Unmittelbar nach seiner Wahl hat der Wahlvorstand in der ersten Wahl- **271** versammlung die Wahl des Betriebsrats einzuleiten (§ 30 Abs. 1 Satz 1 WO). Die formelle Einleitung der Betriebsratswahl erfolgt durch Erlass des Wahlausschreibens in der ersten Wahlversammlung (§ 31 Abs. 1 Satz 2 WO; vgl. dazu Rn. 281).

Zunächst sollte der Wahlvorstand nach seiner Wahl die anwesenden Arbeitnehmer stichwortartig darüber informieren, welche formellen Schritte zur Einleitung der Betriebsratswahl erforderlich und welche Vorbereitungshandlungen vom Wahlvorstand noch zu erledigen sind. Außerdem sollte nochmals darauf hingewiesen werden, dass Wahlvorschläge bis zum Ende der ersten Wahlversammlung eingereicht werden können und die Unterstützung einer Mindestanzahl von Wahlberechtigten für jeden Wahlvorschlag erforderlich ist.

1.6 Die Aufstellung der Wählerliste

272 Als erste Aufgabe zur Vorbereitung der Einleitung der Betriebsratswahl hat der Wahlvorstand sodann die *Wählerliste aufzustellen* (§ 30 Abs. 1 Satz 3 WO). Die einladende Stelle hat dem Wahlvorstand nach seiner Wahl den verschlossenen Umschlag mit den Unterlagen und Informationen über die im Betrieb beschäftigten Arbeitnehmer und ihre Tätigkeiten (vgl. Rn. 254) zu übergeben (§ 30 Abs. 1 Satz 4 WO). Der Wahlvorstand muss dann die – sinnvoller Weise schon vor der ersten Wahlversammlung auf Grund eigener Kenntnisse der Initiatoren der Betriebsratswahl über die im Betrieb beschäftigten Arbeitnehmer (vgl. Rn. 243) – vorbereitete Wählerliste mit Hilfe der vom Arbeitgeber bereitgestellten Unterlagen ergänzen bzw. ändern (vgl. Rn. 253).

273 Stellt der Wahlvorstand fest, dass der Arbeitgeber nicht gem. § 28 Abs. 2 i.V.m. § 2 WO alle erforderlichen Unterlagen zur Verfügung gestellt hat oder gibt es z. B. im Zusammenhang mit der Klärung des aktiven und passiven Wahlrechts einzelner Arbeitnehmer weiteren Informations- und Klärungsbedarf, muss der Wahlvorstand den Arbeitgeber auffordern, ihm die fehlenden Informationen und Unterlagen umgehend in der Wahlversammlung zur Verfügung zu stellen. Kann der Wahlvorstand die Wählerliste nicht aufgrund eigener Erkenntnismöglichkeiten (z. B. durch die Unterstützung anderer Arbeitnehmer) aufstellen und *verweigert der Arbeitgeber* am Tag der Wahlversammlung *diese Mitwirkung* oder informiert er den Wahlvorstand nur mit Zeitverzögerung, ist die *Fortsetzung der Wahlversammlung*, ggfs. bis zum Ende der Arbeitszeit der Teilnehmer der Wahlversammlung, zur Vermeidung einer Verlängerung des gesamten Wahlverfahrens zulässig und hat Vorrang. Kann die Wahlversammlung wegen der verzögerten Information des Wahlvorstands durch den Arbeitgeber bis zum Ende der Arbeitszeit der Teilnehmer der Wahlversammlung nicht beendet werden oder verweigert der Arbeitgeber ganz oder teilweise die Herausgabe der zur Aufstellung der Wählerliste erforderlichen Informationen und Unterlagen, kann der Wahlvorstand seinen Anspruch auf Erhalt der erforderlichen Unterlagen und Informationen notfalls *im Wege der einstweiligen Verfügung* gegen den Arbeitgeber *arbeitsgerichtlich* durchsetzen (Berg, AiB 02, 17, 22; DKKW-Homburg, § 30 WO, Rn. 1; Fitting, § 30 Rn. 3). Die Verletzung der gesetzlichen Informations- und Mitwirkungspflichten (§ 28 Abs. 2 i. V. m. § 2 WO) durch den Arbeitgeber stellt außerdem einen *Verstoß gegen das Verbot der Behinderung der Wahl des Betriebsrats* (§ 20 Abs. 1 BetrVG, vgl. dazu Rn. 314 ff.) dar und kann auch den *Straftatbestand des § 119* Abs. 1 Nr. 1 BetrVG (vgl. dazu Rn. 317) erfüllen. Unabhängig davon hat der Wahlvorstand in einem derartigen Fall die *Unterbrechung der ersten Wahlversammlung* und den (frühestmöglichen) Zeitpunkt ihrer Fortsetzung zu beschließen und den Teilnehmern der Wahlversammlung bekannt zu geben (Fitting, § 30 Rn. 3; zur Zulässigkeit der Unterbrechung einer Betriebsversammlung gem. §§ 42 ff. BetrVG vgl. DKKW-Berg, § 44 Rn. 5). Da der Erlass des Wahlausschreibens und damit die Einleitung der Betriebsratswahl erst im Anschluss an die Aufstellung der Wählerliste erfolgt (vgl. § 31 Abs. 1 Satz 1, 2 WO), stellt sich bei diesem Vorgehen die Problematik einer späteren Änderung oder eines Neuerlasses des Wahlausschreibens nicht (vgl. dazu Rn. 157 ff.).

Der Beschluss über die Unterbrechung der ersten Wahlversammlung, **274** der Zeitpunkt ihrer Fortsetzung, die Hinweise über die Einreichung von Wahlvorschlägen gem. § 28 Abs. 1 Satz 5 b–c WO und die Bekanntgabe der bereits erfolgten Wahl des Wahlvorstands und seiner personellen Zusammensetzung ist in entsprechender Anwendung von § 28 Abs. 1 Satz 3 WO durch *Aushang im Betrieb* bekannt zu machen (Fitting, § 30 Rn. 3; zu den Einzelheiten vgl. Rn. 246 ff.). Die Einladungsfrist von sieben Tagen gem. § 28 Abs. 1 Satz 2 WO muss in diesem Fall nicht eingehalten werden (DKKW-Homburg, § 30 WO Rn. 1; Fitting, § 30 Rn. 3).

Stellt der Wahlvorstand in der ersten Wahlversammlung fest (etwa auf **275** Grund der vom Arbeitgeber übermittelten Informationen oder zusätzlicher Hinweise anderer Arbeitnehmer), dass im Betrieb entgegen der Annahme der einladenden Stelle *in der Regel mehr als 50 wahlberechtigte Arbeitnehmer* beschäftigt sind, darf er die Betriebsratswahl nicht im vereinfachten Wahlverfahren einleiten. Der Wahlvorstand hat die Wahlversammlung für beendet zu erklären und zuvor die Teilnehmer über den Fortgang der Betriebsratswahl zu informieren: Zunächst kann der Wahlvorstand in dieser Situation den Versuch unternehmen, mit *dem Arbeitgeber* die Durchführung des vereinfachten Wahlverfahrens gem. § 14 a Abs. 5 BetrVG zu *ver-*

einbaren (so auch Fitting, § 30 WO Rn. 11), wenn die Beschäftigtenzahl unter 100 wahlberechtigten Arbeitnehmern liegt (vgl. Rn. 239). Kommt es zu einer derartigen Vereinbarung, wird die weitere Betriebsratswahl gem. § 37 WO im einstufigen Verfahren (§ 36 WO) durchgeführt (vgl. Rn. 306 ff.). Kommt eine Einigung gem. § 14 a Abs. 5 BetrVG mit dem Arbeitgeber nicht zustande, hat der Wahlvorstand die Betriebsratswahl im *normalen Wahlverfahren* gem. § 18 Abs. 1 BetrVG einzuleiten. Der Übergang zum vereinfachten einstufigen oder normalen Wahlverfahren sollte durch den Wahlvorstand im Betrieb durch Aushang unverzüglich bekannt gemacht werden. Eine Neuwahl des Wahlvorstands ist nicht erforderlich (DKKW-Homburg, § 30 WO Rn. 5; Fitting, § 30 WO Rn. 12), da seine Wahl in der ersten Wahlversammlung gem. § 14 a Abs. 1 i. V. m. § 17 a Nr. 3 BetrVG den Anforderungen der für die Durchführung einer Betriebsversammlung gem. § 17 Abs. 2, 3 BetrVG maßgebenden Vorschriften für die Wahl eines Wahlvorstands im normalen Wahlverfahren entspricht.

276 Stehen dem Wahlvorstand alle erforderlichen Informationen zur Verfügung, ist die *Wählerliste getrennt nach Geschlechtern* aufzustellen. Die Wahlberechtigten sollen in der Wählerliste mit Familienname, Vorname und Geburtsdatum in alphabetischer Reihenfolge aufgeführt werden (§ 30 Abs. 1 Satz 3 und 5 WO). Im Übrigen sind die Vorschriften von § 2 Abs. 1 Satz 3, Abs. 2 bis 4 WO entsprechend anzuwenden (zu den Einzelheiten vgl. Rn. 122 ff.).

277 Da durch Erlass des Wahlausschreibens in der ersten Wahlversammlung die Betriebsratswahl eingeleitet wird (§ 31 Abs. 1 Satz 2 WO), ist die Wählerliste ab diesem Zeitpunkt bis zum Abschluss der Stimmabgabe an geeigneter Stelle im Betrieb auszulegen (§ 2 Abs. 4 WO; zu den Einzelheiten vgl. Rn. 124 ff.).

In der ersten Wahlversammlung selbst hat der Wahlvorstand die Wählerliste *vorzulesen*. Außerdem empfiehlt sich die *Auslegung eines Abdruckes* zur Einsichtnahme für die Teilnehmer der Wahlversammlung.

278 In Abweichung von der im normalen Wahlverfahren geltenden Frist (zwei Wochen; vgl. § 4 Abs. 2 WO) können im vereinfachten Wahlverfahren *Einsprüche gegen die Richtigkeit der Wählerliste* mit Wirksamkeit für die Betriebsratswahl nur vor *Ablauf von drei Tagen* seit Erlass des Wahlausschreibens in der ersten Wahlversammlung beim Wahlvorstand schriftlich eingelegt werden.

Dazu folgendes Beispiel:

Findet der Erlass des Wahlausschreibens in der ersten Wahlversammlung (vgl. Rn. 277) am 14. 4. 2014 (Montag) statt, läuft die Einspruchsfrist am 17. 4. 2014 (Donnerstag) ab (§§ 187 Abs. 1, 188 Abs. 1 BGB, vgl. dazu Rn. 89 ff.).

Für die Behandlung von Einsprüchen durch den Wahlvorstand sind die für das normale Wahlverfahren geltenden Vorschriften entsprechend anzuwenden (§ 30 Abs. 2 Satz 2 WO i. V. m. § 4 Abs. 2, 3 WO; zu den Einzelheiten vgl. Rn. 179 ff.; zur Berichtigung der Wählerliste nach Ablauf der Einspruchsfrist vgl. Rn. 197 ff.).

1.7   Der Erlass des Wahlausschreibens

Im Anschluss an die Aufstellung der Wählerliste (§ 30 Abs. 1 WO; vgl. **279** Rn. 272) hat der Wahlvorstand in der ersten Wahlversammlung das *Wahlausschreiben* zu erlassen (§ 31 Abs. 1 WO). Der *Inhalt des im zweistufigen Verfahren zu erlassenden Wahlausschreibens* ergibt sich aus § 31 Abs. 1 Satz 3 WO und unterscheidet sich vom Inhalt des Wahlausschreibens im normalen Wahlverfahren gem. § 3 Abs. 2 WO (vgl. dazu die Erläuterungen unter Rn. 140) in folgenden in § 31 Abs. 1 Satz 3 WO aufgeführten Angaben:

- Nach Nr. 3 ist darauf hinzuweisen, dass die Frist für *Einsprüche gegen die Wählerliste* drei Tage beträgt (§ 30 Abs. 2 WO).
- Nach Nr. 6 ist darauf hinzuweisen, dass *Wahlvorschläge*, die erst *in der ersten Wahlversammlung* gemacht werden, nicht schriftlich eingereicht werden müssen (§ 14 a Abs. 2 zweiter Halbsatz BetrVG, § 33 Abs. 1 Satz 3 WO).
- Nach Nr. 8 ist anzugeben, dass die *Wahlvorschläge bis zum Abschluss der ersten Wahlversammlung* beim Wahlvorstand einzureichen sind (§ 14 a Abs. 2 erster Halbsatz BetrVG, § 33 Abs. 1 Satz 2 WO).
- Nach Nr. 11 sind der *Ort, der Tag und die Zeit der (zweiten) Wahlversammlung* zur Wahl des Betriebsrats (Tag der Stimmabgabe) anzugeben (§ 14 a Abs. 1 Satz 3 und 4 BetrVG; zur Fristberechnung vgl. Rn. 292).
- Nach Nr. 12 ist auf die Möglichkeit der *nachträglichen schriftlichen Stimmabgabe* auf Verlangen derjenigen Arbeitnehmer hinzuweisen, die an der Wahlversammlung zur Wahl des Betriebsrats nicht teilnehmen können (§ 14 a Abs. 4 BetrVG, § 35 WO).
- Nach Nr. 13 sind »*Ort, Tag und Zeit der nachträglichen schriftlichen Stimmabgabe*« anzugeben (§ 14 a Abs. 4 BetrVG, § 35 WO). Der Wortlaut dieser

Vorschrift ist missverständlich, soweit er auf »Ort, Tag und Zeit« der nachträglichen schriftlichen Stimmabgabe abstellt. Anzugeben ist der Tag, bis zu dem die Briefwahlunterlagen bei nachträglicher schriftlicher Stimmabgabe bei der Betriebsadresse des Wahlvorstands eingehen müssen (Fristablauf).

- Nach Nr. 15 sind *Ort, Tag und Zeit der öffentlichen Stimmauszählung* anzugeben. Gemäß § 34 Abs. 3 WO hat der Wahlvorstand die öffentliche Stimmauszählung unverzüglich nach Abschluss der Wahl durchzuführen, wenn keine nachträgliche schriftliche Stimmabgabe erfolgt. Steht bei Erlass des Wahlausschreibens noch nicht fest, ob die Möglichkeit der nachträglichen schriftlichen Stimmabgabe eingeräumt werden muss (weil jedenfalls die Fälle des § 24 Abs. 2, 3 WO nicht vorliegen), ist der Zeitpunkt der öffentlichen Stimmauszählung in der Regel vom Wahlvorstand zunächst auf den Tag der zweiten Wahlversammlung (zur Wahl des Betriebsrats), spätestens aber auf den der Wahlversammlung folgenden nächsten Arbeitstag festzulegen. Stellt sich dann nach Erlass des Wahlausschreibens auf Grund des Vorliegens eines Antrags gem. § 35 Abs. 1 Satz 1, 2 WO heraus, dass die nachträgliche schriftliche Stimmabgabe doch erforderlich ist, hat der Wahlvorstand dies in Ergänzung des Wahlausschreibens in gleicher Weise bekannt zu geben wie das Wahlausschreiben und den neuen, später liegenden Zeitpunkt der öffentlichen Stimmauszählung zu benennen (§ 35 Abs. 2 WO). Diese hat unmittelbar nach Ablauf der Frist (vgl. dazu Rn. 302) für die nachträgliche schriftliche Stimmabgabe stattzufinden (§ 35 Abs. 3, 4 WO).

280 *Vor Erlass des Wahlausschreibens* muss der Wahlvorstand – während der ersten Wahlversammlung – daher folgende *Beschlüsse* fassen:

- Bestimmung des Ortes, an dem die *Wählerliste* und die *Wahlordnung ausliegen* (§ 31 Abs. 1 Satz 3 Nr. 2 WO);

- Bestimmung des Ortes, an dem die *Wahlvorschläge* bis zum Abschluss der Stimmabgabe *aushängen* (§ 31 Abs. 1 Satz 3 Nr. 10 WO);

- Festlegung des Ortes, des Tages und der Uhrzeit des Beginns der (zweiten) *Wahlversammlung zur Wahl des Betriebsrats* (§ 31 Abs. 1 Satz 3 Nr. 11 WO);

- Festlegung des Tages (und der Uhrzeit), bis zu dem die *Briefwahlunterlagen* bei nachträglicher schriftlicher Stimmabgabe spätestens bei der Betriebsadresse des Wahlvorstands eingehen müssen (§ 31 Abs. 1 Satz 3 Nr. 13 WO);

- Entscheidung, ob wegen § 24 Abs. 2, 3 WO die *Möglichkeit der nachträglichen schriftlichen Stimmabgabe einzuräumen* ist (§ 35 Abs. 1 Satz 3 WO);

- Bestimmung des Ortes *(Betriebsadresse des Wahlvorstands)*, an dem Einsprüche, Wahlvorschläge und sonstige Erklärungen gegenüber dem Wahlvorstand abzugeben sind (§ 31 Abs. 1 Satz 3 Nr. 14 WO);

- Bestimmung des Ortes, des Tages und der Uhrzeit der *öffentlichen Stimmauszählung* (§ 31 Abs. 1 Satz 3 Nr. 15 WO).

Sinnvoller Weise sollten diese Beschlüsse von den Einladenden und den Kandidaten für den Wahlvorstand bereits vor der ersten Wahlversammlung, ggfs. mit Unterstützung der zuständigen Gewerkschaft, vorbereitet werden (vgl. Rn. 243).

Ist der Inhalt des Wahlausschreibens geklärt und sind die erforderlichen **281** Beschlüsse durch den Wahlvorstand gefasst, ist das *Wahlausschreiben* vom Vorsitzenden des Wahlvorstands und mindestens einem weiteren Mitglied des Wahlvorstands zu *unterschreiben* und in der ersten Wahlversammlung zu *erlassen*. Der Wahlvorstand muss das *Wahlausschreiben* in der Wahlversammlung *vorlesen* und sollte ggfs. ein oder mehrere *Abdrucke* zur Einsicht für die Teilnehmer *auslegen*.

Der Wahlvorstand sollte ausdrücklich darauf hinweisen, dass *Wahlvorschläge* nur bis zum Abschluss der ersten Wahlversammlung beim Wahlvorstand eingereicht werden können und dass Wahlvorschläge, die erst in der Wahlversammlung eingereicht werden, nicht der Schriftform bedürfen. Bei der weiteren Gestaltung des Ablaufs der ersten Wahlversammlung ist vom Wahlvorstand darauf zu achten, dass nach Erlass des Wahlausschreibens für die Teilnehmer der Wahlversammlung bei Bedarf ausreichend *Gelegenheit besteht, Wahlvorschläge einzureichen* (unter Berücksichtigung des Zeitaufwandes für die Sammlung von Unterstützungserklärungen und die Sicherstellung der Zustimmungserklärung der Kandidaten).

Abgesehen von der hier empfohlenen mündlichen Bekanntgabe in der ersten Wahlversammlung ist das *Wahlausschreiben* in jedem Fall vom Tag des Erlasses bis zum letzten Tag der Stimmabgabe gem. § 31 Abs. 2 WO *im Betrieb auszuhängen* (vgl. Rn. 140) und kann ergänzend oder unter den Voraussetzungen des § 2 Abs. 4 Satz 4 WO *in elektronischer Form* bekannt gemacht werden (vgl. Rn. 148 ff.).

1.8 Die Einreichung und Prüfung von Wahlvorschlägen

282 Im Rahmen des vereinfachten Wahlverfahrens erfolgt die Wahl nach den Grundsätzen der *Mehrheitswahl* – auch als Personenwahl bezeichnet – (§ 14 Abs. 2 Satz 2 i. V. m. § 14 a Abs. 1 Satz 1 BetrVG).

283 Die *Wahlvorschläge* sind bis zum Ende der ersten Wahlversammlung (§ 33 Abs. 1 Satz 2 WO) beim Wahlvorstand *einzureichen* (zu den Einzelheiten der Einreichung und Behandlung von Wahlvorschlägen vgl. Rn. 160 ff.).

284 Wahlvorschläge können *bereits vor der ersten Wahlversammlung* aufgestellt werden (DKKW-Homburg, § 33 WO Rn. 1; Fitting, § 33 WO Rn. 2), etwa durch im Außendienst beschäftigte Arbeitnehmer, die an der ersten Wahlversammlung nicht teilnehmen können bzw. wollen. Die Teilnahme an der ersten Wahlversammlung ist nicht Voraussetzung dafür, dass ein wahlberechtigter Arbeitnehmer einen Wahlvorschlag einreichen kann. Bereits vor der ersten Wahlversammlung aufgestellte Wahlvorschläge von Arbeitnehmern, die auf der ersten Wahlversammlung nicht anwesend sind, können von anderen Arbeitnehmern oder durch sonstige Boten dem Wahlvorstand unmittelbar nach seiner Wahl übergeben werden.

285 Da ggfs. erforderliche Erklärungen wegen der Unterstützung mehrerer Wahlvorschläge nur in der ersten Wahlversammlung möglich sind (§ 33 Abs. 2 WO) und Mängel der Wahlvorschläge gem. § 8 Abs. 2 WO ebenfalls nur in der ersten Wahlversammlung beseitigt werden können, müssen Wahlvorschläge von auf der ersten Wahlversammlung nicht anwesenden Arbeitnehmern entweder sehr sorgfältig und fehlerfrei aufgestellt werden oder es empfiehlt sich doch die Sicherung der Anwesenheit des Listenvertreters, der Wahlbewerber und der unterstützenden wahlberechtigten Arbeitnehmer.

286 Wahlvorschläge *der Arbeitnehmer*, die *vor der ersten Wahlversammlung* aufgestellt werden, sind *schriftlich* beim Wahlvorstand einzureichen. Es gelten die im normalen Wahlverfahren zu beachtenden Vorschriften (§ 33 Abs. 2 i. V. m. § 6 Abs. 2 bis 5 WO; zu den Einzelheiten vgl. Rn. 160 ff.).

287 Wahlvorschläge *der Arbeitnehmer*, die erst *in der ersten Wahlversammlung* gemacht werden, bedürfen *nicht der Schriftform* (§ 14 a Abs. 2 BetrVG, § 33 Abs. 1 Satz 3 WO). Diese Wahlvorschläge können in der Wahlversammlung auch durch Benennung entsprechender Wahlbewerber *mündlich beim Wahlvorstand eingereicht* werden, die erforderliche Unterstützung durch wahlberechtigte Arbeitnehmer kann durch Handzeichen (Engels/Trebin-ger/Löhr-Steinhaus, DB 01, 532, 535) und die Zustimmungserklärung der vorgeschlagenen Wahlbewerber mündlich erfolgen. Die Wahlvor-schläge *der im Betrieb vertretenen Gewerkschaft* können auch im vereinfach-ten Wahlverfahren *ausschließlich schriftlich* beim Wahlvorstand eingereicht werden (Fitting, § 14 a, Rn. 28), da die Ausnahme vom Schriftformerforder-nis nur für die Wahlvorschläge der Arbeitnehmer vorgesehen ist (§ 14 a Abs. 2 BetrVG) und jeder Wahlvorschlag einer Gewerkschaft von zwei Be-auftragten unterzeichnet sein muss (14 Abs. 5 BetrVG, § 33 Abs. 2 Satz 3 WO i. V. m. § 27 Abs. 2 WO). Die Prüfung der Stützunterschriften bzw. der entsprechenden mündlichen Erklärungen und der Gültigkeit der Wahlvor-schläge durch den Wahlvorstand (§ 33 Abs. 2, 3 i. V. m. §§ 6 Abs. 5, 7 und 8 WO) sind ebenfalls noch in der ersten Wahlversammlung durchzufüh-ren. Die Aufforderungen zur Klarstellung der Unterstützung von Wahlvor-schlägen gem. § 6 Abs. 5 WO und die Unterrichtung der Wahlvorschlags-vertreter bei Ungültigkeit oder Beanstandung eines Wahlvorschlags gem. § 7 Abs. 2 i. V. m. § 8 WO durch den Wahlvorstand erfolgt ebenfalls münd-lich in der Wahlversammlung. Auch die erforderlichen Erklärungen gem. § 33 Abs. 2 i. V. m. § 6 Abs. 5 WO und die Beseitigung heilbarer Mängel des Wahlvorschlags gem. § 33 Abs. 3 Satz 2 i. V. m. § 8 Abs. 2 WO können mündlich in der Wahlversammlung erfolgen.

Die im Zusammenhang mit der mündlichen Einreichung und Prüfung **288** von Wahlvorschlägen in der Wahlversammlung abgegebenen Erklärungen sind vom Wahlvorstand *vollständig* und *nachvollziehbar* zu *protokollieren,* damit die *Gültigkeit der Wahlvorschläge,* ggfs. auch noch zu einem späteren Zeitpunkt, jederzeit überprüft werden kann. Mit der Aushändigung einer *Abschrift der Protokollierung* der Einreichung und Prüfung der Wahlvor-schläge an die *Wahlvorschlagsvertreter* nach Abschluss der Wahlversamm-lung ist in entsprechender Anwendung (vgl. § 33 Abs. 3 Satz 1 WO) dieser Vorschrift das Schriftformerfordernis von § 7 Abs. 1, 2 WO erfüllt.

Ist die Einreichung von Wahlvorschlägen, ihre Prüfung und die abschlie- **289** ßende Klärung ihrer Gültigkeit beendet, kann der Wahlvorstand die erste Wahlversammlung schließen. Er sollte vorher die gültigen Wahlvorschläge verlesen und nochmals auf den Termin der (zweiten) Wahlversammlung zur Wahl des Betriebsrats und auf die für Einsprüche gegen die Wählerliste (§ 30 Abs. 2 WO) und das Verlangen der nachträglichen schriftlichen Stimmabgabe (§ 35 WO) einzuhaltenden Fristen hinweisen.

290   Die als *gültig anerkannten Wahlvorschläge* hat der Wahlvorstand unmittelbar nach Abschluss der ersten Wahlversammlung in gleicher Weise wie das Wahlausschreiben *im Betrieb bekannt zu machen* (§ 33 Abs. 4 WO). Die Bewerber sollten, wie für die Gestaltung der Stimmzettel vorgeschrieben (§ 34 Abs. 1 WO), *in alphabetischer Reihenfolge* unter Angabe von Familienname, Vorname und Art der Beschäftigung im Betrieb aufgeführt werden.

291   Ist bis zum Abschluss der ersten Wahlversammlung *kein gültiger Wahlvorschlag* zur Wahl des Betriebsrats eingereicht worden, hat der Wahlvorstand dies im Betrieb in gleicher Weise wie das Wahlausschreiben bekannt zu machen und darauf hinzuweisen, dass die *Betriebsratswahl nicht stattfindet* (§ 33 Abs. 5 WO).

1.9   Die Wahl des Betriebsrats in der zweiten Wahlversammlung

292   Die zweite Wahlversammlung zur Wahl des Betriebsrats *muss eine Woche nach der ersten Wahlversammlung* zur Wahl des Wahlvorstands stattfinden (§ 14 a Abs. 1 Satz 4 BetrVG).

Zur Fristberechnung folgende Beispiele:

> Findet die erste Wahlversammlung am 26. 3. 2014 (Mittwoch) statt, läuft die Wochenfrist am 2. 4. 2014 (Mittwoch), 0:00 Uhr, ab (§§ 187 Abs. 1, 188 Abs. 2 1. Alternative BGB, vgl. dazu Rn. 89 ff.). Da die zweite Wahlversammlung *nach Ablauf einer Woche* stattfindet, ist sie im vorliegenden Beispiel am 3. 4. 2014 (Donnerstag) durchzuführen (im Ergebnis übereinstimmend ArbG Berlin v. 16. 10. 2003; *R 471*).
>
> Findet die erste Wahlversammlung am 10. 4. 2014 (Donnerstag) statt, läuft die Wochenfrist am 17. 4. 2014 (Donnerstag), 0:00 Uhr, ab. Da es sich bei den darauffolgenden vier Tagen (Karfreitag bis Ostermontag) um einen Sonnabend oder Feier- oder Sonntage handelt, ist die zweite Wahlversammlung am nächsten Werktag durchzuführen, im vorliegenden Beispiel am 22. 4. 2014 (Dienstag) (vgl. dazu § 193 BGB, Rn. 98 f.; zur Fristberechnung in Betrieben, in denen die ganz überwiegende Mehrheit der Beschäftigten auch an den Sonnabenden, Sonntagen und/oder Feiertagen arbeitet, vgl. Rn. 95, 100).

Ort, Tag und Zeit der zweiten Wahlversammlung sind mit Erlass des Wahlausschreibens in der ersten Wahlversammlung und durch Aushang im Betrieb bekannt zu machen (§ 31 Abs. 1 Satz 3 Nr. 11, Abs. 2 WO). Eine zusätzliche Einladung nach der ersten Wahlversammlung ist rechtlich nicht erforderlich.

Der Wahlvorstand ist für die Durchführung der zweiten Wahlversamm- **293** lung verantwortlich, leitet sie und übt das Hausrecht im Versammlungsraum aus.

Der Zweck der zweiten Wahlversammlung ist auf die *Stimmabgabe zur* **294** *Wahl des Betriebsrats* beschränkt (§ 14 a Abs. 1 Satz 3 BetrVG). Aus diesem Grund ist das *Teilnahmerecht* auf die wahlberechtigten Arbeitnehmer und Vertreter der im Betrieb vertretenen Gewerkschaft beschränkt. Der *Arbeitgeber* und leitende *Angestellte* haben kein Teilnahmerecht (vgl. dazu Rn. 258, auch zur Gegenmeinung).

Der Betriebsrat ist auf der zweiten Wahlversammlung *in geheimer und* **295** *unmittelbarer Wahl* zu wählen (§ 14 a Abs. 1 Satz 3 BetrVG). Gewählt werden können nur Wahlbewerber, die auf einem als *gültig anerkannten Wahlvorschlag* aufgeführt sind (§ 34 Abs. 1 Satz 1 WO). Der Wahlvorstand hat in Vorbereitung der Wahlversammlung unter Beachtung von § 34 Abs. 1 WO *Stimmzettel* anzufertigen und dafür zu sorgen, dass im Versammlungsraum die *geheime, d. h. unbeobachtete, Stimmabgabe* möglich ist (z. B. durch Wahlkabinen oder Stellwände; zu den Einzelheiten vgl. Rn. 138) und alle erforderlichen Hilfsmittel (z. B. Schreibgeräte, *versiegelbare Wahlurne*; vgl. Rn. 138) zur Verfügung stehen.

Sobald alle anwesenden wahlberechtigten Arbeitnehmer, die ihr Wahl- **26** recht ausüben wollen, ihre Stimme abgegeben haben, hat der Wahlvorstand den Abschluss der Wahl festzustellen und die Wahlversammlung zu schließen. Erfolgt keine nachträgliche schriftliche Stimmabgabe gem. § 35 Abs. 1 WO, hat der Wahlvorstand unverzüglich die *öffentliche Stimmauszählung* vorzunehmen und das Wahlergebnis festzustellen und bekannt zu geben (zu den Einzelheiten vgl. Rn. 215 ff.). Ort, Tag und Zeit der öffentlichen Stimmauszählung sind bereits vorher im Wahlausschreiben festzulegen (§ 31 Abs. 1 Satz 3 Nr. 15 WO; vgl. Rn. 279).

Ist die *nachträgliche schriftliche Stimmabgabe* gem. § 35 Abs. 1 WO abzu- **297** warten (vgl. dazu Rn 298 ff.), hat der Wahlvorstand die Wahlurne am Ende der zweiten Wahlversammlung zu versiegeln und aufzubewahren (§ 34 Abs. 2 WO).

1.10 Die nachträgliche schriftliche Stimmabgabe

298 Die schriftliche Stimmabgabe (Briefwahl) ist unter bestimmten Voraussetzungen auch im vereinfachten Wahlverfahren möglich (§§ 24, 25 WO; vgl. Rn. 187 ff.) und wird ergänzt um die nachträgliche schriftliche Stimmabgabe gem. § 35 WO, um Arbeitnehmern, die an der (zweiten) Wahlversammlung zur Wahl des Betriebsrats nicht teilnehmen können, die Wahrnehmung ihres Wahlrechts zu ermöglichen und in diesem Zusammenhang den verkürzten Fristen zwischen dem Erlass des Wahlausschreibens und der zweiten Wahlversammlung zur Wahl des Betriebsrats Rechnung zu tragen.

299 Die Stimmabgabe kann schriftlich und nachträglich von Wahlberechtigten verlangt werden, die an der zweiten Wahlversammlung zur Wahl des Betriebsrats nicht teilnehmen und deshalb ihre Stimme nicht persönlich abgeben können (§ 35 Abs. 1 Satz 1 WO). Die Entscheidung, ob die Stimme persönlich oder im Wege der Briefwahl abgegeben wird, ist nicht in das Belieben des Wahlberechtigten oder des Wahlvorstands gestellt, sondern setzt voraus, dass der Wahlberechtigte *aus persönlichen oder dienstlichen Gründen an der Teilnahme* an der zweiten Wahlversammlung und der persönlichen Abgabe seiner Stimme *gehindert* ist (vgl. Rn. 187 ff., 188).

300 Die nachträgliche schriftliche Stimmabgabe muss beim Wahlvorstand vom Wahlberechtigten beantragt werden (§ 14a Abs. 4 BetrVG, § 35 Abs. 1 Satz 1 WO). Der *Antrag* muss spätestens drei Tage vor der zweiten Wahlversammlung zur Wahl des Betriebsrats beim Wahlvorstand eingehen (§ 35 Abs. 1 Satz 2 WO).

Dazu folgende Beispiele:

> Findet die Wahlversammlung zur Wahl des Betriebsrats am 12.5.2014 (Montag) statt, ist der Antrag spätestens am 8.5.2014 (Donnerstag) zu stellen (rückwärts berechnete Frist in entsprechender Anwendung von §§ 187 Abs. 1, 188 Abs. 1 BGB, vgl. dazu Rn. 249, 87 ff.). Findet die zweite Wahlversammlung am 22.4.2014 (Dienstag) statt, läuft die 3-Tagesfrist am 19.4.2014 (Samstag), 0:00 Uhr, ab. Da es sich bei dem davorliegenden Tag um einen Feiertag (Karfreitag) handelt, ist der Antrag spätestens am 17.4.2014 (Donnerstag) zu stellen (vgl. § 193 BGB, Rn. 87 f., 98 f.; zur Fristberechnung in Betrieben, in denen die ganz überwiegende Mehrheit der Beschäftigten auch an den Sonnabenden, Sonntagen und/ oder Feiertagen arbeitet, vgl. Rn. 95, 100).

301 Der Antrag bedarf nicht der – grundsätzlich allerdings zu empfehlenden – Schriftform, sondern kann beim Wahlvorstand vom Wahlberechtigten auch *mündlich* gestellt werden.

Die *Frist für die nachträgliche schriftliche Stimmabgabe* ist – bei Vorliegen von deren Voraussetzungen (vgl. Rn. 279, 187 ff.) – im Wahlausschreiben festzulegen (vgl. Rn. 279). Ihr Ablauf sollte nicht später als vier Tage nach dem Tag der zweiten Wahlversammlung zur Wahl des Betriebsrats vom Wahlvorstand bestimmt werden.

Wird die nachträgliche schriftliche Stimmabgabe auf Grund eines An- **302** trags eines Wahlberechtigten erforderlich, hat der Wahlvorstand dies unter Angabe von Ort, Tag und Zeit der öffentlichen Stimmauszählung in gleicher Weise *bekannt zu machen* wie das Wahlausschreiben (§ 35 Abs. 2 WO; vgl. Rn. 281). Der *Termin für die öffentliche Auszählung* verschiebt sich ggfs. gegenüber seiner ursprünglichen Bekanntgabe im Wahlausschreiben entsprechend.

Die im normalen Wahlverfahren maßgebenden Vorschriften für die **303** schriftliche Stimmabgabe gem. §§ 24, 25 WO sind für die nachträgliche schriftliche Stimmabgabe im vereinfachten Wahlverfahren entsprechend anzuwenden (§ 35 Abs. 1 Satz 3 WO, vgl. Rn. 207 ff.). Gemäß § 24 Abs. 2 WO sind die Briefwahlunterlagen ohne Verlangen des Wahlberechtigten vom Wahlvorstand denjenigen Wahlberechtigten zukommen zu lassen, die im Zeitpunkt der Wahl nach der Eigenart ihres Beschäftigungsverhältnisses *voraussichtlich nicht im Betrieb anwesend* sein werden (vgl. Rn. 189). Das Gleiche gilt für Wahlberechtigte in *Betriebsteilen und Kleinstbetrieben*, die räumlich weit vom Hauptbetrieb entfernt sind, und für die der Wahlvorstand die schriftliche Stimmabgabe beschlossen hat (vgl. Rn. 187).

Unmittelbar nach Ablauf der Frist für die nachträgliche Stimmabgabe, **304** d. h. spätestens am auf den Tag des Fristablaufs folgenden Arbeitstag (ist im Wahlausschreiben bzw. nachträglich durch Aushang gem. § 35 Abs. 2 WO bekannt zu geben) prüft der Wahlvorstand in öffentlicher Sitzung, ob die schriftliche Stimmabgabe ordnungsgemäß erfolgt ist und legt bei *ordnungsgemäßer Stimmabgabe* den Wahlumschlag in die bis zu diesem Zeitpunkt versiegelte Wahlurne und vermerkt die nachträgliche Stimmabgabe in der Wählerliste (§ 35 Abs. 3 WO).

Anschließend nimmt der Wahlvorstand gem. § 34 Abs. 3–5 WO öffent- **305** lich die *Auszählung der Stimmen* vor (§ 35 Abs. 4 WO).

Für die Anfertigung der Wahlniederschrift, die Benachrichtigung der Gewählten und ihre Bekanntmachung und die Aufbewahrung der Wahlakten gelten die Vorschriften des normalen Wahlverfahrens entsprechend (§ 34 Abs. 3 Satz 2 WO).

2. Die Wahl des Betriebsrats im einstufigen Verfahren

306 Für den Fall, dass im Betrieb ein *Wahlvorstand auf Grund seiner Bestellung* (vgl. auch Rn. 105 ff.) bereits vorhanden ist, wird der Betriebsrat im so genannten einstufigen Verfahren auf nur einer Wahlversammlung gewählt (§ 14 a Abs. 3 BetrVG, § 36 Abs. 1 WO).

Die Bestellung des Wahlvorstands (statt seiner Wahl auf der ersten Wahlversammlung, vgl. Rn. 263 ff.) kommt in folgenden Fällen in Frage:

- In einem Betrieb *besteht* bereits *ein Betriebsrat;* dieser bestellt den Wahlvorstand, und zwar im vereinfachten Wahlverfahren vier Wochen vor Ablauf seiner Amtszeit (§ 17 a Nr. 1 i.V.m. § 16 Abs. 1 Satz 1 BetrVG).

- Es *besteht ein Betriebsrat,* dieser *bleibt* aber *untätig* bis drei Wochen vor Ablauf seiner Amtszeit. Die Bestellung des Wahlvorstands erfolgt durch den *Gesamtbetriebsrat* oder, falls ein solcher nicht besteht, durch den *Konzernbetriebsrat* (§ 17 a Nr. 1 i.V.m. § 16 Abs. 3 BetrVG) oder durch das *Arbeitsgericht* auf Antrag von mindestens drei Wahlberechtigten oder einer im Betrieb vertretenen Gewerkschaft (§ 17 a Nr. 1 i.V.m. § 16 Abs. 2 BetrVG).

- Es *besteht kein Betriebsrat,* der Wahlvorstand wird jedoch vom *Gesamtbetriebsrat,* falls ein solcher nicht besteht, vom *Konzernbetriebsrat* bestellt (§ 17 a Satz 1 i.V.m. § 17 Abs. 1 BetrVG).

- Es *besteht kein Betriebsrat,* die (erste) *Wahlversammlung* zur Wahl des Wahlvorstands *kommt nicht zustande* (trotz eines ernsthaften Versuchs, vgl. Rn. 255a) oder sie kommt zwar zustande, *wählt* aber *keinen Wahlvorstand* (vgl. Rn. 268). Die Bestellung des Wahlvorstands erfolgt durch das *Arbeitsgericht* auf Antrag von mindestens drei Wahlberechtigten oder einer im Betrieb vertretenen Gewerkschaft (§ 17 a Nr. 4 i.V.m. § 17 Abs. 4 BetrVG).

307 Nach seiner Bestellung hat der Wahlvorstand *unverzüglich zu einer ersten Sitzung* zusammenzukommen, Fragen der Geschäftsordnung und seiner Arbeitsplanung zu klären (vgl. § 1 Abs. 2, 3 WO) und als erste Aufgabe die *Wählerliste aufzustellen* (vgl. Rn. 122 ff.). Die Vorschriften über die Aufstellung der Wählerliste (§ 2 WO) und über Einsprüche gegen die Richtigkeit der Wählerliste (§ 30 Abs. 3 WO) kommen auch im einstufigen Verfahren zur Anwendung (§ 36 Abs. 1 Satz 3 WO).

308 Im Anschluss an die Aufstellung der Wählerliste erlässt der Wahlvorstand das *Wahlausschreiben.* Damit ist die Betriebsratswahl eingeleitet (§ 36 Abs. 2 Satz 1, 2 WO).

Der *Inhalt des Wahlausschreibens* richtet sich – wie im zweistufigen Verfahren – grundsätzlich nach § 31 Abs. 1 Satz 3 WO (vgl. Rn. 279), wobei allerdings folgende *Abweichungen* zu beachten sind (vgl. § 36 Abs. 3 WO):

1. Abweichend von Nr. 6 ist ausschließlich die Mindestzahl von Wahlberechtigten anzugeben, von denen ein Wahlvorschlag unterzeichnet sein muss (§ 14 Abs. 4 BetrVG).

2. Abweichend von Nr. 8 hat der Wahlvorstand anzugeben, dass die *Wahlvorschläge* spätestens *eine Woche* vor dem Tag der Wahlversammlung zur Wahl des Betriebsrats beim Wahlvorstand einzureichen sind (§ 14 a Abs. 3 Satz 2 BetrVG); der letzte Tag der Frist ist anzugeben (zur Fristberechnung vgl. Rn. 311).

Zu den vor Erlass des Wahlausschreibens vom Wahlvorstand zu fassenden Beschlüssen vgl. Rn. 280.

Die Wahlversammlung sollte in der Regel etwa *zwei Wochen nach Erlass* **309** *des Wahlausschreibens* stattfinden, damit u. a. ein angemessener Zeitraum zwischen Erlass des Wahlausschreibens und Ablauf der Frist zur Einreichung von Wahlvorschlägen von etwa einer Woche verbleibt (vgl. Fitting, § 36 WO Rn. 11). Eine gesetzlich zwingend vorgegebene Mindestfrist besteht insoweit allerdings nicht. Verbleibt nach Erlass des Wahlausschreibens zur Einreichung von Wahlvorschlägen lediglich ein Zeitraum von wenigen Stunden oder 1–2 Tagen, ist dies nicht ausreichend und kann die Anfechtbarkeit der Betriebsratswahl (vgl. Rn. 232 ff.) begründen (vgl. etwa Hess. LAG v. 23. 1. 2003, *R 470*). Bei bestehendem Betriebsrat sollte *spätestens zwei Wochen vor Ablauf dessen Amtszeit die Wahlversammlung* stattfinden. Der letzte *Tag der nachträglichen schriftlichen Stimmabgabe* soll spätestens *eine Woche vor Ablauf der Amtszeit des Betriebsrats* liegen (vgl. § 36 Abs. 2 Satz 3 WO).

Die Vorschriften über die Bestimmung der *Mindestsitze* (§ 32 WO), das **310** *Wahlverfahren* (§ 34 WO) und die *nachträgliche Stimmabgabe* (§ 35 WO) aus dem zweistufigen Verfahren kommen im einstufigen Verfahren entsprechend zur Anwendung.

Die *Wahlvorschläge* zur Wahl des Betriebsrats müssen spätestens *eine* **311** *Woche vor der Wahlversammlung* zur Wahl des Betriebsrats beim Wahlvorstand *schriftlich* eingereicht werden (§ 14 a Abs. 3 Satz 2 BetrVG, § 36 Abs. 5 Satz 1 WO).

Dazu folgende Beispiele:

> Findet die Wahlversammlung am 3.4.2014 (Donnerstag) statt, läuft die Wochenfrist am 27.3.2014 (Donnerstag), 0:00 Uhr, ab. Die Wahlvorschläge sind deshalb spätestens am 26.3.2014 (Mittwoch) einzureichen (rückwärts berechnete Frist in entsprechender Anwendung der §§ 187 Abs. 1, 188 Abs. 2 1. Alternative BGB, vgl. dazu Rn. 249, 87 ff., im Ergebnis übereinstimmend Hess. LAG v. 23.1.2003, *R 470*).
> Findet die Wahlversammlung am 29.4.2014 (Dienstag) statt, läuft die Wochenfrist am 22.4.2014 (Dienstag), 0:00 Uhr, ab. Da es sich bei den davor liegenden vier Tagen um Feiertage (Ostermontag, Karfreitag) und einen Sonntag und Sonnabend handelt, sind die Wahlvorschläge spätestens am 17.4.2014 (Donnerstag) einzureichen (vgl. § 193 BGB, Rn. 98 f.).
> Zur Feststellung der Uhrzeit des Fristablaufs am letzten Tag der Frist auf den Zeitpunkt des Endes der täglichen Arbeitszeit der ganz überwiegenden Mehrheit der Arbeitnehmer des Betriebs vgl. Rn. 92 ff.; zur Fristberechnung in Betrieben, in denen die ganz überwiegende Mehrheit der Beschäftigten auch an den Sonnabenden, Sonntagen und/oder Feiertagen arbeitet, vgl. Rn. 95, 100).

Im einstufigen Verfahren ist es *nicht zulässig*, Wahlvorschläge mündlich einzureichen.

312   Die Vorschriften der Wahlordnung über die Aufstellung der Wahlvorschläge (§ 6 Abs. 2–5 WO) und über die Prüfung der Gültigkeit der eingereichten Wahlvorschläge (§§ 7, 8 WO) sind im einstufigen Verfahren entsprechend anzuwenden, mit der Maßgabe, dass die in § 6 Abs. 5 WO und § 8 Abs. 2 WO genannten Fristen *die gesetzliche Mindestfrist zur Einreichung von Wahlvorschlägen* (eine Woche vor der Wahlversammlung) *nicht überschreiten dürfen* (§ 36 Abs. 5 Satz 2 WO). Praktisch bedeutet dies, dass bei Einreichung von Wahlvorschlägen *in den letzten drei Tagen vor Ablauf der Einreichungsfrist*, die Fristen gem. § 6 Abs. 5 WO und § 8 Abs. 2 WO vom Wahlvorstand *auf weniger als drei Arbeitstage abzukürzen* sind.

Dazu folgendes Beispiel:

> Hat ein Wahlberechtigter mehrere Wahlvorschläge unterzeichnet, kann ihm der Wahlvorstand eine Erklärungsfrist von bis zu drei Arbeitstagen setzen (§ 6 Abs. 5 WO). Wurde der Wahlvorschlag am 8.5.2014 (Donnerstag) eingereicht und läuft am 9.5.2014 (Freitag) die Einreichungsfrist für Wahlvorschläge ab, ist die Erklärungsfrist gem. § 6 Abs. 5 WO vom Wahlvorstand auf den 9.5.2014 abzukürzen.
>
> Kann der Wahlberechtigte keine Erklärung mehr abgeben bzw. unterbleibt diese, gilt § 6 Abs. 5 WO (Fitting, § 36 WO, Rn.16; vgl. dazu Rn. 170).

Nach Ablauf der Einreichungsfrist für die Wahlvorschläge hat der Wahlvorstand, ggf. nach Prüfung noch kurz vor Fristablauf eingereichter Wahlvorschläge, die als gültig anerkannten Wahlvorschläge bis zum Abschluss der Stimmabgabe *unverzüglich* in gleicher Weise bekannt zu machen wie das Wahlausschreiben (§ 36 Abs. 5 Satz 3 WO).

Liegt kein gültiger Wahlvorschlag nach Ablauf der Einreichungsfrist für **313** Wahlvorschläge beim Wahlvorstand vor, hat der Wahlvorstand im Betrieb bekannt zu machen, dass die Betriebsratswahl nicht stattfindet (§ 36 Abs. 6 WO).

V. Wahlschutz, Kosten der Wahl, wahlnachbereitende Maßnahmen

1. Schutz der Wahl

314 Die Betriebsratswahl ist gesetzlich umfassend geschützt. Die dafür hauptsächlich anzuwendende Vorschrift im Betriebsverfassungsgesetz lautet:

§ 20 Wahlschutz

(1) Niemand darf die Wahl des Betriebsrats behindern. Insbesondere darf kein Arbeitnehmer in der Ausübung des aktiven und passiven Wahlrechts beschränkt werden.

(2) Niemand darf die Wahl des Betriebsrats durch Zufügung oder Androhung von Nachteilen oder durch Gewährung oder Versprechen von Vorteilen beeinflussen.

315 Dieser Schutz erstreckt sich nicht nur auf unmittelbare Wahlhandlungen, sondern auch auf die Vorbereitung der Wahl und sonstige Maßnahmen, die mit der Wahl zusammenhängen. Beispiele sind: Einladung zur Wahl- bzw. Betriebsversammlung, Bestellung und Tätigkeit des Wahlvorstands, Sammlung von Stützunterschriften, Durchführung von Maßnahmen der Wahlwerbung, Teilnahme an der Stimmauszählung (LAG München v. 27.1.2010, *R 341*; LAG Hamburg v. 12.3.1998, *R 337*; ArbG Berlin v. 29.5.2009, *R 340*).

316 Eine Wahlbehinderung liegt auch vor, wenn der Arbeitgeber Verpflichtungen, die ihm im Zusammenhang mit der Wahl obliegen, nicht nachkommt. Das kann etwa der Fall sein, wenn der Arbeitgeber sich weigert, Wahlräume zur Verfügung zu stellen oder die Kosten für notwendige sachliche Mittel, wie Stimmzettel, Wahlumschläge und Wahlurnen, zu übernehmen (OVG Nordrhein-Westfalen v. 14.4.2004, *R 339*).

317 Der Arbeitgeber darf auch keinerlei Anweisungen geben, die sich auf die Art und Weise der Ausübung der Wahlbefugnisse beziehen. Die einzelnen

Arbeitnehmer dürfen in der Ausübung ihres aktiven und passiven Wahlrechts in keiner Weise beschränkt werden. Die Wahl darf nicht dadurch beeinflusst werden, dass Arbeitnehmern im Zusammenhang mit der Wahrnehmung ihrer Wahlrechte oder der Ausübung bestimmter Funktionen (Wahlvorstandsmitglieder, Wahlhelfer) Nachteile zugefügt oder angedroht oder Vorteile gewährt oder versprochen werden (BAG v. 4.12.1986, *R 332*; ArbG Heilbronn v. 18.3.1999, *R 338*; ArbG Berlin v. 8.8.1984, *R 329*).

Für besonders gravierende Fälle der Behinderung einer Betriebsratswahl **318** ist sogar Freiheitsstrafe bis zu einem Jahr oder Geldstrafe vorgesehen (§ 119 Abs. 1 Nr. 1 BetrVG). In dieser Vorschrift liegt zugleich eine Verstärkung des allgemeinen Behinderungsverbots der Betriebsratswahl nach § 20 Abs. 1 BetrVG. Das strafbewehrte Verbot der Behinderung der Betriebsratswahl nach § 119 Abs. 1 Nr. 1 BetrVG (vgl. dazu BGH v. 13.9.2010, *R 342*; Bay. Oberstes Landesgericht v. 9.7.1980, *R 328*; LG Siegen v. 13.11.1986, *R 331*; AG Aichach v. 29.10.1987, *R 334*) richtet sich, wie auch die Sicherung des Wahlschutzes nach § 20 Abs. 1 und 2 BetrVG, gegen jedermann. Die Verbote richten sich somit nicht nur gegen den Arbeitgeber und Betriebsangehörige (zum Beispiel leitende Angestellte), sondern wirken auch gegenüber Außenstehenden.

Eine schwerwiegende Form der Behinderung der Betriebsratswahl liegt **319** in einem Versuch des Arbeitgebers, Arbeitnehmer, die eine Betriebsratswahl initiieren, *Wahlbewerber* oder *Wahlvorstandsmitglieder* durch eine Kündigung aus dem Betrieb zu entfernen, um die Arbeitnehmer insgesamt einzuschüchtern und die Betriebsratswahl zu unterbinden. Der Gesetzgeber hat daher die allgemeinen Wahlschutzbestimmungen dadurch ergänzt, dass ein *besonderer Kündigungsschutz* für Wahlbewerber und Wahlvorstandsmitglieder vorgesehen wird (zum Kündigungsschutz für die Initiatoren einer Betriebsratswahl s. Rn. 324). Dieser Schutz erstreckt sich auf ordentliche (fristgemäße) und außerordentliche (fristlose) Kündigungen. Wahlvorstandsmitglieder und Wahlbewerber unterliegen damit dem gleichen Kündigungsschutz wie Betriebsratsmitglieder.

Die *ordentliche Kündigung* gegenüber Wahlbewerbern und Wahlvor- **320** standsmitgliedern ist nach § 15 Abs. 3 KSchG grundsätzlich unzulässig (zu den Ausnahmen vgl. § 15 Abs. 4 und 5 KSchG). *Fristlose Kündigungen* sind nur mit Zustimmung des Betriebsrats zulässig bzw. nur dann, wenn das Arbeitsgericht die fehlende Zustimmung des Betriebsrats ersetzt (§ 103 BetrVG).

321   Der *Sonderkündigungsschutz beginnt* für *Mitglieder des Wahlvorstands* mit dem Zeitpunkt ihrer *Bestellung* bzw. ihrer *Wahl* auf einer Betriebsversammlung (im normalen Wahlverfahren) oder der ersten Wahlversammlung (im vereinfachten Wahlverfahren). Im Fall der gerichtlichen Bestellung des Wahlvorstands beginnt der Sonderkündigungsschutz mit der Verkündung der gerichtlichen Entscheidung (BAG v. 26.11.2009, *R 365*; LAG Düsseldorf v. 17.2.2011, *R 365*).

Für *Wahlbewerber* beginnt der Sonderkündigungsschutz mit der *Aufstellung des Wahlvorschlags*. Der aufgestellte Wahlvorschlag löst den Kündigungsschutz für Wahlbewerber schon dann aus, wenn ein Wahlvorstand besteht und die erforderliche Mindestzahl von Stützunterschriften nach § 14 Abs. 4 BetrVG vorliegt. Es kommt nicht darauf an, ob zu diesem Zeitpunkt bereits die Wahl durch den Erlass des Wahlausschreibens (§ 3 Abs. 1 Satz 2 WO) eingeleitet (BAG v. 19.4.2012, *R 366*; BAG v. 7.7.2011, *R 364*; LAG Hamm v. 25.2.2011, *R 363*; ArbG Rosenheim v. 23.2.2011, *R 362*) oder der Wahlvorschlag bereits beim Wahlvorstand eingereicht wurde (BAG v. 19.4.2012, *R 366*; BAG v. 7.7.2011, *R 364*). Der Sonderkündigungsschutz setzt allerdings die Wählbarkeit des Wahlbewerbers zum Zeitpunkt der Wahl voraus (BAG v. 7.7.2011, *R 364*).

322   Der Kündigungsschutz nach § 103 BetrVG endet für Wahlvorstandsmitglieder mit dem Amtsende und für nicht gewählte Wahlbewerber mit dem Zeitpunkt der Bekanntgabe des endgültigen Wahlergebnisses (§ 18 WO); für gewählte Bewerber, also für Betriebsratsmitglieder, läuft der Schutz nach § 103 BetrVG weiter.

Wahlvorstandsmitglieder und Wahlbewerber sind gem. § 103 Abs. 3 BetrVG außerdem gegen *Versetzungen* geschützt, die zum Verlust ihres Amtes bzw. ihrer Wählbarkeit führen würden. In diesen Fällen sind Versetzungen an die Zustimmung des Betriebsrats oder an eine dessen Zustimmung ersetzende Entscheidung des Arbeitsgerichts gebunden.

323   Von erheblicher Bedeutung ist auch der nachwirkende Kündigungsschutz nach § 15 Abs. 3 Satz 2 KSchG. Innerhalb von sechs Monaten nach Bekanntgabe des Wahlergebnisses darf gegenüber ehemaligen Wahlvorstandsmitgliedern und nicht gewählten Wahlbewerbern eine ordentliche Kündigung nicht ausgesprochen werden. Zulässig ist nur die fristlose Kündigung, sofern Tatsachen vorliegen, die den Arbeitgeber zur Kündigung aus wichtigem Grund ohne Einhaltung einer Kündigungsfrist berechtigen. Nach Beendigung des nachwirkenden Kündigungsschutzes kann der Arbeitgeber einem nicht gewählten Wahlbewerber wie anderen Arbeitnehmern auch eine Kündigung aussprechen. Das gilt auch für arbeitsvertragliche Pflichtverletzungen, die während der Schutzfrist begangen wurden, sofern sie erkennbar in keinem Zusammenhang mit der Kandidatur für den Betriebsrat stehen (BAG v. 13. 6. 1996, *R 357*).

Für Arbeitnehmer, die als *Initiatoren einer Wahl des Betriebsrats* zur Wahl **324** eines Wahlvorstands einladen (§§ 17 Abs. 3, 17 a Nr. 3 Satz 2 BetrVG) oder dessen gerichtliche Bestellung beantragen (§§ 16 Abs. 2 Satz 1, 17 Abs. 4, 17 a Nr. 4 BetrVG) und damit die Initiative zur Einleitung einer Betriebsratswahl ergreifen, sieht § 15 Abs. 3 a KSchG einen Schutz vor ordentlichen Kündigungen vor. Der Kündigungsschutz gilt vom Zeitpunkt der Einladung bzw. der Antragstellung an bis zur Bekanntgabe des Wahlergebnisses und ist beschränkt auf die ersten drei in der Einladung bzw. Antragstellung aufgeführten Arbeitnehmer. Wird trotz der Initiative der Arbeitnehmer ein Betriebsrat nicht gewählt, besteht der Kündigungsschutz vom Zeitpunkt der Einladung bzw. Antragstellung an für drei Monate. Im Rahmen des Kündigungsschutzes nach § 15 Abs. 3 a KSchG ist vom Arbeitgeber bei beabsichtigten außerordentlichen Kündigungen § 103 BetrVG nicht zu beachten, sondern lediglich das Anhörungsverfahren gem. § 102 BetrVG. Der Kündigungsschutz für Initiatoren von Betriebsratswahlen hängt nicht davon ab, dass die von ihnen verantwortete Einladung zu einer Wahl- bzw. Betriebsversammlung zur Einleitung einer Betriebsratswahl keine *Formfehler und/oder inhaltliche Mängel* aufweist. Es ist ausreichend, wenn einer bekannt gemachten Einladung der Gegenstand, der Ort und der Zeitpunkt der Versammlung sowie die Namen der Einladenden zu entnehmen ist (LAG Berlin v. 25. 6. 2003, *R 473*; ArbG Frankfurt/M. v. 9. 4. 2002, *R 472*).

Arbeitgeberseitige *Kündigungen vor Eintritt des besonderen Kündigungsschutzes* gem. §§ 103 BetrVG, 15 Abs. 3–5 KSchG sind unwirksam, wenn mit ihnen beispielsweise beabsichtigt ist, der Unkündbarkeit künftiger Wahlbewerber oder Wahlvorstandsmitglieder zuvorzukommen, Arbeitnehmer in der Ausübung ihrer Wahlbefugnisse einzuschränken oder die Betriebsratswahl überhaupt zu verhindern (§ 20 Abs. 1 BetrVG i. V. m. § 134 BGB, vgl. etwa ArbG Berlin v. 20. 9. 2001, *R 360*; DKKW-Homburg, § 20 Rn. 14; Fitting, § 20, Rn. 33).

2. Kosten der Wahl

325 Die Kosten der Betriebsratswahl trägt der Arbeitgeber. Dieser in § 20 Abs. 3 BetrVG enthaltene Grundsatz wird dadurch konkretisiert, dass Versäumnis von Arbeitszeit zur Ausübung des Wahlrechts oder zur Betätigung im Wahlvorstand den Arbeitgeber nicht zur Minderung des Arbeitsentgelts berechtigt.

326 Den Arbeitgeber trifft somit eine *Kostentragungspflicht im weitesten Sinne.* Der Arbeitgeber hat nicht nur die Kosten der Arbeit des Wahlvorstands zu tragen (vgl. Rn. 327–333), sondern unter bestimmten Voraussetzungen auch die Kosten, die anderen an der Wahl des Betriebsrats Beteiligten entstehen (vgl. Rn. 333, 333a). Bei den im Zusammenhang mit einer Wahl entstehenden Kosten kann es sich sowohl um sachliche als auch um andere Kosten handeln.

327 Zu den *sachlichen Kosten* gehören solche für
- die Geschäftsführung des Wahlvorstands, etwa für Räumlichkeiten Schreibmaterial, Aktenordner, Übernahme von Telefonkosten usw.;
- Wahlurnen, Wahlkabinen, Vordrucke und Stimmzettel;
- kommentierte einschlägige Gesetze, zu denen mindestens das Betriebsverfassungsgesetz und die Wahlordnung gehören.

Weigert sich der Arbeitgeber, die für die Betriebsratswahl erforderlichen Sachmittel zur Verfügung zu stellen bzw. die Kosten dafür zu übernehmen, kann sie der Wahlvorstand auf Rechnung des Arbeitgebers beschaffen (vgl. ArbG Limburg v. 13.5.1987, *R 377*) oder ihre Herausgabe bzw. die Zurverfügungstellung gerichtlich durchsetzen.

328 Der Arbeitgeber hat neben den sachlichen Kosten auch die Kosten zu ersetzen, die den Wahlvorstandsmitgliedern unmittelbar entstehen. Solche Kosten können etwa auftreten bei *Reisen* mit öffentlichen Verkehrsmitteln von oder zu unselbstständigen Nebenbetrieben oder Betriebsteilen im Rahmen der Vorbereitung und Durchführung der Wahl. Die Wahlvorstandsmitglieder dürfen dabei nicht einfach auf die Benutzung der öffentlichen Verkehrsmittel verwiesen werden. Es kann sachgerechter sein, für die erforderlichen Fahrten entweder ein Firmenfahrzeug oder den eigenen Pkw zu benutzen.

329 Benutzt das Wahlvorstandsmitglied den eigenen Pkw, sind ihm die Kosten mit der betriebsüblichen Kilometerpauschale zu erstatten (so BAG v. 3.3.1983, *R 374*). Die Kostentragungspflicht umfasst grundsätzlich auch die Pflicht zum Ersatz der bei der unmittelbaren Wahlvorstandstätigkeit erlittenen Sachschäden. Deswegen kommt der Ersatz von Unfallschäden, die ein Mitglied des Wahlvorstands bei der Benutzung des eigenen Pkws erleidet, nach Auffassung des Bundesarbeitsgerichts auf jeden Fall in Betracht, wenn der Arbeitgeber die Benutzung ausdrücklich gewünscht hat, oder diese erforderlich war, damit das Wahlvorstandsmitglied seine gesetzlichen Aufgaben wahrnehmen konnte (vgl. BAG v. 3.3.1983, a.a.O., mit der Einschränkung, dass die Fahrt mit dem eigenen Pkw dann als erforderlich anzusehen ist, wenn das Wahlvorstandsmitglied die Wahlvorstandstätigkeit in zumutbarer Weise mit anderen Verkehrsmitteln nicht erfüllen konnte).

Der Arbeitgeber hat auch die Kosten zu tragen, die durch die *Beauftra-* **329a** *gung eines Rechtsanwalts* durch den Wahlvorstand mit der Prozessvertretung in einem Beschlussverfahren über Streitfragen bei der Ausführung der Betriebsratswahl entstehen (LAG Hamm v. 2.9.2005, *R 388*). Die Freistellung des Wahlvorstands von Rechtsanwaltskosten durch den Arbeitgeber für die außergerichtliche anwaltliche Beratung setzt eine vorherige Vereinbarung gem. § 80 Abs. 3 BetrVG voraus (Hess. LAG v. 6.12.2007, *R 391*).

Die Betätigung im Wahlvorstand findet grundsätzlich *während der Ar-* **330** *beitszeit* statt. Der Arbeitgeber muss das ausfallende *Entgelt nebst allen Zuschlägen* weiterzahlen. Wahlvorstandsmitglieder sind, soweit es zur ordnungsgemäßen Durchführung der Wahlhandlungen notwendig ist, von ihrer beruflichen Tätigkeit freizustellen. Sie müssen sich zwar, sofern sie nicht freigestellt sind, ab- und zurückmelden; eine Genehmigung zum Verlassen des Arbeitsplatzes brauchen sie aber nicht. Dem Wahlvorstand steht bezüglich der Erforderlichkeit des Umfangs seiner Tätigkeit ein Beurteilungsspielraum zu. Der Arbeitgeber ist nicht berechtigt, dem Wahlvorstand bezüglich dessen Aufgabenwahrnehmung ein Stundenkontingent vorzugeben (LAG Schleswig-Holstein v. 15.12.2004, *R 387*). Auch Überstunden, die ein Wahlvorstandsmitglied ohne seine Tätigkeit im Wahlvorstand geleistet hätte, sind ihm zu vergüten (vgl. BAG v. 29.6.1988, *R 379*). Ist Wahlvorstandstätigkeit aus betrieblichen Gründen außerhalb der Arbeitszeit zu leisten, haben die Wahlvorstandsmitglieder einen Ausgleichsanspruch in entsprechender Anwendung des § 37 Abs. 3 BetrVG (BAG v. 26.4.1995, *R 383*).

Zur Betätigung im Wahlvorstand gehört auch die *Teilnahme an einer* **331** *Schulungsveranstaltung* zur Unterweisung in die Aufgaben eines Wahlvorstandsmitglieds. Jedenfalls ist die Teilnahme eines Wahlvorstandsmitglieds, das erstmals diese Funktion wahrnimmt, auch ohne nähere Darlegung des Fehlens ausreichender Kenntnisse der Wahlvorschriften erforderlich. Im Streitfall muss der Arbeitgeber darlegen und gegebenenfalls beweisen, dass das Wahlvorstandsmitglied schon ausreichende Kenntnisse hat (BAG v. 7.6.1984, *R 32*; LAG Hamburg v. 14.3.2012, *R 34*). Zumindest unter diesen Voraussetzungen ist eine Schulung für jedes Mitglied des Wahlvorstands erforderlich, da die Wahlvorstandsmitglieder ihr Amt unabhängig und eigenverantwortlich auszuüben haben (LAG Hamburg v. 14.3.2012, *R 34*).

332 Die durch die vorstehend genannte Rechtsprechung relativ einschränkende Beantwortung der Frage, ob und in welchem Umfang Wahlvorstandsmitglieder an entsprechenden Schulungsveranstaltungen teilnehmen können, ist nicht angebracht. Nach hier vertretener Auffassung ist ein besonderer Anlass bzw. der Nachweis fehlender Kenntnisse keine Voraussetzung für den Besuch einer entsprechenden Schulungsveranstaltung. Auch ein Wahlvorstandsmitglied, das nicht zum ersten Mal dieses Amt übernimmt, muss schon wegen des großen Zeitraumes zwischen den einzelnen Wahlen (in der Regel vier Jahre!) in der Lage sein, sein Wissen aufzufrischen und sich mit der zwischenzeitlich ergangenen neuen Rechtsprechung vertraut zu machen (vgl. auch ArbG Frankfurt/M. v. 3.3.1999, *R 33*). Im Übrigen dient eine gründliche Unterweisung von Mitgliedern des Wahlvorstands letztlich auch dem Arbeitgeber, da eine falsche Anwendung von Wahlvorschriften eine Wiederholung der Betriebsratswahl mit den damit verbundenen Kosten mit sich bringen kann (LAG Hamburg v. 14.3.2012, *R 34*).

333 Nicht nur Wahlvorstandsmitglieder, sondern alle *Arbeitnehmer*, die im Zusammenhang mit der Wahl tätig werden (z. B. als *Wahlhelfer*), dürfen weder beim Arbeitsentgelt noch in anderer Weise Nachteile erleiden. Die Arbeitnehmer sind so zu stellen, als wenn sie während der Zeit der Arbeitsversäumnis gearbeitet hätten. In der Regel soll sich aus § 20 Abs. 3 Satz 2 BetrVG allerdings kein Anspruch für Arbeitnehmer ergeben, Stützunterschriften für einen Wahlvorschlag während der Arbeitszeit bei Fortzahlung des Entgelts durch den Arbeitgeber zu sammeln. Etwas Anderes kann gelten, wenn aufgrund besonderer Umstände das Sammeln der Stützunterschriften während der Arbeitszeit erforderlich ist, um die Ausübung des aktiven und passiven Wahlrechts ungehindert zu ermöglichen (LAG Hamburg v. 31.5.2007, *R 390*; vgl. dazu auch LAG Berlin v. 9.1.1979, *R 327*).

Kosten, die *wahlanfechtenden Arbeitnehmern* durch die Wahrnehmung ihrer Interessen durch einen Rechtsanwalt entstehen, müssen vom Arbeitgeber übernommen werden (LAG Niedersachsen v. 14. 9. 2006, R 389).

Der Arbeitgeber hat auch die erforderlichen *außergerichtlichen Kosten* **333a** *einer Gewerkschaft*, die ihr durch die Beauftragung eines Rechtsanwalts in einem Beschlussverfahren zur gerichtlichen Bestellung eines Wahlvorstands entstanden sind, zu tragen (BAG v. 31. 5. 2000, R 384). Das gilt auch für Rechtsanwaltskosten, die einer Gewerkschaft bei der Wahrnehmung ihrer im Zusammenhang mit der Betriebsratswahl stehenden betriebsverfassungsrechtlichen Rechte in einem arbeitsgerichtlichen Beschlussverfahren entstehen (BAG v. 16. 4. 2003, R 385).

3. Konstituierende Sitzung

Vor Ablauf einer Woche nach dem Wahltag, falls die Wahl an mehreren Ta- **334** gen stattfindet, dem letzten Tag der Stimmabgabe (im *vereinfachten Wahlverfahren* ist das der Tag der (zweiten) Wahlversammlung oder der Tag der nachträglichen schriftlichen Stimmabgabe, vgl. Rn. 292 ff., 298 ff., 309) hat der Wahlvorstand die Mitglieder des neu gewählten Betriebsrats zu der konstituierenden Sitzung einzuberufen (§ 29 Abs. 1 BetrVG). Bei der Wochenfrist handelt es sich um eine Ordnungsvorschrift, so dass *geringfügige Überschreitungen der Frist* keine negativen Rechtsfolgen auslösen (DKKW-Wedde, § 29 Rn. 4). In der konstituierenden Sitzung ist der Betriebsratsvorsitzende und dessen Stellvertreter zu wählen (§ 26 Abs. 1 BetrVG). Darüber hinaus werden zweckmäßigerweise in der konstituierenden Sitzung dem neu gewählten Betriebsrat die Wahlunterlagen übergeben, die dieser mindestens bis zur Beendigung seiner Amtszeit aufbewahren muss (vgl. § 19 WO). Die Sitzung muss jedoch nicht vor Ablauf der Wochenfrist, sondern kann auch etwas später stattfinden. Entscheidend ist, dass der neu gewählte Betriebsrat durch die Wahl des Vorsitzenden und dessen Stellvertreter sofort handlungsfähig wird, wenn die Amtszeit des bisherigen Betriebsrats abläuft. Den Zeitpunkt der konstituierenden Sitzung legt daher der Wahlvorstand in eigener Verantwortung unter Berücksichtigung der Amtszeit des bisherigen Betriebsrats fest (DKKW-Wedde, § 29 Rn. 6). Kommt der Wahlvorstand der Verpflichtung zur Einberufung der konstituierenden Sitzung nicht nach, können die gewählten Betriebsratsmitglieder selbst die Initiative ergreifen und sich über den Zeitpunkt der Sitzung verständigen.

335 Der Wahlvorstand hat zu der konstituierenden Sitzung alle Gewählten einzuladen, die die Wahl angenommen haben; bei der Nichtannahme der Wahl durch einen gewählten Wahlbewerber das entsprechend nachgerückte Ersatzmitglied. An der Sitzung nimmt nur der Wahlvorstandsvorsitzende teil, nicht der gesamte Wahlvorstand. Der Wahlvorstandsvorsitzende leitet die konstituierende Sitzung des Betriebsrats bis zu der Wahl eines Wahlleiters. Sein Teilnahmerecht entfällt mit der Bestellung des Wahlleiters, der aus der Mitte des Betriebsrats gewählt wird. Nach seiner Wahl übernimmt der Wahlleiter die weitere Leitung der konstituierenden Sitzung des Betriebsrats und führt nunmehr die Wahl des Betriebsratsvorsitzenden und seines Stellvertreters durch.

4. **Amtszeit des neu gewählten Betriebsrats**

336 Die Amtszeit des neu gewählten Betriebsrats beginnt, sofern im Betrieb bereits ein Betriebsrat besteht, mit Ablauf von dessen Amtszeit. Besteht ein Betriebsrat, gleich aus welchen Gründen, bisher nicht, beginnt die Amtszeit des erstmals gewählten Betriebsrats mit der Bekanntgabe des Wahlergebnisses (Aushang des endgültigen Wahlergebnisses nach § 18 WO).

337 Die regelmäßige Amtszeit des Betriebsrats beträgt vier Jahre (§ 21 Satz 1 BetrVG), wobei die regelmäßigen Wahlen in dem Vierjahres-Rhythmus jeweils in der Zeit vom 1. März bis 31. Mai stattfinden (§ 13 Abs. 1 BetrVG). Die Jahre, in denen regelmäßige Betriebsratswahlen stattfinden, sind 2010, 2014, 2018 usw.

338 Zu einer Betriebsratswahl außerhalb des regelmäßigen Wahlzeitraums kommt es nach § 13 Abs. 2 BetrVG, wenn
- mit Ablauf von 24 Monaten, vom Tage der Wahl an gerechnet, die Zahl der regelmäßig beschäftigten Arbeitnehmer um die Hälfte, mindestens aber um fünfzig, gestiegen oder gesunken ist,
- die Gesamtzahl der Betriebsratsmitglieder nach Eintreten sämtlicher Ersatzmitglieder unter die vorgeschriebene Zahl der Betriebsratsmitglieder (§ 9 BetrVG) gesunken ist,

- der Betriebsrat mit der Mehrheit seiner Mitglieder seinen Rücktritt beschlossen hat,
- die Betriebsratswahl mit Erfolg angefochten worden ist,
- der Betriebsrat durch eine gerichtliche Entscheidung aufgelöst ist oder im Betrieb ein Betriebsrat nicht besteht.

Hat aus einem der in § 13 Abs. 2 BetrVG genannten Gründe eine Wahl **339** außerhalb des regelmäßigen Wahlzeitraumes stattgefunden, ist der Betriebsrat in dem auf die Wahl folgenden nächsten Zeitraum der regelmäßigen Betriebsratswahlen neu zu wählen. Das gilt nicht, wenn die Amtszeit des »zwischendurch« gewählten Betriebsrats zu Beginn des regelmäßigen Wahlzeitraumes noch nicht ein Jahr betragen hat. Ist das der Fall, ist der Betriebsrat erst in dem übernächsten Zeitraum der regelmäßigen Betriebsratswahlen neu zu wählen (§ 13 Abs. 3 BetrVG).

VI. Rechtsprechungsübersicht

(Stand: 24.3.2013)

Gliederung:*

---

* Die Entscheidungen sind ohne Anspruch auf Vollständigkeit nach Sachgebieten unterglie-
dert zusammengestellt. Soweit sie in Fachzeitschriften veröffentlicht wurden, sind Fund-
stellen angegeben.
Soweit nicht anders angegeben, sind alle abgedruckten Entscheidungen zum normalen
Wahlverfahren (»Regelwahlverfahren«) ergangen; ihre Aussagen dürfen daher nicht un-
überprüft auf das vereinfachte Wahlverfahren übertragen werden.
Angaben in eckigen Klammern innerhalb der Leitsätze beziehen sich auf die vergleichbaren Vorschriften nach der Reform des Betriebsverfassungsgesetzes und der Wahlordnung
im Jahre 2001; kursiv gesetzte Passagen haben infolge dieser Novellierung ihre Bedeutung
für die Wahlen nach neuem Recht verloren.

I. Wahlvorstand

1. Bestellung des Wahlvorstands

R 1 Das BetrVG will die Bildung von Betriebsräten möglichst erleichtern. Deshalb sind die das Wahlverfahren betreffenden Vorschriften so auszulegen, dass die Bildung der Betriebsräte nicht unnötig erschwert wird. An der Betriebsversammlung können alle Arbeitnehmer des Betriebs teilnehmen, nicht nur diejenigen, die später zur Betriebsratswahl wahlberechtigt sind. Eine geheime Wahl ist nicht erforderlich. Vielmehr ist ausreichend, wenn aus dem Verlauf der Versammlung hervorgeht, dass die Anwesenden in ihrer Mehrheit mit der Wahl der vorgeschlagenen Kandidaten einverstanden sind und keine berechtigten Zweifel bestehen können, wer gewählt ist. Der Vorsitzende des Wahlvorstands wird entweder durch die Betriebsversammlung oder, wenn das nicht geschehen ist, durch den Wahlvorstand selbst gewählt.

BAG v. 14. 12. 1965 – 1 ABR 6/65, AP Nr. 5 zu § 16 BetrVG

R 2 Die Bestellung eines Wahlvorstands durch das Arbeitsgericht gem. § 17 Abs. 3 BetrVG hat nur subsidiäre Bedeutung. Durch die Anrufung des Arbeitsgerichts geht der Betriebsversammlung das ihr nach § 17 Abs. 1

BetrVG zustehende Recht, einen Wahlvorstand zu wählen, solange nicht verlustig, als eine rechtskräftige Entscheidung noch nicht vorliegt.
BAG v. 19. 3. 1974 – 1 ABR 87/73, AP Nr. 1 zu § 17 BetrVG 1972

Im Falle der Wahl des Wahlvorstands gem. § 17 Abs. 1 BetrVG kann zum **R 3** Versammlungsleiter auch ein Sekretär der einladenden Gewerkschaft gewählt werden, ohne dass es einer förmlichen Abstimmung bedarf.

An solchen Betriebsversammlungen kann auch der Arbeitgeber teilnehmen, sich jedoch nicht durch eine betriebsfremde Person vertreten lassen.
LAG Berlin v. 10. 2. 1986 – 9 TaBV 5/85, juris = LAGE § 19 BetrVG 1972 Nr. 4
= AuR 1987, S. 34f.

Die Wahl des Wahlvorstands in einer Betriebsversammlung ist dann nich- **R 4** tig, wenn die Einladung zu dieser Versammlung nicht so bekannt gemacht worden ist, dass alle Arbeitnehmer des Betriebs hiervon Kenntnis nehmen konnten, diese auch nicht auf andere Weise tatsächlich hiervon erfahren haben und durch das Fernbleiben der nicht unterrichteten Arbeitnehmer das Wahlergebnis beeinflusst werden konnte.
BAG v. 7. 5. 1986 – 2 AZR 349/85, AP Nr. 18 zu § 15 KSchG 1969

Wird für mehrere Unternehmen, die einen Betrieb (Gemeinschaftsbetrieb) **R 5** bilden, erstmalig eine gemeinsame Betriebsratswahl eingeleitet, ist der Wahlvorstand nicht durch die bisher bereits bestehenden Betriebsräte, sondern vielmehr in einer gemeinsamen Betriebsversammlung gem. § 17 BetrVG zu wählen.
LAG Hamburg v. 3. 3. 1987 – 3 TaBV 1/87, BetrR 1990, S. 103

Haben zwei räumlich nur 20 km auseinander liegende Betriebsstätten **R 6** bisher getrennt Betriebsräte gewählt, ist aber nach Meinung einer in beiden Betrieben bestehenden Gewerkschaft zukünftig die Wahl eines gemeinsamen Betriebsrats aus juristischen Gründen geboten, muss auf einer gemeinsamen Betriebsversammlung beider Betriebsstätten ein Wahlvorstand gewählt werden. Diese Betriebsversammlung kann der Arbeitgeber jedenfalls dann nicht durch eine einstweilige Verfügung untersagen lassen, wenn es nicht ausgeschlossen erscheint, dass es sich bei beiden Betriebsstätten um einen einheitlichen Betrieb im Sinne von § 1 oder § 4 BetrVG handelt.
LAG Bremen v. 20. 3. 1987 – 2 TaBV 8/87, AuR 1988, S. 59

R 7 Werden mehr Kandidaten für den Wahlvorstand einer Betriebsratswahl benannt, als zur Besetzung des Wahlvorstands erforderlich sind, ist wenigstens eine formlose Abstimmung zur ordnungsgemäßen Benennung eines Wahlvorstands erforderlich.

ArbG Bielefeld v. 6. 7. 1987 – 4 BV 9/87, juris = NZA 1987, S. 680f.

R 8 Die gerichtliche Bestellung eines Wahlvorstands für die erstmalige Wahl eines Betriebsrats nach § 17 Abs. 3 BetrVG setzt jedenfalls grundsätzlich voraus, dass zuvor eine ordnungsgemäße Einladung zu einer Betriebsversammlung nach § 17 Abs. 2 BetrVG erfolgt ist. Von dieser Voraussetzung kann nicht schon dann abgesehen werden, wenn der Arbeitgeber sich weigert, eine ihm obliegende, zur Bewirkung der Einladung notwendige Mitwirkungshandlung vorzunehmen.

Der Arbeitgeber ist verpflichtet, allen regelmäßig auswärts beschäftigten Arbeitnehmern eine Einladung zu einer Betriebsversammlung zum Zweck der Wahl eines Wahlvorstands für die erstmalige Wahl eines Betriebsrats zukommen zu lassen.

BAG v. 26. 2. 1992 – 7 ABR 37/92, AP Nr. 6 zu § 17 BetrVG 1972 = NZA 1992, S. 942ff. = AiB 1993, S. 232 = Betriebsratswissen online; vgl. auch zur Versendung an Zeitungszusteller/innen ArbG Stuttgart v. 22. 12. 1992 – 1 BV 191/92

R 9 Der Grundsatz der vertrauensvollen Zusammenarbeit gem. § 2 Abs. 1 BetrVG beinhaltet die Verpflichtung der Arbeitgeber, die Namen und Adressen ihrer Arbeitnehmer der Gewerkschaft zu offenbaren, damit diese ordnungsgemäß zu einer Betriebsversammlung zur Wahl eines Wahlvorstands einladen kann. Ist die postalische Versendung von Einladungen der einzige Weg, um zu gewährleisten, dass alle Beschäftigten des Betriebs von diesen Kenntnis nehmen können, so ist der Arbeitgeber gem. § 2 Abs. 1 BetrVG verpflichtet, seinen Beschäftigten Einladungsschreiben der Gewerkschaft zu der Teilnahme an einer Betriebsversammlung zur Wahl eines Wahlvorstands nach entsprechender Aufforderung durch die Gewerkschaft zu übersenden.

LAG Hamburg v. 16. 6. 1992 – 2 TaBV 10/91, AiB 1993, S. 66 = Betriebsratswissen online

Wird ein Mitglied des Gesamtbetriebsrats von drei wahlberechtigten **R 10**
Arbeitnehmern eingeladen, an einer Betriebsversammlung zur Wahl eines
Wahlvorstands in einem betriebsratslosen Betrieb gem. § 17 BetrVG 72
teilzunehmen, hat das Mitglied des Gesamtbetriebsrats ein Zugangsrecht.
Bei Verstößen mit Behinderung hiergegen besteht ein Unterlassungs-
anspruch als Nebenleistungsanspruch aus § 17 BetrVG i. V. m. § 42 und § 44
BetrVG 72.

> *ArbG Frankfurt/M. v. 31. 10. 1996 – 18 BV 73/96, AiB 1997, S. 716f.*

Die gerichtliche Ersetzung eines Wahlvorstands für die erstmalige Wahl **R 11**
eines Betriebsrats wegen Untätigkeit nach § 18 Abs. 1 Satz 2 BetrVG ist unzulässig, wenn dessen Wahl nichtig gewesen ist. In diesem Fall kann eine
die Ersetzung des untätigen Wahlvorstands betreibende, im Betrieb vertretene Gewerkschaft nur nach § 17 Abs. 3 und 4 BetrVG vorgehen und
muss zunächst zu einer neuen Betriebsversammlung gem. § 17 Abs. 3
BetrVG einladen.

Eine ordnungsgemäße Einladung zu einer Betriebsversammlung nach
§ 17 Abs. 3 BetrVG muss den Zeitpunkt, den Ort, die Einladenden und
insbesondere das Thema der Betriebsversammlung – beabsichtigte Wahl
eines Wahlvorstands – angeben. Die Einladung muss entweder alle Arbeitnehmer des Betriebs tatsächlich erreichen oder so bekannt gemacht werden, dass diese die Möglichkeit haben, von ihr Kenntnis zu nehmen und an
der Versammlung teilzunehmen.

Hinsichtlich der Frage, welche Frist bei der Einladung im normalen
Wahlverfahren einzuhalten ist, kommt es auf die betrieblichen Verhält-
nisse an. Eine Einladungsfrist von einer Woche ist ausreichend, wenn alle
Arbeitnehmer des Betriebs in demselben Gebäude oder in benachbarten
Gebäuden arbeiten. Hingegen ist eine Einladungsfrist von nur einem Ar-
beitstag unzureichend.

> *ArbG Essen v. 22. 6. 2004 – 2 BV 17/04, juris = NZA-RR 2005, 258ff. =*
> *AiB Newsletter 2004, S. 62*

Nach § 17 Abs. 4 BetrVG ist unter den dort genannten Voraussetzungen auf **R 12**
Antrag einer im Betrieb vertretenen Gewerkschaft vom Arbeitsgericht ein
Wahlvorstand zur Durchführung einer Betriebsratswahl zu bestellen.

Eine Gewerkschaft ist i. S. v. § 17 Abs. 4 BetrVG im Betrieb vertreten,
wenn mindestens ein im Betrieb beschäftigter Arbeitnehmer bei ihr orga-

nisiert ist. Das gilt allenfalls dann nicht, wenn die Gewerkschaft den Arbeitnehmer als Mitglied aufgenommen hat, obwohl dieser die satzungsmäßigen Voraussetzungen für die Mitgliedschaft in dieser Zeit offenkundig nicht erfüllt.

Die Wahrnehmung der Rechte aus § 17 Abs. 4 BetrVG setzt nicht voraus, dass die Gewerkschaft für den Betrieb oder das Unternehmen des Arbeitgebers tarifzuständig ist.

BAG v. 10. 11. 2004 – 7 ABR 19/04, NZA 2005, S. 426ff. =
Betriebsratswissen online

R 13 Der Gesamtbetriebsrat hat zur Wahrnehmung seiner Befugnis aus § 17 Abs. 1 BetrVG gegenüber dem Arbeitgeber einen Auskunftsanspruch hinsichtlich betriebsratsloser Betriebe des Unternehmens.

LAG Nürnberg v. 25. 1. 2007 – 1 TaBV 14/06, AiB Newsletter 2007,
Nr. 5, S. 4 = Betriebsratswissen online

R 14 Bei der Wahl des Wahlvorstands nach § 17 BetrVG hängt die Beschlussfähigkeit der Wahlversammlung nicht von der Teilnahme einer Mindestzahl von Arbeitnehmern ab. Der Wahlvorstand wird vielmehr von der Mehrheit der anwesenden Arbeitnehmer gewählt. Folglich kann auch eine Minderheit von Mitarbeitern eines Betriebs die Bestellung eines Wahlvorstandes durchsetzen und die Wahl eines Betriebsrats einleiten. Im Hinblick darauf muss jedoch gewährleistet sein, dass alle Arbeitnehmer zumindest die Möglichkeit erhalten, an dieser Wahl mitzuwirken.

Daher ist die Einladung zur Betriebsversammlung zur Wahl eines Wahlvorstands rechtzeitig bekannt zu machen. Eine Frist von drei Tagen zwischen dem Aushang der Einladung und der Durchführung der Betriebsversammlung wird in der Regel als ausreichend anzusehen sein. Der Aushang einer Einladung am 30. Dezember für eine Wahlversammlung am 2. Januar kann im vorliegenden Fall jedoch nicht mehr als rechtzeitig angesehen werden, wenn eine nicht unmaßgebliche Anzahl von Arbeitnehmern – sei es schichtplanmäßig, sei es aufgrund von Urlaub oder Krankheit – nicht im Betrieb anwesend ist und folglich nicht angenommen werden kann, dass alle Arbeitnehmer die Möglichkeit hatten, von dem am schwarzen Brett ausgehängten Einladungsschreiben Kenntnis zu nehmen.

LAG Baden-Württemberg v. 20. 2. 2009 – 5 TaBVGa 1/09,
Betriebsratswissen online

Der während eines laufenden Wahlanfechtungsverfahrens zurückgetre- **R 15**
tene Betriebsrat ist berechtigt und verpflichtet, noch vor Rechtskraft der
Anfechtungsentscheidung einen Wahlvorstand zu bestellen, wenn es denkbar ist, dass der Wahlvorstand die Wahl noch vor Rechtskraft der Anfechtungsentscheidung zum Abschluss bringt.

LAG Schleswig-Holstein v. 7. 4. 2011 – 4 TaBVGa 1/11,
Betriebsratswissen online

Der Gesamtbetriebsrat ist nicht berechtigt, zum Zwecke der Bestellung **R 16**
eines Wahlvorstands zur Durchführung einer Betriebsratswahl in betriebsratslosen Betrieben Informationsveranstaltungen durchzuführen, die den
Charakter von Belegschaftsversammlungen haben.

BAG v. 16. 11. 2011 – 7 ABR 28/10, Betriebsratswissen online

Nach der Rechtsprechung des Bundesarbeitsgerichts muss die Antragsbe- **R 17**
rechtigung des Betriebsrats für ein Verfahren auf Bestellung des Wahlvorstands, die sich nach § 17 Abs. 4 BetrVG richtet, bis zum Schluss der mündlichen Verhandlung in der Rechtsbeschwerdeinstanz vorliegen. Dies
entfällt, wenn der Arbeitnehmer infolge einer Kündigung des Arbeitsverhältnisses und fehlender Weiterbeschäftigung seine Wahlberechtigung
nach § 7 Abs. 1 BetrVG verliert.

LAG München v. 7. 12. 2011 – 11 TaBV 74/11, NZA RR 2012, 83 =
Betriebsratswissen online

2. Zusammensetzung des Wahlvorstands / Ordnungsgemäße Durchführung der Wahl

Erforderlich ist die Bestellung betriebsfremder Personen nicht erst dann, **R 18**
wenn ansonsten die Durchführung einer Betriebsratswahl unmöglich
würde. Sie ist bereits zu bejahen, wenn die Verhältnisse den Schluss zulassen, dass die Bestellung betriebsfremder Personen das Erreichen des ange-
strebten Ziels, nämlich möglichst schnell und ordnungsgemäß eine Betriebsratswahl durchzuführen, dies gebietet.

LAG Düsseldorf v. 7. 11. 1974 – 7 TaBV 87/74, DB 1975, S. 261

R 19 Wird in einem betriebsratslosen Betrieb in einer von der zuständigen Gewerkschaft einberufenen Betriebsversammlung kein Wahlvorstand gewählt, ist es gerechtfertigt, dass das Arbeitsgericht auf Antrag der im Betrieb vertretenen Gewerkschaft sachkundige Gewerkschaftsvertreter in den Wahlvorstand bestellt, damit die ordnungsgemäße Durchführung der Betriebsratswahl unter Berücksichtigung der WO gewährleistet wird.

ArbG Bonn v. 20. 4. 1983 – 4 BV 13/83, AiB 1983, S. 160

R 20 Die Notwendigkeit zur Bestellung eines nicht betriebsangehörigen Gewerkschaftsmitglieds zum Wahlvorstandsmitglied kann sich daraus ergeben, dass dies zur ordnungsgemäßen Wahldurchführung erforderlich ist. Die Erforderlichkeit ist auch dann zu bejahen, wenn es sich um die erstmalige Betriebsratswahl überhaupt handelt und die Arbeitnehmer des Betriebs nach Überzeugung des Gerichts nicht in der Lage sind, das förmliche Wahlverfahren ordnungsgemäß durchzuführen, selbst wenn zum gerichtlichen Entscheidungstermin die Bereitschaftserklärung einer ausreichenden Anzahl von betriebsangehörigen Arbeitnehmern vorliegt.

ArbG Mönchengladbach v. 27. 7. 1989 – 1 BV 17/89, BetrR 1990, S. 16

R 21 Die Bestellung eines hauptamtlichen Mitglieds der antragstellenden Gewerkschaft zum Mitglied des Wahlvorstands zur ordnungsgemäßen Durchführung der Wahl gem. § 16 Abs. 2 Satz 3 BetrVG durch das Arbeitsgericht kann dann erforderlich sein, wenn dadurch eine befürchtete Einflussnahme des Arbeitgebers verhindert wird und zu erwarten ist, dass die erstmalige Wahl mit der gebotenen Unabhängigkeit und Durchsetzungsfähigkeit durchgeführt wird.

ArbG Berlin v. 11. 10. 2001 – 75 BV 21966/01, AiB 2002, S. 106ff.

R 22 Die Aufgabe eines Wahlvorstands, eine Betriebsratswahl unverzüglich einzuleiten und durchzuführen, gibt diesem das Recht, sämtliche Hindernisse und Störungen, die der ordnungsgemäßen Durchführung der Betriebsratswahl entgegenstehen, zu beseitigen.

Zum Zwecke der Beseitigung störender Eingriffe in eine laufende Betriebsratswahl kann sich der Wahlvorstand auf den allgemeinen Unterlassungsanspruch i. V. m. § 20 BetrVG stützen. Dieser Unterlassungsanspruch kann auch im Wege eines Verfahrens auf Erlass einer einstweiligen Verfügung durchgesetzt werden.

ArbG Regensburg v. 6. 6. 2002 – 6 BVGa 6/02 S, AiB 2003, S. 554f.

Das Rechtsschutzinteresse an der gerichtlichen Ersetzung des Wahlvor- **R 23** stands nach § 18 Abs. 1 Satz 2 BetrVG entfällt, wenn das Arbeitsgericht in einem Beschlussverfahren nach § 18 Abs. 2 BetrVG rechtskräftig festgestellt hat, dass die Betriebsstätte, in der der Wahlvorstand die Betriebsratswahl durchführen soll, nicht betriebsratsfähig ist. Das Ersetzungsverfahren nach § 18 Abs. 1 Satz 2 BetrVG wird damit unzulässig.

BAG v. 1. 12. 2004 – 7 ABR 27/04, EzA § 18 BetrVG 2001 Nr. 1

Dem Wahlvorstand steht ein Beurteilungsspielraum bezüglich der Erfor- **R 24** derlichkeit seiner Tätigkeit zu. Die Erforderlichkeit ist nicht nach Erfahrungs- und Richtwerten zu bemessen. Sie richtet sich nach den Umständen des Einzelfalles.

Der Arbeitgeber ist unter dem Gesichtspunkt des Gebotes der vertrauensvollen Zusammenarbeit (§ 2 Abs. 1 BetrVG) nicht berechtigt, dem Wahlvorstand bzgl. der von ihm zu leistenden Tätigkeit ein Stundenkontingent vorzugeben.

Auch die Wahlvorstandsmitglieder sind aufgrund des Gebotes der vertrauensvollen Zusammenarbeit i. S. d. § 2 Abs. 1 BetrVG verpflichtet, unter Berücksichtigung der Interessen des Betriebes und ihrer individuellen Fähigkeiten die Wahlvorstandstätigkeit möglichst zügig und effektiv auszuführen.

LAG Schleswig-Holstein v. 15. 12. 2004 – 3 Sa 269/0, NZA-RR 2005,
253–254 = Betriebsratswissen online

Wenn dem Arbeitgeber (im Betrieb sind mehr als 20 wahlberechtigte **R 25** Arbeitnehmer beschäftigt) die Bildung eines Betriebsrats erklärtermaßen unerwünscht ist und die von ihm vorgeschlagenen betriebsangehörigen Mitglieder des zunächst gebildeten Wahlvorstands die ordnungsgemäße Durchführung der Wahl vereitelt haben, kann es erforderlich sein, für den Ersatz-Wahlvorstand gem. § 18 Abs. 1 Satz 2 BetrVG mehrheitlich betriebsexterne Mitglieder im Sinne des § 16 Abs. 2 Satz 3 BetrVG zu bestellen.

LAG Thüringen v. 20. 1. 2005 – 1 TaBV 1/04, juris

Bestellt der Betriebsrat eines Betriebes ohne Außenstellen einen neunköp- **R 26** figen Wahlvorstand mit der Begründung, er wolle, dass sämtliche Abteilungen im Wahlvorstand vertreten seien, ist dieser Beschluss unwirksam. Die

»Erforderlichkeit« einer Erhöhung der Zahl der Wahlvorstandsmitglieder nach § 16 Abs. 1 S. 2 BetrVG ist nicht gegeben.

LAG Nürnberg v. 30. 3. 2006 – 6 TaBV 19/06, Betriebsratswissen online

R 27 Die nach § 17 Abs. 3 BetrVG zu einer Einladung zu einer Betriebsversammlung zur Wahl des Wahlvorstandes Berechtigten haben dafür Sorge zu tragen, dass alle Mitarbeiterinnen und Mitarbeiter zur Betriebsversammlung nach § 17 Abs. 2 BetrVG eingeladen werden. Auch wenn Gesetz und Verordnung die Form der Einladung nicht vorschreiben, gehört es zu den wesentlichen Grundsätzen einer Wahl, dass die Wahlberechtigten von der Wahlversammlung, ihrem Ort und ihrer Zeit Kenntnis erhalten. Das kann durch Aushänge oder mittels einer im Betrieb vorhandenen Informations- und Kommunikationstechnik geschehen. In allen Varianten muss aber sichergestellt werden, dass die Einladung für alle Wahlberechtigten zugänglich ist.

BAG v. 19. 11. 2003 – 7 ABR 24/03, AiB 2004, S. 432ff. =
NZA 2004, S. 395ff. = AuR 2004, S. 309f. =
Betriebsratswissen digital

R 28 Die Einladung zur Wahl des Wahlvorstandes auf einer Betriebsversammlung gemäß § 17 Abs. 2, 3 BetrVG muss allen Arbeitnehmern so bekannt gemacht werden, dass sie von der Wahlversammlung, ihrem Ort und ihrer Zeit Kenntnis nehmen können. Dies kann durch einen Aushang und/oder mit der im Betrieb vorhandenen Informations- und Kommunikationstechnik geschehen. Bei allen Varianten der Einladung müssen die Arbeitnehmer die Möglichkeit haben, von der Einladung Kenntnis zu nehmen. In einem Betrieb mit einer Betriebsstätte und einer täglichen persönlichen Regelarbeitszeit aller Arbeitnehmer ist die Einhaltung einer Einladungsfrist von einer Woche dafür in der Regel ausreichend.

LAG Hamm v. 13. 4. 2012 – 10 TaBV 109/11,
LAGE § 19 BetrVG 2001 Nr. 5 =
Betriebsratswissen digital

3.   Beendigung des Amtes

Der Betriebsrat kann den einmal bestellten Wahlvorstand grundsätzlich   **R 29**
nicht mehr abberufen. Eine Abberufung ist nur durch das Arbeitsgericht
möglich. Dies gilt auch bei Pflichtverletzungen.

ArbG Berlin v. 3. 4. 1974 – 10 BV Ga 3/74, BB 1974, S. 838

Der Wahlvorstand kann nicht als Gremium aufgrund eines Mehrheits-   **R 30**
beschlusses zurücktreten. Ein solcher »Selbstauflösungsbeschluss« ist unwirksam, weil ein Selbstauflösungsrecht, ähnlich dem Rücktrittsrecht des
Betriebsrats, im Gesetz nicht vorgesehen ist. Ein einzelnes Wahlvorstandsmitglied kann allerdings sein Amt niederlegen mit der Folge, dass der Betriebsrat einen anderen Arbeitnehmer bestellen muss.

LAG Düsseldorf v. 26. 3. 1975 – 12 TaBV 29/75, BB 1975, S. 516

Das Amt des Wahlvorstands erlischt mit der Einberufung des Betriebsrats   **R 31**
zur konstituierenden Sitzung. Nach Erlöschen des Amtes des Wahlvorstands ist der Wahlvorstand keine beteiligungsfähige Stelle im Sinne des
§ 83 ArbGG mehr.

BAG v. 14. 11. 1975 – 1 ABR 61/75, AP Nr. 1 zu § 18 BetrVG 1972 =
Betriebsratswissen online

4.   Schulungen für Wahlvorstandsmitglieder

Zur Betätigung im Wahlvorstand gehört auch die Teilnahme an einer Schu-   **R 32**
lungsveranstaltung zur Unterweisung in die Aufgaben eines Wahlvorstands. Die Erforderlichkeit der Teilnahme an einer gewerkschaftlichen
Schulungsveranstaltung über die Wahlvorschriften des BetrVG und der
WO ist allein am konkreten Wissensstand des einzelnen Wahlvorstandsmitglieds im Hinblick auf die zur ordnungsgemäßen Durchführung der
Betriebsratswahl notwendigen Kenntnisse zu messen.

Das Wahlvorstandsmitglied, das Anspruch auf Fortzahlung des Arbeitsentgelts (bzw. Übernahme der Kosten) während der durch eine Schulungsteilnahme versäumten Arbeitszeit geltend macht, hat somit darzulegen,
dass es keine ausreichenden Kenntnisse über die Wahlvorschriften hat und
die Schulungsteilnahme zur Behebung dieses Mangels erforderlich war.

Bei erstmals berufenen Wahlvorstandsmitgliedern ist wie bei neuen Betriebsratsmitgliedern (vgl. BAG v. 21. 11. 1978 – 6 ABR 10/77, AP Nr. 35 zu § 37 BetrVG 1972) im Regelfall aber die Erforderlichkeit der Vermittlung von Kenntnissen über die Wahlvorschriften zu bejahen, ohne dass dies vom betreffenden Wahlvorstandsmitglied näher dargelegt werden muss. In diesem Fall hat der Arbeitgeber darzulegen und ggf. zu beweisen, dass das erstmals berufene Wahlvorstandsmitglied bereits vor seiner Schulung ausreichende Kenntnisse über die Wahlvorschriften erlangt hat oder ausreichende Kenntnisse bei den übrigen Wahlvorstandsmitgliedern vorhanden sind, die eine Schulung dieses Wahlvorstandsmitglieds erübrigen könnten.

BAG v. 7. 6. 1984 – 6 AZR 3/82, AP Nr. 10 zu § 20 BetrVG 1972

R 33 Der Arbeitgeber hat die Kosten für eine Schulung von Wahlvorstandsmitgliedern zu tragen. Es reicht die Darlegung des Betriebsrats, dass die Entsendung seines Mitglieds zur Wissensvermittlung des Wahlvorstands dient und der Betriebsrat seinerseits damit die Pflicht erfüllt hat, einen Wahlvorstand zu bestellen, der über die für dieses Ehrenamt erforderlichen Kenntnisse verfügt.

ArbG Frankfurt/M. v. 3. 3. 1999 – 14 BV 210/98, AiB 1999, S. 401

R 34 Der Besuch einer Schulungsveranstaltung ist jedenfalls für jedes Mitglied des Wahlvorstandes erforderlich, dass erstmals diese Funktion innehat. Der Schulungsanspruch für alle Mitglieder des Wahlvorstandes ergibt sich aus dem Grundsatz, dass jedes Wahlvorstandsmitglied sein Amt unabhängig und eigenverantwortlich ausübt. Die genaue Kenntnis der Wahlvorschriften liegt wegen der Gefahr einer Wiederholung der Wahl und der damit für den Arbeitgeber verbundenen Kosten auch in dessen Interesse.

LAG Hamburg v. 14. 3. 2012 – H 6 Sa 116/11,
AuR 2012, S. 325 (Ls.) = juris

II. Gewerkschaft

1. Begriffsabgrenzung / Tariffähigkeit

Eine Arbeitnehmervereinigung muss Mindestvoraussetzungen erfüllen, um **R 35** tariffähig und damit eine Gewerkschaft im Sinne von § 2 Abs. 1 TVG zu sein. Die Arbeitnehmervereinigung muss sich als satzungsgemäße Aufgabe die Wahrnehmung der Interessen ihrer Mitglieder in ihrer Eigenschaft als Arbeitnehmer gesetzt haben und willens sein, Tarifverträge abzuschließen. Sie muss frei gebildet, gegnerfrei, unabhängig und auf überbetrieblicher Grundlage organisiert sein und das geltende Tarifrecht als verbindlich anerkennen.

Tariffähigkeit setzt weiter voraus, dass die Arbeitnehmervereinigung ihre Aufgaben als Tarifpartner sinnvoll erfüllen kann. Das kann sie nur bei Durchsetzungskraft gegenüber dem sozialen Gegenspieler und bei ausreichender Leistungsfähigkeit ihrer Organisation.

Im Einzelfall kann sich die Durchsetzungskraft einer Arbeitnehmervereinigung darin zeigen, dass sie schon aktiv in den Prozess der tariflichen Regelung eingegriffen hat. Der Abschluss von Anschluss-Tarifverträgen kann ein Indiz für die erforderliche Durchsetzungskraft sein. Es muss aber auch in diesem Fall geprüft werden, ob die Arbeitnehmervereinigung von der Arbeitgeberseite ernst genommen wurde, ob diese Verträge das Ergebnis von Verhandlungen sind oder ob sie einem Diktat der Arbeitgeberseite entspringen.

Für die Beurteilung der Mächtigkeit und Leistungsfähigkeit einer Arbeitnehmervereinigung kommt auch der Mitgliederzahl eine entscheidende Bedeutung zu. Schließt eine neu gegründete Arbeitnehmervereinigung bereits im zeitlichen Zusammenhang mit ihrer Gründung Tarifverträge ab, kann dies allein ohne Feststellungen zu ihrer Mitgliederzahl und organisatorischen Leistungsfähigkeit die Gewerkschaftseigenschaft nicht belegen.

BAG v. 25. 11. 1986 – 1 ABR 22/85, AP Nr. 36 zu § 2 TVG; v. 6. 6. 2000 –
1 ABR 10/99, NZA 2001, S. 160; v. 14. 12. 2004 – 1 ABR 51/03, DB 2005,
S. 1117; v. 28. 3. 2006 – 1 ABR 58/04, NZA 2006, S. 1112; v. 19. 9. 2006 –
1 ABR 53/05, NZA 2007, S. 518; v. 5. 10. 2010 – 1 ABR 88/09, NZA 2011,
S. 300 = AiB 2011, S. 411

R 36 Die Tariffähigkeit und damit Gewerkschaftseigenschaft einer Arbeitnehmervereinigung setzt voraus, dass diese ihre Aufgabe als Tarifpartnerin sinnvoll erfüllen kann. Dazu bedarf es einer entsprechenden Durchsetzungskraft gegenüber dem sozialen Gegenspieler und einer ausreichenden Leistungsfähigkeit der Organisation (Bestätigung der ständigen Rechtsprechung, zuletzt BAG 16. Januar 1990 – 1 ABR 10/89, BAGE 64, 16).

Der Interessenverband »Bedienstete der Technischen Überwachung« (BTÜ) erfüllt diese Voraussetzungen nicht und ist daher keine Gewerkschaft.

BAG v. 6. 6. 2000 – 1 ABR 10/99, NZA 2001, S. 160ff. =
Betriebsratswissen online

R 37 Zu den Voraussetzungen, unter denen eine Vereinigung von Arbeitnehmern die Anerkennung als Gewerkschaft beanspruchen kann.

Die Christliche Gewerkschaft (CGD) ist nicht tariffähig.

ArbG Gera v. 17. 10. 2002 – 2 BV 3/00, AuR 2003, S. 198 =
Betriebsratswissen online

R 38 Auch eine relativ kleine Arbeitnehmervereinigung kann die für eine Gewerkschaft erforderliche Durchsetzungsfähigkeit besitzen, wenn in ihr spezialisierte Arbeitnehmer organisiert sind, die von Arbeitgeberseite im Falle von Arbeitskämpfen kurzfristig nur schwer ersetzbar sind.

Beschränkt eine Gewerkschaft ihre Zuständigkeit auf eine Berufsgruppe, die sich räumlich auf wenige Schwerpunkte konzentriert, kann auch ein relativ kleiner organisatorischer Apparat leistungsfähig genug sein, um die gewerkschaftlichen Aufgaben wahrzunehmen.

Eine Gewerkschaft muss strukturell vom sozialen Gegenspieler unabhängig sein. Dieser Grundsatz ist erst dann verletzt, wenn durch personelle oder organisatorische Verflechtungen oder durch wesentliche finanzielle Zuwendungen die eigenständige Interessenwahrnehmung der Tarifvertragspartei ernsthaft gefährdet wird.

Die Unabhängige Flugbegleiter Union (UFO) ist tariffähig.

BAG v. 14. 12. 2004 – 1 ABR 51/03, DB 2005, S. 1117 =
Betriebsratswissen online

R 39 Eine Arbeitnehmervereinigung ist für den von ihr beanspruchten Zuständigkeitsbereich entweder insgesamt oder überhaupt nicht tariffähig. Es gibt keine partielle Tariffähigkeit.

Um tariffähig zu sein, muss eine Arbeitnehmervereinigung über eine Durchsetzungskraft verfügen, die erwarten lässt, dass sie als Tarifpartner vom sozialen Gegenspieler wahr- und ernst genommen wird.

Sofern eine Arbeitnehmervereinigung bereits in nennenswertem Umfang Tarifverträge geschlossen hat, belegt dies regelmäßig ihre Durchsetzungskraft. Das gilt sowohl für den Abschluss originärer Tarifverträge als auch für den Abschluss von Anschlusstarifverträgen.

Die Christliche Gewerkschaft Metall (CGM) ist tariffähig.

BAG v. 28. 3. 2006 – 1 ABR 58/04, NZA 2006, S. 1112 =
Betriebsratswissen online

Gewerkschaften im Sinne des Betriebsverfassungsgesetzes sind nur tarif- **R 40** fähige Arbeitnehmerkoalitionen.

Diese nach Wortsinn, Entstehungsgeschichte und Teleologie gebotene Auslegung ist mit höherrangigem Recht vereinbar.

Dem »Verband der Gewerkschaftsbeschäftigten« (VGB) steht kein Recht auf Teilnahme an Betriebsversammlungen zu. Er ist mangels Tariffähigkeit keine Gewerkschaft im Sinne des Betriebsverfassungsgesetzes.

BAG v. 19. 9. 2006 – 1 ABR 53/05, NZA 2007, S. 518 =
Betriebsratswissen online

Ein von einer nicht tariffähigen Vereinigung abgeschlossener Tarifvertrag **R 41** *(hier: Christliche Gewerkschaft Deutschlands – CGD)* ist nichtig und kann deshalb die für allgemeinverbindlich erklärten Bautarifverträge nicht als speziellerer Tarifvertrag verdrängen. Der gute Glaube an die Tariffähigkeit einer Vereinigung wird nicht geschützt.

Ein allgemeinerer Tarifvertrag, der nach Eintritt der Nachwirkung eines spezielleren Tarifvertrages für allgemeinverbindlich erklärt wird, tritt grundsätzlich als »andere Abmachung« an dessen Stelle.

BAG v. 15. 11. 2006 – 10 AZR 665/05, Betriebsratswissen online

Die Gewerkschaft der Lokomotivführer (GdL) ist tariffähig. **R 42**

Hess. LAG v. 22. 7. 2004 – 9 SaGa 593/04, AP Nr. 168
zu Art. 9 GG Arbeitskampf; LAG Rheinland-Pfalz v. 14. 6. 2007 –
11 Sa 208/07, DB 2007, S. 2432

R 43 Die Gewerkschaft Neue Brief- und Zustelldienste (GNBZ) ist keine tariffähige Gewerkschaft.

Zur Tarifautonomie gehört das Recht einer Gewerkschaft, den bislang für die Arbeitnehmer einer Branche erzwungenen Tariflohn auch bei neu entstandenen Konkurrenzunternehmen durchzusetzen. Sie handelt nicht rechtsmissbräuchlich, wenn sie die Tariffähigkeit einer konkurrierenden Gewerkschaft, die mit neu entstandenen Konkurrenzunternehmen einen niedrigeren Tariflohn vereinbart hat, in einem Verfahren nach § 97 ArbGG überprüfen lässt.

LAG Köln v. 20. 5. 2009 – 9 TaBV 105/08, AuR 2009, S. 316 =
Betriebsratswissen online

R 44 Eine tariffähige Arbeitnehmervereinigung muss sozial mächtig und von ihrem organisatorischen Aufbau her in der Lage sein, die ihr gestellten Aufgaben einer Tarifvertragspartei zu erfüllen. Für die einzelfallbezogene Beurteilung der Mächtigkeit und Leistungsfähigkeit einer Arbeitnehmervereinigung kommt der Mitgliederzahl eine entscheidende Bedeutung zu.

Beteiligt sich eine noch junge Arbeitnehmerkoalition im zeitlichen Zusammenhang mit ihrer Gründung am Aushandeln von Tarifverträgen, kann ohne Angaben zur Zahl ihrer Mitglieder und organisatorischen Leistungsfähigkeit allein die Anzahl der von ihr abgeschlossenen Tarifverträge ihre Tariffähigkeit nicht belegen.

Durchsetzungsfähigkeit gegenüber dem sozialen Gegenspieler kann nicht bedeuten, dass die Arbeitnehmerkoalition die Chance des vollständigen Sieges haben muss. Es muss nur erwartet werden können, dass sie aufgrund ihrer Mitglieder- oder Organisationsstärke vom Gegner ernst genommen wird und deshalb die Regelung der Arbeitsbedingungen nicht einem Diktat der Arbeitgeberseite entspringt. Ebenso wenig kann von einer Arbeitnehmervereinigung eine Organisation verlangt werden, die ausschließlich oder überwiegend von Mitarbeitern getragen wird, die in einem Arbeitsverhältnis zu ihr stehen. Es muss jedoch gewährleistet sein, dass die Arbeitnehmervereinigung über loyale Mitarbeiter verfügt, die ihr und ihren Mitgliedern im Konfliktfall verpflichtet sind und nicht dem bestimmenden Einfluss Dritter unterliegen. Entsprechendes gilt, wenn eine Arbeitnehmervereinigung im Wesentlichen vom Aufbau einer eigenen Organisation absieht und sich hierfür der Einrichtungen und des Personals einer anderen Arbeitnehmervereinigung bedient. In einem solchen Fall bedarf es besonderer Vorkehrungen, die sicherstellen, dass die Arbeitnehmervereinigung nicht zum »verlängerten Arm« derjenigen Vereinigung wird, deren Organisation sie sich bedient. Dazu gehört auch, dass diejenigen, die das Tarifgeschehen bestimmen, eine gewisse fachliche Nähe hierzu aufweisen.

BAG v. 5. 10. 2010 – 1 ABR 88/09, NZA 2011, S. 300 = AiB 2011, S. 411 =
Betriebsratswissen online

Die Tariffähigkeit einer von Gewerkschaften gebildeten Spitzenorganisa- **R 45** tion i. S. d. § 2 Abs. 3 TVG setzt voraus, dass deren Organisationsbereich mit dem ihrer Mitgliedsgewerkschaften übereinstimmt.

Der Organisationsbereich der CGM, der DHV und der GÖD erfasst weder für sich allein noch bei einer Gesamtschau sämtliche Arbeitsverhältnisse im Bereich der Arbeitnehmerüberlassung im Sinn des § 1 Abs. 1 CGZP-Satzung 2009.

Die Tarifgemeinschaft Christliche Gewerkschaften Zeitarbeit und PSA (CGZP) ist weder als Gewerkschaft noch als Spitzenorganisation tariffähig.

BAG v. 14. 12. 2010 – 1 ABR 19/10, NZA 2011, S. 289 =
Betriebsratswissen online

Die Gewerkschaft für Kunststoffgewerbe und Holzverarbeitung im CGB – **R 46** GKH im CGB – e. V. ist keine tariffähige Arbeitnehmervereinigung. Weder aus der Mitgliederzahl der GKH noch aufgrund ihres organisatorischen Aufbaus kann auf eine ausreichende eigenständige organisatorische Leistungsfähigkeit geschlossen werden. Auch die in der Vergangenheit in Tarifgemeinschaft mit der DHV abgeschlossenen Tarifverträge indizieren die Tariffähigkeit der GKH nicht (im Anschluss an BAG 5. 10. 2010 – 1 ABR 88/09, AP TVG § 2 Tariffähigkeit Nr. 7).

LAG Hamm v. 23. 9. 2011 – 10 TaBV 14/11,
NZA-RR 2012, S. 25 = Betriebsratswissen online

In Anwendung der vom Bundesarbeitsgericht aufgestellten Grundsätze **R 46a** verfügt die Gewerkschaft »Medsonet, die Gesundheitsgewerkschaft« nicht über die für die Bejahung der Tariffähigkeit erforderlichen Mindestvoraussetzungen. Es kann jedenfalls nicht davon ausgegangen werden, dass sie aufgrund ihrer Mitglieder- und Organisationsstärke vom Gegner ernst genommen wird und deshalb die Regelung der Arbeitsbedingungen nicht einem Diktat der Arbeitgeberseite entspringt. Bei einem Organisationsgrad von lediglich rund einem Prozent ist die Prognose nicht gerechtfertigt, eine Gewerkschaft verfüge über eine ausreichende Mächtigkeit und Leistungsfähigkeit und werde von der Arbeitgeberseite als Tarifpartner ernst genommen.

LAG Hamburg v. 21. 3. 2012 – 3 TaBV 7/11
(nicht rkr.; Rechtsbeschwerde eingelegt; Az. beim BAG: 1 ABR 33/12),
AuR 2012, S. 229 = Betriebsratswissen online

R 47 Der BIGD (Beschäftigtenverband Industrie, Gewerbe, Dienstleistung e. V.) ist nicht tariffähig und war es nicht zum 1. 1. 2010. Es fehlt vor allem an der Möglichkeit, die Aufgabe als Tarifpartner sinnvoll zu erfüllen und an der sozialen Mächtigkeit.

Nach dem Zweck von § 97 Abs. 1 ArbGG kann jedenfalls dann die Feststellung über die Tariffähigkeit einer Vereinigung vergangenheitsbezogen sein, wenn die Interessen der genannten Vereinigungen und sonstigen Antragsbefugten in einem zurückliegenden Zeitraum betroffen sind. Das ist dann der Fall, wenn Tarifverträge in der Vergangenheit abgeschlossen wurden und ab einem zurückliegenden Zeitpunkt ihre Wirkung entfalten.

ArbG Duisburg v. 22. 8. 2012 – 4 BV 29/12 (nicht rkr.; Beschwerde eingelegt;
Az. beim LAG Düsseldorf: 9 TaBV 118/12), Betriebsratswissen online

2. Nachweis über die Vertretung einer Gewerkschaft im Betrieb

R 48 Der Nachweis, dass die Gewerkschaft im Betrieb vertreten ist, kann im einstweiligen Verfügungsverfahren durch notarielle Erklärung oder durch eine entsprechende eidesstattliche Versicherung oder durch die Vernehmung eines Gewerkschaftssekretärs (als Zeugen) der antragstellenden Gewerkschaft geführt werden. Die Namensnennung der Gewerkschaftsmitglieder ist nicht erforderlich.

LAG Düsseldorf v. 5. 12. 1988 – 4 Ta BV 140/83, DB 1989, S. 1036;
LAG Düsseldorf v. 6. 4. 1978 – 4 TaBV 123/77; ArbG Wuppertal v. 8. 3. 1979 –
5 BV 27/78; ArbG Offenbach v. 16. 2. 1989 – 2 BV 7/88

Eine Gewerkschaft ist dann im Betrieb vertreten, wenn ihr mindestens ein **R 49** Arbeitnehmer des Betriebs angehört, der nicht zu den leitenden Angestellten i. S. des § 5 Abs. 3 BetrVG zählt.

Die Gewerkschaft kann den erforderlichen Beweis auch durch mittelbare Beweismittel z. B. durch notarielle Erklärungen führen, ohne den Namen ihres im Betrieb des Arbeitgebers beschäftigten Mitglieds zu nennen. Ob diese Beweisführung ausreicht, ist eine Frage der freien Beweiswürdigung. Die Tatsachengerichte müssen dem geringeren Beweiswert mittelbarer Beweismittel durch besonders sorgfältige Beweiswürdigung und Begründung ihrer Entscheidung Rechnung tragen.

Das frühere Verhalten eines Verfahrensbeteiligten kann sich auf Umfang und Inhalt seiner Mitwirkungspflicht nach § 83 Abs. 1 Satz 2 ArbGG auswirken. Eine Verletzung der prozessualen Mitwirkungspflicht kann dazu führen, dass sich das erforderliche Beweismaß verringert.

BAG v. 25. 3. 1992 – 7 ABR 65/90, AP Nr. 4 zu § 2 BetrVG 1972 = BetrR 1992,
S. 143 = Betriebsratswissen online; vgl. auch LAG Köln v. 6. 10. 1989 –
9 TaBV 49/89, BB 1990, S. 998; ArbG Nürnberg v. 6. 6. 1989 –
8 BV 30/89 A, DB 1989, S. 2284

Eine Gewerkschaft ist i. S. v. § 17 Abs. 4 BetrVG im Betrieb vertreten, wenn **R 50** ihr mindestens ein Arbeitnehmer des Betriebs angehört und dieser nach der Satzung nicht offensichtlich zu Unrecht als Mitglied aufgenommen wurde. Die Tarifzuständigkeit der Gewerkschaft für den Betrieb oder das Unternehmen des Arbeitgebers ist dazu nicht erforderlich.

BAG v. 10. 11. 2004 – 7 ABR 19/04, EzA § 17 BetrVG 2001 Nr. 1 =
NZA 2005, S. 426 ff. = Betriebsratswissen online

3. Gewerkschaftsrechte im Betrieb / Kostentragung

Ist die Bildung eines Betriebsrats alleiniges Ziel des vom Verfahren nach **R 51** § 17 BetrVG losgelösten Feststellungsantrags der antragstellenden Gewerkschaft, dass ein Betriebsrat im Betrieb gebildet werden kann, fehlt für diesen Antrag das Rechtsschutzinteresse. Da der Gesetzgeber in § 17 BetrVG den Gewerkschaften alle Möglichkeiten eingeräumt hat, eine erstrebte Betriebsratsbildung zu erreichen, kann die Gewerkschaft nur auf einem der dort vorgesehenen Wege vorgehen. Sie kann zu einer Betriebsversammlung einladen, die einen Wahlvorstand für die Betriebsratswahl wählen soll, kann Vorschläge für die Zusammensetzung des Wahlvorstands machen (§ 17 Abs. 2 BetrVG [§ 17 Abs. 3 BetrVG 2001]) und schließlich die Bestellung eines Wahlvorstands durch das ArbG erreichen (§ 17 Abs. 3 BetrVG).

BAG v. 3. 2. 1976 – 1 ABR 121/74, AP Nr. 8 zu § 118 BetrVG 1972 =
Betriebsratswissen online

R 52 Der Schutz des Art. 9 Abs. 3 GG beschränkt sich nicht auf diejenigen Tätigkeiten, die für die Erhaltung und die Sicherung des Bestandes der Koalition unerlässlich sind; er umfasst alle koalitionsspezifischen Verhaltensweisen. Dazu gehört die Mitgliederwerbung durch die Koalition und ihre Mitglieder.

BVerfG v. 14. 11. 1995 – 1 BvR 601/92, AuR 1996, S. 151 =
Betriebsratswissen online

R 53 Die Kostentragungspflicht des Arbeitgebers entfällt nicht deswegen, weil die Kosten nicht dem Wahlvorstand, sondern der Gewerkschaft entstanden sind. Das Gesetz enthält insoweit keine Einschränkung.

Die im Betrieb vertretenen Gewerkschaften haben das Recht, an der Stimmauszählung der Betriebsratswahl teilzunehmen.

BAG v. 16. 4. 2003 – 7 ABR 29/02, EzA § 20 BetrVG 2001 Nr. 1 = Betriebs-
ratswissen online

R 54 Zu den durch Art. 9 Abs.3 GG geschützten Betätigungen der Gewerkschaft als Koalition gehört auch die Mitgliederwerbung, die nicht nur in dem Maße geschützt ist, indem sie für die Erhaltung und die Sicherung des Bestandes der Gewerkschaft unerlässlich ist (Abkehr von der »Kernbereichslehre« durch das BVerfG, Beschluss v. 24. 4. 1996, BVerfGE 94, S. 268).

Zum Zwecke der Information ihrer Mitglieder und der Werbung neuer Mitglieder kann die Gewerkschaft daher für sich ein allgemeines Zutrittsrecht betriebsfremder Gewerkschaftsbeauftragter zu Betrieben in Anspruch nehmen. Ihre Anwesenheit beeinträchtigt Grundrechte des Betriebsinhabers, insbesondere die geschützte betriebliche Sphäre nicht, solange der ordnungsgemäße Unternehmens- und Betriebsablauf nicht gestört wird.

Hess. LAG v. 1. 4. 2004 – 11 Sa 1092 und 1093/03, juris
(so auch nachgehend BAG v. 28. 2. 2006 – 1 AZR 460/04, NZA 2006, S. 798ff.
= Betriebsratswissen online)

Dem Vertretensein einer Gewerkschaft im Betrieb i. S. des gewerkschaft- **R 55** lichen Zutrittsrechts zum Betrieb nach §§ 2, 17 BetrVG zur Vorbereitung einer Betriebsratswahl steht nicht entgegen, dass der Arbeitgeber nach Bekanntwerden der Betriebsratswahlinitiative sämtlichen namentlich benannten Gewerkschaftsmitgliedern außerordentlich kündigt, jedenfalls insofern noch Kündigungsschutzverfahren über die Rechtswirksamkeit der Kündigungen anhängig sind.

Der Verfügungsgrund für eine einstweilige Verfügung zur Sicherung des gewerkschaftlichen Zutrittsrechts zum Betrieb zur Vorbereitung einer Betriebsratswahl ist dann regelmäßig gegeben, wenn der Arbeitgeber der im Betrieb vertretenen Gewerkschaft den Zutritt generell verwehrt, wohingegen der Verfügungsgrund regelmäßig abzulehnen ist, wenn der Arbeitgeber lediglich einem einzelnen Gewerkschaftsbeauftragten aus in dessen Person begründeten Umständen ein Hausverbot erteilt.

ArbG Aachen v. 8. 11. 2012 – 9 BVGa 11/12, juris

III. Betrieb / Betriebsteil / Gemeinschaftsbetrieb / Zuordnungstarifvertrag

1. Betriebsbegriff / Selbstständige Betriebe

Das BetrVG enthält keine Definition des Betriebsbegriffs, sondern setzt **R 56** den in der Rechtsprechung und Rechtslehre ausgebildeten allgemeinen Betriebsbegriff voraus. Danach ist unter Betrieb im Sinne des Arbeitsrechts zu verstehen »die organisatorische Einheit, innerhalb deren ein Arbeitgeber allein oder mit seinen Arbeitnehmern mit Hilfe von technischen und immateriellen Mitteln bestimmte arbeitstechnische Zwecke fortgesetzt verfolgt, die sich nicht in der Befriedigung von eigenem Bedarf erschöpfen«.

BAG v. 13. 9. 1984 – 6 ABR 43/83, AP Nr. 3 zu § 1 BetrVG 1972

Ein Betrieb im Sinne des BetrVG liegt vor, wenn die in einer Betriebsstätte **R 57** vorhandenen materiellen und immateriellen Betriebsmittel für den oder für die verfolgten arbeitstechnischen Zwecke zusammengefasst, geordnet und gezielt eingesetzt werden und der Einsatz der menschlichen Arbeitskraft von einem einheitlichen Leitungsapparat gesteuert wird.

BAG v. 25. 9. 1986 – 6 ABR 68/84, AP Nr. 7 zu § 1 BetrVG 1972 = EzA § 1
BetrVG 1972 Nr. 6; so auch BAG v. 14. 9. 1988 – 7 ABR 10/87, DB 1989, S. 127

R 58 Für die Abgrenzung von Betrieb und Betriebsteil ist der Grad der Verselbständigung entscheidend, der im Umfang der Leitungsmacht zum Ausdruck kommt. Erstreckt sich die in der organisatorischen Einheit ausgeübte Leitungsmacht auf alle wesentlichen Funktionen des Arbeitgebers in personellen und sozialen Angelegenheiten, handelt es sich um einen eigenständigen Betrieb im Sinne von § 1 Abs. 1 BetrVG.

Hess. LAG v. 1. 9. 2011 – 9 TaBV 16/11 (rechtskräftig),
Betriebsratswissen online

R 59 Mit dem Verfahren nach § 18 Abs. 2 BetrVG soll unabhängig von einer konkreten Betriebsratswahl eine verbindliche Entscheidung darüber herbeigeführt werden, ob Nebenbetriebe oder Betriebsteile selbständig sind oder dem Hauptbetrieb zugeordnet werden müssen oder ob ein gemeinsamer Betrieb mehrerer Unternehmen vorliegt. Die Entscheidung in einem Verfahren nach § 18 Abs. 2 BetrVG klärt damit eine für die gesamte Betriebsverfassung grundsätzliche und wesentliche Vorfrage, indem sie bei einem Streit darüber verbindlich festlegt, was als »der Betrieb« anzusehen ist, in dem ein Betriebsrat gewählt wird und in dem er seine Beteiligungsrechte wahrnehmen kann.

LAG Hamm v. 4. 10. 2011 – 10 TaBV 27/11 (rechtskräftig),
Betriebsratswissen online

R 60 Auch eine – etwa wegen Einlegung einer Nichtzulassungsbeschwerde – nicht rechtskräftige gerichtliche Entscheidung in einem Verfahren nach § 18 Abs. 2 BetrVG ist vom Wahlvorstand bei der Bestimmung des Betriebsbegriffs im Hinblick auf eine bevorstehende Betriebsratswahl zu berücksichtigen. Anderes gilt, wenn sich die für die rechtliche Würdigung in dem Verfahren gem. § 18 Abs. 2 BetrVG maßgeblichen tatsächlichen Verhältnisse in der Zwischenzeit geändert haben.

ArbG Frankfurt v. 24. 1. 2012 – 13 BVGa 32/12, juris

2. Betriebsteile / Mitwahl im Hauptbetrieb

In der Grundtendenz geht § 4 BetrVG von einem einheitlichen Betrieb aus, **R 61** auch wenn dieser aus mehreren Betriebsabteilungen besteht. Ob die Voraussetzungen der Ziffern 1 und 2 – räumliche Entfernung oder eigenständige Organisation – jeweils vorliegen, ist eng auszulegen.

Bei der Frage, ob ein Betriebsteil einen selbstständigen Betrieb im Sinne des § 4 BetrVG darstellt, ist mitentscheidend, wo die Entscheidungen des Arbeitgebers, insbesondere im Mitbestimmungsraum, getroffen werden.

Wegen der völligen Abhängigkeit vom Hauptbetrieb in allen wesentlichen Angelegenheiten (Planung, Einkauf, Verkauf) ist die 40 km entfernte Filiale eines Lebensmittelunternehmens trotz ihrer 120 Arbeitnehmer ein Betriebsteil.

BAG v. 24. 2. 1976 – 1 ABR 62/75, AP Nr. 2 zu § 4 BetrVG 1972

Vom Hauptbetrieb weit entfernte, organisatorisch voneinander abge- **R 62** grenzte Betriebsteile, die jeweils die Voraussetzungen des § 1 BetrVG erfüllen, gelten nach § 4 Satz 1 BetrVG [§ 4 Abs. 1 BetrVG 2001] auch dann je für sich als selbstständige Betriebe und nicht als einheitlicher Betrieb, wenn sie nahe beieinander liegen.

BAG v. 29. 5. 1991 – 7 ABR 54/90, NZA 1992, S. 74ff. =
Betriebsratswissen online

Nicht jede räumlich oder organisatorisch abgrenzbare Arbeitsstätte ist ein **R 63** Betriebsteil im Sinne des § 4 Satz 1 BetrVG 1972 [§ 4 Abs. 1 BetrVG 2001], erforderlich ist zumindest das Bestehen einer eigenen Leitung, die Weisungsrechte des Arbeitgebers ausübt.

BAG v. 28. 6. 1995 – 7 ABR 59/94, AP Nr. 8 zu § 4 BetrVG 1972 =
AiB 1996, S. 241 = Betriebsratswissen online

Die vom Betriebsrat des Hauptbetriebs veranlasste Abstimmung der Arbeit- **R 64** nehmer eines Betriebsteils, in dem kein eigener Betriebsrat besteht, an der Wahl des Betriebsrats im Hauptbetrieb gem. § 4 Abs. 2 BetrVG 2001 kann auch noch nach Bestellung des Wahlvorstands erfolgen, wenn das Abstimmungsergebnis dem Betriebsrat des Hauptbetriebs gem. § 4 Abs. 2 Satz 3 BetrVG spätestens 10 Wochen vor Ablauf seiner Amtszeit mitgeteilt wird.

Wegen der formlos möglichen Beschlussfassung gem. § 4 Abs. 2 Satz 1 BetrVG sind die Arbeitnehmer des Betriebsteils frei in ihrer Entscheidung, in welcher Weise sie den Beschluss zur Teilnahme an der Betriebsratswahl im Hauptbetrieb herbeiführen wollen. Diese Entscheidungskompetenz umfasst auch eine Abstimmung in Form einer Briefwahl.

ArbG Nürnberg v. 29. 11. 2001 – 6 BV Ga 8/01, AiB 2002, S. 187ff.

R 65 Ein selbstständiger Betriebsteil i. S. d. § 4 Abs. 1 Satz 1 BetrVG kann auch dann vorliegen, wenn der Leitungsapparat nicht in diesem Betrieb, sondern im Hauptbetrieb angesiedelt ist.

LAG Köln v. 17. 11. 2003 – 2 TaBV 44/03

R 66 Wird bei einer Betriebsratswahl irrtümlich ein selbstständiger Betriebsteil i. S. v. § 4 Abs. 1 Satz 1 BetrVG angenommen und deswegen nur in dem vermeintlichen Hauptbetrieb ein Betriebsrat gewählt, so ist dieser Betriebsrat trotzdem für den ganzen Betrieb zuständig.

Die Betriebsratsfähigkeit i. S. v. § 1 Abs. 1 Satz 1 BetrVG hängt von der Betriebszugehörigkeit der Arbeitnehmer zur Zeit der Betriebsratswahl ab.

LAG München v. 28. 4. 2004 – 5 Sa 1375/03, AuA 2004, Nr. 7, S. 41 =
Betriebsratswissen online

R 67 Nach § 4 Abs. 1 Satz 1 Nr. 2 BetrVG gelten Betriebsteile als selbstständige Betriebe, wenn sie die Voraussetzungen des § 1 Abs. 1 Satz 1 BetrVG erfüllen und durch Aufgabenbereich und Organisation eigenständig sind. Dazu genügt eine relative Eigenständigkeit. Voraussetzung dafür ist, dass in dem Betriebsteil eine eigenständige Leitung institutionalisiert ist, die die wesentlichen Arbeitgeberfunktionen in mitbestimmungspflichtigen Angelegenheiten ausübt.

Betreibt ein Unternehmen mehrere Sinfonieorchester und mehrere Chöre, kann ein einzelnes Sinfonieorchester ein betriebsratsfähiger Betriebsteil sein, wenn es einen eigenständigen künstlerischen Aufgabenbereich hat und die wesentlichen mitbestimmungspflichtigen Angelegenheiten auf Seiten des Arbeitgebers von dem nur für das Sinfonieorchester zuständigen Orchestervorstand und Orchesterdirektor wahrgenommen werden.

BAG v. 21. 7. 2004 – 7 ABR 57/03, EzA § 4 BetrVG 2001 Nr. 1 =
Betriebsratswissen online

Bei der Veranlassung des Abstimmungsverfahrens gem. § 4 Abs. 1 Satz 3 **R 68** BetrVG in räumlich weit vom Hauptbetrieb entfernten Filialen durch einen Filialbesuch des Betriebsrats des Hauptbetriebs zur entsprechenden Information und Aufklärung der Filialbeschäftigten handelt es sich um erforderliche Betriebsratstätigkeit mit der Folge der Kostenübernahme – etwa Aufwendungsersatz für entstandene Fahrtkosten – durch den Arbeitgeber.

Da dem Betriebsrat ein Ermessensspielraum zukommt, wann er diese Aufklärung vornimmt, setzt die Kostenübernahme durch den Arbeitgeber jedenfalls in der Situation einer unmittelbar bevorstehenden Betriebsratswahl keine Vereinbarung mit dem Arbeitgeber – i. S. einer vom Arbeitgeber geforderten vorherigen Terminabsprache zur organisatorischen Vorbereitung für die Durchführung einer solchen Abstimmung – voraus.

ArbG Wiesbaden v. 14. 9. 2004 – 1 BV 3/04, AiB 2005, S. 306f.

In § 4 Abs. 2 BetrVG ist die betriebsverfassungsrechtliche Zuordnung **R 69** eigenständiger nicht betriebsratsfähiger Betriebe zu einem Hauptbetrieb geregelt. Unterhält der Arbeitgeber neben dem nicht betriebsratsfähigen Betrieb mehrere weitere Betriebe und wird die Leitung des nicht betriebsratsfähigen Betriebs in personellen und sozialen Angelegenheiten von der Leitung eines der anderen Betriebe beratend unterstützt, ist dieser Betrieb Hauptbetrieb i. S. v. § 4 Abs. 2 BetrVG.

BAG v. 17. 1. 2007 – 7 ABR 63/05, AP Nr. 18 zu § 4 BetrVG 1972 = NZA
2007, 703ff. = Betriebsratswissen online

Die in einer Niederlassung untergebrachten Abteilungen Vertrieb und Zen- **R 70** trale stellen Betriebsteile des Hauptbetriebs dar, wenn sie von einem zentralen Vertriebsdirektor und zentralen Fachbereichsleitern geführt werden.

LAG Köln v. 13. 2. 2007 – 9 TaBV 40/06, Betriebsratswissen online

Die Leitungsmacht eines »Einrichtungsleiters« i. S. eines Betriebsleiters be- **R 71** treffend soziale und personelle Angelegenheiten sowohl im individual- als auch kollektivrechtlichen Bereich wird nicht dadurch wesentlich beeinträchtigt, dass ihn die vom Arbeitgeber ausdrücklich angeordnete Verpflichtung trifft, sich vom »Leiter Personalrecht« des »Hauptbetriebs« beraten zu lassen, wenn klar ist, dass er – auch entgegen dessen entsprechenden Ratschlägen und Empfehlungen – eigenverantwortlich entscheidet und dies auch den Arbeitnehmern bekannt gemacht worden ist.

Die Arbeitnehmer eines betriebsratslosen Betriebsteils gem. § 4 Abs. 1 Satz 2 Halbsatz 2 BetrVG dürfen zwar an einer Betriebsratswahl beim Hauptbetrieb teilnehmen, jedoch infolge entsprechender Verweisung auf § 3 Abs. 3 Satz 2 BetrVG erst nach vorangegangener »Abstimmung«.

LAG München v. 27. 11. 2007 – 8 TaBV 50/07, Betriebsratswissen online

R 72 Der Konzernbetriebsrat ist nicht zuständig für Betriebe, die die Voraussetzungen des § 1 Abs. 1 BetrVG nicht erfüllen.

LAG Düsseldorf v. 3. 11. 2011 – 5 TaBV 50/11 (nachfolgend BAG v. 17. 1. 2013 – ABR 93/11; Verfahrenseinstellung durch Beschluss), Betriebsratswissen online

R 73 Für die Differenzierung zwischen Betrieb und Betriebsteil ist entscheidend der Grad der Verselbstständigung, der im Umfang der Leitungsmacht zum Ausdruck kommt. Erstreckt sich die in der organisatorischen Einheit ausgeübte Leitungsmacht auf die wesentlichen Funktionen des Arbeitgebers in den sozialen und personellen Angelegenheiten, handelt es sich um einen Betrieb im Sinne des § 1 BetrVG. Demgegenüber genügt für das Vorliegen eines Betriebsteils im Sinne des § 4 Abs. 1 Satz 1 BetrVG ein Mindestmaß an organisatorischer Selbstständigkeit gegenüber dem Hauptbetrieb. Diese liegt vor, wenn in der Einheit wenigstens eine Person mit Leitungsmacht vorhanden ist, die überhaupt Weisungsrechte des Arbeitgebers ausübt.

BAG v. 15. 12. 2011 – 8 AZR 692/10, Betriebsratswissen online

3.　Räumlich weite Entfernung

R 74 Die Frage der räumlich weiten Entfernung ist nicht nur unter dem Gesichtspunkt der objektiven Entfernung zu prüfen. Vielmehr spielen auch die Verkehrsverbindungen dabei eine entscheidende Rolle.

BAG v. 23. 9. 1960 – 1 ABR 9/59, AP Nr. 4 zu § 3 BetrVG

R 75 Betriebsteile erhalten nach § 4 nur dann einen eigenen Betriebsrat, wenn sie mindestens fünf wahlberechtigte Arbeitnehmer haben und
1. entweder räumlich weit vom Hauptbetrieb entfernt oder
2. durch Aufgabenbereiche und Organisation eigenständig sind.

Der Begriff der räumlich weiten Entfernung ist nicht allein unter dem Gesichtspunkt der objektiven Entfernung zu prüfen. Entscheidend ist, ob trotz der gegebenen Entfernung eine ordnungsgemäße Betreuung der in dem Betriebsteil beschäftigten Arbeitnehmer durch den Betriebsrat des Hauptbetriebs möglich ist.

BAG v. 24. 2. 1976 – 1 ABR 62/75, AP Nr. 2 zu § 4 BetrVG 1972;
BAG v. 24. 9. 1968 – 1 ABR 4/68, AP Nr. 9 zu § 3 BetrVG

Ein Auslieferungslager, das vom Stammbetrieb nicht räumlich weit ent- **R 76** fernt liegt und mit einem Pkw in ca. 25 Min. bei einer Straßenentfernung von 22 km zu erreichen ist und in dem in personellen und sozialen Angelegenheiten keine nennenswerten Entscheidungen zu treffen sind, ist nicht betriebsratsfähig i. S. von § 4 BetrVG.

BAG v. 17. 2. 1983 – 6 ABR 64/81, AP Nr. 4 zu § 4 BetrVG 1972

Bei optimalen Verkehrsverbindungen (gute Straßen- und Bahnverbindun- **R 77** gen) sind von der Rechtsprechung Betriebsteile als räumlich nicht weit entfernt liegend angesehen worden bei Entfernungen von bis zu:
– 30 bis 35 km

ArbG Braunschweig v. 9. 3. 1972 – 1 BV 1/72;
ArbG Mannheim v. 13. 12. 1972 – 4 BV 5/72

– 40 bis 45 km

BAG v. 24. 2. 1976 – 1 ABR 62/75, AP Nr. 2 zu § 4 BetrVG 1972;
BAG v. 29. 3. 1977 – 1 ABR 31/76, AuR 1978, S. 254; BAG v. 17. 2. 1983 –
6 ABR 64/81, AP Nr. 4 zu § 4 BetrVG 1972

– 60 bis 65 km (sofern eine optimale Betreuungsmöglichkeit durch den Betriebsrat des Hauptbetriebs gegeben ist)

ArbG Minden v. 2. 3. 1972 – BV 1/72

– 70 km (bei der Entfernung Köln – Essen und einer optimalen Betreuung durch freigestellte Betriebsratsmitglieder

BAG v. 24. 9. 1968 – 1 ABR 4/68, AP Nr. 9 zu § 3 BetrVG;
vgl. dagegen LAG Köln v. 13. 4. 1989 – 1 TaBV 72/88 für die Entfernungen
Köln – Recklinghausen bzw. Köln – Essen

Betriebsteile sind nach § 4 Abs. 1 Satz 1 Nr. 1 BetrVG vom Hauptbetrieb **R 78** räumlich weit entfernt, wenn wegen dieser Entfernung eine sachgerechte Vertretung der Arbeitnehmer des Betriebsteils durch den Betriebsrat des

Hauptbetriebs nicht erwartet werden kann. Dies ist der Fall bei einer Entfernung von

– 15 bis 30 km, z. B. bei ständig auftretenden Verkehrsstaus oder mehrfachem Umsteigen bei öffentlichen Verkehrsmitteln.

LAG Köln v. 13. 4. 1989 – 1 TaBV 72/88, AiB 1990, S. 359

– 28 km, wegen mehrmaligem Umsteigen bei der Benutzung öffentlicher Verkehrsmittel

BAG v. 23. 9. 1969 – 1 ABR 9/59, AP Nr. 4 zu § 3 BetrVG

– 40 km, wegen einstündiger Fahrzeit mit PKW und häufiger Staus im Straßenverkehr

LAG Köln v. 28. 6. 1988, 2 TaBV 42/88, LAGE § 4 BetrVG 1972 Nr. 4

– 50 km

LAG Schleswig-Holstein v. 29. 6. 1972 – 3 TaBV 3/72

– 60 bis 70 km, auch wenn der eine Betriebsteil nur ein
  Mitglied wählen kann.

*ArbG Rosenheim v. 25. 3. 1987 – 3 BV 3/87; LAG München v. 21. 10. 1987 –
5 TaBV 9/87, BB 1988, S. 1182*

– 80 bis 90 km

LAG Schleswig-Holstein v. 7. 7. 1972 – 4 TaBV 4/72

– 143 km

ArbG Hannover v. 21. 5. 1987 – 8 BV 3/87, AuR 1988, S. 59

– ca. 300 km

BAG v. 15. 12. 2011 – 8 AZR 692/10, Betriebsratswissen online

R 79 Betriebsteile sind i. S. v. § 4 Abs. 1 Satz 1 Nr. 1 BetrVG vom Hauptbetrieb räumlich weit entfernt, wenn wegen dieser Entfernung eine ordnungsgemäße Betreuung der Belegschaft durch einen beim Hauptbetrieb ansässigen Betriebsrat nicht mehr gewährleistet ist.

BAG v. 14. 1. 2004 – 7 ABR 26/03, FA 2004, S. 118

R 80 Der Begriff der räumlich weiten Entfernung im Sinne des § 24 Abs. 3 WO BetrVG ist entsprechend dem Sinn und Zweck der Vorschrift, den Arbeitnehmern die Beteiligung an der Betriebsratswahl zu erleichtern, in einem weiteren Sinne zu verstehen. Entscheidend ist, ob es den Arbeitnehmern der außerhalb des Hauptbetriebes liegenden Betriebsteile oder Kleinstbetriebe unter Berücksichtigung der bestehenden oder gegebenenfalls vom Arbeitgeber zur Verfügung zu stellenden zusätzlichen Verkehrsmöglichkeiten zumutbar ist, im Hauptbetrieb persönlich ihre Stimme abzugeben. Ob der Betriebsrat in derartigen Fällen entweder in allen Betriebsteilen oder Kleinstbetrieben eigene Wahllokale einrichtet oder für die beschäftigten Arbeitnehmer die schriftliche Stimmabgabe beschließt, hat danach der Wahlvorstand nach pflichtgemäßem Ermessen zu entscheiden.

LAG Hamm v. 12. 10. 2007 – 10 TaBV 9/07, juris

Nach § 4 Abs. 1 Satz 1 Nr. 1 BetrVG ist die räumliche Entfernung von Einzelhandelsfilialen vom Hauptbetrieb maßgeblich und nicht die Entfernung der Filialen von dem Büro des Betriebsrats. Hierbei kommt es auch auf die Erreichbarkeit mit öffentlichen Verkehrsmitteln an. **R 81**

Da § 4 Abs. 1 Satz 1 Nr. 1 BetrVG allein auf die räumliche Entfernung der Betriebsteile vom Hauptbetrieb abstellt, ist die Erreichbarkeit des im Hauptbetrieb bestehenden Betriebsrats per Post oder Telefon oder mit Hilfe moderner Kommunikationsmittel unerheblich. Ebenso kommt es nicht darauf an, ob für die in den Betriebsteilen beschäftigten Arbeitnehmer bei Teilbelegschafts- und Belegschaftsversammlungen die Möglichkeit der Kontaktaufnahme mit dem Betriebsrat besteht.

BAG v. 7. 5. 2008 – 7 ABR 15/07
NZA 2008, S. 1142 = Betriebsratswissen online

Betriebsteile sind nach § 4 Abs. 1 Satz 1 Nr. 1 BetrVG vom »Hauptbetrieb« räumlich weit entfernt, wenn wegen dieser Entfernung eine sachgerechte Vertretung der Arbeitnehmer des Betriebsteils durch den Betriebsrat des Hauptbetriebs nicht erwartet werden kann. Bei einer Entfernung von ca. 300 km kann eine sachgerechte Vertretung nicht gewährleistet werden. **R 82**

BAG v. 15. 12. 2011 – 8 AZR 692/10, Betriebsratswissen online

4.   Gemeinschaftsbetrieb mehrerer Unternehmen

R 83 Die Bildung eines gemeinsamen Betriebs durch zwei oder mehrere Unternehmen setzt voraus, dass die Unternehmen eine rechtliche Vereinbarung über die einheitliche Leitung des gemeinsamen Betriebs geschlossen haben. Die Existenz einer solchen Vereinbarung kann sich aus deren ausdrücklichem Abschluss oder – konkludent – aus den näheren Umständen des Einzelfalls ergeben. Ergeben die Umstände des Einzelfalls, dass der Kern der Arbeitgeberfunktionen im sozialen und personellen Bereich von derselben institutionellen Leitung ausgeübt wird, führt dies regelmäßig zu dem Schluss, dass eine konkludente Führungsvereinbarung vorliegt.

BAG v. 14. 9. 1988 – 7 ABR 10/87, DB 1989, S. 127

R 84 Der Annahme einer konkludenten Leitungsvereinbarung zur Führung eines gemeinschaftlichen Betriebes mehrerer Unternehmen steht die formale Ausübung von Arbeitgeberbefugnissen durch den jeweiligen Vertragsarbeitgeber nicht entgegen. Ob eine einheitliche Leitung hinsichtlich wesentlicher Arbeitgeberfunktionen vorliegt, beurteilt sich nach der innerbetrieblichen Entscheidungsfindung und deren Umsetzung. Sind an einem gemeinschaftlichen Betrieb sowohl eine juristische Person des Privatrechts als auch eine Körperschaft des öffentlichen Rechts beteiligt, findet das BetrVG Anwendung, wenn sich die Betriebsführung mangels entgegenstehender Anhaltspunkte auf der Grundlage einer privatrechtlichen Vereinbarung in der Rechtsform einer BGB-Gesellschaft vollzieht.

BAG v. 24. 1. 1996 – 7 ABR 10/95, AP Nr. 8 zu § 1 BetrVG 1972
Gemeinsamer Betrieb, Betriebsratswissen online

R 85 Wird in einem Verfahren nach § 18 Abs. 2 BetrVG festgestellt, dass mehrere Unternehmen einen Gemeinschaftsbetrieb führen, bindet dies die am Verfahren Beteiligten, solange sich die für die Entscheidung maßgeblichen tatsächlichen Umstände nicht ändern.

BAG v. 19. 11. 2003 – 7 ABR 25/03, AP Nr. 55 zu § 19 BetrVG 1972 =
AiB 2004, S. 193f. = Betriebsratswissen online

R 86 Nach der Rechtsprechung des BAG zu § 1 BetrVG in der bis zum 27. 7. 2001 geltenden Fassung besteht ein gemeinsamer Betrieb mehrerer Unternehmen, wenn die in einer Betriebsstätte vorhandenen materiellen und immateriellen Betriebsmittel für einen einheitlichen arbeitstechnischen Zweck zusammengefasst, geordnet und gezielt eingesetzt werden und der Einsatz der menschlichen Arbeitskraft von einem einheitlichen Leitungsapparat gesteuert wird. Das setzt voraus, dass sich die Unternehmen zumindest stillschweigend zu einer gemeinsamen Führung rechtlich verbunden haben, die sich auf die wesentlichen Arbeitgeberfunktionen in personellen und sozialen Angelegenheiten erstreckt.

Diese Grundsätze gelten auch nach In-Kraft-Treten des Gesetzes zur Reform der Betriebsverfassung am 28.7.2001. Nach § 1 II BetrVG n. F. wird zwar nunmehr bei Vorliegen der dort genannten Voraussetzungen – widerlegbar – vermutet, dass ein einheitlicher Leitungsapparat vorhanden ist. Greifen die Vermutungstatbestände nicht ein, besteht dennoch ein gemeinsamer Betrieb, wenn die von der bisherigen Rechtsprechung entwickelten Voraussetzungen vorliegen.

BAG v. 11.2.2004 – 7 ABR 27/03, NZA 2004, S. 618ff. =
Betriebsratswissen online

Aus dem Bestehen einer Organschaft i. S. v. § 2 Abs. 2 Nr. 2 UStG folgt nicht **R 87** zwingend, dass die an der Organschaft beteiligten Unternehmen einen gemeinsamen Betrieb i. S. v. § 1 BetrVG führen. Die nach § 2 Abs. 2 Nr. 2 UStG erforderliche organisatorische Eingliederung betrifft nur die Unternehmensebene, nicht aber die für den Betriebsbegriff des § 1 BetrVG maßgebliche betriebliche Ebene.

Die von der Rechtsprechung zum Gemeinschaftsbetrieb entwickelten Grundsätze gelten auch nach dem Inkrafttreten des Betriebsverfassungsreformgesetzes weiter.

BAG v. 25.5.2005 – 7 ABR 38/04, juris = EzA § 1 BetrVG 2001 Nr. 3

§ 18 Abs.2 BetrVG findet auch Anwendung, wenn es um die Klärung der **R 88** Frage geht, ob mehrere Unternehmen einen gemeinsamen Betrieb führen. Das Verfahren dient dazu, die Voraussetzungen für eine (künftige) ordnungsgemäße Betriebsratswahl zu schaffen. Die gerichtliche Entscheidung klärt daher eine für die gesamte Betriebsverfassung grundsätzliche Vorfrage, indem sie verbindlich festlegt, welche Organisationseinheit als der Betrieb anzusehen ist, in dem ein Betriebsrat gewählt wird und in dem er seine Beteiligungsrechte wahrnehmen kann. Für die Zulässigkeit eines Antrags nach § 18 Abs.2 BetrVG kommt es daher nicht darauf an, in welchen betrieblichen Organisationseinheiten bereits Betriebsräte gewählt sind. Damit ist die betriebsverfassungsrechtliche Situation allenfalls für die laufende Amtszeit der Betriebsräte geklärt. Für künftige Betriebsratswahlen besteht nach wie vor ein Interesse an der Feststellung, in welcher Organisationseinheit ein Betriebsrat zu wählen ist.

Die nach UStG, KStG und GewStG erforderliche organisatorische bzw. finanzielle Eingliederung der Organgesellschaft in den Organträger betrifft nur die Unternehmensebene, nicht aber die für den Betriebsbegriff des § 1 BetrVG maßgebliche betriebliche Ebene.

BAG v. 17. 8. 2005 – 7 ABR 62/04, juris

R 89 Personenidentität kann ein gewichtiges Indiz für das Bestehen eines einheitlichen Leitungsapparats auch auf betrieblicher Ebene sein. Daraus allein kann aber nicht zwingend auf eine einheitliche Leitung in personellen und sozialen Angelegenheiten geschlossen werden.

Dienstleistung von Konzernunternehmen ersetzt weder einen einheitlichen Leitungsapparat noch einen gemeinsamen arbeitstechnischen Zweck. Entscheidend ist vielmehr, dass zum einen das Direktionsrecht für jedes Unternehmen für sich ausgeübt wird und zum anderen selbstständige eigene Vorhaben ausgeführt werden.

LAG Mecklenburg-Vorpommern v. 29. 8. 2007 – 4 Sa 291/06, juris

R 90 Überträgt eine Stadt den Regiebetrieb »Städtische Bühnen« auf eine GmbH und stellt dieser lediglich einen Teil der zur Fortführung des Bühnenbetriebs notwendigen Betriebsmittel zur Verfügung, ohne jedoch selbst an der Erreichung des von der GmbH verfolgten Betriebszwecks mitzuwirken, liegt kein gemeinsamer Betrieb i. S. d. § 1 Abs. 1 Satz 2 BetrVG vor. In einem solchen Fall kann ein unternehmerischer Zusammenschluss auch dann nicht vermutet werden, wenn der Geschäftsführer der GmbH zugleich in Personalunion Leiter des Restamts der Stadt ist, welches die Übertragung des Regiebetriebs auf die GmbH durchführt.

BAG v. 16. 4. 2008 – 7 ABR 4/07, DB 2008, 1864ff. = Betriebsratswissen online

R 91 Die Bildung eines unternehmensübergreifenden »Gesamtbetriebsrats« verstößt auch dann gegen § 47 BetrVG, wenn die beteiligten Unternehmen ausschließlich oder teilweise Gemeinschaftsbetriebe i. S. v. § 1 Abs. 2 BetrVG unterhalten. Auch für von verschiedenen Trägerunternehmen unterhaltene Gemeinschaftsbetriebe kann kein unternehmensübergreifender Gesamtbetriebsrat errichtet werden; die Trägerunternehmen werden durch die Bildung von Gemeinschaftsbetrieben nicht zu einem Unternehmen i. S. v. § 47 BetrVG. Vielmehr entsenden die Betriebsräte der Gemeinschaftsbetriebe jeweils Mitglieder in sämtliche bei den Trägerunternehmen zu errichtenden Gesamtbetriebsräte. Dies folgt zwingend aus § 47 Abs. 9 BetrVG (vgl. BAG v. 13. 2. 2007 – 1 AZR 186/06, Rn. 19 m. w. N., BAGE 121 168).

BAG v. 17. 3. 2010 – 7 AZR 706/08, Betriebsratswissen online

Die Vermutungsregel des § 1 Abs. 2 Nr. 1 BetrVG, wonach ein gemeinsa- **R 92** mer Betrieb mehrerer Unternehmen dann vermutet wird, wenn zur Verfolgung arbeitstechnischer Zwecke die Betriebsmittel sowie die Arbeitnehmer von den Unternehmen gemeinsam eingesetzt werden, greift nicht ein, wenn eine Kommune und eine Agentur für Arbeit zur Ausgestaltung und Organisation einer Arbeitsgemeinschaft (ARGE) gemäß § 44 b des Zweiten Buches Sozialgesetzbuch (SGB II) in der Fassung vom 20. 7. 2006 als Gemeinschaftsunternehmen eine GmbH gründen und dieser zur Wahrnehmung ihrer Aufgabe, die Grundsicherung für Arbeitssuchende zu gewährleisten, jeweils eigenes Personal zur Verfügung stellen..
BAG v. 9. 6. 2011 – 6 AZR 132/10, DB 2012, S. 64 = Betriebsratswissen online

Soll ein gemeinsamer Betrieb von mehreren Unternehmen geführt werden, **R 93** so müssen sich die beteiligten Unternehmen zur gemeinsamen Führung des Betriebes rechtlich verbunden haben. Eine dahingehende Vereinbarung kann auch stillschweigend geschlossen werden und ihre Existenz sich aus den tatsächlichen Umständen ergeben. Ergeben die Umstände des Einzelfalls, dass der Kern der Arbeitgeberfunktion im sozialen und personellen Bereich von derselben institutionellen Leitung ausgeübt wird, so deutet dies regelmäßig darauf hin, dass eine Führungsvereinbarung vorliegt. Dies trifft aber nicht schon dann zu, wenn die Unternehmen lediglich unternehmerisch zusammenarbeiten. Vielmehr muss die Vereinbarung auf eine einheitliche Leitung für die Aufgaben gerichtet sein, die vollzogen werden müssen, um die in der organisatorischen Einheit zu verfolgenden arbeitstechnischen Zwecke erfüllen zu können. Für die Frage, ob der Kern der Arbeitgeberfunktionen in sozialen und personellen Angelegenheiten von derselben institutionalisierten Leitung ausgeübt wird, ist vor allem entscheidend, ob ein Arbeitgeber übergreifender Personaleinsatz praktiziert wird, der charakteristisch für den normalen Betriebsablauf ist.

LAG Hamm v. 4. 10. 2011 – 10 TaBV 27/11 (rechtskräftig),
Betriebsratswissen online

R 94 Eine gemeinsame räumliche Unterbringung der Arbeitgeber für die Führung eines gemeinsamen Betriebes ist nicht entscheidend. Die gemeinsame räumliche Unterbringung stellt lediglich ein schwaches Indiz, nicht aber ein Tatbestandsmerkmal für die Annahme eines einheitlichen Betriebes dar.

Ebenso wenig kann aus der gemeinsamen Nutzung von Einrichtungen der Arbeitgeber auf der jeweiligen betrieblichen Ebene die Annahme eines gemeinsamen Betriebes hergeleitet werden. Dass eine gemeinsame Telefonanlage existiert, dass die Internetpräsenz der Arbeitgeber identisch ist und die Arbeitgeber gegenüber Kunden einheitlich auftreten, ist ebenso unerheblich für die Führung eines gemeinsamen Betriebes wie der Umstand, dass der eine Arbeitgeber die Lohnbuchhaltung für den anderen Arbeitgeber erledigt und die Personalakten führt. Auch eine zentrale Lohnbuchhaltung oder Immobilienverwaltung stellt kein Indiz für das Vorliegen eines einheitlichen Betriebes dar, da diese Aufgabe auch als Serviceleistung Dritter denkbar ist und deshalb nicht zwangsläufig auf einen einheitlichen Leitungsapparat auf betrieblicher Ebene geschlossen werden kann.

Ebenso wenig stellen die Existenz einer gemeinsamen Kundenkarte und einheitliche Führungsgrundsätze ein wesentliches Indiz für einen einheitlichen Leitungsapparat dar. Das gilt auch für das gemeinsame Werbematerial der Arbeitgeber sowie für die einheitliche Gutscheinpraxis. Dass die Betriebe der Arbeitgeber von ein und derselben Spedition beliefert werden, ist ebenso unerheblich, wie die gemeinsame Nutzung eines Lagers durch die Arbeitgeber. All diese Umstände belegen allein eine unternehmerische Zusammenarbeit durch die beiden Arbeitgeber.

Eine unternehmerische Zusammenarbeit allein ist jedoch nicht ausreichend für die Annahme eines gemeinsamen Betriebes i. S. d. § 1 BetrVG. Entscheidend ist vielmehr, ob ein Arbeitgeber übergreifender Personaleinsatz in den jeweiligen Betrieben erfolgt und eine das Unternehmen übergreifende einheitliche Leitungsstruktur vorhanden ist.

LAG Hamm v. 14. 10. 2011 – 10 TaBV 29/11 und 10 TaBV 35/11,
Betriebsratswissen online

Ein gemeinsamer Betrieb mehrerer Unternehmen liegt vor, wenn die in **R 95** einer Betriebsstätte vorhandenen materiellen und immateriellen Betriebsmittel mehrerer Unternehmen für einen einheitlichen arbeitstechnischen Zweck zusammengefasst, geordnet und gezielt eingesetzt werden und der Einsatz der menschlichen Arbeitskraft von einem einheitlichen Leitungsapparat betriebsbezogen gesteuert wird. Die beteiligten Unternehmen müssen sich zumindest stillschweigend zu einer gemeinsamen Führung rechtlich verbunden haben, sodass der Kern der Arbeitgeberfunktion im sozialen und personellen Bereich von derselben institutionellen Leitung ausgeübt wird. Die Voraussetzungen eines gemeinsamen Betriebs sind aber nicht bereits dann erfüllt, wenn eine enge unternehmerische Zusammenarbeit zwischen Arbeitgebern aufgrund wechselseitiger Verpflichtungen (hier: Vermittlung von Reiseleistungen diverser Leistungsträger der Reisebranche aufgrund Geschäftsbesorgungsvertrags) zu einer Minderung von mitbestimmungsrechtlich relevanten Gestaltungs- und Entscheidungsspielräumen der Arbeitgeber führt.

BAG v. 15. 12. 2011 – 8 AZR 692/10, Betriebsratswissen online

§ 1 Abs. 1 Satz 2 BetrVG lässt nicht das Erfordernis entfallen, dass es sich **R 96** überhaupt um einen Betrieb handelt. Führen mehrere Unternehmen gemeinsam mehrere Betriebe, werden die Betriebe durch die gemeinsame Führung nicht zu einem einheitlichen Betrieb. Die Unternehmen führen dann vielmehr mehrere jeweils gemeinsame Betriebe. § 1 Abs. 1 Satz 2 BetrVG »überwindet« in diesem Sinn zwar betriebsverfassungsrechtlich die Unternehmensgrenzen, hebt die Strukturen der gesetzlichen Betriebsverfassung im Übrigen aber nicht auf. Insoweit ist § 1 Abs. 1 Satz 2, Abs. 2 BetrVG nicht geeignet, mehrere betriebsratsfähige Einheiten eines Arbeitgebers zu einem Betrieb zu machen.

BAG v. 18. 1. 2012 – 7 ABR 72/10, Betriebsratswissen online

5. Zuordnungstarifvertrag

Ein Tarifvertrag, der die Bildung eines Spartengesamtbetriebsrats während **R 97** der laufenden Amtsperiode nach einer durchgeführten Betriebsratswahl vorsieht, ist unwirksam. Zwar können die Tarifvertragsparteien gem. § 3 Abs. 4 Satz 2 BetrVG einen anderen Wahlzeitpunkt als den der nächsten regelmäßigen Betriebsratswahlen vorsehen, jedoch bestehende Betriebsratsgremien ohne Neuwahl grundsätzlich nicht verändern.

ArbG Frankfurt a. M. v. 30. 3. 2004 – 4 BV 438/03, AuR 2004,
S. 398 = AiB 2005, S. 760

R 98 Nach § 3 Abs. 1 Nr. 3 BetrVG in der ab dem 28. Juli 2001 geltenden Fassung (n. F.) ist bei Vorliegen der dort genannten Voraussetzungen die unternehmensübergreifende Bildung von Arbeitnehmervertretungen auch dann zulässig, wenn die beteiligten Unternehmen keinen gemeinsamen Betrieb führen. § 3 Abs. 1 Nr. 3 BetrVG n. F. gestattet es aber nicht, dass die tarifliche Regelung es den Arbeitnehmern überlässt, vor jeder Betriebsratswahl im Wege einer Abstimmung zu entscheiden, ob in den einzelnen Betrieben eigenständige Betriebsräte gewählt werden sollen. Eine derartige tarifliche Regelung ist mit § 3 Abs. 1 Nr. 3 BetrVG n. F. nicht vereinbar und deshalb unwirksam.

BAG v. 10. 11. 2004 – 7 ABR 17/04, EzA § 3 BetrVG 2001 Nr. 1 =
Betriebsratswissen online

R 99 Ein durch Spartentarifvertrag bestimmter unternehmensübergreifender Spartengesamtbetriebsrat ohne Spartenbetriebsräte unter Beibehaltung der Betriebsräte und Unternehmensgesamtbetriebsräte ist mit § 3 Abs. 1 Nr. 2 und 3, Abs. 5 BetrVG nicht in Einklang zu bringen.

Hess. LAG v. 21. 4. 2005 – 9/5 TaBV 115/04
(nachgehend BAG v. 16. 6. 2006 – 7 ABR 50/05, sonstige Erledigung), juris

R 100 Der Abschluss eines Tarifvertrages zur Bildung eines Spartengesamtbetriebsrates auf Konzernebene ist von § 3 Abs. 1 Nr. 2 BetrVG erfasst und zulässig. In einem solchen Fall greift die Betriebsfiktion des § 3 Abs. 5 Satz 1 BetrVG nicht.

ArbG Frankfurt/M. v. 24. 5. 2006 – 14 BV 518/04, juris = NZA-RR 2007, S. 25

R 101 Durch Tarifvertrag können abweichende Arbeitnehmervertretungsstrukturen gem. § 3 Abs. 1 Nr. 3 BetrVG nur festgelegt werden, wenn die gesetzlichen Regelungen aufgrund besonderer Umstände und Erfordernisse einer wirksamen und zweckmäßigen Interessenvertretung der Arbeitnehmer nicht genügt.

LAG Köln v. 18. 7. 07 – 8 TaBV 4/07, Betriebsratswissen online

Reklamieren mehrere tarifzuständige Gewerkschaften den Abschluss **R 102** eines Tarifvertrags gem. § 3 Abs. 1 Nr. 1 BetrVG, so kann der Tarifvertrag nur unter Einbeziehung aller die Zuständigkeit beanspruchenden Gewerkschaften einheitlich abgeschlossen werden.
Wird eine tarifzuständige Gewerkschaft an dem Tarifabschluss i. S. d. § 3 Abs. 1 Nr. 1 BetrVG nicht beteiligt, so ist die unter Zugrundelegung der getroffenen – unwirksamen – Tarifregelung durchgeführte Betriebsratswahl anfechtbar aber nicht nichtig.
LAG Nürnberg v. 21. 2. 2008 – 5 TaBV 14/07, LAGE § 3 BetrVG 2001 Nr. 1 =
Betriebsratswissen online

Dass sich bei der Schaffung von Zuordnungstarifverträgen im Sinne des **R 103** § 3 BetrVG a. F. und n. F. die Anzahl der auf jede Betriebsstätte bezogen maximal möglichen Betriebsratsmitglieder unter Umständen reduziert, ist gesetzlich gewollt und daher kein Unwirksamkeitsgrund.
LAG Schleswig-Holstein v. 9. 7. 2008 – 3 TaBV 4/08, BB 2008, S. 2681 =
Betriebsratswissen online

Ein Tarifvertrag zur Bildung eines Betriebsrats nach § 3 Abs. 1 Nr. 1 bis 3 **R 104** BetrVG kann von einer tarifzuständigen und im Betrieb vertretenen Gewerkschaft ohne Beteiligung von anderen gleichfalls tarifzuständigen Gewerkschaften abgeschlossen werden.
BAG v. 29. 7. 2009 – 7 ABR 27/08, Betriebsratswissen online

Ein auf tarifvertraglicher Grundlage (§ 3 BetrVG) gebildeter einheitlicher **R 105** Betriebsrat für mehrere Unternehmen hat nach Kündigung des Tarifvertrages durch die Arbeitgeber für die zukünftig getrennt durchzuführenden Betriebsratswahlen die Wahlvorstände zu bestellen. Diese dürfen jeweils nur aus Wahlberechtigten der Einheiten bestehen, für die die Wahlen durchzuführen sind.
LAG Schleswig-Holstein v. 19. 3. 2010 – 4 TaBVGa 5/10,
Betriebsratswissen online

Der sachliche Geltungsbereich eines gemäß § 3 BetrVG abgeschlossenen **R 106** Tarifvertrages muss hinreichend bestimmt sein. Sind bei der Bildung von Regionalbetriebsräten unter Einbeziehung von zugeordneten Konzernunternehmen i. S. d. § 18 AktG weder die Unternehmen klar benannt noch der Konzern definiert, ist der Tarifvertrag unwirksam.

Ein Tarifvertrag nach § 3 BetrVG ist unwirksam, wenn er die Termine und Fristen der Betriebsratswahl nicht abschließend selbst regelt, sondern es den Wahlvorständen überlässt, hierüber zu entscheiden.

Die Tarifvertragsparteien sind nach § 3 BetrVG nicht befugt, für Rechtsstreitigkeiten gemäß § 2a Nr. 1, 3, 3a ArbGG das örtlich zuständige Arbeitsgericht tarifvertraglich abweichend von § 82 Abs. 1 Satz 1 ArbGG zu bestimmen. Entsprechenden Tarifregelungen sind unwirksam.

Hess. LAG v. 7. 10. 2010 – 9 TaBV 86/10, juris

R 107 Die tarifvertragliche Zusammenfassung nach § 3 Abs. 1 Nr. 1 Buchst. b BetrVG von Betrieben mit bis dahin eigener Arbeitnehmervertretung zu einer größeren betriebsverfassungsrechtlichen Organisationseinheit berührt die betriebsverfassungsrechtliche Identität der zusammengefassten Einheiten nicht (vgl. auch BAG v. 18. 3. 2008 – 1 ABR 3/07).

BAG v. 7. 6. 2011 – 1 ABR 110/09, Betriebsratswissen online = NZA 2012, S. 110.

R 108 Wenn ein Tarifvertrag nach § 3 Abs. 1 Nr. 1 und 3 BetrVG zu einem Zeitpunkt innerhalb des gesetzlichen Wahlzeitraums gekündigt worden ist und dieser Tarifvertrag keine Nachwirkung hat, ist für die zukünftigen Betriebsratswahlen der Betriebsbegriff des BetrVG maßgebend.

LAG München v. 29. 6. 2011 – 11 TaBV 4/11 (Rechtsbeschwerde eingelegt; Az. beim BAG: 7 ABR 54/11), juris

R 109 Die betriebsverfassungsrechtliche Betriebsidentität einer nach § 3 BetrVG auf Grundlage eines Tarifvertrages gebildeten Betriebsratsregion wird nicht automatisch immer schon dann berührt, wenn der Arbeitgeber die Zuständigkeiten der Ansprechpartner ändert.

LAG Köln v. 28. 7. 2011 – 7 TaBV 31/11 (nachfolgend BAG v. 15. 1. 2013 – 7 ABR 80/11; Verfahrenseinstellung durch Beschluss), Betriebsratswissen online

R 110 Ein Betriebsrat, der nach der Bildung eines unternehmenseinheitlichen Betriebsrats auf Grundlage einer vom Gesamtbetriebsrat abgeschlossenen Gesamtbetriebsvereinbarung nicht mehr existiert, hat insoweit kein Vetorecht.

Eine Betriebsvereinbarung über einen unternehmenseinheitlichen Betriebsrat ist nach § 3 Abs. 2 BetrVG nur dann ausgeschlossen, wenn der Arbeitgeber an einen anderen Tarifvertrag tarifgebunden ist. Der Ausschluss greift nicht bei einer lediglich einzelvertraglichen Bezugnahme auf einen anderen Tarifvertrag.

LAG München v. 11. 8. 2011 – 2 TaBV 5/11 (Rechtsbeschwerde eingelegt;
Az. beim BAG: 7 ABR 71/11), Betriebsratswissen online

Endet aufgrund einer Neuwahl das Amt eines Betriebsrats, wird nach dem **R 111** Prinzip der Funktionsnachfolge und dem Grundgedanken der Kontinuität betriebsverfassungsrechtlicher Interessenvertretungen der neu gewählte Betriebsrat Funktionsnachfolger seines Vorgängers und tritt in dessen Beteiligtenstellung in einem arbeitsgerichtlichen Beschlussverfahren ein. Dies gilt u.a. auch für den aufgrund eines geänderten Zuordnungstarifvertrags neu gewählten Betriebsrat.

BAG v. 24.8.2011 – 7 ABR 8/10, Betriebsratswissen online

Es ist zulässig, dass in einem Tarifvertrag gem. § 3 Abs. 1 Nr. 1 Buchst. b **R 112** BetrVG dynamisch geregelt wird, dass Betriebsräte jeweils in den Regionen zu wählen sind, in denen nach den organisatorischen Vorgaben des Arbeitgebers Bezirksleitungen bestehen.

BAG v. 21. 9. 2011 – 7 ABR 54/10, Betriebsratswissen online

Die Durchführung einer Wahl zur Errichtung von Regionalbetriebsräten **R 113** auf der Grundlage eines Zuordnungstarifvertrags ist unwirksam, wenn der Tarifvertrag nicht mehr den Grundsätzen des § 3 Abs. 1 Nr. 3 BetrVG entspricht. Wurde zuvor die regionale Leitungsstruktur aufgegeben und wurden die Regionalleitungen abgeschafft, dienen die im Tarifvertrag bestimmten anderen Arbeitnehmervertretungsstrukturen nicht mehr der wirksamen und zweckmäßigen Interessenvertretung der Arbeitnehmer.

BAG v. 13. 3. 2013 – 7 ABR 70/11, Pressemitteilung

IV.   Arbeitnehmer

1.   Arbeitnehmereigenschaft / Rechtsprechung zu besonderen Personengruppen

R 114   § 6 BetrVG [§ 5 Abs. 1 Satz 2 BetrVG n. F.] stellt anders als § 29 Abs. 1 HAG nicht darauf ab, dass der Heimarbeiter bei einem Auftraggeber »überwiegend« beschäftigt wird, d. h. seinen Lebensunterhalt überwiegend aus dem Beschäftigungsverhältnis bezieht. Heimarbeiter gelten nach § 6 BetrVG [s. o.] bereits dann als Arbeiter bzw. Angestellte, wenn ihre Tätigkeit für den fraglichen Betrieb im Verhältnis zu ihrer etwaigen Tätigkeit für andere Betriebe überwiegt. Sie sind betriebsverfassungsrechtlich nur diesem Betrieb zuzuordnen, auch wenn sie für mehrere Betriebe tätig sind. Das gilt auch für Heimarbeiter, die, wie Rentner und Hausfrauen, im Regelfall überhaupt nicht oder nur in geringem Umfang für andere Betriebe arbeiten. Es kommt ebenso wie bei den Teilzeitbeschäftigten und Abrufkräften grundsätzlich nicht auf die Lage der Arbeitszeit und die entsprechende Verdiensthöhe und damit auf die wirtschaftliche Abhängigkeit an.

BAG v. 27. 9. 1974 – 1 ABR 90/73, AP Nr. 1 zu § 6 BetrVG 1972

R 115   Das Rechtsverhältnis zwischen einer Schwesternschaft vom Roten Kreuz und ihren Mitgliedern erschöpft sich mangels Abschlusses eines besonderen Arbeitsvertrages in den vereinsrechtlichen Pflichten und Rechten.

Die mit ihrem Beitritt zu einer Schwesternschaft übernommene Pflicht der Rote-Kreuz-Schwester, in der karitativen Krankenpflege tätig zu werden, gründet sich deshalb allein auf ihre Zugehörigkeit zu einer Schwesternschaft. Neben dieser alle maßgeblichen Rechte und Pflichten umfassenden Mitgliedschaft wird ein besonderes Arbeitsverhältnis regelmäßig nicht begründet. Das gilt jedenfalls dann, wenn die Rote-Kreuz-Schwester in einem von ihrer Schwesternschaft selbst betriebenen Krankenhaus tätig ist.

BAG v. 3. 6. 1975 – 1 ABR 98/74, AP Nr. 1 zu § 5 BetrVG 1972 =
Betriebsratswissen online

R 116   Personen, die im Rahmen eines staatlich geförderten Modellprogramms an einer betrieblichen Ausbildung teilnehmen, sind zu ihrer Berufsausbildung Beschäftigte i. S. v. § 5 Abs. 1 BetrVG.

Auch Teilnehmer/innen an einer nicht nach dem Berufsbildungsgesetz anerkannten Ausbildung sind i. S. v. § 5 Abs. 1 BetrVG zu ihrer Berufsausbildung beschäftigt.

Eine Beschäftigung zur Wiedereingewöhnung liegt nur dann vor, wenn die Beschäftigung in erster Linie aus arbeitstherapeutischen Gründen und nicht zum Erwerb beruflicher Kenntnisse und Fertigkeiten erfolgt.

BAG v. 25. 10. 1989 – 7 ABR 1/88, AiB 1990, S. 254

Die Berufsausbildung i. S. der § 5 Abs. 1 und § 60 Abs. 1 BetrVG erfolgt auf **R 117** betrieblicher Ebene. Davon zu unterscheiden ist die Vermittlung praktischer Kenntnisse und Erfahrungen auf Hochschul- und Fachhochschulebene. Vom Inhalt der jeweiligen Studienordnung hängt es ab, wie ein im Rahmen des Studiums abzuleistendes Praktikum einzuordnen ist. Die Hochschulen und Fachhochschulen können die Praktika als Hochschul- oder Fachhochschulmaßnahme ausgestalten, bei deren Durchführung sie sich der Betriebe bedienen, oder so regeln, dass die Studenten während des Praktikums in einer privatrechtlichen Vertragsbeziehung zum Betriebsinhaber stehen.

Die Praktikanten des Modellstudiengangs »Betriebswirtschaft mit Schwerpunkt Wirtschaftsinformatik« der TFH Berlin und die Praktikanten im berufspraktischen Studiensemester der TU Berlin sind zur Berufsausbildung Beschäftigte i. S. des § 5 Abs. 1 und § 60 Abs. 1 BetrVG.

BAG v. 30. 10. 1991 – 7 ABR 11/91, DB 1992, S. 1635 =
Betriebsratswissen online

§ 6 BetrVG [§ 5 Abs. 1 Satz 2 BetrVG n. F.] enthält keinen spezifisch be- **R 118** triebsverfassungsrechtlichen Begriff der »in Heimarbeit Beschäftigten«, sondern verwendet diesen Begriff mit dem Inhalt, wie er im Heimarbeitsgesetz (§ 1 Abs. 1, § 2 HAG) näher bestimmt ist. Von § 2 Abs. 4 HAG werden solche Auftraggeber nicht erfasst, die zwar ohne Absicht der Gewinnerzielung handeln, gewerberechtlich jedoch den sogenannten freien Berufen zuzurechnen sind. Personen, die an ihrem selbstgewählten Arbeitsort (eigene Wohnung) für eine wissenschaftliche Informationseinrichtung wissenschaftliche Literatur zum Zweck der Dokumentation auswerten, sind keine in Heimarbeit Beschäftigten.

BAG v. 25. 3. 1992 – 7 ABR 52/91, AP Nr. 48 zu § 5 BetrVG 1972 =
AuR 1992, S. 282 = Betriebsratswissen online

R 119 Ist eine Schwesternschaft vom Deutschen Roten Kreuz als Mitbetreiberin eines Krankenhauses anzusehen, so sind auch die bei der Schwesternschaft angestellten sog. Gastschwestern, die in diesem Krankenhaus beschäftigt sind, dem in diesem Krankenhaus bestehenden Betriebsrat betriebsverfassungsrechtlich zuzuordnen.

BAG v. 14. 12. 1994 – 7 ABR 26/94, NZA 1995, S. 906ff. =
AiB 1995, S. 670 = Betriebsratswissen online

R 120 Vor der Kündigung des Rechtsverhältnisses eines Heimarbeiters, der hauptsächlich für den Betrieb arbeitet, ist der Betriebsrat nach § 102 BetrVG anzuhören.

BAG v. 7. 11. 1995 – 9 AZR 268/94, AP Nr. 74 zu § 102 BetrVG 1972 =
Betriebsratswissen online

R 121 Ein Auszubildender ist in einem Betrieb, dessen arbeitstechnischer Zweck in der Berufsausbildung besteht, auch dann nicht wahlberechtigt, wenn er gelegentlich zusammen mit anderen Mitarbeitern praktische Arbeiten vornimmt.

BAG v. 12. 9. 1996 – 7 ABR 61/95, AP Nr. 11 zu § 5 BetrVG 1972 =
NZA 1997, S. 273 = BB 1997, S. 318 = Betriebsratswissen online

R 122 Ob eine Partei Arbeitnehmer oder arbeitnehmerähnliche Person ist, richtet sich ausschließlich danach, ob sie persönlich abhängig oder zwar rechtlich selbstständig, aber wirtschaftlich abhängig und einem Arbeitnehmer vergleichbar schutzbedürftig ist.

Dass ein Franchisenehmer den für ein solches Rechtsverhältnis typischen Bindungen unterliegt, schließt die Annahme eines Arbeitsverhältnisses nicht aus (entgegen OLG Schleswig Urteil vom 27. August 1986 – 4 U 27/85 – NJW-RR 1987, 220).

BAG v. 16. 7. 1997 – 5 AZB 29/96, AP Nr. 37 zu § 5 ArbGG =
Betriebsratswissen online

R 123 Ein Frachtführer, der nur für einen Auftraggeber fährt, ist nicht Arbeitnehmer, wenn weder Dauer noch Beginn und Ende der täglichen Arbeitszeit vorgeschrieben sind und er die – nicht nur theoretische – Möglichkeit hat, auch Transporte für eigene Kunden auf eigene Rechnung durchzuführen. Ob er diese Möglichkeit tatsächlich nutzt, ist nicht entscheidend (vgl. BAG

Urteil vom 19. November 1997 – 5 AZR 653/96 – AP Nr. 90 zu § 611 BGB
Abhängigkeit = EzA § 611 BGB Arbeitnehmerbegriff Nr. 63).
BAG v. 30. 9. 1998 – 5 AZR 563/97, AP Nr. 103
zu § 611 BGB Abhängigkeit

Der Betriebsrat hat nach § 80 Abs. 2 BetrVG Anspruch auf Unterrichtung **R 124**
auch hinsichtlich der Beschäftigung freier Mitarbeiter. Der Arbeitgeber
schuldet insoweit diejenigen Angaben, die der Betriebsrat benötigt, um beurteilen zu können, ob und inwieweit Mitbestimmungsrechte in Betracht
kommen.
BAG v. 15. 12. 1998 – 1 ABR 9/98, AP Nr. 56 zu § 80 BetrVG 1972 =
NZA 1999, S. 722ff. = Betriebsratswissen online

Ausschlaggebend für die Stellung als »Beschäftigter« i. S. d. § 5 Abs. 1 Satz 1 **R 125**
ArbGG ist weder der Lernort noch die Lehrmethode, sondern der Inhalt
des Ausbildungsvertrags.
  Auch Auszubildende in berufsbildenden Schulen und »sonstigen Be-
rufsbildungseinrichtungen« i. S. v. § 1 Abs. 5 BbiG können »zu ihrer Berufsausbildung Beschäftigte« nach § 5 Abs. 1 Satz 1 ArbGG sein.
BAG v. 24. 2. 1999 – 5 AZR 10/98, DB 1999, S. 1019

Beschäftigte, die aufgrund einer vom Sozialhilfeempfänger geschaffenen **R 126**
Arbeitsgelegenheit nach § 19 Abs. 1 BSGH bei einem Dritten in einem befristeten Arbeitsverhältnis beschäftigt werden, sind nicht nach § 5 Abs. 2
Nr. 4 BetrVG von der Wahl eines Betriebsrats ausgeschlossen. Sie sind aber
im Betrieb des Arbeitgebers nur wahlberechtigt, wenn sie nach der konkreten Ausgestaltung ihrer Tätigkeit dem arbeitstechnischen Zweck des Betriebs dienen und nicht selbst Gegenstand des Betriebszwecks sind.
BAG v. 5. 4. 2000 – 7 ABR 20/99, AP Nr. 62 zu § 105 BetrVG 1972 =
AiB 2001, S. 225 = Betriebsratswissen online

Praktikanten sind als wahlberechtigte Arbeitnehmer bei der Wahl eines **R 127**
Betriebsrats zu berücksichtigen, wenn ihnen auf Grund eines privatrechtlichen Vertrages berufliche Kenntnisse, Fertigkeiten und Erfahrungen vermittelt werden sollen. Das ist nicht der Fall, wenn nur ein allgemeiner Einblick in das Arbeitsleben vermittelt werden soll, z. B. im Rahmen eines
schulischen Betriebspraktikums. Ein privatrechtlicher Vertrag ist auch zu

bejahen, wenn der Praktikant in einem überbetrieblichen Ausbildungszentrum ausgebildet wird und die berufspraktische Ausbildung als Praktikum in einem Betrieb geleistet wird. Wird der berufspraktischen Ausbildung eine »Schnupperphase« vorgeschaltet, die dazu dient, sich einen Eindruck darüber zu verschaffen, ob Betrieb oder Praktikant sich für längere Zeit (hier ein Jahr) aneinander binden wollen, liegt eine Probezeit im Rahmen des Praktikums vor. Auch in dieser Zeit soll der Praktikant die tägliche Arbeit kennen lernen und an ihr mitwirken. Erhält der Praktikant seine Ausbildungsvergütung nicht vom Betrieb, steht dies der Einordnung als Arbeitnehmer nicht entgegen.

LAG Schleswig-Holstein v. 25. 3. 2003 – 2 TaBV 39/02, NZA-RR 2004, S. 251f.
= NZA 2004, S. 1406 = Betriebsratswissen online

R 128 Nach der Rechtsprechung des Senats zu §§ 7, 9 BetrVG i. d. F. des Gesetzes zur Reform der Betriebsverfassung vom 23. Juli 2001 sind Leiharbeitnehmer keine Arbeitnehmer des Entleiherbetriebs i. S. v. § 9 BetrVG und deshalb bei der für die Anzahl der zu wählenden Betriebsratsmitglieder maßgeblichen Belegschaftsstärke nicht zu berücksichtigen.

BAG v. 16. 4. 2003 – 7 ABR 53/02, AuR 2004, S. 109f. =
Betriebsratswissen online

R 129 Dies gilt nicht nur für die gewerbsmäßige Arbeitnehmerüberlassung, sondern auch für nicht gewerbsmäßige Arbeitnehmerüberlassung einschließlich der sog. Konzernleihe i. S. v. § 1 Abs. 3 Nr. 2 AÜG.

BAG v. 10. 3. 2004 – 7 ABR 49/03, DB 2004, S. 1836ff. =
NZA 2004, S. 1340ff. = Betriebsratswissen online

> **Anmerkung zu R 128 und R 129:**
> Soweit sich aus den vorstehenden und anderen Entscheidungen ergibt, dass Leiharbeitnehmer für die Bestimmung der Anzahl der zu wählenden Betriebsratsmitglieder nicht mitzuzählen sind, ist zu beachten, dass das BAG mit Beschluss vom 13. 3. 2013 (R 237) diese Rechtsprechung aufgegeben hat und nunmehr davon ausgeht, dass Leiharbeitnehmer grundsätzlich mitzuzählen sind (vgl. dazu i. E. auch die Erläuterung bei Rn. 131).

R 130 Arbeitnehmer in Arbeitsbeschaffungsmaßnahmen, die eingesetzt werden, um Arbeiten im Rahmen der von ihrem Arbeitgeber übernommenen Projekte zu erledigen, sind im Rahmen dieses arbeitstechnischen Zwecks beschäftigt und hierzu in den Betrieb des Arbeitgebers eingegliedert. Dem steht nicht entgegen, dass Zweck ihrer Tätigkeit auch die berufliche Stabilisierung oder Qualifizierung zur Verbesserung der Eingliederungsaussichten (§ 260 Abs. 1 Nr. 2 SGB III in der bis zum 31.12.2003 geltenden Fassung) ist.

BAG v. 13.10.2004 – 7 ABR 6/04, NZA 2005, S. 480 ff =
Betriebsratswissen online

Bei erwerbsfähigen Hilfsbedürftigen (sog. »Ein-Euro-Jobber«) handelt **R 131** es sich nicht um Arbeiter im Sinne des § 3 Abs. 2 Uabs. 1 S. 2 BZTV LoGrVerz., da diese in keinem privatrechtlichen Arbeitsverhältnis zum Maßnahmenträger gem. § 67 Nr. 4 BMT-G 2 stehen.

Die Eingliederungshilfe besteht nicht in der Beschaffung einer auf einem privatrechtlichen Arbeitsvertrag beruhenden Beschäftigungsmöglichkeit, sondern in der öffentlich-rechtlichen Bereitstellung einer Arbeitsgelegenheit.

BAG v. 19.11.2008 – 10 AZR 658/07, EzA-SD 2009, Nr. 4, 19
(red. Leitsatz)

Eine Rahmenvereinbarung, welche nur die Bedingungen der erst noch ab- **R 132** zuschließenden Arbeitsverträge wiedergibt, selbst aber noch keine Verpflichtung zur Arbeitsleistung begründet, ist kein Arbeitsvertrag und berechtigt nicht zur Annahme eines Arbeitsverhältnisses nach § 611 Abs. 1 BGB.

BAG v. 15.2.2012 – 10 AZR 111/11, Betriebsratswissen online

Arbeitnehmer eines öffentlich-rechtlichen Krankenhauses, die im Rahmen **R 133** eines Personalgestellungsvertrages in einem privatisierten Unternehmen des Krankenhauses tätig werden, gehören zu den in § 5 Abs. 1 Satz 3 BetrVG genannten Beschäftigten.

Sie sind wahlberechtigt und wählbar und für die Anzahl der zu wählenden Betriebsratsmitglieder und bei der Verteilung der Betriebsratssitze auf das Geschlecht der Minderheit zu berücksichtigen.

Auch Arbeitnehmer, die vorübergehend keine Arbeitsleistung erbringen (z. B. wegen einer Freistellung aufgrund ihrer Mitgliedschaft im Personalrat), aber dem aufnehmenden Betrieb tatsächlich zugeordnet sind, sind gemäß § 5 Abs. 1 Satz 3 BetrVG im Betrieb tätig.

BAG v. 15.8.2012 – 7 ABR 34/11, Betriebsratswissen online

2. Fehlende Arbeitnehmereigenschaft (für den betreffenden Betrieb)

R 134 Strafgefangene, die aufgrund ihres besonderen öffentlich-rechtlichen Gewaltverhältnisses in einem Privatbetrieb arbeiten, sind keine Arbeitnehmer dieses Betriebs.

BAG v. 3. 10. 1978 – 6 ABR 46/76, AP Nr. 18 zu § 5
BetrVG 1972

R 135 Die Mitglieder einer DRK-Schwesternschaft sind auch dann keine Arbeitnehmer, wenn sie nicht in einem von der Schwesternschaft selbst getragenen, sondern aufgrund eines Gestellungsvertrages in einem von einem Dritten betriebenen Krankenhaus tätig sind. Zum Betriebsrat für das »freie Pflegepersonal« der Schwesternschaft sind die Mitglieder der DRK-Schwesternschaft daher nicht wahlberechtigt.

BAG v. 20. 2. 1986 – 6 ABR 5/85, AP Nr. 2 zu § 5 BetrVG 1972
Rotes Kreuz, Betriebsratswissen online

R 136 Sogenannte Unternehmer-Arbeitnehmer, die für ihren Arbeitgeber und unter dessen Leitung Arbeiten in fremden Betrieben ausüben, sind keine Arbeitnehmer in diesen fremden Betrieben.

LAG Berlin v. 1. 2. 1988 – 9 TaBV 6/87, DB 1988, S. 1228

R 137 Die Vorschrift des Art. 1 § 14 Abs. 1 AÜG, nach der Leiharbeitnehmer auch während der Zeit ihrer Arbeitsleistung bei einem Entleiher Angehörige des entsendenden Betriebs des Verleihers bleiben, gilt entsprechend für die gesetzlich nicht geregelten Erscheinungsformen der nichtgewerbsmäßigen Arbeitnehmerüberlassung.

BAG v. 18. 1. 1989 – 7 AZR 62/87, AP Nr. 1 zu § 9 BetrVG 1972 =
DB 1989, S. 1419 = Betriebsratswissen online

R 138 Wer für einen Steuerberater die Vorbereitungsarbeiten für Steuererklärungen und Jahresabschlüsse an selbstgewählten Tagen zu Hause bzw. im Buchhaltungsbüro seiner Ehefrau erledigt, ist in der Regel nicht Arbeitnehmer, sondern freier Mitarbeiter.

LAG Berlin v. 29. 5. 1989 – 9 Sa 17/89, DB 1989, S. 2541

Ein von einer Rundfunkanstalt für eine Fernsehproduktion verpflichteter, **R 139**
eine »tragende Rolle« spielender Schauspieler ist nicht ohne weiteres deren Arbeitnehmer (a. A. LAG Saarbrücken, AP Nr. 10 zu § 611 BGB Film).
Die Verpflichtung in den allgemeinen Honorarbedingungen, sich an Text,
Regieanweisungen, festgesetzte Aufnahmetermine u. a. halten zu müssen,
ergibt sich aus der Natur der geschuldeten Leistung des Schauspielers. Die
hierin begründeten Zwänge sind ohne Hinzutreten weiterer Indizien nicht
geeignet, den Arbeitnehmerstatus des Schauspielers in einer Fernsehspiel-
produktion zu begründen. Das vom Bundesarbeitsgericht u. a. im Rund-
funkbereich verwendete Merkmal der »Fremdnützigkeit« (AP Nrn. 21,26,
34 und 36 zu § 611 BGB Abhängigkeit) kann bei Schauspielern tragender
Rollen nicht als Indiz für Arbeitnehmereigenschaft herangezogen werden.
Die Abhängigkeit von »Team und Apparat« bei Schauspielern in Fernseh-
Spielproduktionen ist als Indiz für die Arbeitnehmereigenschaft nur geeignet, wenn eine über die vereinbarte Produktion hinaus angelegte Dauer-
beziehung existiert.

LAG Bremen v. 25. 10. 1989 – 2 Sa 32/89, BB 1990, S. 780

In einer Behindertenwerkstatt nach § 54 SchwbG Beschäftigte sind in der **R 140**
Regel keine Arbeitnehmer i. S. v. § 5 Abs. 2 Nr. 4 BetrVG.

LAG Berlin v. 12. 3. 1990 – 9 TaBV 1/90, DB 1990, S. 1290 =
Betriebsratswissen online

Verrichtet ein mit den Vorarbeiten für die Herausgabe einer Buchreihe be- **R 141**
auftragter Mitarbeiter eines Verlages den wesentlichen Teil seiner Aufgaben in selbstbestimmter Arbeitszeit und an selbstgewähltem Arbeitsort,
fehlt die für ein Arbeitsverhältnis erforderliche Abhängigkeit. Daran ändert
nichts, wenn der Mitarbeiter aufgrund gelegentlich notwendiger Zusammenarbeit auf die Arbeitszeit der Verlagsangestellten Rücksicht nehmen
muss.

BAG v. 27. 3. 1991 – 5 AZR 194/90, NZA 1991, S. 933 =
Betriebsratswissen online

Rote-Kreuz-Schwestern sind weder Arbeitnehmer der Schwesternschaft **R 142**
noch arbeitnehmerähnliche Personen i. S. v. § 5 Abs. 1 ArbGG.

BAG v. 6. 7. 1995 – 5 AZB 9/93, NZA 1996, S. 33 = Betriebsratswissen online

R 143 § 5 Abs. 2 Nr. 5 BetrVG findet keine Anwendung auf Mitarbeiter, die in einem eheähnlichen Verhältnis oder einer nichtehelichen Lebensgemeinschaft in häuslicher Gemeinschaft mit dem Arbeitgeber leben.

LAG Hamm v. 21. 9. 2001 – 10 TaBV 52/01, DB 2002, S. 1332 =
Betriebsratswissen online

R 144 Nach der Rechtsprechung des Senats zu §§ 7, 9 BetrVG i. d. F. des Gesetzes zur Reform der Betriebsverfassung vom 23. Juli 2001 sind Leiharbeitnehmer keine Arbeitnehmer des Entleiherbetriebs i. S. v. § 9 BetrVG und deshalb bei der für die Anzahl der zu wählenden Betriebsratsmitglieder maßgeblichen Belegschaftsstärke nicht zu berücksichtigen. Dies gilt nicht nur für die gewerbsmäßige Arbeitnehmerüberlassung, sondern auch für nicht gewerbsmäßige Arbeitnehmerüberlassung einschließlich der sog. Konzernleihe i. S. v. § 1 Abs. 3 Nr. 2 AÜG.

BAG v. 10. 3. 2004 – 7 ABR 49/03, DB 2004, S. 1836 ff =
NZA 2004, S. 1340 ff. = Betriebsratswissen online

Anmerkung zu R 144:
Soweit sich aus der vorstehenden und anderen Entscheidungen ergibt, dass Leiharbeitnehmer für die Bestimmung der Anzahl der zu wählenden Betriebsratsmitglieder nicht mitzuzählen sind, ist zu beachten, dass das BAG mit Beschluss vom 13. 3. 2013 (R 237) diese Rechtsprechung aufgegeben hat und nunmehr davon ausgeht, dass Leiharbeitnehmer grundsätzlich mitzuzählen sind (vgl. dazu i. E. auch die Erläuterung bei Rn. 131).

R 145 Die bei einem selbstständigen Frachtführer beschäftigten Fahrer sind mangels arbeitsvertraglicher Beziehung keine Arbeitnehmer des Transportunternehmens, für das die Transportaufträge erledigt werden.

BAG v. 21. 7. 2004 – 7 ABR 38/03, DB 2005, S. 236 =
EzA § 9 BetrVG 2001 Nr. 3 = Betriebsratswissen online

R 146 Kirchliche Lehrkräfte, die Angestellte eines Erzbischöflichen Ordinariats sind und von diesem an einer Schule eingesetzt werden, sind nicht betriebsangehörige Arbeitnehmer des Arbeitgebers, der diese Schule betreibt.

BAG v. 15. 3. 2006 – 7 ABR 39/05, Betriebsratswissen online

R 147 Erwerbsfähige Hilfebedürftige, die nach § 16 Abs. 3 Satz 2 SGB II Arbeitsleistungen erbringen, fallen unter die Arbeitsschutzvorschriften, erhalten den gesetzlichen Mindesturlaub nach dem BUrlG und fallen unter die Grundsätze der Arbeitnehmerhaftung, haben aber keine Arbeitnehmerrechte. Ihre Beschäftigung begründet kein Arbeitsverhältnis und sie werden als Arbeitnehmer von Gesetzes wegen auch nicht angesehen. Dass diese Personen nicht wählen und gewählt werden und bei der Berechnung der Betriebsratsgröße nicht berücksichtigt werden dürfen, entspricht allgemeiner Auffassung.

Hess. LAG v. 23. 5. 2006 – 9 TaBVGa 81/06, Betriebsratswissen online

»Arbeitgeber« im betriebsverfassungsrechtlichen Sinne ist jedenfalls der **R 148** Alleingeschäftsführer und Mehrheitsgesellschafter einer GmbH. Somit gilt der Ehegatte, der mit diesem Geschäftsführer in häuslicher Gemeinschaft lebt, gem. § 5 Abs. 2 Nr. 5 BetrVG nicht als Arbeitnehmer.

ArbG Göttingen v. 7. 3. 2007 – 3 BV 14/06, juris

Personen, deren Berufsausbildung oder Beschäftigung selbst Gegenstand **R 149** des Betriebszwecks der betriebsverfassungsrechtlichen Einheit ist, sind keine Arbeitnehmer i. S. d. § 5 Abs. 1 S 1 BetrVG, da sie nicht in deren Betriebsorganisation eingegliedert sind. Das gilt auch dann, wenn die Vermittlung einer Berufsausbildung nicht den alleinigen oder überwiegenden Betriebszweck darstellt, sondern daneben vom Arbeitgeber noch weitere arbeitstechnische Zwecke verfolgt werden.

BAG v.13. 6. 2007 – 7 ABR 44/06, NZA-RR 2008, S. 19ff. =
Betriebsratswissen online

Wie ein Beschäftigter im Rahmen eines Wiedereingliederungsverhältnisses **R 150** nach § 74 SGB 5 ist auch ein an einer Maßnahme der Eignungsfeststellung bzw. Trainingsmaßnahme nach §§ 16 Abs. 1 SGB 2, 48ff. SGB 3 Teilnehmender gem. § 5 Abs. 2 Nr. 4 BetrVG nicht Arbeitnehmer im Sinne des BetrVG.

ArbG Dessau v.13. 2. 2008 – 8 Ca. 253/07
(nachgehend LAG Halle – 5 Sa 127/08), juris

Die in § 5 Abs. 2 Nr. 5 BetrVG genannten Personen (Ehegatte u. a.) werden **R 151** von dieser Vorschrift ihrem Wortlaut nach nur erfasst, wenn es sich bei dem Arbeitgeber um eine natürliche Person handelt. Es ist fraglich, ob die analoge Anwendung dieser Norm und Erstreckung ihres Anwendungsbereiches auf Geschäftsführer einer GmbH möglich ist. Dies kommt jedenfalls nicht in Frage, wenn der Betrieb mehr als 100 wahlberechtigte Arbeitnehmer beschäftigt, die GmbH durch mehrere Geschäftsführer vertreten wird und der die persönliche Nähe vermittelnde Geschäftsführer nicht Anteilseigner ist.

LAG Niedersachsen v. 5. 3. 2009 – 5 TaBVGa 19/09, Betriebsratswissen online

3. Wahlberechtigung

R 152   Übt ein Arbeitnehmer mehrere Arbeitsverhältnisse aus, ist er auch in mehreren Betrieben wahlberechtigt und wählbar. Er kann auch in mehreren Betriebsräten tätig werden. Eine Doppelmitgliedschaft ist zulässig.

BAG v. 11. 4. 1958 – 1 ABR 2/57, AP Nr. 1 zu § 6 BetrVG

R 153   Das Wahlrecht eines Arbeitnehmers entfällt nicht deshalb, weil sein Arbeitsverhältnis wegen der Ableistung von Wehrdienst ruht.

BAG v. 29. 3. 1974 – 1 ABR 27/73, AP Nr. 2 zu § 19 BetrVG 1972

> **Anmerkung:**
> Diese Entscheidung gilt entsprechend auch für Zivildienstleistende, allerdings nur in dem Betrieb, aus dem sie kommen, und nicht in dem Betrieb, in dem sie ihren Zivildienst leisten.

R 154   Sofern Zeitungsträger (Zeitungszusteller) als Arbeitnehmer anzusehen sind, sind sie auch wahlberechtigt. Dies gilt auch unter Berücksichtigung der Tatsache, dass Zeitungsträger nur in geringem Umfang (ca. zwei bis drei Stunden täglich) tätig sind. Auch die Tatsache, dass diese Botentätigkeit nur eine Nebentätigkeit darstellt, berührt weder das Vorliegen eines Arbeitsvertrags noch die Wahlberechtigung. Eine analoge Anwendung der für Heimarbeiter geltenden Vorschrift des § 6 Abs. 1 BetrVG [§ 5 Abs. 1 Satz 2 BetrVG n. F.] ist auf Zeitungsträger nicht anwendbar.

LAG Düsseldorf v. 12. 7. 1977 – 5 TaBV 2/77;
vgl. auch BAG v. 29. 1. 1992 – 7 ABR 27/91, AP Nr. 1 zu § 7 BetrVG 1972

R 155   Wahlberechtigung und Wählbarkeit sind nach § 5 Abs. 2 Nr. 5 BetrVG nur dann nicht gegeben, wenn die beiden Merkmale »Ehe- oder Verwandtschaftsverhältnis« und »wohnen in häuslicher Gemeinschaft« mit dem Arbeitgeber kumulativ vorliegen. Getrennt lebende Ehegatten sowie in

häuslicher Gemeinschaft ohne eheliche Bindung lebende Personen sind demzufolge wahlberechtigt und wählbar.
ArbG Köln v. 9. 6. 1976 – 3 BV 3/76, DB 1976, S. 2068

Personen, die als Arbeitnehmer in der Dienststelle beschäftigt waren, de- **R 156** nen dann gekündigt wurde und die danach aufgrund Urteils einen Weiterbeschäftigungsanspruch erhalten haben, sind nach dem Ablauf der Kündigungsfrist für die Dauer ihrer tatsächlichen Beschäftigung auch dann Beschäftigte i. S. von § 4 BPersVG (und somit wahlberechtigt), wenn später rechtskräftig festgestellt wird, dass die Kündigung rechtswirksam ist.
BAG v. 15. 1. 1991 – 1 AZR 105/90, NZA 1991, S. 695 =
Betriebsratswissen online

Ein Auszubildender ist in einem Betrieb, dessen arbeitstechnischer Zweck **R 157** in der Berufsausbildung besteht, auch dann nicht wahlberechtigt, wenn er gelegentlich zusammen mit anderen Mitarbeitern praktische Arbeiten vornimmt.
BAG v. 12. 9. 1996 – 7 ABR 61/95, AP Nr. 11 zu § 5 BetrVG 1972 =
NZA 1997, S. 273 = BB 1997, S. 318 = Betriebsratswissen online

§ 5 Abs. 2 Nr. 5 BetrVG findet keine Anwendung auf Mitarbeiter, die in **R 158** einem eheähnlichen Verhältnis oder einer nicht eheähnlichen Lebensgemeinschaft in häuslicher Gemeinschaft mit dem Arbeitgeber leben.
LAG Hamm v. 21. 9. 2001 – 10 TaBV 52/01, DB 2002, S. 1332 =
Betriebsratswissen online

In sich beurlaubte Beamte gehören nicht zur Gruppe der Beamtinnen und **R 159** Beamten i. S. v. § 26 Abs. 1 PostPersRG i. V. m. § 3 WO Post, sondern sind Arbeitnehmer. Daher sind sie auch als Arbeitnehmer an der Betriebsratswahl zu beteiligen.
ArbG Bonn v. 11. 9. 2002 – 4 BV 42/02, AiB 2004, S. 506f.

Die Außendienstmitarbeiter gehören zu dem Betrieb, von dem die Ent- **R 160** scheidungen über ihren Einsatz ausgehen und in dem somit die Leitungsmacht des Arbeitgebers ausgeübt wird. Hierbei kommt es insbesondere darauf an, von welchem Betrieb das Direktionsrecht ausgeübt wird und die auf das Arbeitsverhältnis bezogenen Anweisungen erteilt werden. Demgegenüber ist die Ausübung der Fachaufsicht nur von untergeordneter Bedeutung.

BAG v. 10.3. 2004 – 7 ABR 36/03, AiB 2005, S. 761

R 161 Beschäftigte in einer Arbeitsbeschaffungsmaßnahme sind Arbeitnehmer i. S. des § 5 Abs. 1 BetrVG und deshalb wahlberechtigt. Sie stehen in einem Arbeitsverhältnis zum Arbeitgeber und sind in dessen Betriebsorganisation eingegliedert. Sie sind deshalb auch bei der für die Anzahl der Betriebsratsmitglieder maßgeblichen Belegschaftsstärke nach § 9 BetrVG mit zu berücksichtigen. Denn sie sind betriebsangehörige Arbeitnehmer.

BAG v. 13. 10. 2004 – 7 ABR 6/04, NZA 2005, S. 480ff. =
Betriebsratswissen online

R 162 Der ordentlich gekündigte Arbeitnehmer bleibt für die Wahl des Betriebsrats nach § 8 Abs. 1 BetrVG wählbar, wenn er eine Kündigungsschutzklage erhoben hat. Das gilt auch dann, wenn die Betriebsratswahl nach Ablauf der Kündigungsfrist durchgeführt und der gekündigte Arbeitnehmer nicht weiterbeschäftigt wird.

BAG v. 10. 11. 2004 – 7 ABR 12/04, AuR 2005, S. 237 =
EzA § 8 BetrVG 2001 Nr. 1 = Betriebsratswissen online

R 163 Wahlberechtigt nach § 7 Satz 1 BetrVG und wählbar nach § 8 Abs. 1 Satz 1 BetrVG sind nur betriebszugehörige Arbeitnehmer. Das sind Arbeitnehmer, die in einem Arbeitsverhältnis zum Inhaber des Betriebs stehen und innerhalb der Betriebsorganisation des Arbeitgebers abhängige Arbeitsleistungen erbringen.

Hat ein konzernangehöriges Unternehmen als Personalführungsgesellschaft ausschließlich die Aufgabe, ihre Arbeitnehmer anderen Konzernunternehmen im In- und Ausland zur Arbeitsleistung ohne eigene Gewinnerzielungsabsicht zu überlassen, bleiben die Arbeitnehmer entsprechend § 14 Abs. 1 AÜG betriebsverfassungsrechtlich dem Betrieb dieses Vertragsarbeitgebers zugeordnet. Sie sind dort für den Betriebsrat wahlberechtigt und wählbar nach §§ 7, 8 Abs. 1 Satz 1 BetrVG.

BAG v. 20. 4. 2005 – 7 ABR 20/04, NZA 2005, S. 1006ff.

Wahlberechtigt und wählbar sind gem. §§ 7, 8 BetrVG auch ein langzeit- **R 164** erkrankter Arbeitnehmer, dem eine befristete Rente wegen voller Erwerbs- minderung bewilligt ist. Erst wenn feststeht, dass dieser Arbeitnehmer seine Arbeit nicht wieder aufnehmen wird, entfallen Wahlberechtigung und Wählbarkeit.

ArbG Göttingen v. 7. 3. 2007 – 3 BV 14/06, juris

Ein gekündigtes Mitglied des Wahlvorstands, das erstinstanzlich seinen **R 165** Kündigungsschutzprozess gewonnen und eine vollstreckbare Verpflich- tung des Arbeitgebers zur tatsächlichen Beschäftigung erstritten hat, ist auch ohne tatsächliche Beschäftigung aktiv wahlberechtigt im Sinne von § 7 BetrVG.

LAG München v. 12. 6. 2007 – 6 TaBV 58/07, juris

Auszubildende in reinen Ausbildungsbetrieben gelten nicht als Arbeitneh- **R 166** mer im Sinne des § 5 BetrVG und sind deshalb gem. § 7 BetrVG bei einer Betriebsratswahl nicht wahlberechtigt.

BAG v. 13. 6. 2007 – 7 ABR 44/06, NZA-RR 2008, S. 19ff. =
Betriebsratswissen online

Arbeitet ein Arbeitnehmer in mehreren Betrieben desselben Unterneh- **R 167** mens und ist in diese jeweils eingegliedert, ist er auch in mehreren Betrie- ben wahlberechtigt zu den jeweiligen Betriebsratswahlen.

LAG Köln v. 3. 9. 2007 – 14 TaBV 20/07,
Betriebsratswissen online

Eine Wahlberechtigung kann freien Mitarbeitern dann zustehen, wenn es **R 168** sich bei ihren Verträgen um »Scheinverträge« handelt und tatsächlich fremdbestimmte Arbeit in persönlicher Abhängigkeit geleistet wird, also bei näherem Hinsehen kein freies Dienstverhältnis, sondern ein Arbeits- verhältnis gegeben ist.

LAG Hamburg v. 16. 11. 2007 – 6 TaBV 18/06, juris

Beamte, die dienstrechtlich der Deutschen Post AG zugeordnet sind und **R 169** denen nach § 4 Abs. 4 PostPersRG eine Tätigkeit in einem Betrieb eines an- deren Unternehmens zugewiesen ist, sind zum Betriebsrat des Betriebs wahlberechtigt und wählbar, bei dem sie die zugewiesene Tätigkeit ausüben, nicht jedoch zum Betriebsrat des Betriebs der Deutschen Post AG, dem sie dienstrechtlich zugeordnet sind.

BAG v. 16. 1. 2008 – 7 ABR 66/06, EzA § 7 BetrVG 2001 Nr. 1 =
AuR 2008, S. 55 = Betriebsratswissen online

R 170 Ist der Vertragsarbeitgeber Inhaber mehrerer Betriebe, kommt es für die betriebsverfassungsrechtliche Zuordnung entscheidend darauf an, in welchen Betrieb der Arbeitnehmer tatsächlich eingegliedert ist. Hierzu ist die organisatorische Einbindung in den Betrieb maßgebend.

Der Arbeitnehmer kann aber auch in mehreren Betrieben desselben Arbeitgebers eingegliedert sein. Darauf, in welchem Betrieb das Weisungsrecht ausgeübt wird, kommt es – anders als bei Außendienstmitarbeitern – nicht an.

Thüringer LAG v. 20. 10. 2011 – 6 TaBV 8/10
(Rechtsbeschwerde eingelegt; Az. beim BAG: 7 ABR 94/11), juris

R 171 Die Wahlberechtigung von Auszubildenden setzt u. a. voraus, dass sie in den Betrieb eingegliedert sind und damit betriebsverfassungsrechtlich zu den Arbeitnehmern des Betriebs gehören. Diese Voraussetzung erfüllen Auszubildende in reinen Ausbildungsbetrieben nicht.

Das gilt auch, wenn Auszubildende zwar in einer selbständigen organisatorischen Einheit im Ausbildungsbetrieb mitarbeiten, damit aber nur im Zusammenhang mit dem Zweck des Ausbildungsbetriebs stehende Hilfsfunktionen wahrgenommen werden.

BAG v. 16. 11. 2011 – 7 ABR 48/10,
Betriebsratswissen online

4. Wählbarkeit

Vorbemerkung

Wer Arbeitnehmer des Betriebs und wahlberechtigt ist, ist auch wählbar, sofern eine sechsmonatige Betriebszugehörigkeit – am letzten Tag der Stimmabgabe – vorliegt. Auf diese sechsmonatige Betriebszugehörigkeit werden Zeiten angerechnet, in denen der Arbeitnehmer unmittelbar vorher einem anderen Betrieb desselben Unternehmens- oder Konzerns (§ 18 Abs. 1 AktG) angehört hat.

Ein Mitglied des Wahlvorstands kann zugleich Wahlbewerber für die Be- **R 172** triebsratswahl sein. § 8 BetrVG enthält erschöpfend die Voraussetzungen für die Wählbarkeit zum Betriebsrat. Von einer Unvereinbarkeit verschiedener betriebsverfassungsrechtlicher Ämter ist in dieser Vorschrift nicht die Rede. Es ist davon auszugehen, dass der Gesetzgeber die Möglichkeit eines Interessenkonflikts in Kauf genommen hat.

BAG v. 12. 10. 1976 – 1 ABR 1/76, AP Nr. 1 zu § 8 BetrVG 1972 =
Betriebsratswissen online

Die Wählbarkeit eines gekündigten Arbeitnehmers bleibt erhalten, wenn **R 173** seiner vor der Wahl erhobenen Kündigungsschutzklage nach Durchführung der Betriebsratswahl stattgegeben wird.

Verkennt der Wahlvorstand die Wählbarkeit eines gekündigten Arbeitnehmers, der eine Vorschlagsliste anführt und schließt er deswegen die Vorschlagsliste von der Betriebsratswahl aus, liegt darin ein Verstoß gegen wesentliche Vorschriften über die Wählbarkeit vor. Der Verstoß kann im Anfechtungsverfahren geltend gemacht werden.

BAG v. 14. 5. 1997 – 7 ABR 26/96, AP Nr. 6 zu § 8 BetrVG 1972 =
NZA 1997, S. 1245f. = Betriebsratswissen online

Ein unternehmenszugehöriger Arbeitnehmervertreter in einem nach dem **R 174** BetrVG 1952 mitbestimmten Aufsichtsrat ist mit Beginn der Freistellungsphase einer Altersteilzeit im sog. Blockmodell nicht mehr beschäftigt i. S. v. § 76 Abs. 2 BetrVG 1952. Ist er der einzige Arbeitnehmervertreter bzw. der einzige Vertreter seiner Arbeitnehmergruppe, verliert er mit dem Eintreten in die Freistellungsphase seine Wählbarkeit. Damit endet seine Mitgliedschaft im Aufsichtsrat.

BAG v. 25. 10. 2000 – 7 ABR 18/00, NZA 2001, S. 461f. =
Betriebsratswissen online

Nicht gewerbsmäßig, auch konzernintern nach § 1 Abs. 3 Nr. 2 AÜG über- **R 175** lassene Arbeitnehmer sind zum Betriebsrat des Entleiherbetriebs nicht nach § 8 BetrVG wählbar.

BAG v. 10. 3. 2004 – 7 ABR 49/03, DB 2004, S. 1836ff. =
NZA 2004, S. 1340ff. = Betriebsratswissen online

Der ordentlich gekündigte Arbeitnehmer bleibt für die Wahl des Betriebs- **R 176** rats nach § 8 Abs. 1 BetrVG wählbar, wenn er eine Kündigungsschutzklage erhoben hat. Das gilt auch dann, wenn die Betriebsratswahl nach Ablauf der Kündigungsfrist durchgeführt und der gekündigte Arbeitnehmer nicht weiterbeschäftigt wird.

BAG v. 10. 11. 2004 – 7 ABR 12/04, AuR 2005, S. 237 =
Betriebsratswissen online

R 177 Wahlberechtigt nach § 7 Satz 1 BetrVG und wählbar nach § 8 Abs. 1 Satz 1 BetrVG sind nur betriebszugehörige Arbeitnehmer. Das sind Arbeitnehmer, die in einem Arbeitsverhältnis zum Inhaber des Betriebs stehen und innerhalb der Betriebsorganisation des Arbeitgebers abhängige Arbeitsleistungen erbringen.

Hat ein konzernangehöriges Unternehmen als Personalführungsgesellschaft ausschließlich die Aufgabe, ihre Arbeitnehmer anderen Konzernunternehmen im In- und Ausland zur Arbeitsleistung ohne eigene Gewinnerzielungsabsicht zu überlassen, bleiben die Arbeitnehmer entsprechend § 14 Abs. 1 AÜG betriebsverfassungsrechtlich dem Betrieb dieses Vertragsarbeitgebers zugeordnet. Sie sind dort für den Betriebsrat wahlberechtigt und wählbar nach §§ 7, 8 Abs. 1 Satz 1 BetrVG.

BAG v. 20. 4. 2005 – 7 ABR 20/04, NZA 2005, S. 1006 ff.

R 178 Grundsätzlich sind nur betriebszugehörige Arbeitnehmer wahlberechtigt nach § 7 S 1 BetrVG und wählbar nach § 8 Abs. 1 Satz 1 BetrVG. Zu den konstitutiven Merkmalen der Betriebszugehörigkeit gehören ein Arbeitsverhältnis zum Betriebsinhaber, das in der Regel durch einen Arbeitsvertrag, ausnahmsweise auch durch Gesetz (z. B. § 10 Abs. 1 AÜG) zustande kommen kann sowie die tatsächliche Eingliederung des Arbeitnehmers in die Betriebsorganisation des Arbeitnehmers.

Eine Ausnahme von dem Grundsatz, dass nur Arbeitnehmer betriebszugehörig sind, die in einem Arbeitsverhältnis zum Inhaber des Betriebes stehen, kann auch aus betriebsverfassungsrechtlichen Gründen geboten sein (bei der vorliegenden Fallkonstellation der dauernden Überlassung von Personal an ein Unternehmen wäre eine ordnungsgemäße betriebsverfassungsrechtliche Vertretung der überlassenen, hier der beigestellten, Arbeitnehmer nicht gewährleistet).

LAG Schleswig-Holstein v. 24. 5. 2007 – 1 TaBV 64/06, juris
(wie LAG Hamburg v. 3. 9. 2007 – 8 TaBV 17/06, Betriebsratswissen online)

Werden Arbeitnehmer zur Arbeitsleistung überlassen, sind sie im Ent- **R 179** leiherbetrieb nicht wählbar. Dies gilt auch in Fällen nicht gewerbsmäßiger Arbeitnehmerüberlassung.

BAG v. 17. 2. 2010 – 7 ABR 51/08, NZA 2010, S. 832 =
Betriebsratswissen online

Personen, die ehrenamtlich tätig sind und eine Aufwandsentschädigung **R 180** erhalten, sind keine Arbeitnehmer (§ 5 Abs. 1 Satz 1 BetrVG). Aus diesem Grund fehlt ihnen die Wahlberechtigung (§ 7 Satz 1 BetrVG).

ArbG Herne v. 15. 4. 2010 – 2 BVGa 4/10, juris

Werden Arbeitnehmer des öffentlichen Dienstes in einem Betrieb eines **R 181** privatrechtlich organisierten Unternehmens tätig und sind sie tatsächlich in die Betriebsorganisation eingegliedert, sind sie bei Betriebsratswahlen in diesem Einsatzbetrieb wahlberechtigt und wählbar.

LAG Bremen v. 21. 6. 2011 – 1 TaBV 3/11, juris

Arbeitnehmer eines öffentlich-rechtlichen Krankenhauses, die im Rahmen **R 182** eines Personalgestellungsvertrages in einem privatisierten Unternehmen des Krankenhauses tätig werden, sind wahlberechtigt und wählbar.

BAG v. 15. 8. 2012 – 7 ABR 24/11, AuR 2012, S. 374 =
Betriebsratswissen online

Arbeitnehmer des öffentlichen Dienstes, die in Betrieben privatrechtlich organisierter Unternehmen mindestens sechs Monate tätig sind, können dort in den Betriebsrat gewählt werden, obwohl sie in keinem Arbeitsverhältnis zu diesen Unternehmen stehen. Voraussetzung ist lediglich, dass sie in den Betrieb eingegliedert sind.

BAG v. 15. 8. 2012 – 7 ABR 34/11, NZA 2013, S. 107 =
Betriebsratswissen online

Wenn ein Leiharbeitnehmer im unmittelbaren Anschluss an die Überlas- **R 183** sung ein Arbeitsverhältnis mit dem Entleiher begründet, sind seine Beschäftigungszeiten als Leiharbeitnehmer beim Entleiher auf die in § 8 Abs. 1 Satz 1 BetrVG vorausgesetzte sechsmonatige Dauer der Betriebszugehörigkeit anzurechnen.

BAG v. 10. 10. 2012 – 7 ABR 53/11, AuR 2013, S. 100

V. Leitende Angestellte

R 184 Leitende Angestellte im Sinne des § 5 Abs. 3 Nr. 3 BetrVG 1972 sind Angestellte, die spezifische unternehmerische Teilaufgaben wahrnehmen, die im Hinblick auf die Gesamttätigkeit des Angestellten und die Gesamtheit der Unternehmeraufgaben erheblich sind und bei deren Erfüllung der Angestellte einen eigenen erheblichen Entscheidungsspielraum hat.

Arbeitet der betreffende Angestellte aufgrund von Rahmenvorgaben, Plänen oder Richtlinien, kommt es auf den Bindungsgrad dieser Vorgaben an, um zu beurteilen, ob noch ein erheblicher eigener Entscheidungsspielraum vorhanden ist.

BAG v. 5. 3. 1974 – 1 ABR 19/73, AP Nr. 1 zu § 5 BetrVG 1972
(Status bejaht für Führungskräfte der Fachgebiete eines Industrieunternehmens)

R 185 Weder durch Tarifvertrag noch durch Betriebsvereinbarung oder Arbeitsvertrag können andere als die gesetzlichen Voraussetzungen für den Begriff des leitenden Angestellten festgelegt werden.

§ 5 Abs. 3 BetrVG gehört als Vorschrift über die Organisation der Betriebsverfassung zum zwingenden Recht.

Vereinbarungen, die andere als die gesetzlichen Begriffsmerkmale für die Abgrenzung der leitenden Angestellten aufstellen, sind nichtig.

BAG v. 5. 3. 1974 – 1 ABR 19/73, AP Nr. 1 zu § 5 BetrVG 1972;
BAG v. 19. 8. 1975 – 1 AZR 565/74, AP Nr. 1 zu § 105 BetrVG 1972

R 186 Wirtschaftsprüfer sind als angestellte Prüfungsleiter und (oder) Berichtskritiker von Wirtschaftsprüfungsgesellschaften nicht leitende Angestellte im Sinne des § 5 Abs. 3 Nr. 2 (können dies aber nach Nr. 3 sein), selbst wenn ihnen formal Prokura erteilt worden ist.

BAG v. 28. 1. 1975 – 1 ABR 52/73, AP Nr. 5 zu § 5 BetrVG 1972 =
Betriebsratswissen online

R 187 Die Abgrenzung der leitenden Angestellten in § 5 Abs. 3 BetrVG ist justitiabel. Die Regelung verstößt nicht gegen das rechtsstaatliche Gebot der Normklarheit. In § 5 Abs. 3 Nr. 3 BetrVG sind die Abgrenzungsmerkmale enthalten, die das BAG (1. Senat) bisher als Teile eines ungeschriebenen »Oberbegriffs« der leitenden Angestellten verstanden hat (grundlegend: BAG v. 5. 3. 1974 – 1 ABR 19/73, AP Nr. 1 zu § 5 BetrVG 1972):

– Aufgaben mit besonderer Bedeutung für den Bestand und die Entwicklung des Betriebs sind unternehmerische (Teil)-Tätigkeiten i. S. der bisherigen Rechtsprechung.

– Wesentliche Eigenverantwortung erfordert einen erheblichen Entscheidungsspielraum, wie er nach der Rechtsprechung des BAG für leitende Angestellte kennzeichnend ist.

– Aus dieser unternehmerischen Tätigkeit ergibt sich zwangsläufig ein mehr oder weniger ausgeprägter, unmittelbarer oder mittelbarer Gegnerbezug. Dessen Feststellung in jedem Einzelfall ist nicht erforderlich. Insoweit gibt das BAG seine bisher gegenteilige Ansicht auf.

Das Mitbestimmungsgesetz vom 4. 5. 1976 hat die betriebsverfassungsrechtliche Abgrenzung der leitenden Angestellten übernommen, ohne sie im geringsten zu beeinflussen.

BAG v. 29. 1. 1980 – 1 ABR 45/79, AP Nr. 22 zu § 5 BetrVG 1972

Ein leitender Angestellter gem. § 5 Abs. 3 Nr. 1 BetrVG muss nicht nur im **R 188** Außenverhältnis befugt sein, Einstellungen und Entlassungen vorzunehmen, sondern auch im Innenverhältnis gegenüber dem Arbeitgeber eigenverantwortlich über die Einstellung und Entlassung einer bedeutenden Anzahl von Arbeitnehmern des Betriebs entscheiden können.

BAG v. 11. 3. 1982 – 6 AZR 136/79, AP Nr. 28 zu § 5 BetrVG 1972

Unter die Tatbestandsgruppe des § 5 Abs. 3 Nr. 2 BetrVG fallen nur solche **R 189** Prokuristen, die auch nach Dienststellung und Dienstvertrag dazu befugt sind, die mit einer Prokura im Außenverhältnis verbundene Vertretungsmacht im Innenverhältnis uneingeschränkt auszuüben.

Gesetzlich zulässige Beschränkungen der Prokura (z. B. in Form einer Gesamt- oder Niederlassungsprokura) erfüllen dann die Voraussetzungen der Tatbestandsgruppe des § 5 Abs. 3 Nr. 2 BetrVG, wenn der betreffende Arbeitnehmer auch im Innenverhältnis befugt ist, die mit einer Gesamt- und/oder Niederlassungsprokura verbundene Vertretungsmacht im Innenverhältnis uneingeschränkt wahrzunehmen.

BAG v. 27. 4. 1988 – 7 ABR 5/87, AP Nr. 37 zu § 5 BetrVG 1972

Prokuristen gehören nicht zu den leitenden Angestellten, wenn die Prokura **R 190** nur erteilt worden ist, um stets einen Zeichnungsberechtigten anwesend zu haben, ohne dass diesem eine eigene erhebliche Entscheidungsbefugnis in wesentlichen unternehmerischen Teilbereichen zusteht.

BAG v. 27. 4. 1988 – 7 ABR 5/87, AP Nr. 37 zu § 5 BetrVG 1972;
LAG Rheinland-Pfalz v. 20. 1. 1981 – 3 Tag BV 15/80, EzA § 5 BetrVG 1972
Nr. 36

R 191 Die von § 5 Abs. 3 Satz 2 Nr. 1 BetrVG vorausgesetzte Personalverantwortung kann den Status als leitender Angestellter nur begründen, wenn sie von erheblicher unternehmerischer Bedeutung ist. Diese kann sich aus der Zahl der betreffenden Arbeitnehmer oder aus der Bedeutung von deren Tätigkeit für das Unternehmen ergeben.

BAG v. 16. 4. 2002 – 1 ABR 23/01, AP Nr. 69 zu § 5 BetrVG 1972 =
Betriebsratswissen online

R 192 Der Leiter der Revisionsabteilung als Angestellter in einer Stabsfunktion gilt nicht allein wegen seiner Prokura als leitender Angestellten gemäß § 5 Abs. 3 Satz 2 Nr. 2 BetrVG.

Die Einstellungs- und Entlassungsbefugnis nach § 5 Abs. 3 Satz 2 Nr. 1 BetrVG liegt nur vor, wenn sie im Innen- und Außenverhältnis besteht.

Nimmt ein leitender Angestellter aufgrund seiner Schlüsselposition eine Stellung ein, an der die Unternehmensleitung nicht vorbeigehen kann, kann darin der nach § 5 Abs. 3 Satz 2 Nr. 3 BetrVG erforderliche Einfluss auf die Unternehmensführung liegen.

BAG v. 25. 3. 2009 – 7 ABR 2/08, Betriebsratswissen online

R 193 Prokuristen in Stabsfunktionen sind den leitenden Angestellten nicht allein wegen ihrer Prokura nach § 5 Abs. 3 Satz 2 Nr. 2 BetrVG zuzuordnen.

Wird ein Angestellter nur bei der rein arbeitstechnischen, vorprogrammierten Durchführung unternehmerischer Entscheidungen eingeschaltet wird, etwa im Rahmen von Aufsichts- oder Überwachungsfunktionen, fehlt ihm der maßgebliche Einfluss auf die Unternehmensführung nach § 5 Abs. 3 Satz 2 Nr. 3.

LAG Hamm v. 30. 4. 2010 – 10 TaBV 72/09,
Betriebsratswissen online

R 194 Der ärztliche Direktor, der zugleich der Leitung eines Krankenhauses angehört, kann die Stellung eines leitenden Angestellten haben, wenn ihm nach Vertrag und Stellung tatsächlich Befugnisse i. S. v. § 5 Abs. 3 S. 2 Nr. 3 BetrVG übertragen wurden.

LAG Niedersachsen v. 14. 4. 2011 – 16 Sa 560/10 E,
Betriebsratswissen online

Das Vorliegen einer offensichtlich fehlerhaften Zuordnung i. S. d. § 18a **R 195** Abs. 5 Satz 2 BetrVG setzt voraus, dass sich ihre Fehlerhaftigkeit geradezu aufdrängt. Dies kann sich aus dem Inhalt der Zuordnungsentscheidung und aus dem Zuordnungsverfahren selbst ergeben.

LAG Baden-Württemberg v. 29. 4. 2011 – 7 TaBV 7/10 (rechtskräftig),
Betriebsratswissen online

§ 45 Satz 2 WPO ist i. V. m. § 45 Satz 1 WPO verfassungskonform ein- **R 196** schränkend so zu verstehen, dass die Bereichsausnahme von der Betriebs- verfassung nur für angestellte Wirtschaftsprüfer mit Prokura gilt.

BAG v. 29. 6. 2011 – 7 ABR 15/10, Betriebsratswissen online

Beschränken sich die einem Prokuristen obliegenden unternehmerischen **R 197** Führungsaufgaben auf die Wahrnehmung sog. Stabsfunktionen, kann er nicht den leitenden Angestellten i.S.d. § 5 Abs. 3 Satz 2 Nr. 2 BetrVG zuge- ordnet werden.

BAG v. 29. 6. 2011 – 7 ABR 5/10, Betriebsratswissen online

Die vertretungsweise Durchführung personeller Maßnahmen (Einstellun- **R 198** gen und Entlassungen) im Falle der vorübergehenden Abwesenheit des Vorgesetzten ist für die Anerkennung als leitender Angestellter i.S.v. § 5 Abs. 3 Satz 2 BetrVG nicht ausreichend.

LAG Rheinland-Pfalz v. 8. 5. 2012 – 3 TaBV 43/11,
Betriebsratswissen online

VI. Ordnungsgemäßheit der Wahl / Wahlausschreiben / Wählerliste / Größe des Betriebs und Zahl der Betriebsratsmitglieder

1. Wahlausschreiben

R 199 Sind in einem Betrieb wahlberechtigte ausländische Arbeitnehmer vorhanden, muss zumindest das Wahlausschreiben in seinem Wortlaut in der Sprache jener ausländischen Arbeitnehmer bekannt gegeben werden.

LAG Frankfurt v. 5. 7. 1965 – 1 TaBV 1/65, DB 1965, S. 1746

R 200 Gehört dem Betrieb eine erhebliche Zahl türkischer Arbeitnehmer an, genügt der Wahlvorstand seiner Verpflichtung, wenn er das Wahlausschreiben auch in türkischer Sprache bekannt gibt. Weitere fremdsprachige Erläuterungen sind nicht erforderlich.

LAG Hamm v. 17. 5. 1973 – 8 TaBV 11/73, DB 1973, S. 1403
(vgl. dazu aber die Entscheidung des BAG v. 13. 10. 2004, R 130)

R 201 Wurde in einem Wahlausschreiben unterlassen, den Ort der Stimmabgabe anzugeben, begründet dies keine Wahlanfechtung, wenn die Bekanntgabe der betrieblichen Wahllokale zu einem späteren Zeitpunkt durch Aushang erfolgte. Insoweit liegt dann eine Berichtigung im Sinne von § 19 Abs. 1 BetrVG vor, wenn eine Ergänzung so rechtzeitig erfolgt, dass für die Wahlberechtigten keine Einschränkung ihres Wahlrechts eintritt.

Gleiches gilt, wenn eine Änderung der Wahlstunden innerhalb des im Wahlausschreiben angegebenen, gleichbleibenden Wahltags erfolgt, hierfür zwingende Gründe vorliegen und diese Änderung so rechtzeitig bekannt gemacht wird, dass die Arbeitnehmer des Betriebs zweifelsfrei davon Kenntnis nehmen können.

BAG v. 19. 9. 1985 – 6 ABR 4/85, AP Nr. 12 zu § 19 BetrVG 1972 =
Betriebsratswissen online

R 202 Bei der Angabe des letzten Tages der Frist zur Einreichung von Vorschlagslisten im Wahlausschreiben gem. § 3 Abs. 2 Nr. 7 Halbsatz 2 der WO 1972 [§ 3 Abs. 2 Nr. 8 Halbsatz 2 WO 2001] zum BetrVG hat der Wahlvorstand keinen Entscheidungsspielraum. Er muss vielmehr den sich aus § 6 Abs. 1 Satz 2 der WO ergebenden Tag angeben.

BAG v. 9. 12. 1992 – 7 ABR 27/92, NZA 1993, S. 765 = BetrR 1993, S. 117

Der Wahlvorstand für eine Betriebsratswahl erlässt nach § 3 Abs. 1 Satz 1 **R 203** WO spätestens sechs Wochen vor dem ersten Tag der Stimmabgabe ein Wahlausschreiben. Nach § 3 Abs. 4 Satz 1 WO ist ein Abdruck des Wahlausschreibens vom Tag seines Erlasses bis zum letzten Tag der Wahl an einer oder mehreren geeigneten, den Wahlberechtigten zugänglichen Stellen auszuhändigen und in gut lesbarem Zustand zu erhalten. Bei einem Betrieb, der aus 84 Betriebsstätten an 24 Orten Deutschlands besteht, muss grundsätzlich in jeder Betriebsstätte ein Abdruck des Wahlausschreibens ausgehängt werden, damit alle Wahlberechtigten gleichermaßen die Möglichkeit haben, von dem Inhalt des Wahlausschreibens Kenntnis zu nehmen und von ihrem Wahlrecht Gebrauch zu machen. Verstößt der Wahlvorstand gegen diese ihm obliegende Verpflichtung, ist die Betriebsratswahl nach § 19 Abs. 1 BetrVG anfechtbar.

BAG v. 5. 5. 2004 – 7 ABR 44/03, NZA 2004, S. 1285ff. = BB 2005, S. 108ff. = Betriebsratswissen online

Nach § 2 Abs. 5 WO in der Fassung vom 11. Dezember 2001 soll der Wahl- **R 204** vorstand dafür Sorge tragen, dass ausländische Arbeitnehmer, die der deutschen Sprache nicht mächtig sind, vor Einleitung der Betriebsratswahl über Wahlverfahren, Aufstellung von Wähler- und Vorschlagslisten, Wahlvorgang und Stimmabgabe in geeigneter Weise unterrichtet werden. Diese Bestimmung ist trotz der Ausgestaltung als Soll-Vorschrift eine wesentliche Vorschrift über das Wahlverfahren i. S. v. § 19 Abs. 1 BetrVG. Eine Missachtung dieser Bestimmung berechtigt zur Anfechtung der darauf beruhenden Wahl.

Bei der Beurteilung der Frage, ob die im Betrieb beschäftigten ausländischen Arbeitnehmer der deutschen Sprache mächtig sind i. S. v. § 2 Abs. 5 WO, kommt es darauf an, ob ihre Deutschkenntnisse ausreichen, um den Inhalt von Wahlvorschriften und eines Wahlausschreibens verstehen zu können.

Wird im Betrieb eine Vielzahl ausländischer Arbeitnehmer verschiedener Herkunftsländer mit einfachen Hilfstätigkeiten im gewerblichen Bereich beschäftigt und versendet der Arbeitgeber wichtige Informations-schreiben an die Belegschaft nicht nur in deutscher Sprache, sondern auch in den den ausländischen Arbeitnehmern geläufigen Sprachen, muss der Wahlvorstand grundsätzlich davon ausgehen, dass die ausländi-schen Arbeitnehmer der deutschen Sprache nicht i. S. v. § 2 Abs. 5 WO mächtig sind.

BAG v. 13. 10. 2004 – 7 ABR 5/04, EzA § 19 BetrVG 2001 Nr. 4 =
AuR 2005, S. 118 = Betriebsratswissen online

R 205 Dem in § 24 Abs. 2 WO genannten Personenkreis muss das Wahlaus-schreiben so rechtzeitig übersandt werden, dass dieser noch ausreichend Gelegenheit hat, eine Entscheidung über die aktive Teilnahme an der Wahl zu treffen. Verstößt der Wahlvorstand gegen diese ihm obliegende Verpflichtung, ist die Betriebsratswahl nach § 19 Abs. 1 BetrVG anfecht-bar.

LAG Hamburg v. 28. 03. 2007 – 5 TaBV 2/07, juris

R 206 Der Wahlvorstand hat bei der Frage, »ob« er bei der Besorgnis des Nicht-verstehens der deutschen Sprache eine Unterrichtung in geeigneter Weise vornehmen muss, einen relativ engen Spielraum. Dies folgt daraus, dass das Verständnis der Wahlvorschriften Voraussetzung für die Ausübung des Wahlrechts ist.

Der Wahlvorstand darf bei der Beurteilung der Frage, ob die im Betrieb beschäftigten ausländischen Arbeitnehmer der deutschen Sprache i. S. v. § 2 Abs. 5 WO mächtig sind, im Hinblick auf den Zweck der Vorschrift, auslän-dischen Arbeitnehmern die wesentlichen Grundsätze über die durchzufüh-rende Wahl zu vermitteln, um ihnen in gleicher Weise wie deutschen Ar-beitnehmern die Wahrnehmung ihres aktiven und passiven Wahlrechts zu ermöglichen, nicht lediglich darauf abstellen, ob sie sich bei der täglichen Arbeit hinreichend verständigen können. Entscheidend ist vielmehr, ob ihre Deutschkenntnisse ausreichen, um die zum Teil komplizierten Wahlvor-schriften und den Inhalt eines Wahlausschreibens verstehen zu können.

LAG Niedersachsen v. 16. 6. 2008 – 9 TaBV 14/07,
Betriebsratswissen online

2. Wählerliste / Verpflichtungen des Arbeitgebers

Eine Wählerliste muss ausgelegt sein, damit die Möglichkeit eines Ein- **R 207**
spruchs gegeben ist.

ArbG Mannheim v. 17. 7. 1972 – 4 BV 1/72

Die Regelung des § 2 Abs. 2 WO, wonach der Arbeitgeber dem Wahlvor- **R 208**
stand alle für die Erstellung der Wählerliste erforderlichen Auskünfte erteilen und die erforderlichen Unterlagen zur Verfügung stellen soll, beinhaltet
eine Rechtspflicht des Arbeitgebers. Der Anspruch des bestellten Wahlvorstands kann nur dann vom Arbeitsgericht zurückgewiesen werden, wenn
das Bestellungsverfahren offensichtlich unwirksam war oder wenn offensichtlich der Betrieb, für den der Wahlvorstand bestellt wurde nicht den Regelungen des BetrVG unterliegt. Der Wahlvorstand kann die in § 2 Abs. 2
WO angesprochenen Pflichten des Unternehmers durch einstweilige Verfügung durchsetzen, da dies in der Regel die einzige Möglichkeit ist, um die
Durchführung der Wahl des Betriebsrats zu ermöglichen.

LAG Berlin v. 27. 7. 1983 – 5 TaBV 7/83; LAG Hamm v. 13. 5. 1977 –
8 TaBV 38/77, DB 1977, S. 1271; LAG Hamm v. 27. 5. 1977 –
3 TaBV 35/77, DB 1977, S. 1269

Besteht die Möglichkeit, für den Gemeinschaftsbetrieb mehrerer Unter- **R 209**
nehmen einen einheitlichen Betriebsrat zu wählen, hat der Wahlvorstand
einen Anspruch gegen den Unternehmer (Arbeitgeber) auf Herausgabe
einer Liste aller Arbeitnehmer, die das 18. Lebensjahr vollendet haben,
unter Aufführung der Familiennamen, Vornamen, Geburtsdaten, Privat-
adressen, Eintrittsdaten, Berufsbezeichnungen (Tätigkeiten) und Abteilungen in einer alphabetischen-lexikalischen Reihenfolge.

LAG Düsseldorf v. 7. 5. 1986 – 15 TaBV 12/86, BB 1986, S. 1851;
LAG Hamburg v. 3. 3. 1987 – 3 TaBV 1/87

Der Arbeitgeber hat dem Wahlvorstand mitzuteilen und zur Verfügung zu **R 210**
stellen:
– das Datum des Eintritts in den Betrieb von jedem Arbeitnehmer;
– die Adressen der wahlberechtigten Arbeitnehmer, die außerhalb des Betriebs tätig sind, z.B. Zeitungszusteller, zur ordnungsgemäßen Durchführung der Briefwahl.

LAG Baden-Württemberg v. 30. 10. 1992 – 1 TaBV 2/92, ArbuR 1993, S. 374

R 211 Der Arbeitgeber kann die Erteilung der für die Anfertigung der Wählerliste erforderlichen Auskünfte und Zur-Verfügung-Stellung der erforderlichen Unterlagen gem. § 2 Abs. 2 WO 2001 in einem einstweiligen Verfügungsverfahren des Wahlvorstands nicht mit der Begründung verweigern, der Wahlvorstand habe für die Wahl des Betriebsrats einen unzutreffenden Betriebsbegriff zugrunde gelegt, indem er eine betriebliche Einheit als Betriebsteil gem. § 4 Abs. 1 BetrVG 2001 anstelle eines einheitlichen Betriebs angesehen habe.

Diese Frage ist ausschließlich in dem vom Gesetzgeber hierfür zur Verfügung gestellten Zuordnungsverfahren nach § 18 Abs. 2 BetrVG oder in einem Wahlanfechtungsverfahren nach § 19 BetrVG geltend zu machen.

ArbG Nürnberg v. 29. 11. 2001 – 6 BV Ga 8/01, AiB 2002, S. 187ff.

R 212 Der Anspruch des Wahlvorstandes auf Auskünfte und Unterlagen, die er für die Aufstellung der Wählerliste benötigt (§ 2 Abs. 2 Satz 1 WO), ist vom Arbeitgeber auch bei einer anfechtbaren Entscheidung des Wahlvorstandes bei der Durchführung der Betriebsratswahl (hier: Frage des Bestehens eines gemeinsamen Betriebs zweier Unternehmen) zu erfüllen.

LAG Hamm v. 30. 3. 2010 – 13 TaBVGa 8/10, Betriebsratswissen online

R 213 Unternehmen, die nach Ansicht des Wahlvorstands einen gemeinsamen Betrieb führen, haben dem Wahlvorstand die Auskünfte und Unterlagen, die er für die Aufstellung der Wählerliste benötigt (§ 2 Abs. 2 Satz 1 WO), zur Verfügung zu stellen, wenn eine Verkennung des Betriebsbegriffs durch den Wahlvorstand nicht mit größter Wahrscheinlichkeit feststeht.

LAG Nürnberg v. 8. 2. 2011 – 6 TaBVGa 17/10, Betriebsratswissen online

R 214 Der Arbeitgeber ist zur Erteilung der Auskünfte und Herausgabe der Unterlagen gemäß § 2 Abs. 2 Satz 1 WO nur dann nicht verpflichtet, wenn die angestrebte Wahl mit Sicherheit nichtig oder anfechtbar sein wird.

Der Wahlvorstand kann im Wege der einstweiligen Verfügung seinen Anspruch gegen den Arbeitgeber auf Erstellung und Herausgabe der erforderlichen Angaben zur Aufstellung der Wählerliste durchsetzen.

LAG Schleswig-Holstein v. 7. 4. 2011 – 4 TaBVGa 1/11,
Betriebsratswissen online

3. Größe des Betriebs und Zahl der Betriebsratsmitglieder

Der Wahlvorstand hat in den Grenzen des § 9 BetrVG im Rahmen seines **R 215** pflichtgemäßen Ermessens einen gewissen Beurteilungsspielraum hinsichtlich der Zahl der zu wählenden Betriebsratsmitglieder. Maßgebender Stichtag ist der Tag des Erlasses des Wahlausschreibens. Dies gilt auch bei allen Tatbeständen einer vorzeitigen Neuwahl.

> *BAG v. 12. 10. 1976 – 1 ABR 1/76, AP Nr. 1 zu § 8 BetrVG 1972;*
> *BAG v. 22. 11. 1984 – 6 ABR 9/84, AP Nr. 1 zu § 64 BetrVG 1972 =*
> *Betriebsratswissen online*

Die leitenden Angestellten im Sinne des § 5 Abs. 3 BetrVG zählen bei der **R 216** Festlegung der Arbeitnehmerzahl nicht mit. Werden Aushilfsarbeitnehmer regelmäßig mindestens sechs Monate im Jahr beschäftigt, zählen sie mit.

> *BAG v. 12. 10. 1976 – 1 ABR 1/76, AP Nr. 1 zu § 8 BetrVG 1972 =*
> *Betriebsratswissen online*

Aushilfsarbeitnehmer zählen auch als Teilzeitbeschäftigte bei der Bestim- **R 217** mung der Größe des Betriebsrats mit, wenn nach der Art des Betriebs ein Bedürfnis für die Beschäftigung von Aushilfskräften während mindestens sechs Monaten im Jahr besteht. Mitzuzählen sind soviel Aushilfskräfte, wie während mindestens sechs Monaten im Jahr mindestens herangezogen werden. Ob es sich dabei jeweils um dieselben Personen oder um andere Personen handelt, ist gleichgültig. Die Zahl der nur teilzeitbeschäftigten Aushilfskräfte ist nicht auf eine Zahl vollbeschäftigter Aushilfskräfte umzurechnen.

> *LAG Hamm v. 11. 5. 1979 – 3 TaBV 9/79, DB 1979, S. 2380;*
> *vgl. auch BAG v. 12. 10. 1976 – 1 ABR 1/76, AP Nr. 1 zu § 8 BetrVG 1972;*
> *vgl. ferner LAG Düsseldorf v. 26. 9. 1990 – 12 TaBV 74/90, DB 1991, S. 238*

Zur Feststellung der regelmäßigen Beschäftigtenzahl bedarf es eines Rück- **R 218** blicks auf die bisherige personelle Stärke des Betriebs und einer Einschätzung der zukünftigen Entwicklung.

> *BAG v. 19. 7. 1983 – 1 AZR 26/82, BB 1983, S. 2118;*
> *LAG Berlin v. 25. 4. 1988 – 9 TaBV 2/88, AuR 1989, S. 61*

R 219 In der Regel beschäftigt sind nur die Personen, die während des größten Teils des Jahres normalerweise in der Dienststelle beschäftigt sind.

Bei der Feststellung der Zahl der in der Regel Beschäftigten ist der Stellenplan nur ein Anhaltspunkt. Bei ständigem Abweichen vom Stellenplan ist von den tatsächlichen Gegebenheiten auszugehen und eine länger andauernde Verwaltungspraxis zu berücksichtigen.

Bei der Bemessung der Gruppenstärke nach § 17 BPersVG sind auch solche Beschäftigten zu berücksichtigen, die zur Vertretung für infolge Urlaubs, Krankheit oder andere Ursachen vorübergehend ausgefallenen Arbeitnehmer befristet beschäftigt werden, wenn und soweit solche Vertretungen ständig erfolgen und damit zum Normalzustand der Dienststelle gehören.

BAG v. 29. 5. 1991 – 7 ABR 27/90, AP Nr. 1 zu § 17 BPersVG =
NZA 1992, S. 182ff. = Betriebsratswissen online

R 220 Insbesondere dann, wenn es im Betrieb durch Aushilfskräfte oder Praktikanten zu einer hohen Fluktuation im Betrieb kommt, unterliegt die Feststellung der für die zahlenmäßige Größe des Betriebsrats maßgebenden Zahl der Arbeitnehmer dem Beurteilungsspielraum des Wahlvorstands.

LAG Schleswig-Holstein v. 25. 3. 2003 – 2 TaBV 39/02, NZA-RR 2004, S. 251f.
= NZA 2004, S. 1406 = Betriebsratswissen online

R 221 Leiharbeitnehmer sind keine Arbeitnehmer des Entleiherbetriebs i. S. v. § 9 BetrVG. Sie sind deshalb bei der für die Anzahl der zu wählenden Betriebsratsmitglieder maßgeblichen Belegschaftsstärke nicht zu berücksichtigen.

BAG v. 16. 4. 2003 – 7 ABR 53/02, NZA 2003, S. 1345ff. =
Betriebsratswissen online

Anmerkung:
Soweit sich aus der vorstehenden und anderen Entscheidungen ergibt, dass Leiharbeitnehmer für die Bestimmung der Anzahl der zu wählenden Betriebsratsmitglieder nicht mitzuzählen sind, ist zu beachten, dass das BAG mit Beschluss vom 13. 3. 2013 (R 237) diese Rechtsprechung aufgegeben hat und nunmehr davon ausgeht, dass Leiharbeitnehmer grundsätzlich mitzuzählen sind (vgl. dazu i. E. auch die Erläuterung bei Rn. 131).

Arbeitnehmer, die sich in der Freistellungsphase der Altersteilzeit nach **R 222** dem sog. Blockmodell befinden, zählen nicht zu den Arbeitnehmern des Betriebs i. S. v. § 9 BetrVG.

BAG v. 16. 4. 2003 – 7 ABR 53/02, NZA 2003, S. 1345ff. =
Betriebsratswissen online

Arbeitnehmer, die nicht gewerbsmäßig oder im Wege der sogenannten **R 223** Konzernleihe nach § 1 III Nr. 2 AÜG einem Dritten zur Arbeitsleistung überlassen werden, sind keine Arbeitnehmer des Entleiherbetriebs i. S. v. § 9 BetrVG. Sie sind weder bei der für die Anzahl der zu wählenden Betriebsratsmitglieder maßgeblichen Belegschaftsstärke zu berücksichtigen, noch steht ihnen nach § 8 BetrVG das passive Wahlrecht zum Betriebsrat des Entleiherbetriebs zu.

BAG v. 10. 3. 2004 – 7 ABR 49/03, DB 2004, S. 1836ff. =
NZA 2004, S. 1340ff. = Betriebsratswissen online

Anmerkung:
Soweit sich aus der vorstehenden und anderen Entscheidungen ergibt, dass Leiharbeitnehmer für die Bestimmung der Anzahl der zu wählenden Betriebsratsmitglieder nicht mitzuzählen sind, ist zu beachten, dass das BAG mit Beschluss vom 13. 3. 2013 (R 237) diese Rechtsprechung aufgegeben hat und nunmehr davon ausgeht, dass Leiharbeitnehmer grundsätzlich mitzuzählen sind (vgl. dazu i. E. auch die Erläuterung bei Rn. 131).

Die bei einem selbstständigen Frachtführer beschäftigten Fahrer sind man- **R 224** gels arbeitsvertraglicher Beziehung keine Arbeitnehmer des Transportunternehmens, für das die Transportaufträge erledigt werden. Sie sind deshalb bei der für die Anzahl der Betriebsratsmitglieder maßgeblichen Belegschaftsstärke des Transportunternehmens nach § 9 BetrVG nicht zu berücksichtigen.

BAG v. 21. 7. 2004 – 7 ABR 38/03, DB 2005, S. 236 =
EzA § 9 BetrVG 2001 Nr. 3 = Betriebsratswissen online

Beschäftigte, deren Tätigkeit als Arbeitsbeschaffungsmaßnahme gefördert **R 225** wird, sind Arbeitnehmer i. S. des § 5 Abs. 1 BetrVG und für die Wahl des Betriebsrats nach § 7 Satz 1 BetrVG wahlberechtigt. Sie stehen in einem Arbeitsverhältnis zum Betriebsinhaber und sind in dessen Betriebsorganisation eingegliedert. Sie sind deshalb auch bei der für die Anzahl der Betriebsratsmitglieder maßgeblichen Belegschaftsstärke nach § 9 BetrVG mit zu berücksichtigen.

BAG v. 13. 10. 2004 – 7 ABR 6/04, NZA 2005, S. 480ff. =
Betriebsratswissen online

R 226 Werden Arbeitnehmer nicht ständig, sondern lediglich zeitweilig beschäftigt, kommt es für die Frage der regelmäßigen Beschäftigung darauf an, ob die Arbeitnehmer während des größten Teils eines Jahres normalerweise beschäftigt werden. Eine Ausnahme gilt lediglich für reine Kampagnenbetriebe, die überhaupt nur während eines Teils des Jahres arbeiten; in diesen ist die Beschäftigtenzahl während der Kampagne maßgebend.

BAG v. 16. 11. 2004 – 1 AZR 642/03, AP Nr. 58 zu § 111 BetrVG 1972 =
Betriebsratswissen online

R 227 Bei der befristeten Einstellung von Vertretungskräften für zeitweilig ausfallendes Stammpersonal sind nicht sowohl die Stammarbeitnehmer als auch die Vertretungskräfte als in der Regel beschäftigte Arbeitnehmer des Betriebes i. S. v. § 9 BetrVG zu berücksichtigen.

BAG v.15. 3. 2006 – 7 ABR 39/05, juris

R 228 Werden Arbeitnehmer im Rahmen einer auf Dauer angelegten Ausgliederung eines Betriebsteils einem anderen Arbeitgeber ohne zeitliche Begrenzung überlassen, dann sind diese Arbeitnehmer im Betrieb, in dem sie tätig sind, auch passiv wahlberechtigt und bei der Größe des Betriebsrats nach § 9 BetrVG zu berücksichtigen, wenn im Zeitpunkt der Betriebsratswahl eine konkrete Rückkehrperspektive für die Dauer der bevorstehenden Wahlperiode nicht besteht.

Die »Gestellung« von Arbeitnehmern im Rahmen der Ausgliederung eines Betriebsteils ist mit der Arbeitnehmerüberlassung nicht gleichzusetzen.

LAG Hamburg v. 3. 9. 2007 – 8 TaBV 17/06
(wie LAG Schleswig-Holstein v. 24. 5. 2007 – 1 TaBV 64/06, juris),
Betriebsratswissen online

R 229 Nach § 9 BetrVG hängt die Anzahl der zu wählenden Betriebsratsmitglieder von der Anzahl der im Betrieb in der Regel beschäftigten Arbeitnehmer ab. Beschäftigt der Arbeitgeber in seinem Betrieb regelmäßig Aushilfs-

kräfte, mit denen er bei Bedarf jeweils für einen Tag befristete Arbeitsverträge abschließt, zählt die durchschnittliche Anzahl der an einem Arbeitstag
beschäftigten Aushilfskräfte zu den in der Regel im Betrieb beschäftigten
Arbeitnehmer i. S. v. § 9 BetrVG.

> *BAG v. 7. 5. 2008 – 7 ABR 17/07, NZA 2008, S. 1142ff. =*
> *Betriebsratswissen online*

Werden Arbeitnehmer, z. B. studentische Aushilfen in einer Spielbank, **R 230**
nicht durchgehend, sondern lediglich mit Unterbrechungen beschäftigt,
kommt es für die Frage der regelmäßigen Beschäftigung i. S. v. § 9 BetrVG
darauf an, ob sie im Normalfall während des größten Teils des Jahres beschäftigt werden (vgl. auch BAG v. 7. 5. 2008 – 7 ABR 17/07).

> *BAG 12. 11. 2008 – 7 ABR 73/07, AuR 2009, S. 105 =*
> *Betriebsratswissen online*

Bei der Ermittlung der für die Betriebsgröße maßgeblichen Arbeitnehmer- **R 231**
zahl hat der Wahlvorstand sowohl den Beschäftigungsstand in der Vergangenheit zu berücksichtigen als auch die zukünftige, aufgrund konkreter
Entscheidungen des Arbeitgebers zu erwartende Entwicklung des Beschäf-
tigungsstandes. Dabei hat er auf die Verhältnisse bei Erlass des Wahlausschreibens abzustellen.
Leiharbeitnehmer sind bei der Belegschaftsstärke nicht zu berücksichtigen. Die Überlassung eines Arbeitnehmers und dessen tatsächliche Eingliederung in die Betriebsorganisation begründet grundsätzlich keine betriebsverfassungsrechtliche Zugehörigkeit zum aufnehmenden Betrieb.

> *LAG Berlin-Brandenburg v. 10. 2. 2011 – 25 TaBV 2219/10,*
> *Betriebsratswissen online*

Arbeitnehmer eines öffentlich-rechtlichen Krankenhauses, die im Rahmen **R 232**
eines Personalgestellungsvertrages in einem privatisierten Unternehmen
des Krankenhauses tätig werden, sind für die Anzahl der zu wählenden Betriebsratsmitglieder und bei der Verteilung der Betriebsratssitze auf das
Geschlecht der Minderheit mit zu berücksichtigen.

> *LAG Berlin-Brandenburg v. 16. 2. 2011 – 15 TaBV 2347/10,*
> *nachfolgend BAG v. 15. 8. 2012 – 7 ABR 24/11, vgl. R 182*
> *Betriebsratswissen online*

R 233 Leiharbeitnehmer sind bei der Feststellung der Belegschaftsstärke nach § 111 Satz 1 BetrVG mitzuzählen. Voraussetzung ist, dass sie – zu den »in der Regel« beschäftigten Arbeitnehmern zählen. Nicht entscheidend ist die Personalstärke zum Zeitpunkt der Entscheidung über eine Betriebsänderung. Vielmehr kommt es auf diejenige Personalzahl an, die im Allgemeinen für das Unternehmen kennzeichnend ist. Die Ermittlung der maßgeblichen Personalstärke macht eine Betrachtung der Vergangenheit sowie eine Prognose im Hinblick auf die künftige Personalstärke erforderlich. Nicht dauernd, sondern nur zeitweise beschäftigte Arbeitnehmer zählen dann mit, wenn sie üblicherweise während des größten Teil des Jahres beschäftigt werden. Dies ist der Fall, wenn sie länger als sechs Monate beschäftigt werden.

BAG v. 18. 10. 2011 – 1 AZR 335/10, Betriebsratswissen online

R 234 In Privatbetrieben tätige Arbeitnehmer des öffentlichen Dienstes zählen bei den Schwellenwerten der organisatorischen Vorschriften des Betriebsverfassungsgesetzes – z. B. Größe des Betriebsrats (§ 9 BetrVG) und Umfang von Freistellungen (§ 38 BetrVG) – mit.

BAG v. 15. 12. 2011 – 7 ABR 65/10, Betriebsratswissen online
ArbG Elmshorn v. 16. 2. 2012 – 3 BV 43 d/11, juris

R 235 Bei der Berechnung der Betriebsratsgröße nach § 9 BetrVG sind alle Personen zu berücksichtigen, die in die Betriebsorganisation eingegliedert sind und in einem Arbeitsverhältnis zum Inhaber des Betriebes stehen. Voraussetzung für den Arbeitnehmerstatus ist die vertragliche Verpflichtung zur Arbeitsleistung. Begründet ein Vertrag keine Pflicht zur Arbeitsleistung, liegt kein Arbeitsvertrag vor. Der Grad der persönlichen Abhängigkeit unterscheidet das Arbeitsverhältnis vom Rechtsverhältnis eines freien Mitarbeiters. Wird die Dienstleistung in einer vom Arbeitgeber insbesondere im Hinblick auf Zeit, Dauer und Ort der Ausführung bestimmten Arbeitsorganisation erbracht, ist die persönliche Abhängigkeit eines Arbeitnehmers gegeben. Wird die Dienstleistung fachlich weisungsgebunden erbracht, gilt dies erst recht.

LAG Hamburg v. 26. 4. 2012 – 7 TaBV 14/11, juris

R 236 Bei der Berechnung der Betriebsgröße nach § 23 Abs. 1 Satz 3 KSchG sind auch im Betrieb beschäftigte Leiharbeitnehmer zu berücksichtigen, wenn ihr Einsatz auf einem »in der Regel« vorhandenen Personalbedarf beruht. Dies gebietet eine an Sinn und Zweck orientierte Auslegung der gesetzlichen Bestimmung. Der Berücksichtigung von Leiharbeitnehmern steht nicht schon entgegen, dass sie kein Arbeitsverhältnis zum Betriebsinhaber begründet haben.

BAG v. 24. 1. 2013 – 2 AZR 140/12, Pressemitteilung Nr. 6/13

Leiharbeitnehmer sind bei der für die Größe des Betriebsrats maßgeb- **R 237** lichen Anzahl der Arbeitnehmer eines Betriebes grundsätzlich zu berücksichtigen, sofern sie in der Regel im Betrieb beschäftigt sind. Dies ergibt die insbesondere an Sinn und Zweck der Schwellenwerte orientierte Auslegung des Gesetzes. Jedenfalls bei einer Betriebsgröße ab 100 Arbeitnehmern kommt es auf die Frage, ob die Leiharbeitnehmer wahlberechtigt sind (§ 7 Satz BetrVG), nicht an.

BAG v. 13. 3. 2013 – 7 ABR 69/11, Pressemitteilung Nr. 18/13
(unter Aufgabe der früheren Rechtsprechung)

VII. Fristen / Fristberechnung

Die nicht ordnungsgemäße Wahrung der Frist von drei Arbeitstagen nach **R 238** § 8 WO führt zu einer wirksamen Anfechtung der Betriebsratswahl. Der Tag des Zugangs des Beanstandungsschreibens des Wahlvorstands zählt für die Fristberechnung nicht mit (§ 187 BGB).

Die Frist von drei Arbeitstagen muss so bemessen sein, dass sie erst abläuft, wenn für die ganz überwiegende Zahl der wahlberechtigten Arbeitnehmer seit Fristbeginn drei Arbeitstage abgelaufen sind. Das ist jedenfalls dann nicht der Fall, wenn der dritte Arbeitstag für mehr als 20 v. H. der wahlberechtigten Arbeitnehmer noch nicht abgelaufen war.

BAG v. 1. 6. 1966 – 1 ABR 16/65, AP Nr. 2 zu § 6 WO

Anmerkung:
Sogenannte Freischichten oder Blockfreizeiten führen jedoch nicht zu einer Fristverlängerung.

Der Wahlvorstand kann den Ablauf der Frist für die Einlegung von Ein- **R 239** sprüchen gegen die Richtigkeit der Wählerliste für die Betriebsratswahl auf das Ende der Dienststunden des Wahlvorstands oder auf das Ende der Arbeitszeit im Betrieb am letzten Tag der Frist begrenzen. Voraussetzung ist jedoch, dass der festgesetzte Fristablauf nicht vor dem Ende der Arbeitszeit der überwiegenden Mehrheit der Arbeitnehmer liegt.

BAG v. 4. 10. 1977 – 1 ABR 37/77, AP Nr. 2 zu § 18 BetrVG 1972

R 240 Bei der Angabe des letzten Tages der Frist zur Einreichung von Vorschlagslisten im Wahlausschreiben gem. § 3 Abs. 2 Nr. 7 Halbsatz 2 der Wahlordnung 1972 zum BetrVG [§ 3 Abs. 2 Nr. 8 Halbsatz 2 WO 2001] hat der Wahlvorstand keinen Entscheidungsspielraum. Er muss vielmehr den sich aus § 6 Abs. 1 Satz 2 der Wahlordnung ergebenden Tag angeben.

BAG v. 9. 12. 1992 – 7 ABR 27/92, BB 1993, S. 1217 = AiB 1993, S. 455

R 241 Ein Wahlvorschlag ist nur dann rechtzeitig und wirksam, wenn er innerhalb der Einreichungsfrist der §§ 6 Abs. 1, 8 Abs. 1 WO zum BetrVG 1972 bei denjenigen Mitgliedern des Wahlvorstands eingereicht wird, die im Wahlausschreiben zur Entgegennahme von Wahlvorschlägen namentlich bestimmt sind.

LAG Hamm v. 9. 9. 1994 – 3 TaBV 137/94, BB 1995, S. 620 =
Betriebsratswissen online

R 242 Beschließt der Wahlvorstand, ein Wahlausschreiben gem. § 3 Abs. 4 WO 2001 in jeder Filiale eines Betriebes auszuhängen, beginnt der Lauf der Sechswochenfrist des § 3 Abs. 1 Satz 1 WO 2001 und der Zweiwochenfrist des § 6 Abs. 1 Satz 2 WO 2001 erst mit dem letzten Aushang in den Filialen. Für den rechtzeitigen Aushang und die Erhaltung des Wahlausschreibens in gut lesbarem Zustand ist der Wahlvorstand verantwortlich.

LAG Düsseldorf v. 3. 12. 2002 – 3 TaBV 40/02, AiB S. 114f. =
Betriebsratswissen online

R 243 Das Wahlergebnis, dessen Bekanntgabe die Wahlanfechtungsfrist gem. § 25 BPersVG in Lauf setzt, erfasst die Zahl der insgesamt abgegebenen sowie der gültigen und ungültigen Stimmen, die Zahl der auf die Listen bzw. Bewerber entfallenen Stimmen sowie die Namen der zu Personalratsmitgliedern gewählten Bewerber.

BVerwG v. 23. 10. 2003 – 6 P 10.03, PersR 2004, S. 35ff. =
Betriebsratswissen online

Die 2-Wochen-Frist von § 6 Abs. 1 Satz 2 WO BetrVG endet am letzten Tag **R 244**
frühestens bei Dienstende/Arbeitsende des Betriebs. Eine Verkürzung dieser Frist durch Festsetzung des Fristendes auf 14.00 Uhr ist unzulässig.

LAG München v. 18. 7. 2007 – 7 TaBV 79/07,
Betriebsratswissen online

Endet die Frist für die Einreichung von Vorschlagslisten »um 16 Uhr«, kön- **R 245**
nen Wahlvorschläge noch bis zum Umschlagen des Minutenzeigers auf
»12« eingereicht werden. Wahlvorschläge, die danach eingereicht werden,
hat der Wahlvorstand als verspätet zurückzuweisen. Die Frist des § 6 Abs. 1
Satz 2 WO BetrVG wurde dann nicht eingehalten.

LAG Hamm v. 26. 11. 2010 – 13 TaBV 54/10,
Betriebsratswissen online

Eine eingereichte Vorschlagsliste hat der Wahlvorstand gem. § 7 Abs. 2 **R 246**
Satz 2 WO BetrVG unverzüglich nach deren Eingang zu prüfen. Am letzten Tag der Frist hat der Wahlvorstand Vorkehrungen zu treffen, um eingereichte Wahlvorschläge kurzfristig prüfen zu können.

Hat der Wahlvorstandsvorsitzende Kenntnis über Gründe für eine mögliche Ungültigkeit eines Wahlvorschlags, ist diese Kenntnis dem Wahlvorstand entsprechend § 26 Abs. 2 Satz 2 BetrVG zuzurechnen.

LAG Düsseldorf v. 14. 1. 2011 – 9 TaBV 65/10,
Betriebsratswissen online

Die Frist zur Einreichung von Wahlvorschlägen kann vom Wahlvorstand **R 247**
auf das Ende seiner Dienststunden oder das Ende der Arbeitszeit im Betrieb festgesetzt werden. Die Frist darf jedoch nicht vor dem Ende der Arbeitszeit des überwiegenden Teils der Arbeitnehmer liegen.

Hess. LAG v. 12. 1. 2012 – 9 TaBV 115/11,
Betriebsratswissen online

VIII.   Wahlvorschläge (Vorschlagslisten)

1.   Voraussetzungen der Gültigkeit /
Fälle von Ungültigkeit

R 248   Ein Wahlvorschlag ist nicht deswegen ungültig, weil in ihm, obwohl mehrere Betriebsratsmitglieder zu wählen sind, nur ein Bewerber aufgeführt ist. Eine Verletzung der Sollvorschrift des § 6 Abs. 3 WO, nach der die Vorschlagsliste mindestens doppelt so viele Bewerber aufweisen muss, als in dem Wahlvorschlag Betriebsratsmitglieder zu wählen sind, führt nicht zur Ungültigkeit dieser Vorschlagsliste.

BAG v. 29. 6. 1965 – 1 ABR 2/65,
AP Nr. 11 zu § 13 BetrVG

R 249   Reicht der Listenführer einer Vorschlagsliste für die Betriebsratswahl Erklärungen wahlberechtigter Arbeitnehmer ein, in denen sie ihre zuvor geleistete Unterschrift auf eine andere Vorschlagsliste zurückziehen, sind trotzdem die Unterschriften für beide Vorschlagslisten zunächst weiter als geleistet anzusehen. Der Wahlvorstand hat in einem solchen Fall nach § 6 Abs. 6 WO 1972 [§ 6 Abs. 5 WO 2001] zu verfahren.

BAG v. 1. 6. 1966 – 1 ABR 16/65, AP Nr. 2 zu § 6 WahlO

R 250   Das Erfordernis der einheitlichen und zusammenhängenden Urkunde zwingt nicht dazu, nur ein Exemplar zur Unterschriftsleistung zu verwenden. Jeder einzelnen in Umlauf gebrachten Unterschriftsliste muss jedoch eine Vervielfältigung der Vorschlagsliste vorgeheftet werden. Das Erfordernis der genauen Übereinstimmung bezieht sich nicht nur auf die Personen, sondern auch auf die Reihenfolge der Bewerber, die ebenfalls gleich sein muss.

ArbG Hamm v. 23. 6. 1972 – 1 BV 17/72, DB 1972, S. 1635;
LAG Baden-Württemberg v. 8. 11. 1976 – 1 a TaBV 6/76

R 251   Der Wahlvorschlag ist kein Vorschlag des Listenvertreters, sondern aller, die ihn unterzeichnet haben. Die ohne Einverständnis der Unterzeichner vorgenommene Streichung einzelner oder mehrerer Kandidaten bedeutet eine inhaltliche Änderung des Wahlvorschlags. Ein Wahlvorschlag wird durch die Streichung unrichtig und ist kein Wahlvorschlag im Sinne des BetrVG.

BAG v. 15. 12. 1972 – 1 ABR 8/72, AP Nr. 1 zu § 14 BetrVG 1972

Ein Mitglied (Ersatzmitglied) des Wahlvorstands kann einen Wahlvorschlag **R 252** für die Betriebsratswahl unterzeichnen.

BAG v. 4. 10. 1977 – 1 ABR 37/77, AP Nr. 2 zu § 18 BetrVG 1972

Es ist unzulässig, Stützunterschriften für einen Wahlvorschlag zu sam- **R 253** meln, der insoweit noch offen ist, als sich nachträglich Bewerber eintragen können. Das gleiche gilt für Vorschlagslisten, bei denen die Reihenfolge der Bewerber noch nicht feststeht. Voraussetzung für die Gültigkeit von Vorschlagslisten ist, dass der konkrete Wahlvorschlag von einer bestimm-ten Anzahl von Arbeitnehmern unterstützt wird. Dies setzt voraus, dass den Arbeitnehmern, die Stützunterschriften leisten, der Wahlvorschlag in seiner abschließenden Form bekannt ist. Andernfalls liegt – auch bei Zu-stimmung der Arbeitnehmer – eine Blanko-Unterschrift vor, die unzuläs-sig ist.

ArbG Duisburg v. 30. 5. 1984 – 3 BV 16/84

Ein wirksamer Wahlvorschlag liegt nur vor, wenn sich die erforderlichen **R 254** Stützunterschriften auf der Vorschlagsliste befinden. Dies setzt voraus, dass Vorschlags- und Unterschriftenliste gegen Trennung gesichert und zu einer einheitlichen zusammenhängenden Urkunde verbunden sind. Diese urkundliche Verbindung muss auch von der ersten bis zur letzten Stütz-unterschrift bestehen bleiben.

LAG Frankfurt v. 16. 3. 1987 – 2 Ta BV Ga 29/87, DB 1987, S. 1204

Eine Wahlvorschlagsliste für eine Betriebsratswahl stellt eine einheit- **R 255** liche zusammenhängende Urkunde dar, wenn Bewerberliste und Liste der Stützunterschriften mit Heftklammern verbunden sind und zusätzlich alle Blätter aufgefächert so gestempelt sind, dass bei Entfernen eines Blattes eine Lücke im Stempel entstehen würde. Eine solche Vorschlagsliste ge-nügt jedenfalls den Anforderungen, die ein Wahlvorstand im Rahmen der unverzüglichen Überprüfung gem. § 7 Abs. 2 WOstellen kann.

LAG Bremen v. 26. 3. 1998 – 1 TaBV 9/98, LAGE § 18 BetrVG 1972 Nr. 6 =
Betriebsratswissen online

R 256 Ein Wahlvorschlag der Arbeitnehmer muss nach § 14 Abs. 4 BetrVG von einer bestimmten Anzahl wahlberechtigter Arbeitnehmer unterzeichnet sein. Die Bewerberliste und die Liste mit den Stützunterschriften müssen eine einheitliche Urkunde bilden. Das erfordert nicht, dass sich Bewerber- und Unterschriftenliste auf einem Blatt befinden oder mehrere Blätter körperlich fest, etwa durch Zusammenheftung, miteinander verbunden sind. Die Verbindung kann sich auch aus anderen Merkmalen ergeben: fortlaufenden Seitenzahlen, fortlaufender Nummerierung der Unterschriften, aus der graphischen Gestaltung oder aus der Wiedergabe des Kennworts auf der Vorschlagsliste auf den einzelnen Blättern des Wahlvorschlags. Falls derartige Umstände nicht vorliegen, weist der Wahlvorschlag deshalb nicht die erforderliche Anzahl von Stützunterschriften auf. Dann ist er nach § 8 Abs. 1 Nr. 3 WO ungültig und darf nicht zur Wahl zugelassen werden.

BAG v. 25. 5. 2005 – 7 ABR 39/04, NZA 2005, S. 116ff. =
Betriebsratswissen online

R 257 Die Befugnisse eines Listenvertreters begrenzen sich gem. § 6 Abs. 4 Satz 2 WO 2001 auf die Abgabe von zur Beseitigung von Beanstandungen erforderlichen Erklärungen. Die Rücknahme eines Wahlvorschlages fällt hierunter nicht, da diese auf eine vollständige Beseitigung des Vorschlags gerichtet ist und hierdurch in die Rechte aller übrigen Unterzeichner eingegriffen wird.

LAG Niedersachsen v. 28. 6. 2007 – 14 TaBV 5/07, AuR 2007, S. 406 =
Betriebsratswissen online

R 258 Die nach § 29 Satz 1 der Wahlordnung zum Drittelbeteiligungsgesetz (WO-DrittelbG) für die Wahl der Arbeitnehmer in den Aufsichtsrat einzureichenden Wahlvorschläge sowie die Einverständniserklärungen und die dazu gehörigen Stützunterschriften müssen dem Schriftformerfordernis des § 126 Abs. 1 BGB entsprechen. Eine Übermittlung per Email reicht hierfür nicht aus.

LAG Düsseldorf v. 18. 10. 2007 – 11 TaBV 68/07,
Betriebsratswissen online

R 259 Innerhalb der Einreichungsfrist müssen Wahlvorschläge mit der erforderlichen Anzahl von Stützunterschriften für die Wahl der Schwerbehindertenvertretung im Original beim Wahlvorstand eingehen. Die Einreichung per Fax genügt nicht.

Ein gültiger Wahlvorschlag kann auch auf mehreren Blättern, die ein gemeinsames Kennwort aufweisen, in verschiedenen Dienststellen erstellt werden und zur Einreichung beim Wahlvorstand beim Listenvertreter zusammengeführt werden.

BAG v. 20. 1. 2010 – 7 ABR 39/08, Betriebsratswissen online

Wird ein irreführendes Kennwort eines Wahlvorschlags nach Beanstandung durch den Wahlvorstand nicht korrigiert, ist der Wahlvorschlag ungültig. Der Wahlvorstand selbst kann nicht das irreführende Kennwort ersetzen. **R 260**

LAG Hamm v. 18. 3. 2011 – 13 TaBV 98/10 (Rechtsbeschwerde eingelegt;
Az. beim BAG: 7 ABR 40/11), Betriebsratswissen online

Ein Wahlkandidat kann mit seiner Unterschrift auf einer Vorschlagsliste den Willen zur Kandidatur und zugleich den Willen zur Unterstützung der Vorschlagsliste zum Ausdruck bringen. **R 261**

Die Unterschrift auf dem Bewerberblatt kann gleichzeitig als Stützunterschrift gewertet werden, wenn sich auf dem Blatt der Hinweis befindet, die Unterschrift zähle gleichzeitig als Stützunterschrift, und der Wahlvorschlag nur einen Bewerber enthielt.

LAG Hamm v. 1. 7. 2011 – 13 TaBV 26/11 (Rechtsbeschwerde eingelegt;
Az. beim BAG: 7 ABR 65/11), Betriebsratswissen online

2. Prüfung durch den Wahlvorstand

Mängel einer Vorschlagsliste nach § 8 Abs. 2 WO können binnen einer Frist von drei Arbeitstagen beseitigt werden. Über die Beanstandung hat der Wahlvorstand den Listenvertreter unverzüglich über schriftlich unter Angabe der Gründe zu unterrichten. Unterbleibt die Mitteilung, ist die Wahl anfechtbar. **R 262**

LAG Frankfurt v. 5. 7. 1965 – 1 TaBV 1/65, DB 1965, S. 1746f.

Weist eine zunächst nach § 8 Abs. 2 Nr. 3 WO beanstandete, sodann ergänzte Vorschlagsliste erneut Unterschriften von Doppelunterzeichnern **R 263** aus, so sind diese Unterschriften auf der Ergänzungsliste ohne erneute Aufforderung [nach § 6 Abs. 5 WO 2001] vom Wahlvorstand zu streichen. Führt die Streichung dieser Doppelunterschriften auf der ergänzten Liste dazu, dass die notwendige Anzahl von Stützunterschriften wiederum nicht erreicht wird, ist der Wahlvorschlag vom Wahlvorstand als ungültig zurückzuweisen, da das Gesetz die Setzung einer weiteren Nachfrist nicht vorsieht.

ArbG Gelsenkirchen v. 15. 3. 1968 – BV 5/68, BB 1968, S. 627f.

R 264 Die Rücknahme eines beim Wahlvorstand eingereichten Wahlvorschlags durch den Listenvertreter ist selbst dann unzulässig, wenn die Einreichungsfrist noch nicht abgelaufen ist.

BVerwG v. 11. 6. 1975 – VII P 15.73, PersR 1987, S. 232

R 265 Der Wahlvorstand ist weder nach § 6 Abs. 4 WO 1972 [§ 6 Abs. 3 WO 2001] noch nach § 10 Abs. 2 und § 3 Abs. 4 WO berechtigt zu beschließen, eine eingereichte Wahlvorschlagsliste um die Lichtbilder der Kandidaten zu ergänzen. Er hat lediglich zu prüfen, ob eine Liste gültig ist oder nicht. Hat er eine Liste als gültig anerkannt, hat er sie in der eingereichten Form unverändert auszuhängen.

BAG v. 3. 12. 1987 – 6 ABR 79/85, AP Nr. 13 zu § 20 BetrVG 1972

R 266 Ein Wahlvorschlag einer Gewerkschaft i. S. v. § 14 Abs. 5 BetrVG 2001 liegt nicht vor, wenn für den Wahlvorstand nicht erkennbar ist, dass der Wahlvorschlag auch als Wahlvorschlag einer Gewerkschaft eingereicht werden sollte.

Der Wahlvorstand kann seine Entscheidung über die Gültigkeit eines Wahlvorschlags jedenfalls dann korrigieren, wenn dadurch Wahlanfechtungsgründe entfallen und hierbei die Wochenfrist nach § 10 Abs. 2 WO 2001 gewahrt bleibt. Eine Prüfung der Wahlvorschläge ist jedenfalls dann unverzüglich i. S. v. § 7 Abs. 2 Satz 2 WO 2001, wenn diese Prüfung noch am Tag der Einreichung der Wahlvorschläge erfolgt.

LAG Nürnberg v. 13. 3. 2002 – 2 TaBV 13/02, AuR 2002, S. 238

R 267 Ein schuldhafter Verstoß gegen die Pflicht zur unverzüglichen Prüfung eines Wahlvorschlags gem. § 7 Abs. 2 WO 2001 liegt nur dann vor, wenn es der Vorsitzende des Wahlvorstands unterlassen hat, eine sofortige Sitzung des Wahlvorstands anzuberaumen, obwohl nach Einreichung eines fehlerhaften Wahlvorschlags bis zum Ablauf der Einreichungsfrist ein ausreichender Zeitraum für die Prüfung des Wahlvorschlags, die Vorbereitung der Sitzung und die Ladung der Mitglieder des Wahlvorstands zur Verfügung gestanden hätte.

LAG Nürnberg v. 15. 3. 2004 – 9 TaBV 24/03, LAG Report 2004, S. 280–282

Nach § 14 Abs. 4 BetrVG muss ein Wahlvorschlag der Arbeitnehmer von **R 268** einer bestimmten Anzahl wahlberechtigter Arbeitnehmer unterzeichnet sein. Enthält ein Wahlvorschlag eine zu geringe Anzahl von Stützunterschriften, ist er nach § 8 Abs. 1 Nr. 3 WO ungültig. Befinden sich die Bewerberliste und die Stützunterschriften auf mehreren Blättern, muss eindeutig erkennbar sein, dass diese eine einheitliche Urkunde bilden. Dies kann sich nicht nur aus einer körperlich festen Verbindung der Blätter ergeben, sondern auch aus sonstigen, den Schriftstücken anhaftenden Merkmalen, z. B. der Wiedergabe des Kennworts auf den einzelnen Blättern.

Der Wahlvorstand hat am letzten Tag der Frist zur Einreichung von Wahlvorschlägen Vorkehrungen zu treffen, damit er eingehende Wahlvorschläge möglichst sofort prüfen und die Listenvertreter über etwaige Mängel informieren kann. Verletzt er diese ihm nach § 7 Abs. 2 Satz 2 WO obliegende Pflicht, kann dies zur Anfechtbarkeit der Betriebsratswahl führen.

BAG v. 25. 5. 2005 – 7 ABR 39/04, AP Nr. 2 zu § 14 BetrVG 1972 =
AiB 2006, 51ff. = Betriebsratswissen online

Die Ungültigkeit einer Vorschlagsliste entbindet den Wahlvorstand nicht **R 269** von seiner Verpflichtung, Doppelkandidaten zu einer Erklärung aufzufordern, welche Bewerbungen sie aufrechterhalten (§ 6 Abs. 7 Satz 2 WO 2001). Ein Verstoß des Wahlvorstands gegen diese Verpflichtung macht die Wahl unwirksam.

LAG München v. 25. 1. 2007 – 2 TaBV 102/06, Betriebsratswissen online

Der Abdruck des Wahlausschreibens ist grundsätzlich in allen Betriebsstät- **R 270** ten aushängen, in denen Arbeitnehmer beschäftigt sind.

Bei Bekanntmachung des Wahlausschreibens in elektronischer Form hat der Wahlvorstand dafür zu sorgen, dass andere Arbeitnehmer, wie z. B. Systemadministratoren, ohne Mitwirkung des Wahlvorstandes keine Änderungen am in elektronischer Form bekanntgemachten Wahlausschreiben vornehmen können.

Die Prüfung der eingerichteten Vorschlagslisten durch den Wahlvorstand hat so rechzeitig zu erfolgen, dass die Einreicher eines ungültigen Wahlvorschlags nach Möglichkeit noch die Chance haben, vor Ablauf der Frist zur Einreichung von Wahlvorschlägen einen gültigen Wahlvorschlag einzureichen.

Legen Auffälligkeiten im Schriftbild eines Wahlvorschlags Zweifel an dessen Gültigkeit nahe, muss der Wahlvorstand die Auffälligkeiten durch eine Rückfrage beim Listenvertreter aufklären. Er hat dabei vorsorglich auf eine mögliche Ungültigkeit des Wahlvorschlags hinzuweisen.

BAG v. 21. 1. 2009 – 7 ABR 65/07, Betriebsratswissen online

R 271 Dem Listenvertreter ist nur eine Kopie des beanstandeten Wahlvorschlags auszuhändigen. Das Original verbleibt beim Wahlvorstand.

LAG Hamm v. 18. 3. 2011 – 13 TaBV 98/10 (Rechtsbeschwerde eingelegt;
Az. beim BAG: 7 ABR 40/11), Betriebsratswissen online

R 272 Der Wahlvorstand verstößt gegen § 7 Abs. 2 Satz 2 WO BetrVG, wenn er einen am letzten Tag der Einreichungsfrist eingereichten Wahlvorschlag nicht unmittelbar auf Fehler prüft, sondern die Prüfung erst am Tag nach Ablauf der Einreichungsfrist vornimmt.

Am letzten Tag der Einreichungsfrist für Wahlvorschläge muss der Wahlvorstand in der Lage sein, kurzfristig zusammenzutreten, um eingehende Wahlvorschläge prüfen zu können.

Kann nicht ausgeschlossen werden, dass bei unverzüglicher, rechtzeitiger Prüfung eines Wahlvorschlages rechtzeitig noch ein neuer Wahlvorschlag beim Wahlvorstand hätte eingereicht werden können, ist die Wahl anfechtbar.

BAG v. 18. 7. 2012 – 7 ABR 21/11, Betriebsratswissen online

IX. Stimmzettel / Stimmabgabe / Briefwahl / Feststellung des Wahlergebnisses / Einsichtnahme in Wahlakten

1. Stimmzettel / Wahlumschläge

Werden Stimmzettel verwendet, bei denen die Wahl durch Ankreuzen **R 273** eines Kreises zu erfolgen hat, und ist einer der mehreren Kreise merklich stärker als der andere ausgedruckt, stellt dies einen Verstoß gegen den Grundsatz der freien Wahl dar.

BAG v. 14. 1. 1969 – 1 ABR 14/68, AP Nr. 12 zu § 13 BetrVG

Ein Wahlanfechtungsgrund ist gegeben, wenn die Stimmzettel nicht ein- **R 274** heitlich waren.

ArbG Aachen v. 8. 6. 1972 – 2 BV 3/72, BB 1973, Beilage 3, S. 4

Werden bei einer Betriebsratswahl keine Wahlumschläge benutzt ist die **R 275** Wahl anfechtbar. Die ohne Wahlumschlag abgegeben Stimmen sind un- gültig.

LAG Niedersachsen v. 1. 3. 2004 – 16 TaBV 60/03, juris

Wird die Reihenfolge der Wahlbewerber gegenüber den originalen Wahl- **R 276** vorschlägen verändert, stellt dies einen Verstoß gegen wesentliche Vor- schriften der Betriebsratswahl dar. Durch ihn kann das Wahlergebnis be- einflusst werden. Gleiches gilt, wenn bei der persönlichen Stimmabgabe keine Wahlumschläge benutzt werden..

LAG Berlin-Brandenburg v. 25. 8. 2011 – 25 TaBV 529/11, juris =
AuR 2011, S. 416

Werden Stimmzettel nur gefaltet in einen Karton gelegt, ohne dass Wahl- **R 277** umschläge benutzt werden, wird gegen zwingende Vorschriften über das Wahlverfahren der Wahl zur Schwerbehindertenvertretung i. S. v. § 20 Abs. 3 SchwbG verstoßen.

Ein Arbeitnehmer muss, wenn keine Wahlumschläge verwendet wer- den, damit rechnen, dass der Wahlvorstand davon Kenntnis nehmen kann, wie er abgestimmt hat. Es ist möglich, dass Wähler ihr Verhalten bei der

Wahl an diese »nicht ganz« geheime Wahl anpassen. Es ist nicht möglich festzustellen, dass die Wahl zu demselben Ergebnis geführt hätte, wären Wahlumschläge verwendet worden.

Hess. LAG v. 1. 12. 2011 – 9 TaBV 130/11,
Betriebsratswissen online

2. Wahlgeheimnis

R 278 Die Vernehmung von Arbeitnehmern über ihre Stimmabgabe verstößt gegen den Grundsatz der geheimen Wahl. Das Verbot der gerichtlichen Nachprüfung des Wahlverhaltens reduziert sich nicht auf ein Zeugnisverweigerungsrecht des Arbeitnehmers, sondern schließt auch die Vernehmung von Wählern, die auf ihr Zeugnisverweigerungsrecht verzichten, und die Berücksichtigung der eidesstattlichen Versicherung dieser Wähler aus.

ArbG Düsseldorf v. 30. 10. 1984 – 1 BV 155/84, DB 1985, S. 1137

R 279 Eidesstattliche Versicherungen von Arbeitnehmern über ihr Wahlverhalten sind im Wahlanfechtungsverfahren nicht verwertbar, da eine solche Verwertung das Wahlgeheimnis verletzten würde.

ArbG Frankfurt/M. v. 24. 9. 2001 – 15/18 BV 187/01, AiB 2002, S. 629ff.

R 280 Zu der Frage, unter welchen Voraussetzungen die Grundsätze der freien und geheimen Wahl dadurch verletzt werden, dass ein Wahlbewerber (Brief)Wahlunterlagen für eine Persönlichkeitswahl persönlich überbringt und Wahlberechtigte ihre Stimme in seiner Gegenwart bzw. der Gegenwart eines von ihm als Sprachmittler hinzugezogenen Dolmetschers abgeben.

OVG Nordrhein-Westfalen v. 31. 3. 2006 –
1 A 5195/04.PVL, PersR 2007, S. 37ff.

R 281 Besteht eine Verkaufsstelle aus mehreren Räumen (z. B. Büroraum und Verkaufsraum), muss im Wahlausschreiben gem. § 3 Abs. 2 Nr. 11 WO angegeben werden, in welchem Raum die Stimmabgabe erfolgt. Mehrere Räume können nur dann einen Wahlraum i. S. v. § 12 Abs. 1 Satz 1 WO bilden, wenn gewährleistet ist, dass die Aufsichtspersonen von ihrem Standort aus das Wahlgeschehen überblicken.

Wo nicht in einem überwachbaren Nebenraum gewählt wird, ist ein Aufstellen von Wandschirmen, Trennwänden o. ä. im Wahlraum selbst erforderlich. Die in Verkaufsräumen vorhandenen Regale können eine unbeobachtete Stimmabgabe nicht gewährleisten.

LAG Düsseldorf v. 31. 8. 2007 – 9 TaBV 41/07, juris = AuR 2008, S. 120

Das Wahlverhalten der Wähler bei einer Betriebsratswahl kann durch eine **R 282** Zeugenvernehmung nicht gerichtlich nachgeprüft werden. Dies gebietet der Grundsatz der geheimen Wahl. Gleiches gilt für eine Nachprüfung durch eidesstattliche Versicherungen der Wähler..

LAG Hamm v. 5. 8. 2011 – 10 TaBV 13/11, Betriebsratswissen online

Wahlunterlagen dürfen – auch nach der Betriebsratswahl – nicht ohne wei- **R 283** teres eingesehen und ausgewertet werden. Dies ergibt sich aus dem Grundsatz der geheimen Wahl. Ist die Einsichtnahme in die Wahlunterlagen notwendig, um die Ordnungsgemäßheit der Wahl zu überprüfen, können Wahlakten auch durch den Arbeitgeber eingesehen und ausgewertet werden.

LAG Niedersachsen v. 12. 9. 2011 – 13 TaBV 16/11
(Rechtsbeschwerde eingelegt; Az. beim BAG: 7 ABR 77/11)

3. Briefwahl (Schriftliche Stimmabgabe)

Die Vorschriften über die Voraussetzung einer schriftlichen Stimmabgabe **R 284** (Briefwahl nach § 26 WO 1972 [§ 24 WO 2001]) gelten nur für die Betriebsratswahl selbst. Danach ist für die Betriebsratswahl die Briefwahl (schriftliche Stimmabgabe) nur für Arbeitnehmer vorgesehen, die zum Zeitpunkt der Wahl vom Betrieb abwesend sind oder in räumlich weit vom Hauptbetrieb entfernten Betriebsteilen *oder Nebenbetrieben* [oder Kleinstbetrieben, § 4 Abs. 2 BetrVG 2001] arbeiten. Bei der Betriebsratswahl gilt die Briefwahl also nicht als Regelfall.

BAG v. 14. 2. 1978 – 1 ABR 76/77, AP Nr. 7 zu § 19 BetrVG 1972;
so auch ArbG Duisburg v. 30. 5. 1984 – 3 BV 16/84;
vgl. BAG v. 27. 1. 1993 – 7 ABR 39/92, BetrR 1993, S. 123

Der Wahlvorstand ist verpflichtet, bei wahlberechtigten Arbeitnehmern, **R 285** die nach der Eigenart ihres Beschäftigungsverhältnisses im Zeitpunkt der

Betriebsratswahl voraussichtlich nicht im Betrieb anwesend sein werden, die für die Briefwahl erforderlichen Unterlagen gem. § 24 Abs. 2 WO 2001 zu übersenden.

Bei Triebwagenführern in einem großen Verkehrsunternehmen sind diese Voraussetzungen erfüllt, da sie – vergleichbar mit Montagearbeitern auf wechselnden Arbeitsstellen mit unterschiedlichen Schichten – aufgrund ihrer Tätigkeit keine Möglichkeit haben, die Stimmabgabe persönlich durchzuführen. Die persönliche Stimmabgabe ist Angehörigen dieser Beschäftigtengruppe während der Dienstzeit nur dann möglich, wenn sie ihre Pause zufällig gerade an einem Ort nehmen können, an dem sich eine Wahlurne befindet. Die Einrichtung sog. »fliegender Wahllokale« kann den Triebwagenführern nicht im ausreichenden Maße die persönliche Stimmabgabe während der Dienstzeit ermöglichen.

ArbG Karlsruhe v. 18. 10. 2002 – 1 BV 1/02, AuR 2004, S. 166

R 286 Die persönliche Erklärung muss stets zusammen mit dem im Wahlumschlag befindlichen Stimmzettel im Freiumschlag an den Wahlvorstand gesandt werden. Es ist nicht zulässig, alle persönlichen Erklärungen, z. B. in einer Filiale, zu sammeln und unabhängig vom Wahlumschlag an den Wahlvorstand zu senden.

LAG Hamm v. 9. 3. 2007 – 10 TaBV 105/06, Betriebsratswissen online

R 287 Der Begriff der räumlich weiten Entfernung im Sinne des § 24 Abs. 3 WO BetrVG ist entsprechend dem Sinn und Zweck der Vorschrift, den Arbeitnehmern die Beteiligung an der Betriebsratswahl zu erleichtern, in einem weiteren Sinne zu verstehen. Entscheidend ist, ob es den Arbeitnehmern der außerhalb des Hauptbetriebes liegenden Betriebsteile oder Kleinstbetriebe unter Berücksichtigung der bestehenden oder gegebenenfalls vom Arbeitgeber zur Verfügung zu stellenden zusätzlichen Verkehrsmöglichkeiten zumutbar ist, im Hauptbetrieb persönlich ihre Stimme abzugeben. Ob der Betriebsrat in derartigen Fällen entweder in allen Betriebsteilen oder Kleinstbetrieben eigene Wahllokale einrichtet oder für die beschäftigten Arbeitnehmer die schriftliche Stimmabgabe beschließt, hat danach der Wahlvorstand nach pflichtgemäßem Ermessen zu entscheiden.

LAG Hamm v. 12. 10. 2007 – 10 TaBV 9/07, juris

Der Wahlvorstand darf nicht generell die schriftliche Stimmabgabe für alle **R 288** Arbeitnehmer unabhängig von den Voraussetzungen des § 24 WO BetrVG anordnen.

LAG Hamm v. 16. 11. 2007 – 13 TaBV 109/06, Betriebsratswissen online

Bei einem Arbeitgeber, der Arbeitnehmer verleiht, kann der Wahlvorstand **R 289** davon ausgehen, dass diese am Wahltag verliehen sind und daher nicht im Betrieb des Verleihers anwesend sind, es sei denn, er hat entgegenstehende Informationen. Daher darf er für diese Arbeitnehmer die Briefwahl anordnen. Bei Leiharbeitnehmern ergibt sich die Abwesenheit vom Betrieb aus dem Wesen ihres Arbeitsverhältnisses.

Bei der generellen Briefwahlanordnung nach § 24 Abs. 3 WO BetrVG kommt es für die Auslegung des Begriffs der räumlich weiten Entfernung entscheidend darauf an, ob es den Arbeitnehmern der außerhalb des Hauptbetriebs liegenden Betriebsteile oder Kleinstbetriebe unter Berücksichtigung der bestehenden oder gegebenenfalls vom Arbeitgeber zur Verfügung zu stellenden Verkehrsmöglichkeiten zumutbar ist, im Hauptbetrieb persönlich ihre Stimme abzugeben.

Hess. LAG v. 17. 4. 2008 – 9 TaBV 163/07, juris

Ordnet der Wahlvorstand die schriftliche Stimmabgabe für alle Wahlbe- **R 290** rechtigten an und dies auch für Betriebsteile, die in einem Stadtgebiet nur wenige Kilometer vom Hauptbetrieb entfernt liegen, wird gegen wesentliche Vorschriften über die Wahl verstoßen. Die Vorgaben des § 24 WO BetrVG 2011 werden missachtet. Gleiches gilt, wenn der Wahlvorstand Arbeitnehmer im Schichtdienst und Arbeitnehmer, die im Hauptbetrieb die Arbeit aufnehmen und beenden, ohne Unterschied als solche behandelt, die nach der Eigenart ihres Arbeitsverhältnisses gem. § 24 Abs. 2 WO BetrVG 2011 voraussichtlich nicht im Betrieb anwesend sein werden.

LAG Niedersachsen v. 9. 3. 2011 – 17 TaBV 41/10 (rechtskräftig), juris

Soll für alle Wahlberechtigten Briefwahl angeordnet werden, kommt es für **R 291** den Begriff der räumlichen weiten Entfernung i. S. v. § 24 Abs. 3 WO darauf an, ob es den Arbeitnehmern, die in Betriebsteilen oder Kleinstbetrieben außerhalb des Hauptbetriebs arbeiten, zumutbar ist, im Hauptbetrieb ihre Stimme persönlich abzugeben. Dabei ist zu berücksichtigen, welche Verkehrsmöglichkeiten bestehen und ob der Arbeitgeber Verkehrsmöglichkeiten bereitstellt.

LAG Hamm v. 5. 8. 2011 – 10 TaBV 13/11, Betriebsratswissen online

R 292 Der Wahlvorstand ist nach § 24 WO BetrVG 2001 verpflichtet, Anträge auf Briefwahl im Rahmen einer kursorischen Minimalprüfung auf ihre Plausibilität anhand ihm bekannter Umstände zu prüfen. Diese Pflicht betrifft den ganzen Wahlvorstand als Gremium.

Es zählt zum Wesensgehalt der Vorschriften des BetrVG über das Wahlverfahren, dass der Wahlvorstand solchen Gefahren der Einflussnahme auf das Wahlverhalten und das Wahlergebnis, die gemessen an der allgemeinen Lebenserfahrung und den konkreten Umständen des Einzelfalles nicht ganz unwahrscheinlich erscheinen, mit wirksamen Mitteln begegnet. Andernfalls erweist sich eine Betriebsratswahl allein wegen des Bestehens dieser Möglichkeit als anfechtbar, ohne dass es darauf ankäme, ob ein konkreter Verdacht gegen eine bestimmte Person festgestellt werden kann.

Auch wenn die Wahlordnung keine konkrete Vorgehensweise für den Umgang mit Briefwahlrückläufern vorschreibt, entledigt dies den Wahlvorstand nicht ohne Weiteres davon, die nach Lage der Umstände erforderlichen Maßnahmen gegen Manipulationsmöglichkeiten zu ergreifen.

LAG Düsseldorf v. 8. 4. 2011 – 10 TaBV 79/10 und v. 16. 9. 2011 –
10 TaBV 33/11 (Rechtsbeschwerde eingelegt; Az. beim BAG: 7 ABR 86/11),
Betriebsratswissen online

4. Öffentlichkeit der Wahl / Stimmauszählung / Feststellung und Bekanntgabe des Wahlergebnisses

R 293 Die Auszählung der Stimmen ist gem. § 18 Abs. 3 BetrVG vom Wahlvorstand unverzüglich öffentlich vorzunehmen. Obwohl das Gesetz nur von einer öffentlichen Auszählung der Stimmen spricht, ist nach Sinn und Zweck der Vorschrift davon auszugehen, dass die gesamte Ermittlung des Wahlergebnisses bis zur Auszählung der Stimmen öffentlich vorzunehmen ist. Es handelt sich dabei um eine wesentliche Bestimmung über das Wahlverfahren, durch die eine Manipulation der Wahl durch Änderung oder Austausch der Stimmzettel verhindert werden soll. Werden z. B.

Stimmzettel unverschlossen oder nicht ordentlich gesichert aufbewahrt, sind sie dem Zugriff Dritter ausgesetzt.

ArbG Bochum v. 20. 6. 1975 – 3 BV 14/75, DB 1975, S. 1898; vgl. auch ArbG Frankfurt/M. v. 24. 9. 2001 – 15/18 BV 187/01, AiB 2002, S. 629ff. in Bezug auf nicht ordnungsgemäß gefertigte Wahlurnen, durch die eine Wahlmanipulation nicht ausgeschlossen werden konnte

Erfolgt die Stimmauszählung mit Hilfe der EDV, muss die Verantwortlich- **R 294** keit des Wahlvorstands für den gesamten Auszählungsvorgang gewährleistet sein. Das ist nicht der Fall, wenn während der elektronischen Datenerfassung der Stimmzettel nicht ständig Wahlvorstandsmitglieder anwesend sind und den Verbleib der Stimmzettel beobachten.

Eine Stimmauszählung, die teilweise außerhalb des bekannt gemachten Auszählungsraumes in einem anderen Raum (Rechenzentrum) stattfindet, ist nicht öffentlich, wenn interessierte Beobachter in das Rechenzentrum nur auf Klingelzeichen Einlass finden.

Bei einem Verstoß gegen § 18 Abs. 3 Satz 1 BetrVG ist die Wahlanfechtung bereits dann begründet, wenn die – theoretische – Möglichkeit einer Auszählungsmanipulation nicht ausgeschlossen werden kann. Es muss nicht nur die Wahrscheinlichkeit einer solchen Manipulation ausgeschlossen werden.

LAG Berlin v. 16. 11. 1987 – 12 TaBV 6/87, DB 1988, S. 504

Lehnt ein gewähltes Betriebsratsmitglied die Übernahme des Amtes ab und **R 295** wird dadurch die gem. § 9 BetrVG vorgesehene Stärke des Betriebsrats nicht erreicht, ist § 11 BetrVG entsprechend mit der Maßgabe anzuwenden, dass für die Zahl der Betriebsratsmitglieder die nächstniedrigere Betriebsgröße zugrunde zu legen ist. Das kann schließlich sogar dazu führen, dass nur noch ein Betriebsratsmitglied als Vertretung der Arbeitnehmer übrigbleibt. § 13 Abs. 2 Nr. 2 BetrVG setzt eine Veränderung der Mitgliederzahl innerhalb des bestehenden Betriebsrats voraus und findet somit keine Anwendung.

LAG Schleswig-Holstein v. 7. 9. 1988 – 3 Tag BV 2/88, DB 1989, S. 284

Das Wahlergebnis wird dadurch bekannt gegeben, dass die Wahlnieder- **R 296** schrift an dem dafür vorgesehenen Ort ausgehängt wird.

Die Bekanntgabe des Wahlergebnisses muss unverzüglich nach Abschluss der Wahl erfolgen.

Der Aushang des Wahlergebnisses ist nicht nur ein Realakt. Er stellt gleichzeitig eine Willenserklärung des Wahlvorstands mit dem Inhalt dar, dass ein bestimmtes Wahlergebnis zu einer bestimmten Zeit und an einem bestimmten Ort durch den Wahlvorstand bekannt gegeben werden soll.

BayVGH v. 24. 4. 1991 – 17 P. 91.384, PersR 1992, S. 79

R 297 Gibt der Wahlvorstand das Wahlergebnis der Betriebsratswahl nach öffentlicher Auszählung der Stimmen als »vorläufiges« Ergebnis durch einen Wahlhelfer – etwa einen Rechtsanwalt – bekannt, ist die Wahl damit abgeschlossen. Verbindet der Wahlvorstand diese Bekanntgabe nicht mit einem Hinweis auf eine Vertagung oder eine Überprüfung des vorläufigen Ergebnisses in einer weiteren – ggf. nichtöffentlichen – Sitzung, ist eine durch den Wahlvorstand vorgenommene spätere Korrektur unwirksam und deshalb unbeachtlich.

Eine gerichtliche Korrektur des Wahlergebnisses ist im Rahmen eines Wahlanfechtungsverfahrens grundsätzlich nicht ausgeschlossen. Sie kommt aber nur in Betracht, wenn es um Fehler des Wahlvorstands geht, die nur die Feststellung des Wahlergebnisses betrifft und die Wahl im Übrigen ordnungsgemäß durchgeführt wurde.

Ein solchermaßen korrigiertes Wahlergebnis bedingt, dass auch die organisationsinternen Wahlen und Beschlüsse des insoweit fehlerhaft konstituierten Betriebsrats unwirksam sind.

Arbeitsgericht Bremen v. 6. 12. 2002 – 3 BV 51/02, AiB 2006, 50

R 298 Die im Betrieb vertretenen Gewerkschaften haben das Recht, an der Stimmauszählung der Betriebsratswahl teilzunehmen.

BAG v. 16. 4. 2003 – 7 ABR 29/02, EzA § 20 BetrVG 2001 Nr. 1 =
Betriebsratswissen online

R 299 Die Betriebsratswahl ist für unwirksam zu erklären, wenn der Wahlvorstand mit der Öffnung der Freiumschläge der Briefwähler vor demjenigen Zeitpunkt beginnt, der im Wahlausschreiben als Beginn des Wahlzeitraums im Wahllokal angegeben ist.

Dies gilt auch, wenn der Wahlvorstand hierbei vollzählig versammelt ist; es fehlt an der Öffentlichkeit der Sitzung.

LAG Nürnberg v. 27. 11. 2007 – 6 TaBV 46/07, LAGE § 19 BetrVG 2001 Nr. 3a
= AuR 2008, S. 161 = Betriebsratswissen online

Soll die Stimmauszählung zu einem anderen als im Wahlausschreiben an- **R 300**
gegebenen Zeitpunkt oder an einem anderen Ort stattfinden, muss dies
vom Wahlvorstand rechtzeitig im Betrieb bekannt gemacht werden. Ande-
renfalls ist die Wahl anfechtbar.

LAG München v. 10. 3. 2008 – 6 TaBV 87/07, Betriebsratswissen online

Der Grundsatz der Öffentlichkeit der Wahl aus Art. 38 in Verbindung mit **R 301**
Art. 20 Abs. 1 und Abs. 2 GG gebietet, dass alle wesentlichen Schritte der
Wahl öffentlicher Überprüfbarkeit unterliegen, soweit nicht andere verfas-
sungsrechtliche Belange eine Ausnahme rechtfertigen.

Der Einsatz von elektronischen Wahlgeräten ist nur unter engen Voraussetzungen mit dem Grundgesetz vereinbar.

So müssen im Hinblick auf die Manipulierbarkeit und Fehleranfälligkeit
elektronischer Wahlgeräte die wesentlichen Schritte von Wahlhandlung
und Ergebnisermittlung zuverlässig und ohne besondere Sachkenntnis
überprüft werden können. Dazu muss der Wähler selbst nachvollziehen
können, ob seine abgegebene Stimme als Grundlage für die Auszählung
oder jedenfalls als Grundlage einer späteren Nachzählung unverfälscht erfasst wird.

Elektronische Wahlgeräte können bei Wahlen eingesetzt werden, wenn
die Möglichkeit einer zuverlässigen Richtigkeitskontrolle gesichert ist,
etwa durch eine anderweitige Erfassung der Stimmen neben der elektronischen Speicherung. In Frage kommt beispielsweise der Ausdruck eines für
den jeweiligen Wähler sichtbaren Papierprotokolls der abgegebenen
Stimme zusätzlich zu deren elektronischer Erfassung, oder die Kennzeichnung eines Stimmzettels bei gleichzeitiger oder nachträglicher elektronischer Erfassung der getroffenen Wahlentscheidung.

BVerfG v. 3. 3. 2009 – 2 BvC 3/07, 2 BvC 4/07, juris

Es besteht ausnahmsweise dann keine Pflicht, die Wahlurne bei Wahlende **R 302**
und anschließendem Transport zum letzten Wahllokal zu versiegeln, wenn
die Wahlauszählung ca. 30 Minuten nach Wahlende erfolgt und die Wahlurne bis dahin unter ständiger Aufsicht zumindest von zwei Wahlvorstandsmitgliedern ist.

ArbG Herford v. 23. 3. 2011 – 2 BV 12/10, juris

5. Übersendung der Wahlniederschrift

R 303 Nach § 18 Abs. 3 BetrVG hat der Wahlvorstand den im Betrieb vertretenen Gewerkschaften eine Wahlniederschrift zu übersenden.

LAG Düsseldorf v. 6. 4. 1978 – 14 TaBV 123/77, DB 1979, S. 110

6. Geschlecht in der Minderheit

R 304 Das vom Verordnungsgeber gewählte d'Hondtsche Höchstzahlensystem zur Errechnung der dem Minderheitengeschlecht zustehenden Anzahl von Mindestsitzen nach § 5 WO 2001 entspricht der in § 15 Abs. 2 BetrVG enthaltenen Regelung und stellt daher keinen Verstoß gegen höherrangiges Recht dar. Eine dem prozentualen Anteil entsprechende Anzahl von Mindestsitzen für das Geschlecht in der Minderheit mit der Folge einer Aufrundung entstehender Bruchteilsergebnisse ist in § 15 Abs. 2 BetrVG nicht vorgeschrieben.

Die »Mindest-Klausel« in § 15 Abs. 2 BetrVG soll ausschließlich die Möglichkeit einer Überrepräsentanz des Geschlechts in der Minderheit gewährleisten und enthält keine Vorgabe einer Berechnungsmethode für die Ermittlung des zahlenmäßigen Verhältnisses.

LAG Rheinland-Pfalz v. 13. 11. 2002 – 10 TaBV 743/02, AiB 2003, S. 694ff. =
AuR 2003, S. 237

R 305 Mussten nach einer Betriebsratswahl zur ausreichenden Berücksichtigung von Kandidaten des Geschlechts in der Minderheit i. S. v. § 15 Abs. 2 BetrVG mehrere Bewerber des Mehrheitsgeschlechts nach § 15 Nr. 1 bis 3 WO 2001 ihren Sitz mit der Folge abgeben, dass alle Bewerber des Minderheitengeschlechts einen Sitz erhalten haben, so ist im Fall der Verhinderung oder des Ausscheidens eines Betriebsratsmitglieds des Minderheitengeschlechts i. S. v. § 15 Abs. 1 Satz 1 und 2 BetrVG für die Ermittlung des nachrückenden Ersatzmitglieds wie folgt zu verfahren: Unabhängig davon, ob der Bewerbertausch innerhalb einer Liste (§ 15 Abs. 5 Nr. 1 WO 2001) oder listenübergreifend (§ 15 Abs. 5 Nr. 2 WO 2001) stattgefunden hat, ist der jeweils letzte Bewerbertausch rückgängig zu machen.

LAG Nürnberg v. 13. 5. 2004 – 5 TaBV 54/03, AuR 2004, S. 317

Die auf Betriebsratswahlen in Postunternehmen nach § 24 Abs. 1, § 26 **R 306**
PostPersRG, § 4 Abs. 1 Satz 2, § 6 Nr. 9 Buchst. e WahlO Post entsprechend
anzuwendenden Regelungen in § 15 Abs. 2 BetrVG und § 15 Abs. 5 Nr. 2
Satz 1 WO sind verfassungsgemäß. Die Anordnung in § 15 Abs. 2 BetrVG,
dass das Geschlecht, das in der Belegschaft in der Minderheit ist, mindestens entsprechend seinem zahlenmäßigen Verhältnis im Betriebsrat vertreten sein muss, und der in § 15 Abs. 5 Nr. 2 Satz 1 WO bestimmte Listensprung verstoßen weder gegen den aus Art. 3 Abs.1 GG resultierenden
Grundsatz der Wahlrechtsgleichheit, noch verletzen sie das durch Art. 9
Abs. 3 GG geschützte Recht der Gewerkschaften auf Gewährung gleicher
Wettbewerbschancen bei Betriebsratswahlen.

BAG v. 16. 3. 2005 – 7 ABR 40/04, NZA 2005, S. 1252ff. =
Betriebsratswissen online

Stellt sich durch die Nichtannahme der Wahl durch einen Kandidaten **R 307**
heraus, dass es eines Listensprungs zur Erfüllung der Minderheitenge-
schlechtsquote nicht bedurft hätte, so ist der Listensprung rückgängig zu
machen.

LAG Niedersachsen v. 10. 3. 2011 – 5 TaBV 96/10, Betriebsratswissen online

7.   Einsichtnahme in Wahlakten

Nach § 19 WO besteht grundsätzlich auch ohne Darlegung eines besonde- **R 308**
ren rechtlichen Interesses und unabhängig von einem Wahlanfechtungs-
oder Nichtigkeitsfeststellungsverfahren ein Anspruch des Arbeitgebers
auf Einsichtnahme in die vom Betriebsrat aufbewahrten Wahlakten der Betriebsratswahl. Das gilt jedoch nicht für Bestandteile der Wahlakten, die
Rückschlüsse auf das Wahlverhalten einzelner wahlberechtigter Arbeitnehmer zulassen, z. B. die mit Stimmabgabevermerken des Wahlvorstands ver-
sehenen Wählerlisten. Die Einsichtnahme in derartige Unterlagen durch
den Arbeitgeber ist nur zulässig, wenn gerade dies zur Überprüfung der
Ordnungsmäßigkeit der Wahl erforderlich ist. Das hat der Arbeitgeber darzulegen.

BAG v. 27. 7. 2005 – 7 ABR 54/04, NZA 2006, S. 59ff. =
ZIP 2006, S. 152 = Betriebsratswissen online

X. Abbruch bzw. Unterbrechung der Wahl / Vorzeitiger Wahlabschluss

R 309 Die Hauptaufgabe des Wahlvorstands besteht darin, die Betriebsratswahl ordnungsgemäß durchzuführen. Ein Abbruch der Betriebsratswahl durch den Wahlvorstand kommt in Betracht, wenn ein nicht korrigierbarer Rechtsmangel vorliegt und die Weiterführung der Wahl mit Sicherheit eine erfolgreiche Anfechtung oder Nichtigkeit zur Folge hätte. Ist der Wahlvorstand nach diesen Kriterien nicht berechtigt, die Wahl abzubrechen, und tut er dies dennoch, stellt sein Handeln eine Wahlbehinderung nach § 20 Abs. 1 BetrVG dar.

LAG Bremen v. 27. 2. 1990 – 1 TaBV 3/90, DB 1990, S. 1571 =
Betriebsratswissen online

R 310 Eine Betriebsratswahl kann (ausnahmsweise) im Wege der einstweiligen Verfügung (Leistungsverfügung) abgebrochen werden, wenn der festgestellte Rechtsmangel nicht korrigierbar und die Weiterführung der Wahl mit Sicherheit eine erfolgreiche Anfechtung oder die Nichtigkeit der Betriebsratswahl zur Folge hätte.

LAG Hamm v. 9. 9. 1994 – 3 TaBV 137/94, BB 1995, S. 260 =
Betriebsratswissen online

R 311 Der Abbruch oder die Untersagung der weiteren Durchführung einer laufenden Betriebsratswahl kommt nicht bereits in den Fällen der ersichtlich drohenden Anfechtbarkeit, sondern vielmehr nur dann in Betracht, wenn für das Gericht bereits zuverlässig feststellbar ist, dass die vorgesehene Wahl nichtig sein wird.

LAG Baden-Württemberg v. 20. 5. 1998 – 8 TaBV 9/98, AiB 1998 S. 401

R 312 Der Abbruch einer Betriebsratswahl im Wege der einstweiligen Verfügung kommt i. d. R. dann nicht in Betracht, wenn bei Durchführung der Betriebsratswahl lediglich mögliche Anfechtungsgründe nicht ausgeschlossen werden können und bei Abbruch der Betriebsratswahl eine betriebsratslose Zeit entstehen würde.

LAG Nürnberg v. 13. 3. 2002 – 2 TaBV 13/02, AuR 2002, S. 238

Dem Wahlvorstand kann im Wege der einstweiligen Verfügung schon dann **R 313** aufgegeben werden, eine bereits eingeleitete Betriebsratswahl abzubrechen, wenn die betriebsverfassungsrechtlichen Interessen der Antragsteller durch einen objektiv schwerwiegenden Rechtsverstoß des Wahlvorstands evident und gravierend verletzt worden sind und die Betriebsratswahl aus diesem Grund anfechtbar ist.

Ein objektiv schwerwiegender Pflichtverstoß liegt vor, wenn der Wahlvorstand einen Wahlvorschlag entgegen § 7 Abs. 2 Satz 2 WO nicht unverzüglich, möglichst innerhalb von zwei Arbeitstagen prüft, obwohl dieser auf den ersten Blick unheilbar ungültig i. S. d. § 8 Abs. 1 WO ist. Die Prüfung eines Wahlvorschlags, der fünf Tage vor Ablauf der Zwei-Wochen-Frist beim Wahlvorstand eingereicht worden ist, nach Fristablauf stellt einen objektiv schwerwiegenden Pflichtverstoß dar, durch den die Rechte der Wahlbewerber dieses Wahlvorschlags evident und gravierend verletzt werden.
LAG Berlin v. 7. 2. 2006 – 4 TaBV 214/06, NZA 2006, S. 509ff.

Der Abbruch oder die Untersagung der weiteren Durchführung einer lau- **R 314** fenden Betriebsratswahl kommt nicht bereits in den Fällen der ersichtlich drohenden Anfechtbarkeit, sondern nur in Betracht, wenn für das Gericht bereits zuverlässig feststellbar ist, dass die vorgesehene Wahl nichtig sein wird.
LAG Baden-Württemberg v. 25. 4. 2006 – 21 TaBV 4/06, AiB 2006, S. 638f.,
Betriebsratswissen online

Zumindest dann, wenn die Wahl des Betriebsrats noch rechtzeitig vor Ab- **R 315** lauf der Amtszeit des bisherigen Betriebsrats durchgeführt werden kann, ist ein Abbruch der Wahl im Wege einstweiliger Verfügung auch dann möglich, wenn die Wahl im Falle ihrer Durchführung nicht nichtig, sondern nur anfechtbar wäre.
LAG Nürnberg v. 30. 3. 2006 – 6 TaBV 19/06 = Betriebsratswissen online

Im Wege der einstweiligen Verfügung kann eine offensichtlich anfechtbare **R 316** Wahl bei einem bewussten Verstoß des Wahlvorstands gegen grundlegende Wahlvorschriften auch dann abgebrochen werden, wenn damit eine betriebsratslose Zeit eintritt. Ein solch schwerwiegender Verstoß liegt dann vor, wenn der Wahlvorstand trotz Kenntnis des dauerhaften Absinkens der Arbeitnehmerzahl auf Grund unternehmerischer Entscheidung auf erheblich unter 20 in nächster Zukunft entgegen § 9 BetrVG im Wahlausschreiben die Wahl eines dreiköpfigen Betriebsrats vorsieht.

LAG Hamburg v. 26. 4. 2006 – 6 TaBV 6/06, NZA 2006, S. 936 =
Betriebsratswissen online

R 317 Eine voraussichtlich nichtige Wahl eines Betriebsrats kann im Wege der einstweiligen Verfügung abgebrochen werden. Nichtig ist die Wahl eines Betriebsrats, wenn ein Teil der Wahlberechtigten bereits einen eigenen Betriebsrat gebildet hat. Auch wenn diese erste Wahl wegen möglicherweise gegebener Verkennung des Betriebsbegriffs anfechtbar ist, so ist eine Doppelzuständigkeit von zwei Betriebsräten für dieselben Mitarbeiter nicht zulässig.

LAG Köln v. 8. 5. 2006 – 2 TaBV 22/06, Betriebsratswissen online

R 318 Der Abbruch einer Betriebsratswahl kann im Wege der einstweiligen Verfügung durchgesetzt werden, wenn die Einleitung und Durchführung der Betriebsratswahl deswegen fehlerhaft ist, weil eines der (drei) Wahlvorstandsmitglieder nicht die erforderliche Mehrheit der auf der zur Wahl des Wahlvorstands einberufenen Betriebsversammlung anwesenden Arbeitnehmer erhalten hat und eine Nachwahl nicht stattgefunden hat. Bei der in Aussicht genommenen Betriebsratswahl handelt es sich um eine Wahl ohne Wahlvorstand, die im Fall ihrer Durchführung nichtig sein wird.

LAG München v. 16. 6. 2008 – 11 TaBV 50/08, EzA-SD 2008 Nr. 16,
Betriebsratswissen online

R 319 Durch eine einstweilige Verfügung kann eine Betriebsratswahl abgebrochen werden, wenn sicher ist, dass die Wahl anfechtbar wäre. Dies ist der Fall, wenn der Wahlvorstand auch aus Nichtwahlberechtigten besteht.

LAG Schleswig-Holstein v. 19. 3. 2010 – 4 TaBVGa 5/10,
Betriebsratswissen online

R 320 Für die Entscheidung, ob das Wahlverfahren abgebrochen werden muss, ist die Bereitschaft des Arbeitgebers, den amtierenden Betriebsrat weiter als Betriebsrat zu akzeptieren, bis wirksam ein neuer Betriebsrat gewählt worden ist, unerheblich. Die Amtszeit eines Betriebsrats steht nicht zur Disposition des Arbeitgebers und kann auch nicht durch Vereinbarung zwischen Arbeitgeber und Betriebsrat verlängert werden. Der gegenteiligen Auffassung des Landesarbeitsgerichts Düsseldorf (17. 5. 2002 – 18 TaBV 26/02 – LAGE BetrVG 2001 § 14 Nr. 2) ist nicht zu folgen.

LAG Hamm v. 24. 3. 2010 – 10 TaBVGa 7/10,
Betriebsratswissen online

Eine Betriebsratswahl ist auf Antrag abzubrechen, wenn sie voraussichtlich **R 321** nichtig wäre. Die bloße Anfechtbarkeit genügt nicht.

Einem Wahlvorstand, der nicht bestellt wurde oder dessen Bestellung nichtig ist, kann auf Antrag untersagt werden, weiter tätig zu werden. Liegen der Bestellung des Wahlvorstands nur (einfache) Fehler zugrunde, gilt dies nicht.

BAG v. 27. 7. 2011 – 7 ABR 61/10, Betriebsratswissen online

Eine Betriebsratswahl darf nur abgebrochen werden, wenn sie voraussicht- **R 322** lich nichtig wäre (Anschluss an BAG 27. 7. 2011 – 7 ABR 61/10).

Thüringer LAG v. 6. 2. 2012 – 1 TaBVGa 1/12, juris

Ein Abbruch einer Betriebsratswahl ist nur zulässig, wenn die Wahl nichtig **R 323** wäre. Die voraussichtliche Anfechtbarkeit einer Betriebsratswahl reicht nicht aus, um durch eine einstweilige Verfügung in das Wahlverfahren einzugreifen und die Betriebsratswahl *abzubrechen.*

LAG Hamm v. 19. 3. 2012 – 10 TaBVGa 5/12, Betriebsratswissen online

Nur wenn die Bildung des Wahlvorstandes so fehlerhaft war, dass der Wahl- **R 324** vorstand als rechtlich nicht bestehend angesehen werden muss, kommt der Abbruch der Wahl in Betracht.

Um den Grundsatz der Rechtseinheit zu wahren, sieht sich die Beschwerdekammer in einstweiligen Verfügungsverfahren an die Rechtsprechung des BAG gebunden, nach der die voraussichtliche sichere Anfechtbarkeit der Wahl deren Abbruch nicht rechtfertigen kann.

LAG Schleswig-Holstein v. 5. 4. 2012 – 4 TaBVGa 1/12,
Betriebsratswissen online

XI. Wahlbehinderung / Wahlschutz / Wahlkosten

1. Unzulässige Wahlbeeinflussung / Behinderung / Zutrittsrechte zum Betrieb

R 325 Unzulässige Wahlbeeinflussung ist jede Androhung von Nachteilen gegenüber Wählern und Wahlbewerbern. Es ist auch verboten, für ein bestimmtes Wahlverhalten gewisse Vorteile zu gewähren oder zu versprechen.

BAG v. 8. 3. 1957 – 1 ABR 5/55, AP Nr. 1 zu § 19 BetrVG

R 326 Selbst wenn der Wahlvorstand nicht rechtmäßig zustande gekommen ist darf der Arbeitgeber die Arbeit des Wahlvorstands nicht eigenmächtig behindern. Er muss vielmehr durch das Arbeitsgericht feststellen lassen, dass der Wahlvorstand nicht ordnungsgemäß zustande gekommen ist. Eine Behinderung der Tätigkeit des Wahlvorstands wäre nur gerechtfertigt bei ganz »offensichtlich fehlerhaftem« Zustandekommen.

AG Detmold v. 24. 8. 1978 – 4 Ns 7 LS 2553/77, BB 1979, S. 783

R 327 Die Weigerung des Arbeitgebers, einen Wahlbewerber zur Sammlung von Unterschriften zur Unterstützung seiner Wahl für die Betriebsratswahl freizustellen, ist keine Behinderung der Betriebsratswahl. Dem Wahlbewerber kann durchaus zugemutet werden, in den Arbeitspausen bzw. zu Beginn oder Ende der Arbeitszeit die erforderlichen Unterschriften zu sammeln und damit seinen eigenen Einsatz zu dokumentieren. Dies entspricht auch dem vom BAG aufgestellten Grundsatz, dass durch die Betriebsratswahl möglichst wenig Arbeitsausfall verursacht werden soll.

LAG Berlin v. 9. 1. 1979 – 3 TaBV 6/78, BB 1979, S. 1036

R 328 Unter den Begriff »Wahl« i. S. des § 119 Abs. 1 Nr. 1 BetrVG 1972 fallen auch vorbereitende Maßnahmen, wie die Einberufung und Durchführung einer Betriebsversammlung zur Wahl des Wahlvorstands.

Die Behinderung der Einberufung und Durchführung einer Betriebsversammlung zur Wahl des Wahlvorstands stellt einen Straftatbestand im Sinne des § 119 Abs. 1 Nr. 1 BetrVG dar. Der Geltungsbereich des § 20 Abs. 1 BetrVG umfasst nicht nur den eigentlichen Abstimmungsvorgang, sondern auch vorbereitende Maßnahmen wie die vorausgehenden Abstimmungen und die auf die Betriebsratswahl sich beziehenden Beschlussfassungen der Wähler oder des Wahlvorstands.

Bay. Oberstes Landesgericht v. 9. 7. 1980 – 4 St 173/80, BB 1980, S. 1638

Das Verbot unzulässiger Wahlbeeinflussung richtet sich insbesondere ge- **R 329** gen den Arbeitgeber. Dieser hat sich bei der Betriebsratswahl strikt jeder Meinungsäußerung und jeglichen Einflusses auf die Zusammensetzung des Betriebsrats zu enthalten. Er hat Neutralität zu üben.

Der Arbeitgeber verletzt das Verbot, wenn er in einer Betriebsversammlung offen oder unterschwellig beim Zuhörer Angst vor dem Verlust eines finanziellen Vorteils erzeugt, falls dieser bestimmte Kandidaten wählt.

ArbG Berlin v. 8. 8. 1984 – 18 BV 5/84

Der Wahlvorstand hat ebenso wie betroffene Wahlvorstandsmitglieder das **R 330** Recht, durch Beantragung einer einstweiligen Verfügung sicherzustellen, dass er in der von der Betriebsversammlung bestimmten Zusammensetzung sein Amt ausüben kann. Bei einem vom Arbeitgeber erteilten Hausverbot für ein fristlos entlassenes Wahlvorstandsmitglied kann er deshalb beim ArbG eine einstweilige Verfügung beantragen, durch die dem Arbeitgeber aufgegeben wird, dem Wahlvorstandsmitglied Zutritt zu dem Betrieb einzuräumen, damit es an Wahlvorstandssitzungen teilnehmen kann.

LAG Düsseldorf v. 29. 10. 1985 – 8 TaBV 96/85, AuR 1986, S. 316

Werden Arbeitnehmer, um eine eingeleitete (bzw. vorgesehene) Betriebs- **R 331** ratswahl zu verhindern, durch die Androhung von Nachteilen, durch die Zuweisung schlechterer Arbeit oder durch den Ausspruch einer Kündigung unter Druck gesetzt und Gewerkschaftsvertretern der Zutritt zum Betrieb verwehrt, liegt der Straftatbestand einer unzulässigen Behinderung der Betriebsratswahl im Sinne des § 119 Abs. 1 Nr. 1 BetrVG vor. Dies gilt selbst dann, wenn Zweifel hinsichtlich der ordnungsgemäßen Bestellung des Wahlvorstands bestehen.

LG Siegen v. 13. 11. 1986 – Ns 6 Ls 25 Js 354/84 S 2/85;
bestätigt durch OLG Hamm v. 26. 2. 1987 – 1 Ss 164/87

Die tatsächliche und finanzielle Unterstützung einer Gruppe von Kandi- **R 332** daten bei der Herstellung einer Wahlzeitung durch den Arbeitgeber stellt einen Verstoß gegen § 20 Abs. 2 BetrVG dar, der zur Unwirksamkeit der Betriebsratswahl führt.

BAG v. 4.12.1986 – 6 ABR 48/85, AP Nr. 13 zu § 19 BetrVG 1972

R 333 Verlangt der Arbeitgeber vom Arbeitnehmer, dass er eine vom Arbeitgeber verfasste »Erklärung«, wonach die Mitarbeiter des Betriebs keinen Betriebsrat wollen, unterzeichnet, ist eine nach Weigerung des Arbeitnehmers im unmittelbaren zeitlichen Zusammenhang erfolgte Kündigung des Arbeitgebers wegen versuchter Behinderung einer beabsichtigten Betriebsratswahl gem. § 134 BGB in Verbindung mit § 20 Abs. 1 und 2 BetrVG nichtig.

ArbG München v. 26.5.1987 – 15 Ca. 3024/87, DB 1987, S. 2662

R 334 Die beharrliche Verweigerung des Zutrittsrechts eines Gewerkschaftsbeauftragten zum Betrieb zur Vorbereitung einer Betriebsratswahl erfüllt den Straftatbestand einer unzulässigen Behinderung der Betriebsratswahl im Sinne des § 119 Abs. 1 Nr. 1 BetrVG. Dies gilt insbesondere dann, wenn das Arbeitsgericht den Gewerkschaftsbeauftragten in einer einstweiligen Verfügung das Recht zugesprochen hat, eine Betriebsratswahl einzuleiten.

AG Aichach v. 29.10.1987 – Ds 506 Js 20042/87

R 335 Nimmt der Arbeitgeber eine Kündigung zum Zwecke vor, die aktive oder passive Beteiligung des Gekündigten bei der Betriebsratswahl oder die Durchführung der Wahl zu verhindern oder zu erschweren, verstößt diese Kündigung gegen das gesetzliche Verbot des § 20 Abs. 1 BetrVG und ist damit gem. § 134 BGB nichtig.

Da § 20 Abs. 1 BetrVG als Kündigungsschutzvorschrift allumfassend wirkt, ist es unerheblich, ob der Gekündigte das passive Wahlrecht besitzt.

LAG Rheinland-Pfalz v. 5.12.1991 – 4 Sa 752/91, AiB 1992, S. 531;
vgl. auch LAG Baden-Württemberg v. 31.5.1972 – 4 TaBV 1/72, DB 1972,
S. 1392, Betriebsratswissen online

R 336 Ein gekündigter Wahlbewerber, über dessen Kündigungsschutzklage die Arbeitsgerichtsbarkeit noch nicht abschließend entschieden hat, ist berechtigt, zum Zwecke der Wahlwerbung den Betrieb zumindest zeitweise zu betreten. Zur Anspruchsdurchsetzung ist der Erlass einer einstweiligen Verfügung zulässig.

ArbG München v. 18.11.1997 – 19 BV Ga 61/97, AiB 1998, S. 161

Die Sammlung von Stützunterschriften für eine Vorschlagsliste zur Betriebs- **R 337**
ratswahl durch leitende Angestellte stellt eine unzulässige Beeinflussung der
Betriebsratswahl im Sinne des § 20 BetrVG dar. Eine so zustande gekom-
mene Vorschlagsliste ist unheilbar ungültig im Sinne des § 8 Abs. 1 WO.

LAG Hamburg v. 12. 3. 1998 – 2 TaBV 2/98, AiB 1998, S. 701 =
Betriebsratswissen online

Fordert der Arbeitgeber die Arbeitnehmer vor der Betriebsratswahl schrift- **R 338**
lich auf, eine bestimmte Liste zu wählen und diffamiert er zugleich die ge-
werkschaftliche Liste, stellt dies eine unzulässige Wahlbeeinflussung dar,
die zur Unwirksamkeit der Wahl führt.

ArbG Heilbronn v. 18. 3. 1999 – 1 BV 1/99, AiB 1999, S. 581

Eine Wahlbehinderung liegt i. S. d. § 24 Abs. 1 Satz 1 BPersVG liegt vor, **R 339**
wenn eine Dienstelle entgegen ihren Pflichten dem Wahlvorstand nicht die
Unterlagen zur Verfügung stellt, bei deren Kenntnis der Wahlvorstand die
Größe des Personalrats und die Verteilung der Sitze auf die Gruppen in der
Dienststelle anderes bestimmt hätte, als er es ohne die Informationen ge-
tan hat, weil er die »in der Regel« Beschäftigten – ohne die nicht zur Verfügung gestellten Informationen – falsch bestimmt hat.

OVG Nordrhein-Westfalen v. 14. 4. 2004 –
1 A 4408/02.PVB, PersR 2004, S. 442ff.

Es stellt eine Behinderung der Betriebsratswahl i. S. v. § 20 Abs. 1 BetrVG **R 340**
dar, wenn der Arbeitgeber während der Zeit, zu der zu einer Wahl- bzw. Betriebsversammlung zur Wahl des Wahlvorstands eingeladen wurde, für die
Arbeitnehmer eine Erste-Hilfe-Ausbildung anordnet.

ArbG Berlin v. 29. 5. 2009 – 16 BVGa 9922/09, juris = BB 09, S. 1928 Ls.

Eine unzulässige Beeinträchtigung der freien Wahl liegt bereits dann vor, **R 341**
wenn Arbeitgeber und Wahlbewerber bei einem Teil der Wahlberechtigten
die Briefwahlunterlagen einsammeln.

LAG München v. 27. 1. 2010 – 11 TaBV 22/09, Betriebsratswissen online

Jedenfalls, wenn ein Arbeitgeber Kandidaten durch Zuwendung von Geld **R 342**
eine nachhaltigere Präsentation im Rahmen der Wahl ermöglicht und die
finanzielle Förderung der Kandidaten *(hier: Zuwendung von Geldmitteln für*

Wahlvorschlagsliste für Präsentation/Wahlwerbung der AUB durch Siemens) verschleiert, liegt eine strafbare Beeinflussung der Wahl gem. § 119 Abs. 1 Nr. 1 Alt. 2 i. V. m. § 20 Abs. 2 BetrVG vor.

Eine Normverletzung ist in der Regel nur dann pflichtwidrig i. S. d. § 266 StGB, wenn die verletzte Rechtsnorm ihrerseits – hier der Straftatbestand des § 119 Abs. 1 Nr. 1 BetrVG – wenigstens auch, und sei es mittelbar vermögensschützenden Charakter für das zu betreuende Vermögen hat, mag die Handlung auch nach anderen Normen pflichtwidrig sein und gegebenenfalls Schadensersatzansprüche gegenüber dem Treupflichtigen begründen.

BGH v. 13. 9. 2010 – 1 StR 220/09, juris = NJW 2011, S. 88

2. Kündigungsschutz für Wahlinitiatoren, Wahlbewerber und Wahlvorstandsmitglieder / Amtsschutz

R 343 Der sich aus dem Verbot der Behinderung der Betriebsratswahl ergebende Kündigungsschutz kommt Arbeitnehmern zugute, die zum Zwecke der Vergeltung oder Abschreckung durch eine Kündigung dafür gemaßregelt werden, dass sie sich aktiv für die Durchführung einer Betriebsratswahl eingesetzt haben. Die Beweislast dafür, dass die Kündigung wegen des aktiven Einsatzes für die Betriebsratswahl erfolgte, obliegt grundsätzlich dem gekündigten Arbeitnehmer.

Hat der Arbeitgeber jedoch allgemein eine betriebsratsfeindliche Haltung erkennen lassen, kommt es durch die Anwendung der Grundsätze des Beweises des ersten Anscheins zu einer Umkehr der Beweislast.

LAG Kiel v. 7. 7. 1953 – 3 Sa 174/53, AP 54 Nr. 8; LAG Düsseldorf v. 5. 2. 1963 –
8 Sa 5/63, DB 1963, S. 1055

R 344 Ist ein Wahlvorstand bestellt, ist eine dem Wahlvorstandsmitglied nach der Bestellung zugegangene Kündigung unwirksam, auch wenn das Kündigungsschreiben vor der Bestellung des Wahlvorstands abgesandt wurde. Eine unzulässige Kündigung wird nicht dadurch wirksam, dass die Belegschaft nach dem Zugang der Kündigung erklärt, von der Wahl eines Betriebsrats Abstand nehmen zu wollen.

LAG Hamm v. 29. 11. 1973 – 3 Sa 663/73

Eine Arbeitgeberkündigung kann unwirksam sein, wenn sie nur ausge- **R 345** sprochen wird, um einen demnächst zu erwartenden Kündigungsschutz des Arbeitnehmers als Wahlbewerber zu vereiteln. Dieser Unwirksamkeitsgrund liegt nicht vor, wenn der Arbeitgeber zu einer Zeit, als ihm die mögliche Wahlkandidatur des Arbeitnehmers unbekannt war, dem Betriebsrat im Anhörungsverfahren nach § 102 BetrVG 1972 seine auf andere Gründe gestützte Kündigungsabsicht mitgeteilt und dann aus diesen Gründen gekündigt hat.

Der besondere Kündigungsschutz als Wahlbewerber gem. § 15 Abs. 3 KSchG steht dem Arbeitnehmer noch nicht zu, solange nicht wenigstens ein Wahlvorschlag für seine Person aufgestellt ist, der den Anforderungen des § 14 Abs. 5 BetrVG 1972 (Unterzeichnung durch eine Mindestzahl wahlberechtigter Arbeitnehmer) genügt. Die Benennung eines Arbeitnehmers als Betriebsratskandidat in einer Versammlung der gewerkschaftlichen Vertrauensleute des Betriebs und die Aufzeichnung seines Namens auf einem Zettel ohne Unterschriften kann den besonderen Kündigungsschutz nicht auslösen.

BAG v. 4. 4. 1974 – 2 AZR 452/73, AP Nr. 1 zu § 626 BGB
Arbeitnehmervertreter im Aufsichtsrat

Wahlbewerber für die Wahl in den Wahlvorstand haben keinen Kündi- **R 346** gungsschutz nach § 15 Abs. 2 KSchG.
LAG Baden-Württemberg v. 31. 5. 1974 – 7 Sa 68/74, BB 1974, S. 885

Der besondere Kündigungsschutz für Wahlbewerber beginnt, sobald ein **R 347** Wahlvorstand für die Wahl bestellt ist und für diese Wahlbewerber ein Wahlvorschlag vorliegt, der die erforderliche Mindestzahl von Stützunterschriften aufweist. Auf die Einreichung des Wahlvorschlags beim Wahlvorstand kann für den Beginn des Kündigungsschatzes nicht abgestellt werden.
BAG v. 4. 3. 1976 – 2 AZR 620/74, AP Nr. 1 zu § 15 KSchG 1969
(Wahlbewerber); BAG v. 5. 12. 1980 – 7 AZR 781/78, AP Nr. 9
zu § 15 KSchG 1969

Dem Mitglied eines Wahlvorstands steht der besondere Kündigungsschutz **R 348** auch dann zu, wenn im Betrieb noch kein Betriebsrat besteht. Hier muss der Arbeitgeber, bevor er eine außerordentliche Kündigung wirksam aussprechen kann, das Zustimmungsverfahren nach § 103 Abs. 2 BetrVG beim

Arbeitsgericht erfolgreich durchgeführt haben. Dies gilt auch für den Fall einer (individuellen) Änderungskündigung.

BAG v. 12. 8. 1976 – 2 AZR 303/75, AP Nr. 2 zu § 15 KSchG 1969;
BAG v. 30. 5. 1978 – 2 AZR 637/76, AP Nr. 4 zu § 15 KSchG 1969

R 349 Unter das Verbot der Behinderung der Betriebsratswahl (§ 20 Abs. 1 BetrVG) fällt eine Kündigung, die anlässlich der Betätigung für die Betriebsratswahl oder in Zusammenhang mit ihr gerade deswegen ausgesprochen wird, um die Wahl dieses Arbeitnehmers zu verhindern oder ihn wegen seines Einsatzes bei der Betriebsratswahl zu maßregeln. Der Arbeitnehmer ist aber nur bei rechtmäßigem Verhalten geschützt. Die Verletzung arbeitsvertraglicher oder gesetzlicher Pflichten ist durch das Behinderungsverbot nicht gedeckt.

BAG v. 13. 10. 1977 – 2 AZR 387/76, AP Nr. 1 zu § 1 KSchG 1969
Verhaltensbedingte Kündigung = Betriebsratswissen online

R 350 Vom Zeitpunkt der Bekanntgabe des Wahlergebnisses an kann der Arbeitgeber einem Mitglied des Wahlvorstands oder einem nicht in den Betriebsrat gewählten Wahlbewerber ohne Zustimmung außerordentlich kündigen (§ 15 Abs. 3 Satz 3 KSchG). Ein in diesem Zeitpunkt noch nicht rechtskräftig abgeschlossenes Beschlussverfahren nach § 103 Abs. 2 BetrVG ist jetzt erledigt. Zu einer nunmehr auszusprechenden Kündigung muss der Arbeitgeber jedoch den neu gewählten Betriebsrat gem. § 102 Abs. 1 BetrVG anhören. Diese Anhörung wird durch eine später im Beschlussverfahren erteilte Zustimmung nicht ersetzt.

BAG v. 30. 5. 1978 – 2 AZR 637/76, AP Nr. 4 zu § 15 KSchG 1969

R 351 Der besondere Kündigungsschutz für Wahlbewerber gilt auch bei nichtiger Wahl, weil er auf deren ordnungsgemäße Durchführung in der Regel keinen entscheidenden Einfluss hat.

LAG Düsseldorf v. 24. 8. 1978 – 7 Sa 326/78, BB 1979, S. 575;
vgl. hierzu aber auch BAG v. 27. 4. 1976 – 1 AZR 482/75,
AP Nr. 4 zu § 19 BetrVG 1972,
das bei einer nichtigen Betriebsratswahl jedenfalls für einen aus solchen Wahlen hervorgegangenen Betriebsrat einen Vertrauensschutz ablehnt.

Der besondere Kündigungsschutz für den Wahlbewerber entfällt nicht **R 352** dadurch, dass die Vorschlagsliste durch spätere Streichung von Stützunterschriften gem. § 8 Abs. 2 Nr. 3 WO ungültig ist (wird).

BAG v. 5. 12. 1980 – 7 AZR 781/78, AP Nr. 9 zu § 15 KSchG 1969

Für den Kündigungsschutz eines Wahlbewerbers für die Betriebsratswahl **R 353** nach § 15 Abs. 3 Satz 1 KSchG ist – abgesehen von den anderen Voraussetzungen – nicht erforderlich, dass er im Zeitpunkt des Kündigungszuganges schon sechs Monate dem Betrieb angehört. Erforderlich ist nur, dass er im Zeitpunkt der Betriebsratswahl diese sechsmonatige Betriebszugehörigkeit besitzt.

LAG Hamm v. 21. 4. 1982 – 3 Sa 188/82, DB 1982, S. 2709;
vgl. auch LAG Rheinland-Pfalz v. 5. 12. 1991

Die in einer nichtigen Wahl gewählten Wahlvorstandsmitglieder genießen **R 354** nicht den besonderen Kündigungsschutz des § 15 Abs. 3 KSchG.

BAG v. 7. 5. 1986 – 2 AZR 349/85, AP Nr. 18 zu § 15 KSchG 1969

Ein ordnungsgemäß gewähltes Mitglied eines Wahlvorstands für eine Be- **R 355** triebsratswahl kann auch dann den besonderen Kündigungsschutz des § 15 Abs. 3 Satz 2 KSchG beanspruchen, wenn es zurücktritt, bevor die Betriebsratswahl stattgefunden hat. In einem derartigen Fall ist bis zum Ablauf von sechs Monaten nach der Amtsniederlegung eine Kündigung unzulässig, weil man bereits nach seiner Wahl in den Wahlvorstand davon ausgehen muss, dass sich der Arbeitnehmer in einem gewissen Spannungsverhältnis zum Arbeitgeber befindet.

BAG v. 9. 10. 1986 – 2 AZR 650/85, AP Nr. 23 zu § 15 KSchG 1969

Die Massenänderungskündigung ist auch gegenüber einem erfolglosen **R 356** Wahlbewerber nach § 15 Abs. 3 Satz 2 KSchG innerhalb von 6 Monaten nach Bekanntgabe des Wahlergebnisses unzulässig.

BAG v. 9. 4. 1987 – 2 AZR 279/86, AP Nr. 28 zu § 15 KSchG 1969;
vgl. auch BAG v. 29. 1. 1981 – 2 AZR 778/78, AP Nr. 10 zu § 15 KSchG 1969

Nach § 15 Abs. 3 Satz 2 KSchG ist die Kündigung eines Wahlbewerbers **R 357** innerhalb von 6 Monaten nach Bekanntgabe des Wahlergebnisses unzulässig, es sei denn, dass Tatsachen vorliegen, die den Arbeitgeber zur

Kündigung aus wichtigem Grund ohne Einhaltung einer Kündigungsfrist berechtigen. Zweck dieser Vorschrift ist es, Wahlbewerber vor Diskriminierungen im Zusammenhang mit der Betriebsratswahl zu schützen. Beteiligt sich ein Wahlbewerber innerhalb der Schutzfrist an einer Schlägerei und hat dieser Vorfall nichts mit der Kandidatur zur Betriebsratswahl zu tun, ist dem Arbeitgeber nicht verwehrt, dieses Verhalten als Kündigungsgrund für eine nach Ablauf der Schutzfrist ausgesprochene ordentliche Kündigung zu nehmen.

BAG v. 13. 6. 1996 – 2 AZR 431/95, BB 1996, S. 2098 = AiB 1996, S. 389 =
Betriebsratswissen online

R 358 Der besondere Kündigungsschutz des Wahlbewerbers nach § 15 Abs. 3 KSchG setzt zumindest dessen Wählbarkeit voraus. Ob es auf die Wählbarkeit zum Zeitpunkt der Aufstellung des Wahlvorschlages oder im Zeitpunkt der Wahl ankommt, bleibt offen.

BAG v. 26. 9. 1996 – 2 AZR 528/95, AiB 1997, S. 596 =
Betriebsratswissen online

R 359 Die Kündigung eines Wahlbewerbers zur Betriebsratswahl ist grundsätzlich erst nach 6 Monaten nach Bekanntgabe des Wahlergebnisses zulässig.

Wird die Betriebsabteilung des Wahlbewerbers stillgelegt, ist eine Kündigung frühestens zum Zeitpunkt der Stilllegung zulässig.

Entfällt der Arbeitsplatz eines nach § 15 KSchG geschützten Arbeitnehmers, hat der Arbeitgeber den Arbeitnehmer auf einen geeigneten Arbeitsplatz in einer anderen Betriebsabteilung zu übernehmen, wobei der Arbeitgeber diesen Arbeitsplatz unter Umständen durch Kündigung freimachen muss.

ArbG Frankfurt/M. v. 6. 7. 1999 – 4 Ca. 5534/98, AiB 2000, S. 117

R 360 Eine Kündigung, die im Zuge einer Kündigungswelle ausgesprochen wird, welche im unmittelbaren Anschluss an Auseinandersetzungen um die Einberufung der Betriebsversammlung für die Wahl eines Wahlvorstands zwischen den Beschäftigten und der Gewerkschaft einerseits und dem Arbeitgeber andererseits erfolgt, ist gem. §§ 612 a BGB, 20 BetrVG i. V. m. § 134 BGB nichtig.

ArbG Berlin v. 20. 9. 2001 – 66 Ca. 4883/01, AiB 2002, S. 305f.

Die Übertragung des Zustimmungsrechts des Betriebsrats zu einer beab- **R 361**
sichtigten außerordentlichen Kündigung eines Betriebsratsmitglieds nach
§ 103 BetrVG auf einen Betriebsausschuss gem. § 27 Abs. 2 Satz 2 BetrVG
oder einen besonderen Ausschuss nach § 28 BetrVG ist grundsätzlich zulässig. Einer solchen Delegation steht auch nicht die Bedeutung des betriebsverfassungsrechtlichen Zustimmungsrechts nach § 103 BetrVG entgegen.

Der besondere Kündigungsschutz nach § 15 Abs. 3 KSchG besteht schon
dann, wenn der Wahlvorschlag lediglich behebbare Mängel aufweist.

Bei Wahlbewerbern endet das Zustimmungserfordernis des Betriebsrats
vor Bekanntgabe des Wahlergebnisses im Fall der Rücknahme der Kandidatur zum Betriebsrat.

Der Arbeitgeber genügt seinen Mitteilungspflichten nach § 102 BetrVG,
wenn er zunächst (zutreffend oder irrtümlich) ein Verfahren nach § 103
BetrVG einleitet und den Betriebsrat entsprechend unterrichtet, im Kündi-
gungszeitpunkt aber zweifelsfrei feststeht, dass ein Schutz nach § 103
BetrVG nicht besteht und deshalb für eine außerordentliche Kündigung
nur eine Anhörung nach § 102 BetrVG erforderlich ist. Im umgekehrten
Fall kann eine Anhörung nach § 102 BetrVG die Einleitung des Zustim-
mungsverfahrens grundsätzlich nicht ersetzen, es sei denn, der Betriebsrat
hat in Kenntnis des Vorliegens der Voraussetzungen des Sonderkündigungsschutzes von sich aus seine Zustimmung nach § 103 BetrVG erteilt.
In diesem Fall muss aber die Information des Arbeitgebers über den Kündigungsgrund nach § 102 BetrVG auch den Anforderungen an eine inhaltliche Unterrichtung des Betriebsrats nach § 103 BetrVG entsprechen und
die Interessenvertretung um den besonderen Kündigungsschutz des zu
kündigenden Arbeitnehmers wissen.

BAG v. 17. 3. 2005 – 2 AZR 275/04, NZA 2005, S. 1064ff. =
Betriebsratswissen online

Die Tatsache, dass eine Betriebsratswahl noch nicht eingeleitet war, weil **R 362**
das Wahlausschreiben noch nicht erlassen war, ist für den Kündigungsschutz eines Wahlbewerbers (§ 15 Abs. 3 Satz 1 KSchG) unerheblich.

Ein Wahlvorschlag, der nach Bestellung des Wahlvorstandes, aber vor Erlass des Wahlausschreibens eingereicht wurde, ist jedenfalls kein von vornherein ungültiger Wahlvorschlag. Er ist vom Wahlvorstand zu beachten.

Sobald ein Wahlbewerber »aus seiner Deckung tritt«, indem er die Wahlvorschlagsliste beim Wahlvorstand eingereicht und damit öffentlich gemacht hat, besteht die besondere Schutzbedürftigkeit des Arbeitnehmers.

ArbG Rosenheim v. 23. 2. 2011 – 3 Ca 1987/09
(Berufung eingelegt; Az. beim LAG München: 11 Sa 353/11), juris

R 363 Ein Wahlbewerber besitzt besonderen Kündigungsschutz nach § 15 Abs. 3 Satz 1 KSchG in jedem Fall dann, wenn ein gültiger Wahlvorschlag beim Wahlvorstand eingereicht wurde. Es kommt nicht darauf an, ob zu diesem Zeitpunkt die Betriebsratswahl durch Erlass des Wahlausschreibens bereits eingeleitet worden war.

LAG Hamm v. 25. 2. 2011 – 13 Sa 1566/10
(so auch nachgehend BAG v. 19. 4. 2012 –2 AZR 299/11), vgl. R 366

R 364 Der Sonderkündigungsschutz für Wahlbewerber nach § 15 Abs. 3 Satz 1 KSchG beginnt, sobald ein Wahlvorstand für die Wahl bestellt ist und für den Kandidaten ein Wahlvorschlag vorliegt, der die nach dem Betriebsverfassungsgesetz erforderliche Mindestzahl von Stützunterschriften aufweist.

Sind diese Voraussetzungen gegeben, greift der Sonderkündigungsschutz für Wahlbewerber auch dann ein, wenn im Zeitpunkt der Anbringung der letzten – erforderlichen – Stützunterschrift die Frist zur Einreichung von Wahlvorschlägen noch nicht angelaufen war.

Voraussetzung für einen gültigen Wahlvorschlag ist die Wählbarkeit des Bewerbers nach § 8 BetrVG. Fehlt es hieran, darf der Vorschlag vom Wahlvorstand nicht berücksichtigt werden. Für den besonderen Kündigungsschutz nach § 15 Abs. 3 Satz 1 KSchG reicht es aus, dass die Voraussetzungen des § 8 BetrVG im Zeitpunkt der Wahl vorliegen. Der Arbeitnehmer kann sich nur dann nicht auf den besonderen Kündigungsschutz als Wahlbewerber berufen, wenn bei Zugang der Kündigung keinerlei Aussicht bestanden hat, dass er bei der durchzuführenden Wahl wählbar sein würde.

BAG v. 7. 7. 2011 – 2 AZR 377/10, Betriebsratswissen online

R 365 Der Sonderkündigungsschutz eines Wahlvorstandsmitglieds nach § 15 Abs. 3 Satz 1 KSchG, das vom Arbeitsgericht gem. § 16 Abs. 2 BetrVG i. V. m. § 17 Abs. 4 Satz 2 BetrVG bestellt wird, beginnt mit dem Zeitpunkt der Verkündung der gerichtlichen Entscheidung (wie BAG 26. 11. 2009 – 2 AZR 185/08 – EzA § 15 KSchG n. F. Nr. 65).

Will der Arbeitgeber die Nichtigkeit der Bestellung des Wahlvorstands geltend machen, weil die zur Betriebsversammlung zwecks Wahl eines Wahlvorstands einladende Gewerkschaft (vgl. § 17 Abs. 2 Satz 1 1. Halbs. BetrVG) die Einladung zu dieser Betriebsversammlung nicht so bekannt gemacht hat, dass alle Arbeitnehmer des Betriebs davon Kenntnis nehmen konnten, und konnte durch das Fernbleiben nicht informierter Arbeitnehmer das Wahlergebnis beeinflusst werden, kann dies nur in dem gerichtlichen Bestellungsverfahren, nicht aber in einem späteren Kündigungsschutzprozess des Wahlvorstandsmitglieds geltend gemacht werden.

LAG Düsseldorf v. 17. 2. 2011 – 11 Sa 1229/10, AuR 2011, 314 =
Betriebsratswissen online

Der Sonderkündigungsschutz für Wahlbewerber nach § 15 Abs. 3 KSchG **R 366** beginnt, sobald ein Wahlvorstand für die Wahl bestellt ist und ein Wahlvorschlag für den Kandidaten vorliegt, der die erforderliche Zahl von Stützungsunterschriften aufweist. Es ist nicht erforderlich, dass das Wahlausschreiben zu diesem Zeitpunkt schon erlassen ist.

BAG v. 19. 4. 2012 – 2 AZR 299/11, Betriebsratswissen online =
DB 2012, S. 2292

3. Wahlkosten / Fortzahlung des Arbeitsentgelts / Sachmittel

Zur Betätigung im Wahlvorstand im Sinne von § 20 Abs. 3 Satz 2 BetrVG **R 367** zählt nicht nur die eigentliche Wahlvorbereitung und -durchführung, sondern regelmäßig auch die Unterweisung in die Tätigkeit eines Wahlvorstands.

BAG v. 5. 3. 1974 – 1 AZR 50/73, AP Nr. 5 zu § 20 BetrVG 1972;
zu Schulungskosten vgl. R 32

Die Kosten eines Beschlussverfahrens, das zur Klärung von Meinungsver- **R 368** schiedenheiten zwischen dem früheren Wahlvorstand und dem Arbeitgeber über die aus Anlass der Teilnahme an einer gewerkschaftlichen Schulung erwachsenen Fahrt- und Verzehrkosten entstanden sind, sind Folgekosten der Wahl und somit Kosten der Wahl selbst.

BAG v. 26. 11. 1974 – 1 ABR 16/74, AP Nr. 6 zu § 20 BetrVG

R 369 Zu den Kosten der Wahl nach § 20 Abs. 3 BetrVG gehören auch die Kosten eines Wahlanfechtungsverfahrens. Haben drei oder mehr Arbeitnehmer nach § 19 Abs. 2 die Wahl angefochten, können sie daher vom Arbeitgeber Ersatz für die erforderlichen Kosten einer zweckentsprechenden Rechtsverfolgung verlangen. Die persönliche Teilnahme dieser Arbeitnehmer am Anhörungstermin ist erforderlich, wenn eine umfangreiche Beweisaufnahme zu erwarten ist und diese die Möglichkeit haben müssen, Zeugenvorhalte zu machen. Die Erforderlichkeit der Teilnahme ergibt sich auch daraus, dass das Beschlussverfahren gem. § 83 ArbGG völlig vom Grundsatz der Mündlichkeit beherrscht wird.

ArbG Gelsenkirchen v. 22. 8. 1977 – 5 BV 29/77, BB 1978, S. 307

R 370 Rechtsanwaltskosten, die ein Wahlbewerber für ein einstweiliges Verfügungsverfahren während der Zeit der Betriebsratswahlen aufwenden muss, um die Genehmigung zum Betreten des Betriebs (gegebenenfalls auch außerhalb seiner Arbeitszeit) zum Sammeln von Stützunterschriften für seinen Wahlvorschlag, zur Durchführung von Wahlwerbung usw. zu erlangen, sind vom Arbeitgeber als Wahlkosten gem. § 20 Abs. 3 BetrVG zu erstatten.

LAG Hamm v. 6. 2. 1980 – 3 TaBV 79/79, DB 1980, S. 1223;
LAG Berlin v. 11. 3. 1988 – 2 TaBV 1/88, AuR 1989, S. 28

R 371 Wenn der Wahlvorstandsvorsitzende in seiner gleichzeitigen Eigenschaft als Betriebsratsvorsitzender zum Boykott einer Vorschlagsliste vor der Betriebsratswahl aufruft, sind die von den Bewerbern der Liste aufgewandten Rechtsanwaltskosten für das Verbot des Boykotts nicht vom Arbeitgeber als Wahlkosten zu erstatten.

LAG Hamm v. 6. 2. 1980 – 3 TaBV 84/79, DB 1980, S. 1223

R 372 Wahlwerbung ist ein nicht gesetzlich normierter Wahlverfahrensbestandteil. Aus der Sicht des Wahlbewerbers mag zwar Propaganda für eine erfolgreiche Kandidatur geboten sein. Die Kostentragungsregelung des § 20 Abs. 3 BetrVG beinhaltet jedoch nicht die Verpflichtung des Arbeitgebers, den zeitlichen Aufwand ambitionierter Wahlbewerber als Arbeitszeit zu vergüten.

ArbG Düsseldorf v. 21. 7. 1981 – 1 Ca. 2201/81, BB 1981, S. 1579

R 373 Die Tätigkeit eines Arbeitnehmers im Wahlvorstand für eine Betriebsratswahl ist mit einer Tätigkeit eines Arbeitnehmers im Betriebsrat zu vergleichen. Beide Arbeitnehmer üben ein unentgeltliches Ehrenamt in einem betriebsverfassungsrechtlichen Organ aus. Das Interesse an einem Ausgleich für den erforderlichen Zeitaufwand außerhalb der Arbeitszeit wegen des Ehrenamtes ist deshalb für beide Arbeitnehmer gleich. Diese gleichen Interessen rechtfertigen eine entsprechende Anwendung von § 37 Abs. 3 BetrVG für Mitglieder eines Wahlvorstands. Für eine entsprechende Anwendung von § 37 Abs. 3 BetrVG auf Mitglieder des Wahlvorstands spricht auch die gesetzliche Regelung in § 24 Abs. 2 BPersVG, nach der eine entsprechende Anwendung der betreffenden Regelung für das Personalratsmitglied ausdrücklich vorgesehen ist. § 37 Abs. 3 BetrVG ist daher auf die Tätigkeit von Wahlvorstandsmitgliedern anzuwenden.

LAG Düsseldorf v. 26. 11. 1982 – 3 Sa 751/82

Der Ersatz von Unfallschäden, die ein Mitglied bei der Benutzung des eigenen Pkw erleidet, kommt dann in Betracht, wenn der Arbeitgeber die Benutzung ausdrücklich gewünscht hat oder diese erforderlich war, damit das Mitglied des Wahlvorstands seine gesetzlichen Aufgaben wahrnehmen konnte. **R 374**

Die Fahrt mit dem eigenen Pkw darf für erforderlich angesehen werden, wenn das Mitglied des Wahlvorstands seine Tätigkeit zumutbar mit anderen Verkehrsmitteln nicht erfüllen konnte.

BAG v. 3. 3. 1983 – 6 ABR 4/80, AP Nr. 8 zu § 20 BetrVG 1972

Die Gewerkschaft ist nicht verpflichtet, dem Wahlvorstand Rechtsschutz zu gewähren. Selbst wenn die Gewerkschaft hierzu bereit ist, ist der Wahlvorstand nicht verpflichtet, ihn in Anspruch zu nehmen. Das Gesetz räumt dem Wahlvorstand ebenso wie dem Betriebsrat für alle Instanzen eine Wahlmöglichkeit ein, ob er das Verfahren selbst führen oder sich der Vertretung durch einen Vertreter der Gewerkschaft oder eines Rechtsanwalts bedienen will. Es besteht keine generelle Verpflichtung, sich möglichst durch einen Vertreter einer Gewerkschaft vertreten zu lassen. Es ist von der Gleichwertigkeit der Verfahrensvertretung von Anwalt und Gewerkschaftssekretär auszugehen. Ob überhaupt eine Vertretung aus der Sicht des Wahlvorstands als notwendig erscheinen konnte, ist danach zu entscheiden, ob das Verfahren selbst nach der Sach- und Rechtslage Schwierigkeiten aufweist. Dies ist bei einstweiligen Verfügungen in der Regel der Fall. **R 375**

Die Notwendigkeit der Beauftragung eines auswärtigen Anwalts muss im Einzelnen dargelegt werden.

LAG Düsseldorf v. 29. 10. 1985 – 8 Tag BV 96/85, BB 1986, S. 1016; vgl. auch BAG v. 3. 10. 1978 – 6 ABR 102/76, AP Nr. 14 zu § 40 BetrVG 1972 zur Beauftragung eines Rechtsanwalts durch den Betriebsrat (und danach ständige Rechtsprechung)

R 376 Fahrten, die ein Mitglied des Wahlvorstands arbeitstäglich zur Teilnahme an den außerhalb seines Wohnsitzes stattfindenden Tagungen des Wahlvorstands von seinem Wohnsitz aus unternimmt, stellen jeweils Dienstreisen dar, deren Kosten die Dienststelle (Arbeitgeber) gem. §§ 24, 44 BPersVG zu tragen hat.

LAG Rheinland-Pfalz v. 27. 3. 1987 – 6 Tag BV 3/87, AuR 1988, S. 123

R 377 Gemäß § 20 Abs. 3 BetrVG trägt der Arbeitgeber die Kosten der Betriebsratswahl. Hierzu gehören auch die notwendigen persönlichen Auslagen der Wahlvorstandsmitglieder, die zur Vorbereitung der Betriebsratswahl getätigt werden. Der Wahlvorstand hat hierbei Anspruch auf einen Gesetzestext des BetrVG und in der Regel auch auf einen neuesten Kommentar zum BetrVG. Der Wahlvorstand kann die Bücher aus eigenem Antrieb erwerben, da es – anders als für den Betriebsrat – nicht Sache des Arbeitgebers ist, notwendige Sachmittel zur Verfügung zu stellen.

ArbG Limburg v. 13. 5. 1987 – 2 BV 2/87, AuR 1988, S. 122

R 378 Der Arbeitgeber hat nach § 20 Abs. 3 Satz 1 BetrVG die Kosten für die Anfertigung der auszuhängenden Abdrucke der Vorschlagslisten zu tragen.

Die Kostentragungspflicht umfasst auch die Verpflichtung des Arbeitgebers, die Mitglieder des Wahlvorstands von Ansprüchen Dritter freizustellen. Die Kosten müssen zur ordnungsgemäßen Durchführung der Wahl erforderlich sein. Der Wahlvorstand hat zur Ausfüllung des unbestimmten Rechtsbegriffs der Erforderlichkeit einen Beurteilungsspielraum wie ein Betriebsrat bei den Tatbeständen der §§ 40, 37 Abs. 2 und Abs. 6 BetrVG.

BAG v. 3. 12. 1987 – 6 ABR 79/85, AP Nr. 13 zu § 20 BetrVG 1972

R 379 Überstunden, die ein Wahlvorstandsmitglied ohne seine Betätigung im Wahlvorstand geleistet hätte, sind ihm auch dann gem. § 24 Abs. 2 Satz 2

BPersVG zu vergüten, wenn es sich dabei nicht um regelmäßig anfallende Überstunden handelt.

BAG v. 29. 6. 1988 – 7 AZR 651/87, AP Nr. 1 zu § 24 BPersVG =
AiB 1989, S. 164 = Betriebsratswissen online

Anmerkung:
§ 24 Abs. 2 BPersVG ist insoweit mit § 20 Abs. 3 BetrVG vergleichbar.

Dem einzelnen Arbeitnehmer darf durch die Teilnahme an der Wahl keine **R 380** Einbuße an seinem Entgelt entstehen (§ 20 Abs. 3 BetrVG). Die Anwesenheit eines Arbeitnehmers als Zuschauer bei der Stimmenauszählung ist zur Ausübung des Wahlrechts nicht mehr erforderlich. Es handelt sich bei dem Inhalt des § 20 Abs. 3 BetrVG um eine abschließende, nämlich dem eindeutigen Wortlaut der Bestimmung nach nicht beispielhafte Aufzählung der Tatbestände, bei deren Vorliegen der Arbeitgeber die versäumte Arbeitszeit zu vergüten hat. Durch das Wort »erforderlich« wird dieser Tatbestand noch jeweils auf das notwendigste Maß begrenzt. Auch wenn es verständlich ist, dass ein Arbeitnehmer, der selbst kandidiert hat, bei der Stimmenauszählung dabei sein möchte, entsteht dennoch für die Dauer der Teilnahme kein Lohnanspruch. Lohn braucht grundsätzlich nur für geleistete Arbeit gezahlt werden, wenn nicht klar bestimmte Ausnahmeregelungen bestehen.

LAG Schleswig-Holstein v. 26. 7. 1989, AP Nr. 14 zu § 20 BetrVG 1972

Zu den nach § 20 Abs. 3 Satz 1 BetrVG vom Arbeitgeber zu tragenden Kos- **R 381** ten der Betriebsratswahl gehören auch die erforderlichen Kosten eines arbeitsgerichtlichen Beschlussverfahrens zwischen Arbeitgeber und Wahlvorstand zur Klärung der Befugnis des Wahlvorstands.

Beim Streit über das Bestehen eines gemeinsamen Betriebs mehrerer Unternehmer und die sich daraus ergebenden Konsequenzen für die Wahl eines Betriebsrats sind diejenigen Unternehmer als kostenpflichtige Arbeitgeber i. S. des § 20 Abs. 3 Satz 1 BetrVG anzusehen, die Umstände gesetzt haben, die das Vorliegen eines von ihnen gemeinsam geführten Betriebs ernsthaft als möglich erscheinen lassen. Dass auch tatsächlich ein gemeinsamer Betrieb dieser Unternehmer besteht, ist für die Kostentragungspflicht nicht erforderlich.

BAG v. 8. 4. 1992 – 7 ABR 56/91, EzA § 20 BetrVG 1972 Nr. 15 =
AiB 1993, S. 321 = BetrR 1993, S. 39; enger noch BAG v. 26. 11. 1974 –
1 ABR 16/74, AP Nr. 6 zu § 20 BetrVG 1972, Betriebsratswissen online

R 382   Zu den Kosten der Betriebsratswahl gehören grundsätzlich auch die Porto-
kosten für die Durchführung einer Briefwahl.

ArbG Halberstadt v. 14. 2. 1993 – 6 BV 4/93, AuA 1994, S. 57

R 383   Wahlvorstandsmitglieder haben für erforderliche Wahlvorstandstätigkeit, die
aus betrieblichen Gründen außerhalb ihrer Arbeitszeit zu leisten war, Aus-
gleichsansprüche in entsprechender Anwendung des § 37 Abs. 3 BetrVG.

BAG v. 26. 4. 1995 – 7 ABR 874/94, NZA 1996, S. 160 =
AiB 1996, S. 40 = AuR 1996, S. 32 = Betriebsratswissen online

R 384   Zu den vom Arbeitgeber nach § 20 Abs. 3 BetrVG zu tragenden Kosten
einer Betriebsratswahl gehören auch die erforderlichen außergerichtlichen
Kosten einer Gewerkschaft, die ihr durch die Beauftragung eines Rechtsanwalts in einem Beschlussverfahren zur gerichtlichen Bestellung eines
Wahlvorstands entstanden sind.

BAG v. 31. 5. 2000 – 7 ABR 8/99, NZA 2001, S. 114 =
Betriebsratswissen online

R 385   Rechtsanwaltskosten, die einer im Betrieb vertretenen Gewerkschaft bei
der Wahrnehmung ihrer im Zusammenhang mit der Betriebsratswahl stehenden betriebsverfassungsrechtlichen Rechte in einem arbeitsgerichtlichen Beschlussverfahren entstehen, gehören zu den von dem Arbeitgeber
nach § 20 Abs. 3 Satz 1 BetrVG zu tragenden Kosten der Betriebsratswahl.

BAG v. 16. 4. 2003 – 7 ABR 29/02, EzA § 20 BetrVG 2001 Nr. 1 =
Betriebsratswissen online

R 386   Bei der Einleitung des Abstimmungsverfahrens gem. § 4 Abs. 1 BetrVG
durch den Betriebsrat des Hauptbetriebs handelt es sich um erforderliche
Betriebsratstätigkeit mit der Folge, dass der Arbeitgeber – etwa – Fahrtkosten des Betriebsrats zum Aufsuchen von Filialbeschäftigten in weit vom
Hauptbetrieb entfernten Betriebsstätten zwecks ihrer Information und
Aufklärung über die Möglichkeit ihrer Mitwahl des Betriebsrats im Hauptbetrieb gem. § 40 BetrVG zu ersetzen hat.

ArbG Wiesbaden v. 14. 9. 2004 – 1 BV 3/04, AiB 2005, S. 306f.

R 387   Dem Wahlvorstand steht ein Beurteilungsspielraum bezüglich der Erforderlichkeit seiner Tätigkeit zu (mit BAG vom 24.7.1991 – 7 AZR 61/90).

Die Erforderlichkeit ist nicht nach Erfahrungs- und Richtwerten zu bemessen. Sie richtet sich nach den Umständen des Einzelfalles (mit BAG v. 15. 3. 1995 – 7 AZR 643/94). Der Arbeitgeber ist unter dem Gesichtspunkt des Gebotes der vertrauensvollen Zusammenarbeit i. S. v. § 2 Abs. 1 BetrVG nicht berechtigt, dem Wahlvorstand bzgl. der von ihm zu leistenden Tätigkeit ein Stundenkontingent vorzugeben.

Auch die Wahlvorstandsmitglieder sind aufgrund des Gebotes der vertrauensvollen Zusammenarbeit i. S. v. § 2 Abs. 1 BetrVG verpflichtet, unter Berücksichtigung der Interessen des Betriebes und ihrer individuellen Fähigkeiten die Wahlvorstandstätigkeit möglichst zügig und effektiv auszuführen.

LAG Schleswig-Holstein v. 15. 12. 2004 – 3 Sa 269/04, AuR 2005, S. 77 =
Betriebsratswissen online

Die Kostentragungspflicht nach § 20 Abs. 3 S. 1 BetrVG umfasst auch die **R 388** Verpflichtung des Arbeitgebers, den Wahlvorstand von Ansprüchen Dritter freizustellen, wenn die entstandenen Aufwendungen zur ordnungsgemäßen Durchführung einer Betriebsratswahl erforderlich waren. Dazu können auch die Kosten eines arbeitsgerichtlichen Beschlussverfahrens gehören, das zur Klärung bestehender Meinungsverschiedenheiten im Laufe eines Wahlverfahrens eingeleitet und durchgeführt wurde. Dabei kann der Wahlvorstand einen Rechtsanwalt mit der Wahrnehmung seiner Interessen betrauen, sofern er dies nach Abwägung aller Umstände für sachlich notwendig erachten durfte. Dies ist der Fall, wenn die Sach- und/oder Rechtslage Schwierigkeiten aufweist oder für deren Beurteilung bestimmte, dem Rechtsanwalt im besonderen Maße bekannte Verhältnisse von Bedeutung sein können.

Ein Wahlvorstand kann zur Vertretung seiner rechtlichen Interessen grundsätzlichen einen Rechtsanwalt seines Vertrauens wählen. Allerdings muss er, wenn er nicht ein ortsansässiges, sondern ein auswärtiges Rechtsanwaltsbüro beauftragen will, prüfen, ob die dadurch entstehenden Mehrkosten sachlich gerechtfertigt sind und damit eine angemessene Berücksichtigung der finanziellen Belange des Arbeitgebers gewährleistet ist.

LAG Hamm v. 2. 9. 2005 – 13 TaBV 69/05, juris

Die Kostentragungspflicht des Arbeitgebers nach § 20 Abs. 3 S. 1 BetrVG **R 389** umfasst auch die Freistellung der wahlanfechtenden Arbeitnehmer von

Kosten, die diesen durch die Inanspruchnahme eines Rechtsanwalts entstanden sind. Die Freistellungsverpflichtung des Arbeitgebers besteht jedoch nur dann, wenn die anfechtenden Arbeitnehmer die Beauftragung eines Rechtsanwalts für erforderlich halten konnten. Sie haben auch die Kostenbelange des Arbeitgebers zu berücksichtigen *(hier: Verneinung der Erforderlichkeit der geltend gemachten zusätzlichen Kosten eines Anwaltswechsels).*

LAG Niedersachsen v. 14. 9. 2006 – 4 TaBV 7/06, juris

R 390 § 20 Abs. 3 S. 2 BetrVG erfasst nicht die Kosten, die mittelbar durch Arbeitsversäumnis infolge der Sammlung von Unterschriften für einen Wahlvorschlag entstehen. Generell ist es dem Wahlbewerber oder einem Listenunterstützer zumutbar, die Sammlung von Stützunterschriften in arbeitsfreie Zeiten zu legen, es sei denn, es liegen besondere betriebliche oder sonstige Umstände vor, die ausnahmsweise die Sammlung von Stützunterschriften während der Arbeitszeit zur Ermöglichung des aktiven bzw. passiven Wahlrechts erfordern.

LAG Hamburg v. 31. 5. 2007 – 7 Sa 1/07, juris

R 391 Ein Anspruch auf Freistellung von einer Vergütungsforderung für eine anwaltliche Rechtsberatung des Wahlvorstands setzt eine vorherige Vereinbarung nach § 80 Abs. 3 BetrVG voraus. Die Beauftragung für die Durchführung einer allgemeinen Schulung des Wahlvorstands über das Wahlverfahren wird von einer Beschlussfassung, einen Anwalt mit der Beratung des Wahlvorstands zu beauftragen, nicht gedeckt.

Hess. LAG v. 6. 12. 2007 – 9 TaBV 153/07, Betriebsratswissen online

XII. Wahlanfechtung / Nichtigkeit der Wahl

1. Wahlanfechtung

R 392 Als Wahlanfechtungsgründe wurden durch die Rechtsprechung anerkannt, wenn:

- *der Wahlvorstand nur aus Arbeitern bestand,*
- *sich an einer Vorabstimmung gem. § 14 Abs. 2 nicht die Mehrheit der Angestellten beteiligt hatte,*

– *das Wahlausschreiben geändert wurde, ohne dass die mit dessen Aushang beginnenden Fristen neu in Lauf gesetzt wurden,*
– trotz mehrerer Vorschlagslisten eine Mehrheitswahl durchgeführt wurde,
– die Stimmzettel nicht einheitlich waren,
– die durchgekommenen Vorschlagslisten nur von den Mitgliedern des Wahlvorstands unterschrieben waren,
– nach dem im Wahlausschreiben genannten Endtermin für die Stimmabgabe noch Wahlzettel abgegeben und gewertet wurden.
ArbG Aachen v. 8. 6. 1972 – 2 BV 3/72 und 22/72, BB 1973, Beilage 3, S. 4

Die Anfechtung einer Betriebsratswahl gem. § 19 BetrVG ist dann begrün- **R 393** det, wenn der Wahlvorstand den wahlberechtigten Heimarbeitern nicht die Briefwahlunterlagen übersendet (§ 26 Abs. 2 WO 1972 [§ 24 Abs. 2 WO 2001]).
Die Nichtbeachtung des § 2 Abs. 2 WO wird auch nicht dadurch geheilt, dass der Wahlvorstand an einem bekannt gegebenen Tag die Heimarbeiter persönlich mit mobilen Wahllokalen aufsucht und ihnen so die Teilnahme an der Wahl ermöglicht.
ArbG Bremen v. 18. 7. 1990 – 7 BV 20/90, AiB 1991, S. 125

Ist schriftliche Stimmabgabe bei der Wahl des Personalrats angeordnet, **R 394** begründet die Nichtübersendung der Briefwahlunterlagen an einen Wahlberechtigten bei Vorliegen der sonstigen Voraussetzungen die Wahlanfechtung auch dann, wenn der betreffende Wahlberechtigte durch sein Verhalten für die Unterlassung Anlass gegeben hat.
BayVGH v. 17. 10. 1990 – 18 P 90.1814, PersR 1991, S. 394

Die Anfechtung einer Betriebsratswahl gem. § 19 BetrVG ist dann begrün- **R 395** det, wenn die in räumlich weit vom Hauptbetrieb entfernten Betriebsteilen tätigen Arbeitnehmer erstmalig wenige Tage vor dem Wahltag durch Übersendung der zur Briefwahl erforderlichen Unterlagen von dieser Wahl Kenntnis erlangen.
Der Wahlvorstand ist verpflichtet, den Wahlberechtigten so rechtzeitig das Wahlausschreiben zuzusenden, dass diesen die aktive Teilnahme an der Wahl ermöglicht wird.
LAG Baden-Württemberg v. 29. 11. 1990 – 4 b TaBV 2/90, AiB 1991, S. 276 =
Betriebsratswissen online

R 396 Im betriebsverfassungsrechtlichen Wahlanfechtungsverfahren nach § 19 BetrVG entfällt das Rechtsschutzinteresse für einen Antrag, die Wahl für unwirksam zu erklären, mit Ablauf der Amtszeit des Gremiums, dessen Wahl angefochten wird.

BAG v. 13. 3. 1991 – 7 ABR 5/90, NZA 1991, S. 946 =
Betriebsratswissen online

R 397 Wird ein Betriebsrat mit zu hoher Mitgliederzahl gewählt, so kann das Wahlergebnis nicht berichtigt werden.

Eine auf diesem Fehler beruhende Wahl ist insgesamt für unwirksam zu erklären, *auch wenn bei einer Gruppenwahl der Fehler nur darauf beruht, dass für eine Gruppe eine zu hohe Zahl von Arbeitnehmern zugrunde gelegt worden ist.*

BAG v. 29. 5. 1991 – 7 ABR 67/90, NZA 1992, S. 36 =
Betriebsratswissen online

R 398 Das Rechtsschutzinteresse bleibt für den Antragsteller des Wahlanfechtungsverfahrens so lange bestehen, bis der zurückgetretene Betriebsrat von einem neu gewählten Betriebsrat abgelöst wird oder die normale Amtszeit abgelaufen ist und er somit auch die Geschäftsführungsbefugnis nach § 22 BetrVG verloren hat. Tritt nämlich der Betriebsrat zurück, führt er gem. §§ 22, 13 Abs. 1 Nr. 3 BetrVG die Geschäfte zunächst weiter.

BAG v. 29. 5. 1991 – 7 ABR 54/91, BB 1991, S. 2373 = AiB 1992, S. 230;
LAG Düsseldorf v. 16. 10. 1986 – 17 Tag BV 84/86, DB 1987, S. 177;
so im Ergebnis auch LAG Köln v. 16. 1. 1991 – 2 Tag BV 37/90, LAGE § 19
BetrVG 1972 Nr. 11; LAG München v. 4. 10. 1989 – 7 TaBV 10/89, DB 1989,
S. 2628 = Betriebsratswissen online

R 399 Eine Wahl kann auch mit dem Antrag angefochten werden, sie nicht für ungültig zu erklären, sondern nur ihr Ergebnis zu berichtigen. Dies gilt jedenfalls dann, wenn das Wahlergebnis vom Wahlvorstand nach einem im Übrigen ordnungsgemäß durchgeführten Wahlverfahren (rechnerisch) falsch ermittelt worden ist.

Durch den innerhalb der Wahlanfechtungsfrist gestellten Antrag wird der Wahlprüfungsantrag des Gerichts gegenständlich bestimmt und begrenzt.

Ficht ein Anfechtungsberechtigter die Wahl lediglich mit einem Antrag auf Berichtigung des Wahlergebnisses an, kann er durch diese Einschränkung die weitergehende gerichtliche Entscheidung vermeiden, mit der die Ungültigkeit der gesamten Wahl festgestellt wird.

Ficht ein Anfechtungsberechtigter die Wahl jedoch daneben – zumindest hilfsweise – mit dem Antrag auf Feststellung der Ungültigkeit an, kann das Gericht auch nicht geltend gemachten Ungültigkeitsgründen nachgehen, selbst wenn dies den Vorstellungen der Verfahrensbeteiligten nicht entspricht.

BVerwG v. 8. 5. 1992 – 6 P 9.91, PersR 1992, S. 311

Ist für den Teil eines Betriebs ein Betriebsrat gewählt und die Wahl nicht **R 400**
angefochten worden, so hat der Betriebsrat alle entsprechenden Beteiligungsrechte. Dies gilt unabhängig davon, ob er tatsächlich für eine betriebsratsfähige Einheit gewählt wurde.

BAG v. 27. 6. 1995 – 1 ABR 62/94, NZA 1996, S. 164ff. =
Betriebsratswissen online

Der Beschluss des Betriebsrates am Tage der Verhandlung über die Be- **R 401**
triebsratswahlanfechtung vor dem Landesarbeitsgericht, vom Amt zurückzutreten und zugleich einen neuen Wahlvorstand zu bestellen, lässt das Rechtsschutzbedürfnis für das Wahlanfechtungsverfahren nicht entfallen.

Die Betriebsratswahl ist unwirksam, wenn sie für alle Arbeitnehmer als Briefwahl durchgeführt wird, ohne dass die Voraussetzungen des § 26 WO 1972 [§ 24 WO 2001] erfüllt sind, nämlich der überwiegende Teil der Wahlberechtigten zur Wahl im Betrieb anwesend ist und keine schriftliche Stimmabgaben beantragt hat.

Die Betriebsratswahl ist wegen vorsätzlichen Verstoßes des Wahlvorstands gegen das Gebot der Öffentlichkeit des § 28 WO 1972 [§ 26 WO 2001] unwirksam, wenn der Wahlvorstand Arbeitnehmer, die der Öffnung der Freiumschläge bei der Briefwahl beiwohnen wollen, wegschickt, um dann in deren Abwesenheit die Briefumschläge zu öffnen und drei der Freiumschläge aussortiert und die abgegebenen Stimmen für ungültig erklärt.

LAG Schleswig-Holstein v. 18. 3. 1999 – 4 TaBV 51/98, BB 1999, Heft 22

R 402 Ein Wahlverstoß, der sich lediglich auf die Reihenfolge der Ersatzmitglieder auswirkt, beeinflusst das Wahlergebnis i. S. d. § 19 Abs. 1 BetrVG nicht und berechtigt daher nicht zur Wahlanfechtung.

BAG v. 21. 2. 2001 – 7 ABR 41/99, NZA 2002, S. 282f. =
Betriebsratswissen online

R 403 Wird die Anfechtung einer Betriebsratswahl darauf gestützt, dass in einem einheitlichen Betrieb unter Verletzung des Betriebsbegriffs mehrere Betriebsräte gewählt worden seien, so muss nach ständiger Senatsrechtssprechung die Wahl aller Betriebsräte angefochten werden. Die Wahlanfechtungen müssen nicht in demselben Beschlussverfahren anhängig sein.

BAG v. 14. 11. 2001 – 7 ABR 40/00, juris = EzA § 19 BetrVG 1972 Nr. 42

R 404 Es ist fraglich, ob ein Arbeitgeber, der aktiv die Verhinderung der Betriebsratswahl betreibt, nach erfolgter Wahl diese noch anfechten kann.

Die Durchführung der Betriebsratswahl auf einem für die Öffentlichkeit einsehbaren Privatparkplatz führt nicht zur Anfechtbarkeit der Wahl, da durch diesen Umstand die geheime Stimmabgabe nicht behindert war und dadurch das Wahlergebnis nicht beeinflusst werden konnte.

ArbG Kiel v. 13. 11. 2003 – 1 BV 34 d/03, AiB 2004, S. 66

R 405 Enthält das Wahlausschreiben für die Betriebsratswahl den unzutreffenden Hinweis, nach § 15 Abs. 2 BetrVG entfalle mindestens ein Betriebsratssitz auf eine Frau und stellt der Wahlvorstand zu Unrecht fest, dass eine Frau zum Betriebsratsmitglied gewählt sei, liegt ein Verstoß gegen wesentliche Wahlvorschriften i. S. d. § 19 Abs. 1 BetrVG vor.

BAG v. 10. 3. 2004 – 7 ABR 49/03, NZA 2004, S. 1340ff. =
Betriebsratswissen online

R 406 Ein Verstoß gegen die Pflicht zur unverzüglichen Prüfung eines Wahlvorschlags führt dann nicht zur Anfechtbarkeit der Wahl im Rahmen des § 19 Abs. 1 BetrVG, wenn in einer sofort einberufenen Sitzung des Wahlvorstands keine Maßnahme mehr möglich gewesen oder getroffen worden wäre, die zu einer Behebung des festgestellten Mangels noch vor Ablauf der Einreichungsfrist geführt hätte.

LAG Nürnberg v. 15. 3. 2004 – 9 TaBV 24/03, juris =
LAG Report 2004, S. 280–282

Wird das Wahlausschreiben für eine Betriebsratswahl in einem Betrieb mit **R 407** vielen Betriebsstätten in Deutschland durch Aushang nach § 3 Abs. 4 Satz 2 WO bekannt gemacht, muss grundsätzlich in jeder Betriebsstätte ein Abdruck des Wahlausschreibens ausgehängt werden. Andernfalls ist die Wahl nach § 19 Abs. 1 BetrVG anfechtbar.

BAG v. 5. 5. 2004 – 7 ABR 44/03, BB 2005, S. 108ff. = NZA 2004, S. 1285ff. =
Betriebsratswissen online

§ 2 Abs. 5 WO in der Fassung vom 11. Dezember 2001, wonach der Wahl- **R 408** vorstand dafür Sorge tragen soll, dass ausländische Arbeitnehmer, die der deutschen Sprache nicht mächtig sind, vor Einleitung der Betriebsratswahl über Wahlverfahren, Aufstellung der Wähler- und Vorschlagslisten, Wahlvorgang und Stimmabgabe in geeigneter Weise unterrichtet werden, ist eine wesentliche Vorschrift über das Wahlverfahren i. S. d. § 19 Abs. 1 BetrVG, deren Verletzung zur Anfechtung der darauf beruhenden Wahl berechtigt.

BAG v. 13. 10. 2004 – 7 ABR 5/04, EzA § 19 BetrVG 2001 Nr. 4 =
Betriebsratswissen online

Nach § 3 Abs. 1 Nr. 3 BetrVG in der ab dem 28. Juli 2001 geltenden Fassung **R 409** (nF) ist bei Vorliegen der dort genannten Voraussetzungen die unternehmensübergreifende Bildung von Arbeitnehmervertretungen auch dann zulässig, wenn die beteiligten Unternehmen keinen gemeinsamen Betrieb führen. § 3 Abs. 1 Nr. 3 BetrVG nF gestattet es aber nicht, dass die tarifliche Regelung es den Arbeitnehmern überlässt, vor jeder Betriebsratswahl im Wege einer Abstimmung zu entscheiden, ob in den einzelnen Betrieben eigenständige Betriebsräte gewählt werden sollen. Eine derartige tarifliche Regelung ist mit § 3 Abs. 1 Nr. 3 BetrVG nF nicht vereinbar und deshalb unwirksam.

BAG v. 10. 11. 2004 – 7 ABR 17/04, EzA § 3 BetrVG 2001 Nr. 1 =
Betriebsratswissen online

Die fehlerhafte Besetzung des Wahlvorstands hat die Anfechtbarkeit der **R 410** Betriebsratswahl zur Folge.

LAG Nürnberg v. 30. 3. 2006 – 6 TaBV 19/06, Betriebsratswissen online

Der Wahlvorstand ist nach §§ 41 WO BetrVG 2001, 187 Abs. 1, 188 Abs. 1 **R 411** BGB von Gesetzes wegen nicht berechtigt, die Einreichung von Wahlvorschlägen am letzten Tag der Frist auf eine bestimmte Uhrzeit (hier 12 Uhr mittags) zu begrenzen (vgl. BVerwG, Beschluss vom 17. Juli 1980 – 6 P 4/80 = PersV 1981, 498).

Nach § 19 Abs. 1 Satz 1 letzter Halbsatz BetrVG berechtigen Verstöße gegen wesentliche Wahlvorschriften nur dann nicht zur Anfechtung der Wahl, wenn ein solcher Verstoß das Wahlergebnis objektiv weder ändern noch beeinflussen konnte. Dafür ist entscheidend, ob bei einer hypothetischen Betrachtungsweise eine Wahl ohne Verstoß gegen wesentliche Vorschriften unter Berücksichtigung der konkreten Umstände zu keinem anderen Ergebnis geführt hätte. Im Streitfall kann nicht ausgeschlossen werden, dass das Wahlergebnis ohne den Verstoß gegen § 6 Abs. 1 S 2 WO 2001 anders ausgefallen wäre.

Hess. LAG v. 31. 8. 2006 – 9 TaBV 16/06, Betriebsratswissen online

R 412 Nach § 19 Abs. 1 BetrVG berechtigen Verstöße gegen wesentliche Wahlvorschriften dann nicht zur Anfechtung der Wahl, wenn die Verstöße das Wahlergebnis objektiv weder ändern noch beeinflussen konnten. Dafür ist entscheidend, ob bei einer hypothetischen Betrachtungsweise eine Wahl ohne den Verstoß unter Berücksichtigung der konkreten Umstände zwingend zu demselben Wahlergebnis geführt hätte (hier: Die Nichtteilnahme von möglicherweise zu Unrecht ausgeschlossenen 12 Mitarbeitern an der Betriebsratswahl war ohne Einfluss auf das Wahlergebnis).

LAG Hamm v. 12. 10. 2007 – 10 TaBV 9/07, juris

R 413 Die Zulassung von Nichtwahlberechtigten zur Wahl führt als Verstoß gegen die wesentliche Vorschrift des § 7 BetrVG zur Anfechtbarkeit der Betriebsratswahl, denn § 7 BetrVG enthält ein tragendes Grundprinzip der Wahl.

LAG Hamburg v. 16. 11. 2007 – 6 TaBV 18/06, juris

R 414 Ein Verstoß gegen § 9 BetrVG führt zur Unwirksamkeit der Betriebsratswahl.

BAG v. 7. 5. 2008 – 7 ABR 17/07, NZA 2008, S. 1142ff. =
Betriebsratswissen online

R 415 Ein im Zeitpunkt der Bestellung eines Wahlvorstands versetzter Arbeitnehmer, der bereits vorläufig in einem anderen Betrieb des Unternehmens eingesetzt ist, ist nicht nach § 17 BetrVG wählbar in den Wahlvorstand für die

Betriebsratswahl des abgebenden Betriebes. Dies gilt unabhängig davon, ob über die Zustimmungsersetzung des Betriebsrats des aufnehmenden Betriebes noch ein Beschlussverfahren anhängig ist und unabhängig davon, dass der versetzte Arbeitnehmer gegen die Versetzung Klage erhoben hat. Der Verstoß gegen die Wählbarkeit im Wahlvorstand ist ein Verstoß gegen zwingende Vorschriften der Zusammensetzung des Wahlvorstands, der zu dem Schluss führt, dass in der Regel anzunehmen ist, dass das Wahlergebnis hierdurch geändert bzw. beeinflusst werden konnte. Die Betriebsratswahl ist hiernach auf eine Wahlanfechtung hin für unwirksam zu erklären.

LAG Köln v. 10. 2. 2010 – 8 TaBV 65/09, Betriebsratswissen online

R 416 Die Verkennung der Anzahl der zu wählenden Betriebsratsmitglieder führt zur Anfechtbarkeit, nicht aber zur Nichtigkeit der Wahl.

LAG Berlin-Brandenburg v. 10. 2. 2011 – 25 TaBV 2219/10,
Betriebsratswissen online

R 417 Der in der Verletzung der Mindestfrist des § 3 Abs. 1 WO BetrVG liegende Verstoß gegen wesentliche Vorschriften über das Wahlverfahren kann eine Wahlanfechtung nach § 19 BetrVG rechtfertigen.

Eine verfahrensfehlerhafte Betriebsratswahl muss nur dann nicht wiederholt werden, wenn sich konkret feststellen lässt, dass auch bei der Einhaltung entsprechender Vorschriften zum Wahlverfahren kein anderes Wahlergebnis erzielt worden wäre. Kann diese Feststellung nicht getroffen werden, bleibt es bei der Unwirksamkeit der Wahl.

Hess. LAG v. 14. 4. 2011 – 9 TaBV 198/10,
Betriebsratswissen online

R 418 Die Anfechtung der Betriebsratswahl kann auf die verkannte Wahlberechtigung von leitenden Angestellten gestützt werden, wenn die Zuordnung offensichtlich fehlerhaft ist. Eine offensichtlich fehlerhafte Zuordnung im Sinne des § 18a Abs. 5 Satz 2 BetrVG liegt vor, wenn sich ihre Fehlerhaftigkeit geradezu aufdrängt (BT-Drs. 11/2503, S. 32).

Die sich geradezu aufdrängende Fehlerhaftigkeit kann sich sowohl aus dem Inhalt der Zuordnungsentscheidung als auch aus dem Zuordnungsverfahren selbst ergeben.

LAG Baden-Württemberg v. 29. 4. 2011 – 7 TaBV 7/10,
Betriebsratswissen online

R 419 Die Nichtigkeit einer Betriebsratswahl kann nur in besonderen Ausnahmefällen angenommen werden; erforderlich ist ein grober und offensichtlicher Verstoß gegen wesentliche gesetzliche Wahlregeln, so dass nicht einmal der Anschein einer dem Gesetz entsprechenden Wahl vorliegt.

Eine Häufung von Verstößen gegen wesentliche Wahlvorschriften, die isoliert betrachtet jeweils nur eine Anfechtbarkeit einer Betriebsratswahl rechtfertigen, kann auch in ihrer quantitativen Addition (der Summe dieser Fehler) oder im Rahmen einer Gesamtwürdigung nicht zur Nichtigkeit der Betriebsratswahl führen; aus Gründen der Rechtssicherheit und Rechtsklarheit ist das Vorliegen eines schwerwiegenden und auf der Hand liegenden Verstoßes gegen wesentliche Wahlvorschriften erforderlich.

Die Zurückweisung der von der Listenführerin am Wahltag in einer Tüte übergebenen 103 (120) Briefwahlumschläge mit dem Argument, dass diese »keinen Poststempel« tragen und von den Protagonistinnen dieser Liste unter »merkwürdigen« Umständen »eingesammelt« und nicht lediglich als Botinnen transportiert worden sind, ist ein anfechtungsrelevanter Wahlverfahrensfehler (§ 19 Abs. 1 BetrVG).

Mangel im Wahlverfahren, die nicht lediglich Fehler bei der Auszählung und rechnerischen Umsetzung des Wahlergebnisses sind, können nicht durch gerichtliche Korrektur behoben werden; in diesen Fällen ist die Unwirksamkeit der Betriebsratswahl insgesamt (ohne Korrekturmöglichkeit) festzustellen.

LAG München v. 9. 6. 2010 – 4 TaBV 105/09, Betriebsratswissen online

R 420 Ein Anfechtungsgrund gem. § 19 Abs. 1 BetrVG i. V. m. § 20 Abs. 3 Satz 2 BetrVG und § 24 Abs. 1 WO zum BetrVG – Erfordernis der Durchführung von Betriebsratswahlen während der Arbeitszeit und Erfordernis der grundsätzlich persönlichen Stimmabgabe – liegt nicht vor, wenn in einem Betrieb eines Arbeitgebers, der aus 67 Filialen besteht und in denen die Arbeitnehmer im Zweischichtbetrieb, darunter in einer Vielzahl von Fällen Teilzeit arbeiten, in der Zeit zwischen 7.00 und 12.00 Uhr an einem Tag eine Betriebsratswahl durchgeführt wird, soweit zuvor durch den Wahlvorstand sichergestellt worden ist, dass alle wahlberechtigten Arbeitnehmer in den jeweiligen Filialen Briefwahlunterlagen erhalten haben.

LAG Düsseldorf v. 16. 6. 2011 – 4 TaBV 86/10 (Rechtsbeschwerde eingelegt; Az. beim BAG: 7 ABR 67/11), Betriebsratswissen online

Die Angabe der Wahlzeit stellt eine wesentliche Vorschrift für die Betriebs-   **R 421**
ratswahl dar. Wird diese Wahlzeit nicht eingehalten, wird die Durchführung der Betriebsratswahl unzulässig beeinträchtigt und führt zur Anfechtbarkeit der Wahl.

LAG Schleswig-Holstein v. 21. 6. 2011 – 2 TaBV 41/10, AuR 2012, S. 180 =
Betriebsratswissen online

Zu den Vorschriften über das Wahlverfahren einer Betriebsratswahl gehö-   **R 422**
ren alle Bestimmungen, die für die Bildung des Betriebsrats von Bedeutung sind. Wird der Betriebsbegriff falsch bestimmt, liegt ein wesentlicher
Verstoß gegen das Wahlverfahren vor.

Das betriebsverfassungsrechtliche Organisationsrecht wird von einem
Tarifvertrag nach § 3 BetrVG nur für die Zeit von dessen voller zwingender
normativer Wirkung verdrängt. Endet der Tarifvertrag, dessen Nachwirkung ausgeschlossen worden ist, entfällt die Rechtsgrundlage für die tarifliche Betriebs- und Betriebsratsstruktur. Die aufgrund des Tarifvertrages
gebildeten betriebsverfassungsrechtlichen Organisationseinheiten gelten
nicht mehr als Betriebe i. S. des Betriebsverfassungsgesetzes.

LAG München v. 29. 6. 2011 – 11 TaBV 4/11
(Rechtsbeschwerde eingelegt; Az. beim BAG: 7 ABR 54/11)
Betriebsratswissen online

Ein erfolgreiches Anfechtungsverfahren hat – im Gegensatz zur Feststel-   **R 423**
lung der Nichtigkeit – keine rückwirkende Kraft. Bis zur Rechtskraft eines
arbeitsgerichtlichen Beschlusses über die Anfechtbarkeit einer Betriebsratswahl ist der gewählte Betriebsrat mit allen Rechten und Pflichten im
Amt. Dies hat zur Folge, dass dieser Betriebsrat gem. § 16 Abs. 1 Satz 1
BetrVG zur Bestellung des Wahlvorstands verpflichtet ist. Dies führt dazu,
dass bei einer Bestellung des Wahlvorstands durch die Betriebsversammlung ein Verstoß gegen wesentliche Wahlvorschriften vorliegt, der nach § 19
Abs. 1 BetrVG zur Anfechtung berechtigt.

Es besteht eine widerlegbare Vermutung dafür, dass ein Verstoß gegen
Wahlvorschriften das Wahlergebnis beeinflusst hat. Vorliegend kann nicht
ausgeschlossen werden, dass bei den Ermessensentscheidungen, die der
Wahlvorstand zu treffen hat, die fehlerhafte Bestellung mit einen Einfluss
hat und damit auch das Ergebnis der Wahl nicht unberührt lässt (BAG vom
14. 9. 1988 – 7 ABR 93/87).

Bei der Bestellung des Wahlvorstands handelt es sich gem. § 16 BetrVG um eine zwingende Vorschrift und eine Pflicht des Betriebsrates, der er nachzukommen hat und die er nicht auf die Betriebsversammlung delegieren kann.

LAG Köln v. 2. 8. 2011 – 12 TaBV 12/11, Betriebsratswissen online

R 424 Die Stimmendifferenz zwischen abgegebenen Wahlumschlägen und im Wählerverzeichnis registrierten Stimmabgaben beruht auf einem Verstoß gegen § 12 Abs. 3 WO, wenn in mehr als 100 Fällen die Stimmabgabe in der Wählerliste nicht vermerkt worden ist. Der Verstoß ist aber nicht ursächlich für das konkrete Wahlergebnis, wenn die verbleibende Differenz von 47 Stimmen das Wahlergebnis aber deshalb nicht beeinflussen konnte, weil hierzu eine Doppelabgabe zugunsten einer Liste im Umfang von 62 Stimmen erforderlich gewesen wäre. Die Betriebsratswahl ist deswegen nicht für unwirksam zu erklären.

LAG Niedersachsen v. 12. 9. 2011 – 13 TaBV 16/11, Betriebsratswissen online

R 425 Die Vorschlagslisten sind nach § 11 Abs. 2 Satz 1 WO BetrVG untereinander auf einem einzigen Stimmzettel aufzuführen. Die Verwendung von mehreren Stimmzetteln, jeweils einen Stimmzettel für jede Vorschlagsliste, führt zur Anfechtbarkeit der Betriebsratswahl gem. § 19 Abs. 1 BetrVG.

Auf dem Stimmzettel sind die zugelassenen Vorschlagslisten unter Angabe der beiden ersten Listenvertreter aufzuführen. Die Angabe aller Listenbewerber der Vorschlagslisten verstößt gegen § 11 Abs. 2 Satz 1 WO BetrVG und erweist sich als wesentlicher Verfahrensverstoß gem. § 19 Abs. 1 BetrVG.

LAG Schleswig-Holstein v. 15. 9. 2011 – 5 TaBV 3/11,
Betriebsratswissen online

R 426 Die Betriebsratswahl ist anfechtbar, wenn der Wahlvorstand in den außerhalb der Niederlassungen gelegenen Filialen weder persönliche Stimmabgabe im Wahllokal ermöglicht noch obligatorische schriftliche Stimmabgabe nach § 24 Abs. 3 WO BetrVG anordnet.

Die nicht im Wahlausschreiben aufgeführte Handhabung, den jeweiligen Filialleitern die Wahlunterlagen zukommen zu lassen mit der Bitte, diese an die Beschäftigten zu verteilen und sie wieder einzusammeln, konnte das Wahlergebnis ebenfalls beeinflussen.

Der Wahlvorstand ist nicht befugt, nachträgliche Änderungen der Wählerliste den Wahlhelfern zu überlassen.

Der vom Wahlvorstand auf Bitten von Listenvertretern veranlasste Aushang von Bildern der Bewerber verletzt das Neutralitätsgebot, wenn der Aushang nicht für sämtliche Bewerber erfolgt, und begründet daher ebenfalls die Wahlanfechtung.

Die Zulassung der Öffentlichkeit bei der Stimmauszählung soll gewährleisten, dass ab Öffnen der Kuverts mit den Briefwahlumschlägen bis zur Feststellung des Stimmergebnisses auch nur der Anschein jeglicher Manipulation ausgeschlossen ist. Aus diesem Grund muss der Wahlvorstand auch im Beisein der Öffentlichkeit über die Gültigkeit von Stimmzetteln entscheiden. Schließt er die Öffentlichkeit zu einer solchen Beschlussfassung aus, ist die Wahlanfechtung auch aus diesem Grund begründet.

LAG Nürnberg v. 20. 9. 2011 – 6 TaBV 9/11, Betriebsratswissen online

Die Wahl eines Betriebsrats in einer nach § 3 Abs. 1 Nr. 1 Buchst. b, Abs. 5 **R 427** Satz 1 BetrVG gebildeten betriebsverfassungsrechtlichen Organisationseinheit kann wegen Verkennung des Betriebsbegriffs nach § 19 Abs. 1 BetrVG angefochten werden. Dies gilt auch, wenn die Betriebsratswahlen in angrenzenden Organisationseinheiten unangefochten geblieben sind.

Ein Tarifvertrag, durch den Betriebe gemäß § 3 Abs. 1 Nr. 1 Buchst. b BetrVG zusammengefasst werden, kann dynamisch regeln, dass Betriebsräte jeweils in den Regionen zu wählen sind, in denen nach den organisatorischen Vorgaben des Arbeitgebers Bezirksleitungen bestehen. Dies entspricht dem Grundsatz, dass Interessenvertretungen der Arbeitnehmer dort gebildet werden, wo sich unternehmerische Leitungsmacht konkret entfaltet.

BAG v. 21. 9. 2011 – 7 ABR 54/10, Betriebsratswissen online

Ein offensichtlicher Fehler bei der Angabe des Wochentags für den Wahl- **R 428** termin zur Schwerbehindertenvertretung führt nicht ohne weiteres zur Unwirksamkeit der Wahl.

LAG Köln v. 24. 11. 2011 – 6 TaBV 67/11

Tritt der Betriebsrat, dessen Wahl beim Landesarbeitsgericht erfolgreich **R 429** angefochten wurde, während des Nichtzulassungsbeschwerdeverfahrens zurück und wird ein neuer Betriebsrat gewählt, entfällt mit der Bekanntgabe des Wahlergebnisses das Rechtsschutzbedürfnis für die weitere Durchführung der Nichtzulassungsbeschwerde.

BAG v. 15. 2. 2012 – 7 ABN 59/11, DB 2012, 84 = Betriebsratswissen online

R 430 Nach § 11 Abs. 2 WO BetrVG sind die Vorschlagslisten (nur) unter Angabe der beiden an erster Stelle benannten Bewerberinnen oder Bewerber aufzuführen.

§ 11 Abs. 2 WO BetrVG ist eine wesentliche und zwingende Wahlvorschrift.

Eine Betriebsratswahl ist anfechtbar, wenn auf dem Stimmzettel alle Kandidaten aufgeführt werden.

LAG Köln v. 5. 3. 2012 – 5 TaBV 29/11, Betriebsratswissen online

R 431 Die nicht rechtzeitige Einladung zur Betriebsversammlung zwecks Wahl eines Wahlvorstands nach § 17 BetrVG kann zur Anfechtbarkeit einer Betriebsratswahl führen, wenn nicht sichergestellt ist, dass alle Arbeitnehmer des Betriebes von ihr Kenntnis nehmen können und dadurch die Möglichkeit erhalten, an der Betriebsversammlung teilzunehmen und an der Wahl des Wahlvorstands mitzuwirken.

LAG Hamm v. 13. 4. 2012 – 10 TaBV 109/11 (Rechtsbeschwerde eingelegt; Az. beim BAG: 7 ABR 41/12), Betriebsratswissen online

R 432 Die im Beschlussverfahren von Amts wegen vorzunehmende Klärung der Statusfrage nach der Scheinselbstständigkeit »freier Mitarbeiter« in einem Wahlanfechtungsverfahren wegen der Verkennung der Anzahl betriebszugehöriger Arbeitnehmer für die Größe des Betriebsrats nach § 9 BetrVG kann unterbleiben, wenn die Betriebsratswahl bei Bestätigung ihrer tatsächlichen Arbeitnehmereigenschaft aus anderen Gründen (Verstoß gegen § 7 BetrVG) unwirksam wäre, weil sie als dem entsprechend wahlberechtigte Arbeitnehmer hätten in die Wählerliste aufgenommen werden müssen, was unstreitig nicht geschehen ist.

Ein Verstoß gegen § 7 BetrVG wäre nach Maßgabe des § 19 Abs. 1 BetrVG auch erheblich gewesen, da sich durch die Zahl der dann zu berücksichtigenden Arbeitnehmer mit aktivem Wahlrecht das Höchstzahlenverhältnis verändert hätte und damit ein anderes Wahlergebnis möglich geworden wäre.

LAG Hamburg v. 26. 4. 2012 – 7 TaBV 14/11, juris

Eine auf der Grundlage eines unwirksamen Tarifvertrags durchgeführte **R 433** Betriebsratswahl ist zwar in der Regel nicht nichtig, aber anfechtbar. Unwirksam ist ein Tarifvertrag, der vom Betriebsverfassungsgesetz abweichende Arbeitnehmervertretungsstrukturen bestimmt, ohne den hierfür vorgesehenen gesetzlichen Voraussetzungen zu genügen.

BAG v. 13. 3. 2013 – 7 ABR 70/11, Pressemitteilung

2.　Nichtigkeit der Wahl

Die Nichtigkeit der Betriebsratswahl kann auch nach Ablauf der für die An- **R 434** fechtung einer Betriebsratswahl gesetzlich vorgeschriebenen Zwei-Wochen-Frist des § 19 Abs. 2 BetrVG jederzeit geltend gemacht werden.

BAG v. 9. 2. 1982 – 1 ABR 36/80, AP Nr. 24 zu § 118 BetrVG 1972; BAG v. 24. 1. 1964 – 1 ABR 14/63, AuR 1964, S. 249; vgl. auch BAG v. 1. 2. 1963 – 1 ABR 1/62, AP Nr. 5 zu § 3 BetrVG

Die Wahl des Wahlvorstands in einer Betriebsversammlung ist dann nich- **R 435** tig, wenn die Einladung zu dieser Versammlung nicht so bekannt gemacht worden ist, dass alle Arbeitnehmer des Betriebes hiervon Kenntnis nehmen konnten, diese auch nicht auf andere Weise tatsächlich hiervon erfahren haben und durch das Fernbleiben der nicht unterrichteten Arbeitnehmer das Wahlergebnis beeinflusst werden konnte.

Die in einer nichtigen Wahl gewählten Wahlvorstandsmitglieder genießen nicht den besonderen Kündigungsschutz des § 15 Abs. 3 KSchG.

BAG v. 7. 5. 1986 – 2 AZR 349/85, NZA 1986, S. 753

Eine Betriebsratswahl ist nur dann nichtig, wenn gegen allgemeine Grund- **R 436** sätze jeder ordnungsgemäßen Wahl in so hohem Maße verstoßen worden ist, dass auch der Anschein einer dem Gesetz entsprechenden Wahl nicht mehr vorliegt.

BAG v. 22. 3. 2000 – 7 ABR 34/98, DB 2000, Heft 46 = Betriebsratswissen online

Die Wahl eines Betriebsrats in einem Betriebsteil unter Verkennung des **R 437** Betriebszweckes führt nicht zur Nichtigkeit der Wahl, sondern lediglich zur Anfechtbarkeit.

LAG Köln v. 17. 11. 2003 – 2 TaBV 44/03 (nachgehend BAG v. 11. 3. 2004 – 7 ABR 4/04, sonstige Erledigung), juris = AiB 2006, S. 107

R 438 Führen Verstöße gegen Wahlvorschriften des Betriebsverfassungsgesetzes und der Wahlordnung 2001 jeder für sich genommen nicht zur Nichtigkeit der Wahl, kann sich auch aus einer Gesamtwürdigung der einzelnen Verstöße nicht ergeben, dass die Betriebsratswahl nichtig ist.

BAG v. 19. 11. 2003 – 7 ABR 24/03, AiB 2004, S. 432ff. =
NZA 2004, S. 395ff. = AuR 2004, S. 309f. =
Betriebsratswissen online

R 439 Erfolgt eine Betriebsratswahl unter Verkennung des Betriebsbegriffs, führt dies in der Regel nicht zur Nichtigkeit der Wahl, sondern berechtigt nur zu deren Anfechtung nach § 19 BetrVG.

Anders kann es sich verhalten, wenn eine Betriebsratswahl unter Missachtung einer in einem Verfahren nach § 18 Abs. 2 BetrVG ergangenen bindenden gerichtlichen Entscheidung durchgeführt wird.

Wird in einem Verfahren nach § 18 Abs. 2 BetrVG festgestellt, dass mehrere Unternehmen einen Gemeinschaftsbetrieb führen, bindet dies die am Verfahren Beteiligten, solange sich die für die Entscheidung maßgeblichen tatsächlichen Umstände nicht ändern.

BAG v. 19. 11. 2003 – 7 ABR 25/03, AP Nr. 55 zu § 19 BetrVG 1972 =
Betriebsratswissen online

R 440 Wurde für den gesamten Betrieb einschließlich eines selbstständigen Betriebsteils ein gemeinsamer Betriebsrat gewählt, steht dies der Wahl eines eigenen Betriebsrats durch die Belegschaft des Betriebsteils für die künftige regelmäßige Amtszeit nicht entgegen. Findet eine derartige Wahl statt, ist sie nicht deshalb nichtig, weil danach ein Betriebsrat für alle in dem Unternehmen beschäftigten Arbeitnehmer gewählt wird.

BAG v. 21. 7. 2004 – 7 ABR 57/03, EzA § 4 BetrVG 2001 Nr. 1 =
Betriebsratswissen online

R 441 Eine auf der Grundlage eines Tarifvertrages nach § 3 BetrVG (hier: eines Zuordnungstarifvertrages) durchgeführte Betriebsratswahl ist nicht nichtig, sondern lediglich anfechtbar.

LAG Niedersachsen v. 22. 8. 2008 – 12 TaBV14/08, Betriebsratswissen online

R 442 Die Wahl eines Wahlvorstandes ist nichtig, wenn infolge eines vollkontinuierlichen Schichtbetriebes von vornherein sicher davon auszugehen ist, dass 30 bzw. 50 von 281 Beschäftigten nicht an der Wahlversammlung teilnehmen können.

Ist die komplette Einstellung der Produktion nicht möglich, dann muss die Wahlversammlung durch die einladende Gewerkschaft so gestaltet werden, dass alle teilnahmeberechtigten Beschäftigten an der Wahl passiv und aktiv teilnehmen können z. b. durch eine geteilte Wahlversammlung an zwei Tagen oder durch eine schichtwechselübergreifende Wahlversammlung.

LAG Sachsen-Anhalt v. 29. 6. 2011 – 5 TaBVGa 1/11,
Betriebsratswissen online

Ist für einen Betrieb zeitlich früher bereits ein Betriebsrat gewählt worden, **R 443** ist die zeitlich nachfolgende Wahl für einen Betriebsteil nichtig. Das gilt auch dann, wenn bei der Wahl des ersten Betriebsrats u. U. zu Unrecht ein Gemeinschaftsbetrieb angenommen und/oder gegen wesentliche Vorschriften des Wahlverfahrens verstoßen wurde, sofern diese Verstöße nicht offensichtlich und schwerwiegend sind.

LAG Niedersachsen v. 2. 12. 2011 – 6 TaBV 29/11 (rechtskräftig),
Betriebsratswissen online

XIII. Konstituierung des Betriebsrats / Anfechtung der Wahlen

1. Ordnungsgemäße Beschlussfassung / Wahl der freizustellenden Betriebsratsmitglieder / Entsendung in Gesamtbetriebsrat

Die Vorschrift des § 29 Abs. 2 Satz 3 BetrVG gehört zu den wesentlichen **R 444** und unverzichtbaren Verfahrensvorschriften, von deren Beachtung die Rechtswirksamkeit der Betriebsratsbeschlüsse abhängt.

Ist die Einladung zu einer Betriebsratssitzung ohne Mitteilung der Tagesordnung erfolgt, kann dieser Mangel nur durch einstimmigen Beschluss der vollzählig versammelten Betriebsratsmitglieder geheilt werden.

BAG v. 28. 4. 1988 – 6 AZR 405/86, AP Nr. 2 zu § 29 BetrVG 1972

R 445 Die vor der Wahl der freizustellenden Betriebsratsmitglieder nach § 38 Abs. 2 Satz 1 BetrVG vorgeschriebene Beratung mit dem Arbeitgeber muss mit dem gesamten Betriebsrat erfolgen; eine Beratung nur einzelner Betriebsratsmitglieder mit dem Arbeitgeber genügt nicht. Welchen Einfluss die unterbliebene vorherige Beratung mit dem Arbeitgeber auf die Wirksamkeit der Freistellungswahl hat, bleibt unentschieden.

Die in § 27 Abs. 1 Satz 5 und § 38 Abs. 2 Satz 10 BetrVG vorgeschriebene Mehrheit von drei Vierteln der Stimmen der Mitglieder des Betriebsrats zur Abberufung von nach den Grundsätzen der Verhältniswahl gewählten Betriebsausschussmitgliedern und freizustellenden Betriebsratsmitgliedern dient der Absicherung der Verhältniswahl mit dem ihr innewohnenden Minderheitenschutz. Einer solchen Absicherung bedarf es jedoch nur, wenn lediglich ein Teil der gewählten Ausschussmitglieder oder der freizustellenden Betriebsratsmitglieder durch andere Betriebsratsmitglieder ersetzt werden soll. Werden dagegen die Ausschussmitglieder oder die freizustellenden Betriebsratsmitglieder insgesamt neu gewählt, treten die Neugewählten an die Stelle der früher Gewählten, ohne dass diese erst mit qualifizierter Mehrheit des Betriebsrats abberufen werden müssten.

BAG v. 29. 4. 1992 – 7 ABR 74/91, EzA § 38 BetrVG 1972 Nr. 13 =
Betriebsratswissen online

R 446 Unter dem Tagesordnungspunkt »Verschiedenes« kann der Betriebsrat nur dann wirksam Beschlüsse fassen, wenn er vollzählig versammelt ist und kein Betriebsratsmitglied der Beschlussfassung widerspricht.

BAG v. 28. 10. 1992 – 7 ABR 14/92, BB 1993, S. 580 = BetrR 1993, S. 63 =
Betriebsratswissen online

R 447 Leiharbeitnehmer sind keine Arbeitnehmer des Entleiherbetriebs. Sie sind daher bei der für die Anzahl der nach § 38 Abs. 1 BetrVG freizustellenden Betriebsratsmitglieder maßgeblichen Belegschaftsstärke nicht zu berücksichtigen.

BAG v. 22. 10. 2003 – 7 ABR 3/03, NZA 2004, S. 1052ff. =
ZIP 2004, S. 220ff. = Betriebsratswissen online

R 448 Der Betriebsrat entscheidet über die Entsendung von Betriebsratsmitgliedern in den Gesamtbetriebsrat nach § 47 Abs. 2 BetrVG durch Geschäftsführungsbeschluss mit einfacher Stimmenmehrheit nach § 33 Abs. 1 BetrVG.

Die Verhältniswahl ist kein allgemeines Prinzip der Betriebsverfassung. Sie ist auch nicht aus Gründen des Minderheitenschutzes bei der Entscheidung des Betriebsrats über die Entsendung von Mitgliedern in den Gesamtbetriebsrat geboten.

BAG v. 21. 7. 2004 – 7 ABR 58/03, NZA 2005, S. 170ff. = Betriebsratswissen online

Beschlüsse über die Entsendung von Betriebsratsmitgliedern in den Gesamtbetriebsrat nach § 47 BetrVG werden nach § 33 Abs. 1 BetrVG mit einfacher Stimmenmehrheit gefasst.   **R 449**

Dies gilt auch für die Entsendung durch einen nach regionalen Gesichtspunkten gebildeten Entsendungskörper. Die entsprechende tarifliche Regelung muss deshalb für die Entsendungsbeschlüsse nicht zwingend die Verhältniswahl vorschreiben. Die Verhältniswahl ist nicht nach Art. 9 Abs. 3, 28 Abs. 1, 38 Abs. 1 GG verfassungsrechtlich bei allen Entscheidungen des Betriebsrats zwingend geboten.

BAG v. 25. 5. 2005 – 7 ABR 10/04, NZA 2006, S. 215ff.

Arbeitnehmer von Allgemeinen Ortskrankenkassen, die auf der Grundlage   **R 450**
eines Dienstleistungsüberlassungsvertrages bei einem privaten Unternehmen regelmäßig eingesetzt und tätig werden, gelten gemäß § 5 Abs. 1 Satz 3 BetrVG als Arbeitnehmer des privaten Unternehmens. Sie sind bei der Anwendung von § 38 Abs. 1 Satz 1 BetrVG zu berücksichtigen.

Der Anwendbarkeit des § 5 Abs. 1 Satz 3 BetrVG steht nicht entgegen, dass die Überlassung der AOK-Beschäftigten nicht auf Dauer, sondern nur vorübergehend und projektbezogen sowie für die Dauer des Vertrags über die Dienstleistungsüberlassung erfolgt. § 5 Abs. 1 Satz 3 BetrVG setzt nicht notwendig einen dauerhaften oder auch nur langfristigen Einsatz der in Privatbetrieben tätigen Beschäftigten voraus.

BAG v. 5. 12. 2012 – 7 ABR 17/11, Betriebsratswissen digital

2.   Beginn der Amtsbefugnisse und Amtszeitende

Die Amtszeit eines außerhalb des regelmäßigen Wahlzeitraums gewählten   **R 451**
Betriebsrats endet mit der Bekanntgabe des Wahlergebnisses des neu gewählten Betriebsrats.

Mit Bekanntgabe des Wahlergebnisses ist der neu gewählte Betriebsrat das nach den §§ 102, 103 BetrVG zu beteiligende betriebsverfassungsrechtliche Repräsentationsorgan. Die Beteiligung des nicht mehr amtierenden Betriebsrats führt bei nicht dem Betriebsrat angehörenden Arbeitnehmern gem. § 102 Abs. 1 Satz 3 BetrVG und bei Mitgliedern des neu gewählten Betriebsrats gem. § 103 BetrVG in Verbindung mit § 15 KSchG zur Unwirksamkeit der Kündigung.

BAG v. 28. 9. 1983 – 7 AZR 266/82,
AP Nr. 1 zu § 21 BetrVG 1972

R 452 Vor der Konstituierung des Betriebsrats besteht keine Anhörungspflicht des Arbeitgebers nach § 102 Abs. 1 BetrVG. Den Arbeitgeber trifft auch grundsätzlich keine Pflicht, mit dem Ausspruch der Kündigung eines Arbeitnehmers zu warten, bis der Betriebsrat sich konstituiert hat.

BAG v. 23. 8. 1984 – 6 AZR 520/82,
AP Nr. 36 zu § 102 BetrVG 1972

R 453 Aus dem Betriebsverfassungsgesetz ergibt sich keine Verpflichtung des Arbeitgebers, mit einer an sich beteiligungspflichtigen Maßnahme (hier: Betriebsänderung) so lange zu warten, bis im Betrieb ein funktionsfähiger Betriebsrat vorhanden ist, und zwar auch dann nicht, wenn mit der Wahl eines Betriebsrats zu rechnen und die Zeit bis zu dessen Konstituierung absehbar ist.

BAG v. 28. 10. 1992 – 10 ABR 75/91, BB 1993, S. 140 =
Betriebsratswissen online

3. Anfechtung der betriebsratsinternen Wahlen

R 454 Gesetzesverstöße bei der Wahl der weiteren Mitglieder des Betriebsausschusses müssen grundsätzlich in einem Wahlanfechtungsverfahren geltend gemacht werden.

Bei einer betriebsratsinternen Wahl tritt an die Stelle der Anfechtungsbefugnis von drei Wahlberechtigten die Anfechtungsbefugnis eines einzelnen Betriebsratsmitglieds. Im Übrigen bleibt es dahingestellt, inwieweit der Kreis der Anfechtungsberechtigten bei betriebsratsinternen Wahlen abweichend von § 19 Abs. 2 Satz 1 BetrVG gezogen werden muss.

Die Anfechtungsfrist beträgt in entsprechender Anwendung des § 19 Abs. 2 Satz 2 BetrVG zwei Wochen.

Die Wahl der weiteren Mitglieder des Betriebsausschusses ist ebenso wie die Betriebsratswahl nur in besonderen, eng begrenzten Ausnahmefällen nichtig.

BAG v. 13. 11. 1991 – 7 ABR 18/91, EzA § 27 BetrVG 1972 Nr. 7 =
Betriebsratswissen online

Gesetzesverstöße bei der Wahl des Betriebsratsvorsitzenden und seines **R 455** Stellvertreters, der Mitglieder der Betriebsratsausschüsse und der von ihrer beruflichen Tätigkeit freizustellenden Betriebsratsmitglieder müssen grundsätzlich in einem Wahlanfechtungsverfahren in entsprechender Anwendung des § 19 BetrVG binnen einer Frist von zwei Wochen seit Bekanntgabe der Wahl gerichtlich geltend gemacht werden.

BAG v. 15. 1. 1992 – 7 ABR 24/91, AP Nr. 26 zu § 19 BetrVG 1972 =
Betriebsratswissen online

XIV. Sonstige Wahlverfahrensfragen / Einstweilige Verfügungen

1. Anfechtung der Wahl und von Maßnahmen des Wahlvorstands

Entscheidungen und Maßnahmen des Wahlvorstands können vor Abschluss **R 456** der Betriebsratswahl selbstständig angefochten werden. Antragsberechtigt ist jeder, der durch die einzelnen Maßnahmen des Wahlvorstands in seinem aktiven oder passiven Wahlrecht betroffen wird.

BAG v. 15. 12. 1972 – 1 ABR 8/72, AP Nr. 1 zu § 14 BetrVG 1972;
LAG Berlin v. 26. 3. 1984 – 9 TaBV 4/84, NZA 1984, S. 333

Die Anfechtung der Wahl des Wahlvorstands kann selbstständig auch **R 457** schon vor Abschluss der Betriebsratswahl erfolgen.

BAG v. 3. 6. 1975 – 1 ABR 98/74, AP Nr. 1 zu § 5 BetrVG 1972 Rotes Kreuz,
Betriebsratswissen online

R 458   Eine Anfechtungsberechtigung gegen Entscheidungen des Wahlvorstands haben – anders als bei der Wahlanfechtung nach § 19 Abs. 2 BetrVG – auch einzelne Arbeitnehmer, deren aktives oder passives Wahlrecht betroffen ist.

LAG Nürnberg v. 13. 3. 2002 – 2 TaBV 13/02, AuR 2002, S. 238

R 459   Die Beteiligten eines Wahlanfechtungsverfahrens nach § 19 BetrVG können einen Anfechtungsgrund, der sich aus dem vorgetragenen Sachverhalt ergibt, nicht einvernehmlich der gerichtlichen Prüfung entziehen. Dem steht der im Beschlussverfahren geltende Untersuchungsgrundsatz entgegen. Das Gericht muss sämtliche Anfechtungsgründe von Amts wegen berücksichtigen, soweit der Vortrag der Beteiligten Anhaltspunkte liefert. Ein gerichtlicher Vergleich zwischen den Beteiligten, es solle im Wahlanfechtungsverfahren nicht mehr gerügt werden, ob Honorarkräfte als wahlberechtigte Arbeitnehmer nach § 7 Satz 1 BetrVG an der Wahl teilnehmen durften oder als freie Mitarbeiter hiervon auszuschließen waren, schränkt deshalb den gerichtlichen Prüfungsumfang nicht ein.

BAG v. 13. 10. 2004 – 7 ABR 6/04, NZA 2005, S. 480ff. =
Betriebsratswissen online

2.   Eingriff in ein laufendes Wahlverfahren durch einstweilige Verfügung

R 460   Ein Eingriff in das Wahlverfahren durch sogenannte Leistungsverfügung setzt voraus, dass mit Sicherheit ein wesentlicher Fehler vorliegt, der zweifelsfrei die Nichtigkeit oder Anfechtbarkeit der Wahl begründet und dieser Fehler durch die einstweilige Verfügung noch korrigierbar ist.

Dabei sind gegenüber einem berichtigenden Eingriff in das laufende Wahlverfahren eher noch gesteigerte Anforderungen zu stellen, wenn durch die einstweilige Verfügung das laufende Wahlverfahren abgebrochen werden soll.

LAG Baden-Württemberg v. 1. 3. 1994 – 8 TaBV 1/94, AiB 1994, S. 420

R 461   Eine Betriebsratswahl kann (ausnahmsweise) im Wege der einstweiligen Verfügung (Leistungsverfügung) abgebrochen werden, wenn der festgestellte Rechtsmangel nicht korrigierbar und die Weiterführung der Wahl mit Sicherheit eine erfolgreiche Anfechtung oder die Nichtigkeit der Betriebsratswahl zur Folge hätte.

LAG Hamm v. 9. 9. 1994 – 3 TaBV 137/94, BB 1995, S. 260 =
Betriebsratswissen online

Grundsätzlich kann in laufende Betriebsratswahlen im Wege der einstwei- **R 462**
ligen Verfügung nur eingegriffen werden, wenn die Wahl mit Sicherheit als
nichtig anzusehen wäre.

Hess. LAG v. 5. 4. 2002 – 9 TaBV Ga 61/02; vgl. hierzu auch ArbG Würzburg
v. 16. 4. 2002 – 3 BV Ga 7/02 S, AiB 2003, S. 36f. im Hinblick auf die streitige
Beurteilung der »in der Regel Beschäftigten« für die Betriebsratsgröße

Ein Verbot der Durchführung einer Betriebsratswahl im Wege der einst- **R 463**
weiligen Verfügung kommt nur für den Fall der Nichtigkeit der beabsichtigten Wahl in Betracht, nicht bei bloßer Anfechtbarkeit der Wahl wegen
einer möglichen Verkennung des Betriebsbegriffs.

LAG München v. 3. 8. 1988 – 6 TaBV 41/88, NZA 1989, S. 444

Nach ständiger Rechtsprechung des Bundesarbeitsgerichts führt die Ver- **R 464**
kennung des Betriebsbegriffs bei einer Betriebsratswahl grundsätzlich
nicht zu deren Nichtigkeit. Im Ausnahmefall ist jedoch eine Betriebsratswahl als nichtig zu qualifizieren, wenn sie unter grober Verkennung des
Betriebsbegriffs erfolgen würde. In diesem Fall kann durch einstweilige
Verfügung in eine laufende Betriebsratswahl mit dem Ziel eingegriffen
werden, ein eingeleitetes Verfahren zur Wahl eines unternehmenseinheitlichen Betriebsrats abzubrechen und nicht fortzuführen.

LAG Düsseldorf v. 26. 1. 2006 – 5 TaBV 13/06

Der Arbeitgeber kann die gerichtliche Feststellung beantragen, dass der Be- **R 465**
schluss des Betriebsrats über die Einsetzung des Wahlvorstands unwirksam ist.

Diese Feststellung kann auch im Verfahren einer einstweiligen Verfügung getroffen werden; effektive Rechtsschutzgewährung gebietet in derartigen Fällen, in denen kein anderer Weg zur Verfügung steht, den Erlass
einer entsprechenden Feststellungsverfügung.

LAG Nürnberg v. 30. 3. 2006 – 6 TaBV 19/06,
Betriebsratswissen online

R 466 Auch im Beschlussverfahren ist der Erlass einer einstweiligen Verfügung für ein Verfahren mit dem Inhalt, ein laufendes Wahlverfahren zu unterbrechen, eine Betriebsratswahl zu verschieben oder dem Wahlvorstand gar die weitere Durchführung einer Betriebsratswahl vollständig zu untersagen, grundsätzlich zulässig. Durch einstweilige Verfügung kann in ein laufendes Wahlverfahren bei entsprechender Dringlichkeit eingegriffen werden (vgl. BAG, Beschluss vom 15. 02. 1972 – 1 ABR 5/72).

Die Beschwerdekammer brauchte im vorliegenden Verfahren nicht zu entscheiden, ob der verlangte Abbruch der Betriebsratswahl nur bei Nichtigkeit einer Betriebsratswahl in Betracht kommt oder auch bei einer absehbaren erfolgreichen Anfechtung, da dem Wahlvorstand nicht derart schwerwiegende und offensichtliche Fehler im Wahlverfahren vorgeworfen werden können, die bei Weiterführung der Wahl mit Sicherheit eine erfolgreiche Anfechtung zur Folge hätte.

LAG Hamm v. 24. 3. 2010 – 10 TaBVGa 7/10, Betriebsratswissen online

R 467 Entscheidungen des Wahlvorstands können im Wege einstweiliger Verfügung vor den Arbeitsgerichten angegriffen werden, wenn schwerwiegende Mängel vorliegen, die mit größter Wahrscheinlichkeit zur Anfechtbarkeit der Wahl führen würden.

Ein solcher Verstoß kann auch in der fehlerhaften Annahme eines gemeinsamen Betriebs mehrerer Unternehmen oder in der fehlerhaften Bestellung des Wahlvorstands liegen.

Zwar gilt auch für das Verfügungsverfahren grundsätzlich der Untersuchungsgrundsatz. Dieser ist allerdings im Hinblick auf das mit dem Antrag auf Erlass einer einstweiligen Verfügung verfolgte Ziel, effektiven Rechtsschutz zu gewährleisten, eingeschränkt. Es hat eine Abwägung stattzufinden, die einerseits den Aufwand der nötigen Ermittlungen, andererseits die Eilbedürftigkeit der beantragten Maßnahme und die Schwere der mit Erlass oder Nichterlass der einstweiligen Verfügung befürchteten Nachteile für die Beteiligten berücksichtigt.

Steht die Verkennung des Betriebsbegriffs durch den Wahlvorstand nicht mit größter Wahrscheinlichkeit fest, so haben die Unternehmen, die nach Ansicht des Wahlvorstands einen gemeinsamen Betrieb führen, die benötigten Auskünfte zur Erstellung der Wählerliste zu geben.

LAG Nürnberg v. 8. 2. 2011 – 6 TaBVGa 17/10, Betriebsratswissen online

Eine nicht rechtskräftige gerichtliche Entscheidung in einem Verfahren **R 468**
nach § 18 Abs. 2 BetrVG (*hier: des Landesarbeitsgerichtes, gegen die Rechtsmit-
tel eingelegt worden war*) ist von den am Verfahren Beteiligten bei der Bestimmung des Betriebsbegriffs im Hinblick auf eine bevorstehende Betriebsratswahl zu berücksichtigen. Anderes gilt, wenn sich die für die
rechtliche Würdigung in dem Verfahren gem. § 18 Abs. 2 BetrVG maßgeblichen tatsächlichen Verhältnisse in der Zwischenzeit geändert haben.

In dem Fall liegt eine offensichtliche Verkennung des Betriebsbegriffs
und damit eine Nichtigkeit der Wahl vor. Mittels einer einstweiligen Verfügung kann der Abbruch einer auf dieser Grundlage eingeleiteten Betriebsratswahl verlangt werden.

ArbG Frankfurt/Main v. 24. 1. 2012 – 13 BVGa 32/12, juris = BB 2012, S. 908

XV. Rechtsprechung zu besonderen Problemstellungen im vereinfachten Wahlverfahren

1. Vereinfachtes Wahlverfahren kraft Vereinbarung – Anforderungen

Die Durchführung einer Betriebsratswahl im vereinfachten Verfahren **R 469**
nach § 14a Abs. 5 BetrVG i. d. F. des Gesetzes zur Reform der Betriebsverfassung vom 23. Juli 2001 bedarf der ausdrücklichen oder konkludenten
Vereinbarung zwischen Wahlvorstand und Arbeitgeber.

Beschließt der Wahlvorstand eines Betriebs mit in der Regel 51 bis 100
wahlberechtigten Arbeitnehmern in einer Betriebsversammlung die Anwendung der Vorschriften des vereinfachten Wahlverfahrens in Anwesenheit der Geschäftsführer der Arbeitgeberin und schweigen die Geschäftsführer zu diesem Beschluss, so liegt keine konkludente Vereinbarung i. S. v.
§ 14a Abs. 5 BetrVG vor.

Die unstatthafte Durchführung einer Betriebsratswahl im vereinfachten
Verfahren an Stelle der Regelwahl nach den Grundsätzen der Verhältniswahl gem. § 14 BetrVG und die Missachtung der Vorschriften des § 2 Abs. 1,
§ 3, § 37, § 36 Abs. 2 WO 2001 stellen einen Verstoß gegen wesentliche Vorschriften i. S. v. § 19 Abs. 1 BetrVG dar und können das Wahlergebnis im
Sinne dieser Bestimmung ändern oder beeinflussen.

Diese Mängel führen für sich genommen nicht zur Nichtigkeit der Betriebsratswahl. Die Nichtigkeit kann sich auch nicht aus einer Gesamtwürdigung ergeben.

BAG v. 19. 11. 2003 – 7 ABR 24/03, AiB 2004, S. 432ff. =
NZA 2004, S. 395ff. = AuR 2004, S. 309f. = Betriebsratswissen online

2. Berechnung der Fristen

R 470 Das Betriebsverfassungsgesetz sieht eine Mindestfrist für die Einreichung von Wahlvorschlägen im einstufigen vereinfachten Wahlverfahren nicht vor. Die Festsetzung einer solchen Frist steht im pflichtgemäßen Ermessen des Wahlvorstands und muss angemessen sein. Sie sollte in Anlehnung an § 28 Abs. 1 WO 2001 mindestens sieben Tage ab dem Erlass des Wahlausschreibens betragen.

Für die Berechnung der in der Wahlordnung 2001 festgelegten Fristen gelten nach § 41 WO 2001 die Vorschriften der §§ 186 bis 193 BGB entsprechend. Ist eine Frist von einem Endzeitpunkt – wie die Wahlversammlung zur Wahl des Betriebsrats – aus zu berechnen, gilt § 187 Abs. 1 BGB entsprechend mit der Folge, dass der Tag des fristauslösenden Ereignisses (Endtermin) nicht mitzählt. Die Mindestfrist des § 14 a Abs. 3 Satz 2 BetrVG umfasst danach volle sieben Tage.

Fällt nach dieser Berechnung der letzte Tag vor Beginn dieser Frist auf einen Sonnabend, Sonn- oder Feiertag, muss – in umgekehrter Anwendung des § 193 BGB – die Frist für die Einreichung von Wahlvorschlägen auf den vorhergehenden Werktag bestimmt werden.

Hess. LAG v. 23. 1. 2003 – 9 TaBV 104/02, AuR 2003, S. 158

R 471 Die Wahlversammlung zur Wahl des Betriebsrats findet gem. § 14 a Abs. 1 Satz 4 BetrVG eine Woche nach der Wahlversammlung zur Wahl des Wahlvorstands statt. Da sich die Frist nach den §§ 186 bis 193 BGB bestimmt, wird bei der Berechnung dieser Wochenfrist der Tag der ersten Wahlversammlung gem. § 187 Abs. 1 BGB nicht mitgerechnet.

Wahlvorschläge einer Gewerkschaft müssen auch im vereinfachten Wahlverfahren schriftlich gem. § 14 Abs. 5 BetrVG erfolgen, da die Ausnahme vom Schriftformerfordernis gem. § 14 a Abs. 2 BetrVG nur für Wahlvorschläge der Arbeitnehmer gilt.

ArbG Berlin v. 16. 10. 2003 – 63 BV 6573/03, AiB 2006, S. 111f.

3. Einladung / Wahlschutz für Initiatoren

Die Einladung zur Betriebsversammlung muss den Zeitpunkt, den Ort, **R 472** den Gegenstand der Betriebsversammlung sowie die Einladenden angeben und so bekannt gemacht werden, dass alle Arbeitnehmer des Betriebes von ihr Kenntnis nehmen können und die Möglichkeit erhalten, an ihr teilzunehmen. Nur wenn diese Voraussetzungen nicht erfüllt sind, liegt keine ordnungsgemäße Einladung vor.

Keine Voraussetzung einer ordnungsgemäßen Einladung ist dagegen der Hinweis darauf, dass bis zum Ende einer Wahlversammlung Wahlvorschläge zur Wahl des Betriebsrats gemacht werden können. Das Fehlen dieses Hinweises führt nicht zum Ausschluss des besonderen Kündigungsschutzes des zu der Versammlung einladenden Arbeitnehmers.

ArbG Frankfurt/M. v. 9. 4. 2002 – 20 Ca. 8024/01, AuR 2002, S. 394f.

Der besondere Kündigungsschutz des § 15 Abs. 3 a KSchG für Initiatoren **R 473** einer Betriebsratswahl in einem Kleinbetrieb i. S. v. § 14 a BetrVG hängt nicht davon ab, dass die Einladung zur Wahlversammlung den Anforderungen des § 28 Abs. 1 Satz 5 WO 2001 entspricht. Es ist vielmehr ausreichend, dass die im Betrieb bekannt gemachte Einladung von drei wahlberechtigten Arbeitnehmern unterzeichnet wurde und Angaben zu Ort und Zeit der Versammlung enthält.

LAG Berlin v. 25. 6. 2003 – 17 Sa 531/03, juris = AiB 2006, S. 112

Die Bestimmung des § 15 Abs. 4 KSchG, wonach eine ordentliche Kündi- **R 474** gung von betriebsverfassungsrechtlichen Mandatsträgern und Akteuren im Falle einer Betriebsstilllegung ausnahmsweise zulässig ist, ist auch auf den nach § 15 Abs. 3 a KSchG geschützten Personenkreis zu übertragen. Dies gilt gleichsam für die Bestimmung des § 15 Abs. 5 BetrVG, wenn der dem Sonderkündigungsschutz unterfallende Wahlinitiator in einer Betriebsabteilung beschäftigt wird, die stillgelegt wird und es aus betrieblichen Gründen nicht möglich ist, ihn in eine andere Betriebsabteilung zu übernehmen.

Die Nichterwähnung der Wahlinitiatoren in § 15 Abs. 4 und Abs. 5 BetrVG beruht auf einem Redaktionsversehen des Gesetzgebers.

BAG v. 4. 11. 2004 – 2 AZR 96/04, AiB 2005, S. 446ff.

R 475 Auf Verlangen der einladenden Stelle ist der Arbeitgeber verpflichtet, allen regelmäßig auswärts beschäftigten Arbeitnehmern, wie etwa den bei verschiedenen Fremdfirmen eingesetzten Leiharbeitnehmern, eine Einladung zu einer Betriebsversammlung zum Zweck der Wahl eines Wahlvorstands für die erstmalige Wahl eines Betriebsrats zukommen zu lassen.

LAG Rheinland-Pfalz v. 7. 1. 2008 – 5 TaBV 56/07, Betriebsratswissen online

VII.   Anhang

1.   Kurzübersicht zum Wahlablauf
Normales Wahlverfahren

Nach dem Betriebsverfassungsgesetz (BetrVG) und der Wahlordnung (WO) sind für den Ablauf der Betriebsratswahlen grundsätzlich folgende Fristen zu beachten:

A. Vor der Wahl   A 1

1. *Spätestens* zehn Wochen vor Ablauf der Amtszeit des alten Betriebsrats ist ein Wahlvorstand einzusetzen (§ 16 Abs. 1 BetrVG). Der Wahlvorstand hat die Wahl einzuleiten, durchzuführen und das Wahlergebnis festzustellen (§ 18 Abs. 1 BetrVG).
2. Der Wahlvorstand hat eine Liste der Wahlberechtigten (Wählerliste), getrennt nach den Geschlechtern, aufzustellen (§ 2 Abs. 1 WO). Er hat festzustellen, welches Geschlecht in der Minderheit ist und wie viele Betriebsratssitze dem Minderheitengeschlecht mindestens zustehen (§ 5 WO).
3. *Spätestens* sechs Wochen vor dem ersten Tag der Stimmabgabe hat der Wahlvorstand das Wahlausschreiben zu erlassen (§ 3 Abs. 1 WO). Damit ist die Wahl eingeleitet.
4. Nur innerhalb von zwei Wochen nach Erlass des Wahlausschreibens können Einsprüche gegen die Wählerliste eingelegt und Vorschlagslisten eingereicht werden (§ 4 Abs. 1, § 6 Abs. 1 WO). Die Vorschlagsliste muss der Wahlvorstand unverzüglich prüfen und Ungültigkeit oder Beanstandungen unverzüglich schriftlich unter Angabe der Gründe dem Listenvertreter mitteilen (§ 7 Abs. 2 WO).
5. *Spätestens* eine Woche vor dem Wahltag hat die Bekanntmachung der gültigen Vorschlagslisten in gleicher Weise wie das Wahlausschreiben zu erfolgen (§ 10 Abs. 2 WO).
6. Über Einsprüche gegen die Wählerliste muss der Wahlvorstand unverzüglich entscheiden. *Spätestens* muss seine Entscheidung dem Arbeitnehmer/der Arbeitnehmerin, der/die den Einspruch eingelegt hat, am Tage vor der Wahl schriftlich zugehen (§ 4 Abs. 2 WO).

Wahltag

A 2 B. Nach der Wahl

7. Unverzüglich nach Abschluss der Wahl nimmt der Wahlvorstand öffentlich die Auszählung der Stimmen vor und gibt das (vorläufige) Wahlergebnis bekannt (§ 13 WO). Es ist eine Wahlniederschrift anzufertigen (§ 16 WO).

8. Der Wahlvorstand muss die gewählten Arbeitnehmer/Arbeitnehmerinnen unverzüglich verständigen (§ 17 WO).

9. Der Wahlvorstand hat die Namen der gewählten Arbeitnehmer/Arbeitnehmerinnen bekannt zu machen, sobald sie endgültig feststehen (§ 18 WO).

10. Vor Ablauf einer Woche nach dem Wahltag hat der Wahlvorstand den neu gewählten Betriebsrat zur konstituierenden Sitzung einzuberufen (§ 29 Abs. 1 BetrVG). Die Wahlunterlagen sind dem neu gewählten Betriebsrat zu übergeben, der sie mindestens bis zur Beendigung seiner Amtszeit aufzubewahren hat (§ 19 WO).

2. Kurzübersicht zum Wahlablauf
Vereinfachtes Wahlverfahren – einstufig

Nach dem Betriebsverfassungsgesetz (BetrVG) und der Wahlordnung (WO) sind für den Ablauf der Betriebsratswahlen grundsätzlich folgende Fristen zu beachten:

A 3 A. Vor der Wahl

1. *Spätestens* vier Wochen vor Ablauf der Amtszeit des alten Betriebsrats ist ein Wahlvorstand einzusetzen (§§ 16 Abs. 1, 17a BetrVG). Der Wahlvorstand hat die Wahl einzuleiten, durchzuführen und das Wahlergebnis festzustellen (§ 18 Abs. 1 BetrVG).

2. Der Wahlvorstand hat eine Liste der Wahlberechtigten (Wählerliste), getrennt nach den Geschlechtern, aufzustellen (§ 2 Abs. 1 WO). Sofern der Betriebsrat aus mehr als einer Person besteht, hat er festzustellen, welches Geschlecht in der Minderheit ist und wie viele Betriebsratssitze dem Minderheitengeschlecht mindestens zustehen (§ 5 WO).

3. *Unverzüglich* nach der Aufstellung der Wählerliste hat der Wahlvorstand das Wahlausschreiben zu erlassen (§ 36 Abs. 2 WO). Damit ist die Wahl eingeleitet.

4. Nur innerhalb von drei Tagen nach Erlass des Wahlausschreibens können Einsprüche gegen die Wählerliste eingelegt werden (§§ 30 Abs. 2; 36 WO).

5. Bis spätestens eine Woche vor der Wahlversammlung zur Wahl des Betriebsrats können Wahlvorschläge gemacht werden (§ 14a Abs. 3 Satz 2 BetrVG).
Die Wahlvorschläge muss der Wahlvorstand unverzüglich prüfen und Ungültigkeit oder Beanstandungen der Wahlvorschläge unverzüglich schriftlich unter Angabe der Gründe dem Listenvertreter mitteilen (§ 7 Abs. 2 WO). *Dies muss spätestens eine Woche vor der Wahlversammlung zur Wahl des Betriebsrats erledigt sein (§ 36 Abs. 5 WO).*

6. *Nach Ablauf der gesetzlichen Mindestfrist für die Einreichung der Wahlvorschläge (eine Woche vor der Wahlversammlung)* hat die Bekanntmachung der gültigen Wahlvorschläge in gleicher Weise wie das Wahlausschreiben zu erfolgen (§§ 31 Abs. 2; 36 Abs. 5 WO).

7. Über Einsprüche gegen die Wählerliste muss der Wahlvorstand unverzüglich entscheiden. *Spätestens* muss seine Entscheidung dem Arbeitnehmer/der Arbeitnehmerin, der/die den Einspruch eingelegt hat, am Tage vor der Wahl schriftlich zugehen (§ 4 Abs. 2 WO).

Wahltag

B. Nach der Wahl   A 4

8. Unverzüglich nach Abschluss der Wahl nimmt der Wahlvorstand öffentlich die Auszählung der Stimmen vor und gibt das (vorläufige) Wahlergebnis bekannt (§§ 36 Abs. 4; 34; 13 WO). Es ist eine Wahlniederschrift anzufertigen (§§ 16; 36 Abs. 4; 34; 23 Abs. 1 WO). *Im Fall der nachträglichen schriftlichen Stimmabgabe* (§§ 35, 36 Abs. 4 WO) versiegelt der Wahlvorstand die Wahlurne. Nach Ablauf der Frist für den Eingang der Briefwahlstimmen erfolgt die öffentliche Auszählung der Stimmen.

9. Der Wahlvorstand muss die gewählten Arbeitnehmer/Arbeitnehmerinnen unverzüglich verständigen (§§ 17; 34; 23 Abs. 1; 36 Abs. 4 WO).

10. Der Wahlvorstand hat die Namen der gewählten Arbeitnehmer/Arbeitnehmerinnen bekannt zu machen, sobald sie endgültig feststehen (§§ 18; 36 Abs. 4; 34; 23 Abs. 1 WO).

11. Vor Ablauf einer Woche nach dem Wahltag hat der Wahlvorstand den neu gewählten Betriebsrat zur konstituierenden Sitzung einzuberufen (§ 29 Abs. 1 BetrVG). Die Wahlunterlagen sind dem neu gewählten Betriebsrat zu übergeben, der sie mindestens bis zur Beendigung seiner Amtszeit aufzubewahren hat (§ 19 WO).

3. # Kurzübersicht zum Wahlablauf
   # Vereinfachtes Wahlverfahren – zweistufig

Nach dem Betriebsverfassungsgesetz (BetrVG) und der Wahlordnung (WO) sind für den Ablauf der Betriebsratswahlen grundsätzlich folgende Fristen zu beachten:

A. Vor der Wahl des Wahlvorstands   A 5

1. Mindestens drei wahlberechtigte Arbeitnehmer/Arbeitnehmerinnen oder eine im Betrieb vertretene Gewerkschaft laden zur Wahlversammlung zur Wahl des Wahlvorstands ein. Die Einladung muss mindestens sieben Tage vor der Wahlversammlung zur Wahl des Wahlvorstands erfolgen (§ 28 WO).

2. Wahlvorschläge können nur bis zum Schluss der Wahlversammlung zur Wahl des Wahlvorstands gemacht werden. Vor der Wahlversammlung müssen sie schriftlich erfolgen; auf der Versammlung können sie auch mündlich gemacht werden (§ 14a Abs. 2 BetrVG).

3. Die Einladenden informieren den Arbeitgeber von der Wahlversammlung und fordern ihn auf die Unterlagen für den Wahlvorstand vorzubereiten (§ 28 Abs. 2 WO) und ihnen in einem versiegelten Umschlag auszuhändigen.

A 6 B. Wahl des Wahlvorstands

4. Die Einladenden führen die Wahl des Wahlvorstands durch und übergeben den versiegelten Umschlag.

5. Der Wahlvorstand hat in der Wahlversammlung eine Liste der Wahlberechtigten (Wählerliste), getrennt nach den Geschlechtern, aufzustellen (§§ 30 Abs. 1; 2 Abs. 1 WO). Er hat festzustellen, welches Geschlecht in der Minderheit ist und wie viele Betriebsratssitze dem Minderheitengeschlecht mindestens zustehen (§ 5 WO).

6. Anschließend erlässt der Wahlvorstand in der Wahlversammlung das Wahlausschreiben (§ 31 WO) und macht es unmittelbar nach der Wahlversammlung im Betrieb bekannt. Damit ist die Wahl eingeleitet.

7. Nur innerhalb von drei Tagen nach Erlass des Wahlausschreibens können Einsprüche gegen die Wählerliste eingelegt werden (§§ 30 Abs. 2, 4 Abs. 2, 3 WO).

8. In der Wahlversammlung hat der Wahlvorstand die Wahlvorschläge zu prüfen. Mängel der Wahlvorschläge können nur in der Wahlversammlung beseitigt werden (§ 33 Abs. 2, 3 WO).

9. Unmittelbar nach Abschluss der Wahlversammlung macht der Wahlvorstand die gültigen Wahlvorschläge im Betrieb bekannt (§ 33 Abs. 4 WO).

A 7 C. Zwischen erster und zweiter Wahlversammlung

10. Der Wahlvorstand hat über die Berechtigung von Einsprüchen gegen die Wählerliste zu entscheiden. *Spätestens* muss seine Entscheidung der Arbeitnehmerin/dem Arbeitnehmer, der/die den Einspruch eingelegt hat, am Tage vor der Wahlversammlung zur Wahl des Betriebsrats zugehen (§§ 30 Abs. 2; 4 Abs. 2 WO).

D. Wahlversammlung zur Wahl des Betriebsrats

A 8 11. Unverzüglich nach Abschluss der Wahl nimmt der Wahlvorstand öffentlich die Auszählung der Stimmen vor und gibt das (vorläufige) Wahlergebnis bekannt (§ 34 Abs. 3 WO). *Im Fall der nachträglichen schriftlichen Stimmabgabe (§§ 35, 34 Abs. 2 WO)* versiegelt der Wahlvorstand die Wahlurne. Nach Ablauf der Frist für den Eingang der Briefwahlstimmen erfolgt die öffentliche Auszählung der in der Wahlversammlung abgegebenen und der Briefwahlstimmen.

Es ist eine Wahlniederschrift anzufertigen (§§ 34 Abs. 3; 23 Abs. 1; 16 WO).

E. Nach der Wahl

12. Der Wahlvorstand muss die gewählten Arbeitnehmer/Arbeitnehmerinnen unverzüglich **A 9** verständigen (§§ 34 Abs. 3; 23 Abs. 1; 17 WO).
13. Der Wahlvorstand hat die Namen der gewählten Arbeitnehmer/Arbeitnehmerinnen bekannt zu machen, sobald sie endgültig feststehen (§§ 34 Abs. 3; 23 Abs. 1; 18 WO).
14. Vor Ablauf einer Woche nach dem Wahltag hat der Wahlvorstand den neu gewählten Betriebsrat zur konstituierenden Sitzung einzuberufen (§ 29 Abs. 1 BetrVG). Die Wahlunterlagen sind dem neu gewählten Betriebsrat zu übergeben, der sie mindestens bis zur Beendigung seiner Amtszeit aufzubewahren hat (§ 19 WO).

4. Checkliste und Ablaufplan zur Durchführung der Wahlversammlung zur Wahl des Wahlvorstands – zweistufiges vereinfachtes Wahlverfahren

1. Eröffnung und vorläufige Leitung der Wahlversammlung durch einladende Arbeitnehmer oder Beauftragte der einladenden Gewerkschaft: **A 10**
   - *Teilnahmeberechtigt* sind alle im Betrieb beschäftigten Arbeitnehmer
   und
   - Beauftragte der im Betrieb vertretenen Gewerkschaft. Arbeitgeber und leitende Angestellte haben kein Teilnahmerecht.
   - *Abstimmungsberechtigt* sind alle teilnahmeberechtigten Arbeitnehmer.
   - *Beschlussfähigkeit* hängt nicht von Mindestteilnehmerzahl ab.
   - *Beschlussfassung* mit Mehrheit der abgegebenen Stimmen (Ausnahme bei Wahl des Wahlvorstands: Mehrheit der anwesenden Arbeitnehmer).
   - Bereitstellung von PC und Drucker, ggfs. von Kopierer und sonstigem Büromaterial für die Einleitung und Vorbereitung der Betriebsratswahl.
2. *Darlegung des Zwecks* und *des geplanten Verlaufs der Wahlversammlung* durch die Einladenden.
3. *Vorschlag* zur Person des *Versammlungsleiters und Abstimmung der Wahlversammlung,* Übernahme der Versammlungsleitung durch den gewählten Versammlungsleiter, *Bestimmung eines Protokollführers* durch den Versammlungsleiter.
4. *Wahl des Wahlvorstands:*
   - Wahlvorstand besteht aus *drei wahlberechtigten Arbeitnehmern,* Wahl von *Ersatzmitgliedern* ist zulässig, Berücksichtigung von *Männern und Frauen* bei der personellen Zusammensetzung.
   - Sammlung von *Vorschlägen* für die personelle Zusammensetzung des *Wahlvorstands.*
   - *Feststellung* und *Protokollierung der Zahl der anwesenden abstimmungsberechtigten Arbeitnehmer* vor Eintritt in die Wahl des Wahlvorstands (abstimmungsberechtigt sind alle

teilnahmeberechtigten Arbeitnehmer, der Wahlvorstand wird mit der Mehrheit der anwesenden Arbeitnehmer gewählt).

- Offene *Abstimmung durch Handaufheben* ist zulässig.
- *Wahl* kann im *Block oder einzeln* erfolgen (bei mehr als drei Kandidaten immer einzeln).
- Jeder Kandidat muss mit der Mehrheit der anwesenden Arbeitnehmer gewählt werden. Bei Nichterreichen sind weitere Wahlgänge erforderlich. Bei Stimmengleichheit entscheidet das Los.

5. Wahl des *Vorsitzenden des Wahlvorstands*
   - Vorschlag für die Person des Vorsitzenden des Wahlvorstands.
   - Wahl des Vorsitzenden des Wahlvorstands mit der Mehrheit der anwesenden Arbeitnehmer.

6. *Protokollierung der Wahl des Wahlvorstands* und der *Abstimmungsergebnisse*.

7. Übergang der *Versammlungsleitung* auf den *Vorsitzenden des Wahlvorstands*, Bestimmung eines *Protokollführers*, Erläuterung des weiteren Ablaufs der Wahlversammlung und der Betriebsratswahl durch den Vorsitzenden des Wahlvorstands (Aufstellung der Wählerliste, Erlass des Wahlausschreibens, Einreichung und Prüfung von Wahlvorschlägen, Wahl des Betriebsrats auf einer zweiten Wahlversammlung).

8. *Übergabe des versiegelten Umschlags* mit den für die Aufstellung der Wählerliste erforderlichen Unterlagen durch die Einladenden an den Wahlvorstand.

9. *Aufstellung der Wählerliste* durch den Wahlvorstand (bei fehlenden Unterlagen Rückfragen beim Arbeitgeber, ggfs. Unterbrechung und Vertagung der Wahlversammlung).

10. *Verlesen der Wählerliste*, ggfs. Auslegung eines Abdrucks, Frage nach Einsprüchen gegen die Richtigkeit der Wählerliste und Hinweis auf Frist für Einsprüche.

11. *Beschlussfassung des Wahlvorstands* über den Inhalt des *Wahlausschreibens*.

12. *Erlass des Wahlausschreibens (Verlesen* des Wahlausschreibens, ggfs. Auslegen eines Abdrucks).

13. Aufforderung zur *Einreichung von Wahlvorschlägen* bis zum Abschluss der Wahlversammlung (in der Wahlversammlung mündlich möglich, bei außerhalb der Wahlversammlung erstellten Wahlvorschlägen ist Schriftform erforderlich).

14. Entgegennahme und *Prüfung der eingereichten Wahlvorschläge durch den Wahlvorstand*. Protokollierung mündlicher Wahlvorschläge und der erforderlichen (mündlichen) Zustimmungs- und Unterstützungserklärungen. Klärung eventueller Mehrfachunterstützungen und Beseitigung heilbarer Mängel (mündlich möglich, aber *genaue Protokollierung wichtig*).

15. *Aushändigung von Abdrucken des Protokolls* der Wahlversammlung an die Vertreter der Wahlvorschläge.

16. Abschließende *Hinweise* auf Fristen für Einsprüche gegen die Richtigkeit der Wählerliste und Anträge auf nachträgliche schriftliche Stimmabgabe und auf den Termin der zweiten Wahlversammlung. Schließung der *Wahlversammlung*.

5. Wahlvorschriften aus dem Betriebsverfassungsgesetz

In der Fassung der Bekanntmachung v. 25.9.2001 (BGBl. I S. 2518),   **A 11**
zuletzt geändert durch Art. 9 Gesetz v. 29.7.2009 (BGBl. I S. 2424)

Inhaltsverzeichnis

§ 1 Errichtung von Betriebsräten

(1) In Betrieben mit in der Regel mindestens fünf ständigen wahlberechtigten Arbeitnehmern, von denen drei wählbar sind, werden Betriebsräte gewählt. Dies gilt auch für gemeinsame Betriebe mehrerer Unternehmen.

(2) Ein gemeinsamer Betrieb mehrerer Unternehmen wird vermutet, wenn
1. zur Verfolgung arbeitstechnischer Zwecke die Betriebsmittel sowie die Arbeitnehmer von den Unternehmen gemeinsam eingesetzt werden oder

2. die Spaltung eines Unternehmens zur Folge hat, dass von einem Betrieb ein oder mehrere Betriebsteile einem an der Spaltung beteiligten anderen Unternehmen zugeordnet werden, ohne dass sich dabei die Organisation des betroffenen Betriebs wesentlich ändert.

§ 3 Abweichende Regelungen

(1) Durch Tarifvertrag können bestimmt werden:
1. für Unternehmen mit mehreren Betrieben
   a) die Bildung eines unternehmenseinheitlichen Betriebsrats oder
   b) die Zusammenfassung von Betrieben,
   wenn dies die Bildung von Betriebsräten erleichtert oder einer sachgerechten Wahrnehmung der Interessen der Arbeitnehmer dient;
2. für Unternehmen und Konzerne, soweit sie nach produkt- oder projektbezogenen Geschäftsbereichen (Sparten) organisiert sind und die Leitung der Sparte auch Entscheidungen in beteiligungspflichtigen Angelegenheiten trifft, die Bildung von Betriebsräten in den Sparten (Spartenbetriebsräte), wenn dies der sachgerechten Wahrnehmung der Aufgaben des Betriebsrats dient;
3. andere Arbeitnehmervertretungsstrukturen, soweit dies insbesondere aufgrund der Betriebs-, Unternehmens- oder Konzernorganisation oder aufgrund anderer Formen der Zusammenarbeit von Unternehmen einer wirksamen und zweckmäßigen Interessenvertretung der Arbeitnehmer dient;
4. zusätzliche betriebsverfassungsrechtliche Gremien (Arbeitsgemeinschaften), die der unternehmensübergreifenden Zusammenarbeit von Arbeitnehmervertretungen dienen;
5. zusätzliche betriebsverfassungsrechtliche Vertretungen der Arbeitnehmer, die die Zusammenarbeit zwischen Betriebsrat und Arbeitnehmern erleichtern.

(2) Besteht in den Fällen des Absatzes 1 Nr. 1, 2, 4, oder 5 keine tarifliche Regelung und gilt auch kein anderer Tarifvertrag, kann die Regelung durch Betriebsvereinbarung getroffen werden.

(3) Besteht im Falle des Absatzes 1 Nr. 1 Buchstabe a) keine tarifliche Regelung und besteht in dem Unternehmen kein Betriebsrat, können die Arbeitnehmer mit Stimmenmehrheit die Wahl eines unternehmenseinheitlichen Betriebsrats beschließen. Die Abstimmung kann von mindestens drei wahlberechtigten Arbeitnehmern des Unternehmens oder einer im Unternehmen vertretenen Gewerkschaft veranlasst werden.

(4) Sofern der Tarifvertrag oder die Betriebsvereinbarung nichts anderes bestimmt, sind Regelungen nach Abs. 1 Nr. 1 bis 3 erstmals bei der nächsten regelmäßigen Betriebsratswahl anzuwenden, es sei denn, es besteht kein Betriebsrat oder es ist aus anderen Gründen eine Neuwahl des Betriebsrats erforderlich. Sieht der Tarifvertrag oder die Betriebsvereinbarung einen anderen Wahlzeitpunkt vor, endet die Amtszeit bestehender Betriebsräte, die durch die Regelungen nach Abs. 1 Nr. 1 bis 3 entfallen, mit Bekanntgabe des Wahlergebnisses.

(5) Die aufgrund eines Tarifvertrages oder einer Betriebsvereinbarung nach Abs. 1 Nr. 1 bis 3 gebildeten betriebsverfassungsrechtlichen Organisationseinheiten gelten als Betriebe im Sinne dieses Gesetzes. Auf die in ihnen gebildeten Arbeitnehmervertretungen finden die Vorschriften über die Rechte und Pflichten des Betriebsrats und die Rechtsstellung seiner Mitglieder Anwendung.

§ 4 Betriebsteile, Kleinstbetriebe

(1) Betriebsteile gelten als selbstständige Betriebe, wenn sie die Voraussetzungen des § 1 Abs. 1 Satz 1 erfüllen und
1. räumlich weit vom Hauptbetrieb entfernt oder
2. durch Aufgabenbereich und Organisation eigenständig sind.

Die Arbeitnehmer eines Betriebsteils, in dem kein eigener Betriebsrat besteht, können mit Stimmenmehrheit formlos beschließen, an der Wahl des Betriebsrats im Hauptbetrieb teilzunehmen; § 3 Abs. 3 Satz 2 gilt entsprechend. Die Abstimmung kann auch vom Betriebsrat des Hauptbetriebs veranlasst werden. Der Beschluss ist dem Betriebsrat des Hauptbetriebs spätestens zehn Wochen vor Ablauf seiner Amtszeit mitzuteilen. Für den Widerruf des Beschlusses gelten die Sätze 2 bis 4 entsprechend.

(2) Betriebe, die die Voraussetzungen des § 1 Abs. 1 Satz 1 nicht erfüllen, sind dem Hauptbetrieb zuzuordnen.

§ 5 Arbeitnehmer

(1) Arbeitnehmer (Arbeitnehmerinnen und Arbeitnehmer) im Sinne dieses Gesetzes sind Arbeiter und Angestellte einschließlich der zu ihrer Berufsausbildung Beschäftigten, unabhängig davon, ob sie im Betrieb, im Außendienst oder mit Telearbeit beschäftigt werden. Als Arbeitnehmer gelten auch die in Heimarbeit Beschäftigten, die in der Hauptsache für den Betrieb arbeiten. Als Arbeitnehmer gelten ferner Beamte (Beamtinnen und Beamte), Soldaten (Soldatinnen und Soldaten) sowie Arbeitnehmer des öffentlichen Dienstes einschließlich der zu ihrer Berufsausbildung Beschäftigten, die in Betrieben privatrechtlich organisierter Unternehmen tätig sind.

(2) Als Arbeitnehmer im Sinne dieses Gesetzes gelten nicht
1. in Betrieben einer juristischen Person die Mitglieder des Organs, das zur gesetzlichen Vertretung der juristischen Person berufen ist;
2. die Gesellschafter einer offenen Handelsgesellschaft oder die Mitglieder einer anderen Personengesamtheit, soweit sie durch Gesetz, Satzung oder Gesellschaftsvertrag zur Vertretung der Personengesamtheit oder zur Geschäftsführung berufen sind, in deren Betrieben;
3. Personen, deren Beschäftigung nicht in erster Linie ihrem Erwerb dient, sondern vorwiegend durch Beweggründe karitativer oder religiöser Art bestimmt ist;
4. Personen, deren Beschäftigung nicht in erster Linie ihrem Erwerb dient und die vorwiegend zu ihrer Heilung, Wiedereingewöhnung, sittlichen Besserung oder Erziehung beschäftigt werden;
5. der Ehegatte, der Lebenspartner, Verwandte und Verschwägerte ersten Grades, die in häuslicher Gemeinschaft mit dem Arbeitgeber leben.

(3) Dieses Gesetz findet, soweit in ihm nicht ausdrücklich etwas anderes bestimmt ist, keine Anwendung auf leitende Angestellte. Leitender Angestellter ist, wer nach Arbeitsvertrag und Stellung im Unternehmen oder im Betrieb
1. zur selbständigen Einstellung und Entlassung von im Betrieb oder in der Betriebsabteilung beschäftigten Arbeitnehmern berechtigt ist oder

2. Generalvollmacht oder Prokura hat und die Prokura auch im Verhältnis zum Arbeitgeber nicht unbedeutend ist oder

3. regelmäßig sonstige Aufgaben wahrnimmt, die für den Bestand und die Entwicklung des Unternehmens oder eines Betriebs von Bedeutung sind und deren Erfüllung besondere Erfahrungen und Kenntnisse voraussetzt, wenn er dabei entweder die Entscheidungen im Wesentlichen frei von Weisungen trifft oder sie maßgeblich beeinflusst; dies kann auch bei Vorgaben insbesondere aufgrund von Rechtsvorschriften, Plänen oder Richtlinien sowie bei Zusammenarbeit mit anderen leitenden Angestellten gegeben sein.

Für die in Absatz 1 Satz 3 genannten Beamten und Soldaten gelten die Sätze 1 und 2 entsprechend.

ERSTER ABSCHNITT
Zusammensetzung und Wahl des Betriebsrats

§ 7 Wahlberechtigung

Wahlberechtigt sind alle Arbeitnehmer des Betriebs, die das 18. Lebensjahr vollendet haben. Werden Arbeitnehmer eines anderen Arbeitgebers zur Arbeitsleistung überlassen, so sind diese wahlberechtigt, wenn sie länger als drei Monate im Betrieb eingesetzt werden.

§ 8 Wählbarkeit

(1) Wählbar sind alle Wahlberechtigten, die sechs Monate dem Betrieb angehören oder als in Heimarbeit Beschäftigte in der Hauptsache für den Betrieb gearbeitet haben. Auf diese sechsmonatige Betriebszugehörigkeit werden Zeiten angerechnet, in denen der Arbeitnehmer unmittelbar vorher einem anderen Betrieb desselben Unternehmens oder Konzerns (§ 18 Abs. 1 des Aktiengesetzes) angehört hat. Nicht wählbar ist, wer infolge strafgerichtlicher Verurteilung die Fähigkeit, Rechte aus öffentlichen Wahlen zu erlangen, nicht besitzt.

(2) Besteht der Betrieb weniger als sechs Monate, so sind abweichend von der Vorschrift in Abs. 1 über die sechsmonatige Betriebszugehörigkeit diejenigen Arbeitnehmer wählbar, die bei der Einleitung der Betriebsratswahl im Betrieb beschäftigt sind und die übrigen Voraussetzungen für die Wählbarkeit erfüllen.

§ 9 Zahl der Betriebsratsmitglieder

Der Betriebsrat besteht in Betrieben mit in der Regel

5 bis	20	wahlberechtigten Arbeitnehmern aus einer Person,
21 bis	50	wahlberechtigten Arbeitnehmern aus 3 Mitgliedern,
51 wahlberechtigten Arbeitnehmern bis 100 Arbeitnehmern aus 5 Mitgliedern,		
101 bis	200	Arbeitnehmern aus 7 Mitgliedern,
201 bis	400	Arbeitnehmern aus 9 Mitgliedern,
401 bis	700	Arbeitnehmern aus 11 Mitgliedern,
701 bis	1.000	Arbeitnehmern aus 13 Mitgliedern,

1.001 bis 1.500 Arbeitnehmern aus 15 Mitgliedern,
1.501 bis 2.000 Arbeitnehmern aus 17 Mitgliedern,
2.001 bis 2.500 Arbeitnehmern aus 19 Mitgliedern,
2.501 bis 3.000 Arbeitnehmern aus 21 Mitgliedern,
3.001 bis 3.500 Arbeitnehmern aus 23 Mitgliedern,
3.501 bis 4.000 Arbeitnehmern aus 25 Mitgliedern,
4.001 bis 4.500 Arbeitnehmern aus 27 Mitgliedern,
4.501 bis 5.000 Arbeitnehmern aus 29 Mitgliedern,
5.001 bis 6.000 Arbeitnehmern aus 31 Mitgliedern,
6.001 bis 7.000 Arbeitnehmern aus 33 Mitgliedern,
7.001 bis 9.000 Arbeitnehmern aus 35 Mitgliedern.

In Betrieben mit mehr als 9.000 Arbeitnehmern erhöht sich die Zahl der Mitglieder des Betriebsrats für je angefangene weitere 3.000 Arbeitnehmer um 2 Mitglieder.

§ 10 Vertretung der Minderheitsgruppen

(aufgehoben)

§ 11 Ermäßigte Zahl der Betriebsratsmitglieder

Hat ein Betrieb nicht die ausreichende Zahl von wählbaren Arbeitnehmern, so ist die Zahl der Betriebsratsmitglieder der nächstniedrigeren Betriebsgröße zugrunde zu legen.

§ 12 Abweichende Verteilung der Betriebsratssitze

(aufgehoben)

§ 13 Zeitpunkt der Betriebsratswahlen

(1) Die regelmäßigen Betriebsratswahlen finden alle vier Jahre in der Zeit vom 1. März bis 31. Mai statt. Sie sind zeitgleich mit den regelmäßigen Wahlen nach § 5 Abs. 1 des Sprecherausschussgesetzes einzuleiten.

(2) Außerhalb dieser Zeit ist der Betriebsrat zu wählen, wenn
1. mit Ablauf von 24 Monaten, vom Tage der Wahl an gerechnet, die Zahl der regelmäßig beschäftigten Arbeitnehmer um die Hälfte, mindestens aber um fünfzig, gestiegen oder gesunken ist,
2. die Gesamtzahl der Betriebsratsmitglieder nach Eintreten sämtlicher Ersatzmitglieder unter die vorgeschriebene Zahl der Betriebsratsmitglieder gesunken ist,
3. der Betriebsrat mit der Mehrheit seiner Mitglieder seinen Rücktritt beschlossen hat,
4. die Betriebsratswahl mit Erfolg angefochten worden ist,
5. der Betriebsrat durch eine gerichtliche Entscheidung aufgelöst ist oder
6. im Betrieb ein Betriebsrat nicht besteht.

(3) Hat außerhalb des für die regelmäßigen Betriebsratswahlen festgelegten Zeitraums eine Betriebsratswahl stattgefunden, so ist der Betriebsrat in dem auf die Wahl folgenden nächsten Zeitraum der regelmäßigen Betriebsratswahlen neu zu wählen. Hat die Amtszeit des Betriebsrats zu Beginn des für die regelmäßigen Betriebsratswahlen festgelegten Zeitraums noch nicht ein Jahr betragen, so ist der Betriebsrat in dem übernächsten Zeitraum der regelmäßigen Betriebsratswahlen neu zu wählen.

§ 14 Wahlvorschriften

(1) Der Betriebsrat wird in geheimer und unmittelbarer Wahl gewählt.

(2) Die Wahl erfolgt nach den Grundsätzen der Verhältniswahl. Sie erfolgt nach den Grundsätzen der Mehrheitswahl, wenn nur ein Wahlvorschlag eingereicht wird oder wenn der Betriebsrat im vereinfachten Wahlverfahren nach § 14 a zu wählen ist.

(3) Zur Wahl des Betriebsrats können die wahlberechtigten Arbeitnehmer und die im Betrieb vertretenen Gewerkschaften Wahlvorschläge machen.

(4) Jeder Wahlvorschlag der Arbeitnehmer muss von mindestens einem Zwanzigstel der wahlberechtigten Arbeitnehmer, mindestens jedoch von drei Wahlberechtigten unterzeichnet sein; in Betrieben mit in der Regel bis zu zwanzig wahlberechtigten Arbeitnehmern genügt die Unterzeichnung durch zwei Wahlberechtigte. In jedem Fall genügt die Unterzeichnung durch fünfzig wahlberechtigte Arbeitnehmer.

(5) Jeder Wahlvorschlag einer Gewerkschaft muss von zwei Beauftragten unterzeichnet sein.

§ 14 a Vereinfachtes Wahlverfahren für Kleinbetriebe

(1) In Betrieben mit in der Regel fünf bis fünfzig wahlberechtigten Arbeitnehmern wird der Betriebsrat in einem zweistufigen Verfahren gewählt. Auf einer ersten Wahlversammlung wird der Wahlvorstand nach § 17 a Nr. 3 gewählt. Auf einer zweiten Wahlversammlung wird der Betriebsrat in geheimer und unmittelbarer Wahl gewählt. Diese Wahlversammlung findet eine Woche nach der Wahlversammlung zur Wahl des Wahlvorstands statt.

(2) Wahlvorschläge können bis zum Ende der Wahlversammlung zur Wahl des Wahlvorstands nach § 17 a Nr. 3 gemacht werden; für Wahlvorschläge der Arbeitnehmer gilt § 14 Abs. 4 mit der Maßgabe, dass für Wahlvorschläge, die erst auf dieser Wahlversammlung gemacht werden, keine Schriftform erforderlich ist.

(3) Ist der Wahlvorstand in Betrieben mit in der Regel fünf bis fünfzig wahlberechtigten Arbeitnehmern nach § 17 a Nr. 1 in Verbindung mit § 16 vom Betriebsrat, Gesamtbetriebsrat oder Konzernbetriebsrat oder nach § 17 a Nr. 4 vom Arbeitsgericht bestellt, wird der Betriebsrat abweichend von Absatz 1 Sätze 1 und 2 auf nur einer Wahlversammlung in geheimer und unmittelbarer Wahl gewählt. Wahlvorschläge können bis eine Woche vor der Wahlversammlung zur Wahl des Betriebsrats gemacht werden; § 14 Abs. 4 gilt unverändert.

(4) Wahlberechtigten Arbeitnehmern, die an der Wahlversammlung zur Wahl des Betriebsrats nicht teilnehmen können, ist Gelegenheit zur schriftlichen Stimmabgabe zu geben.

(5) In Betrieben mit in der Regel 51 bis 100 wahlberechtigten Arbeitnehmern können der Wahlvorstand und der Arbeitgeber die Anwendung des vereinfachten Wahlverfahrens vereinbaren.

§ 15 Zusammensetzung nach Beschäftigungsarten und Geschlechtern

(1) Der Betriebsrat soll sich möglichst aus Arbeitnehmern der einzelnen Organisationsbereiche und der verschiedenen Beschäftigungsarten der im Betrieb tätigen Arbeitnehmer zusammensetzen.

(2) Das Geschlecht, das in der Belegschaft in der Minderheit ist, muss mindestens entsprechend seinem zahlenmäßigen Verhältnis im Betriebsrat vertreten sein, wenn dieser aus mindestens drei Mitgliedern besteht.

§ 16 Bestellung des Wahlvorstands

(1) Spätestens zehn Wochen vor Ablauf seiner Amtszeit bestellt der Betriebsrat einen aus drei Wahlberechtigten bestehenden Wahlvorstand und einen von ihnen als Vorsitzenden. Der Betriebsrat kann die Zahl der Wahlvorstandsmitglieder erhöhen, wenn dies zur ordnungsgemäßen Durchführung der Wahl erforderlich ist. Der Wahlvorstand muss in jedem Fall aus einer ungeraden Zahl von Mitgliedern bestehen. Für jedes Mitglied des Wahlvorstands kann für den Fall seiner Verhinderung ein Ersatzmitglied bestellt werden. In Betrieben mit weiblichen und männlichen Arbeitnehmern sollen dem Wahlvorstand Frauen und Männer angehören. Jede im Betrieb vertretene Gewerkschaft kann zusätzlich einen dem Betrieb angehörenden Beauftragten als nicht stimmberechtigtes Mitglied in den Wahlvorstand entsenden, sofern ihr nicht ein stimmberechtigtes Wahlvorstandsmitglied angehört.

(2) Besteht acht Wochen vor Ablauf der Amtszeit des Betriebsrats kein Wahlvorstand, so bestellt ihn das Arbeitsgericht auf Antrag von mindestens drei Wahlberechtigten oder einer im Betrieb vertretenen Gewerkschaft; Abs. 1 gilt entsprechend. In dem Antrag können Vorschläge für die Zusammensetzung des Wahlvorstands gemacht werden. Das Arbeitsgericht kann für Betriebe mit in der Regel mehr als zwanzig wahlberechtigten Arbeitnehmern auch Mitglieder einer im Betrieb vertretenen Gewerkschaft, die nicht Arbeitnehmer des Betriebs sind, zu Mitgliedern des Wahlvorstands bestellen, wenn dies zur ordnungsgemäßen Durchführung der Wahl erforderlich ist.

(3) Besteht acht Wochen vor Ablauf der Amtszeit des Betriebsrats kein Wahlvorstand, kann auch der Gesamtbetriebsrat oder, falls ein solcher nicht besteht, der Konzernbetriebsrat den Wahlvorstand bestellen. Absatz 1 gilt entsprechend.

§ 17 Bestellung des Wahlvorstands in Betrieben ohne Betriebsrat

(1) Besteht in einem Betrieb, der die Voraussetzungen des § 1 Abs. 1 Satz 1 erfüllt, kein Betriebsrat, so bestellt der Gesamtbetriebsrat oder, falls ein solcher nicht besteht, der Konzernbetriebsrat einen Wahlvorstand. § 16 Abs. 1 gilt entsprechend.

(2) Besteht weder ein Gesamtbetriebsrat noch ein Konzernbetriebsrat, so wird in einer Betriebsversammlung von der Mehrheit der anwesenden Arbeitnehmer ein Wahlvorstand gewählt; § 16 Abs. 1 gilt entsprechend. Gleiches gilt, wenn der Gesamtbetriebsrat oder Konzernbetriebsrat die Bestellung des Wahlvorstands nach Abs. 1 unterlässt.

(3) Zu dieser Betriebsversammlung können drei wahlberechtigte Arbeitnehmer des Betriebs oder eine im Betrieb vertretene Gewerkschaft einladen und Vorschläge für die Zusammensetzung des Wahlvorstands machen.

(4) Findet trotz Einladung keine Betriebsversammlung statt oder wählt die Betriebsversammlung keinen Wahlvorstand, so bestellt ihn das Arbeitsgericht auf Antrag von mindestens drei wahlberechtigten Arbeitnehmern oder einer im Betrieb vertretenen Gewerkschaft. § 16 Abs. 2 gilt entsprechend.

§ 17 a Bestellung des Wahlvorstands im vereinfachten Wahlverfahren

Im Fall des § 14 a finden die §§ 16 und 17 mit folgender Maßgabe Anwendung:
1. Die Frist des § 16 Abs. 1 Satz 1 wird auf vier Wochen und die des § 16 Abs. 2 Satz 1, Abs. 3 Satz 1 auf drei Wochen verkürzt.
2. § 16 Abs. 1 Satz 2 und 3 findet keine Anwendung.
3. In den Fällen des § 17 Abs. 2 wird der Wahlvorstand in einer Wahlversammlung von der Mehrheit der anwesenden Arbeitnehmer gewählt. Für die Einladung zu der Wahlversammlung gilt § 17 Abs. 3 entsprechend.
4. § 17 Abs. 4 gilt entsprechend, wenn trotz Einladung keine Wahlversammlung stattfindet oder auf der Wahlversammlung kein Wahlvorstand gewählt wird.

§ 18 Vorbereitung und Durchführung der Wahl

(1) Der Wahlvorstand hat die Wahl unverzüglich einzuleiten, sie durchzuführen und das Wahlergebnis festzustellen. Kommt der Wahlvorstand dieser Verpflichtung nicht nach, so ersetzt ihn das Arbeitsgericht auf Antrag des Betriebsrats von mindestens drei wahlberechtigten Arbeitnehmern oder einer im Betrieb vertretenen Gewerkschaft. § 16 Abs. 2 gilt entsprechend.

(2) Ist zweifelhaft, ob eine betriebsratsfähige Organisationseinheit vorliegt, so können der Arbeitgeber, jeder beteiligte Betriebsrat, jeder beteiligte Wahlvorstand oder eine im Betrieb vertretene Gewerkschaft eine Entscheidung des Arbeitsgerichts beantragen.

(3) Unverzüglich nach Abschluss der Wahl nimmt der Wahlvorstand öffentlich die Auszählung der Stimmen vor, stellt deren Ergebnis in einer Niederschrift fest und gibt es den Arbeitnehmern des Betriebs bekannt. Dem Arbeitgeber und den im Betrieb vertretenen Gewerkschaften ist eine Abschrift der Wahlniederschrift zu übersenden.

§ 18 a Zuordnung der leitenden Angestellten bei Wahlen

(1) Sind die Wahlen nach § 13 Abs. 1 und nach § 5 Abs. 1 des Sprecherausschussgesetzes zeitgleich einzuleiten, so haben sich die Wahlvorstände unverzüglich nach Aufstellung der Wählerlisten, spätestens jedoch zwei Wochen vor Einleitung der Wahlen, gegenseitig darüber zu unterrichten, welche Angestellten sie den leitenden Angestellten zugeordnet haben; dies gilt auch, wenn die Wahlen ohne Bestehen einer gesetzlichen Verpflichtung zeitgleich eingeleitet werden. Soweit zwischen den Wahlvorständen kein Einvernehmen über die Zuordnung besteht, haben sie in gemeinsamer Sitzung eine Einigung zu versuchen. Soweit eine Einigung zustande kommt, sind die Angestellten entsprechend ihrer Zuordnung in die jeweilige Wählerliste einzutragen.

(2) Soweit eine Einigung nicht zustande kommt, hat ein Vermittler spätestens eine Woche vor Einleitung der Wahlen erneut eine Verständigung der Wahlvorstände über die Zuordnung zu versuchen. Der Arbeitgeber hat den Vermittler auf dessen Verlangen zu unterstützen, insbesondere die erforderlichen Auskünfte zu erteilen und die erforderlichen Unterlagen zur Verfügung zu stellen. Bleibt der Verständigungsversuch erfolglos, so entscheidet der Vermittler nach Beratung mit dem Arbeitgeber. Abs. 1 Satz 3 gilt entsprechend.

(3) Auf die Person des Vermittlers müssen sich die Wahlvorstände einigen. Zum Vermittler kann nur ein Beschäftigter des Betriebs oder eines anderen Betriebs des Unternehmens oder Konzerns oder der Arbeitgeber bestellt werden. Kommt eine Einigung nicht zustande, so schlagen die Wahlvorstände je eine Person als Vermittler vor; durch Los wird entschieden, wer als Vermittler tätig wird.

(4) Wird mit der Wahl nach § 13 Abs. 1 oder 2 nicht zeitgleich eine Wahl nach dem Sprecherausschussgesetz eingeleitet, so hat der Wahlvorstand den Sprecherausschuss entsprechend Abs. 1 Satz 1 erster Halbsatz zu unterrichten. Soweit kein Einvernehmen über die Zuordnung besteht, hat der Sprecherausschuss Mitglieder zu benennen, die anstelle des Wahlvorstands an dem Zuordnungsverfahren teilnehmen. Wird mit der Wahl nach § 5 Abs. 1 oder 2 des Sprecherausschussgesetzes nicht zeitgleich eine Wahl nach diesem Gesetz eingeleitet, so gelten die Sätze 1 und 2 für den Betriebsrat entsprechend.

(5) Durch die Zuordnung wird der Rechtsweg nicht ausgeschlossen. Die Anfechtung der Betriebsratswahl oder der Wahl nach dem Sprecherausschussgesetz ist ausgeschlossen, soweit sie darauf gestützt wird, die Zuordnung sei fehlerhaft erfolgt. Satz 2 gilt nicht, soweit die Zuordnung offensichtlich fehlerhaft ist.

§ 19 Wahlanfechtung

(1) Die Wahl kann beim Arbeitsgericht angefochten werden, wenn gegen wesentliche Vorschriften über das Wahlrecht, die Wählbarkeit oder das Wahlverfahren verstoßen worden ist und eine Berichtigung nicht erfolgt ist, es sei denn, dass durch den Verstoß das Wahlergebnis nicht geändert oder beeinflusst werden konnte.

(2) Zur Anfechtung berechtigt sind mindestens drei Wahlberechtigte, eine im Betrieb vertretene Gewerkschaft oder der Arbeitgeber. Die Wahlanfechtung ist nur binnen einer Frist von zwei Wochen, vom Tage der Bekanntgabe des Wahlergebnisses an gerechnet, zulässig.

§ 20 Wahlschutz und Wahlkosten

(1) Niemand darf die Wahl des Betriebsrats behindern. Insbesondere darf kein Arbeitnehmer in der Ausübung des aktiven und passiven Wahlrechts beschränkt werden.

(2) Niemand darf die Wahl des Betriebsrats durch Zufügung oder Androhung von Nachteilen oder durch Gewährung oder Versprechen von Vorteilen beeinflussen.

(3) Die Kosten der Wahl trägt der Arbeitgeber. Versäumnis von Arbeitszeit, die zur Ausübung des Wahlrechts, zur Betätigung im Wahlvorstand oder zur Tätigkeit als Vermittler (§ 18 a) erforderlich ist, berechtigt den Arbeitgeber nicht zur Minderung des Arbeitsentgelts.

ZWEITER ABSCHNITT
Amtszeit des Betriebsrats

§ 21 Amtszeit

Die regelmäßige Amtszeit des Betriebsrats beträgt vier Jahre. Die Amtszeit beginnt mit der Bekanntgabe des Wahlergebnisses oder, wenn zu diesem Zeitpunkt noch ein Betriebsrat besteht, mit Ablauf von dessen Amtszeit. Die Amtszeit endet spätestens am 31. Mai des Jahres, in dem nach § 13 Abs. 1 die regelmäßigen Betriebsratswahlen stattfinden. In dem Fall des § 13 Abs. 3 Satz 2 endet die Amtszeit spätestens am 31. Mai des Jahres, in dem der Betriebsrat neu zu wählen ist. In den Fällen des § 13 Abs. 2 Nr. 1 und 2 endet die Amtszeit mit der Bekanntgabe des Wahlergebnisses des neu gewählten Betriebsrats.

§ 22 Weiterführung der Geschäfte des Betriebsrats

In den Fällen des § 13 Abs. 2 Nr. 1 bis 3 führt der Betriebsrat die Geschäfte weiter, bis der neue Betriebsrat gewählt und das Wahlergebnis bekannt gegeben ist.

§ 24 Erlöschen der Mitgliedschaft

Die Mitgliedschaft im Betriebsrat erlischt durch
1. Ablauf der Amtszeit,
2. Niederlegung des Betriebsratsamtes,
3. Beendigung des Arbeitsverhältnisses,
4. Verlust der Wählbarkeit,
5. Ausschluss aus dem Betriebsrat oder Auflösung des Betriebsrats auf Grund einer gerichtlichen Entscheidung,
6. gerichtliche Entscheidung über die Feststellung der Nichtwählbarkeit nach Ablauf der in § 19 Abs. 2 bezeichneten Frist, es sei denn, der Mangel liegt nicht mehr vor.

§ 25 Ersatzmitglieder

(1) Scheidet ein Mitglied des Betriebsrats aus, so rückt ein Ersatzmitglied nach. Dies gilt entsprechend für die Stellvertretung eines zeitweilig verhinderten Mitglieds des Betriebsrats.

(2) Die Ersatzmitglieder werden unter Berücksichtigung des § 15 Abs. 2 der Reihe nach aus den nichtgewählten Arbeitnehmern derjenigen Vorschlagslisten entnommen, denen die zu ersetzenden Mitglieder angehören. Ist eine Vorschlagsliste erschöpft, so ist das Ersatzmitglied derjenigen Vorschlagsliste zu entnehmen, auf die nach den Grundsätzen der Verhältniswahl der nächste Sitz entfallen würde. Ist das ausgeschiedene oder verhinderte Mitglied nach den Grundsätzen der Mehrheitswahl gewählt, so bestimmt sich die Reihenfolge der Ersatzmitglieder unter Berücksichtigung des § 15 Abs. 2 nach der Höhe der erreichten Stimmenzahlen.

§ 29 Einberufung der Sitzungen

(1) Vor Ablauf einer Woche nach dem Wahltag hat der Wahlvorstand die Mitglieder des Betriebsrats zu der nach § 26 Abs. 1 vorgeschriebenen Wahl einzuberufen. Der Vorsitzende des Wahlvorstands leitet die Sitzung, bis der Betriebsrat aus seiner Mitte einen Wahlleiter bestellt hat.

(2) Die weiteren Sitzungen beruft der Vorsitzende des Betriebsrats ein. Er setzt die Tagesordnung fest und leitet die Verhandlung. Der Vorsitzende hat die Mitglieder des Betriebsrats zu den Sitzungen rechtzeitig unter Mitteilung der Tagesordnung zu laden. Dies gilt auch für die Schwerbehindertenvertretung sowie für die Jugend- und Auszubildendenvertreter, soweit sie ein Recht auf Teilnahme an der Betriebsratssitzung haben. Kann ein Mitglied des Betriebsrats oder der Jugend- und Auszubildendenvertretung an der Sitzung nicht teilnehmen, so soll es dies unter Angabe der Gründe unverzüglich dem Vorsitzenden mitteilen. Der Vorsitzende hat für ein verhindertes Betriebsratsmitglied oder für einen verhinderten Jugend- und Auszubildendenvertreter das Ersatzmitglied zu laden.

(3) Der Vorsitzende hat eine Sitzung einzuberufen und den Gegenstand, dessen Beratung beantragt ist, auf die Tagesordnung zu setzen, wenn dies ein Viertel der Mitglieder des Betriebsrats oder der Arbeitgeber beantragt.

(4) Der Arbeitgeber nimmt an den Sitzungen, die auf sein Verlangen anberaumt sind, und an den Sitzungen, zu denen er ausdrücklich eingeladen ist, teil. Er kann einen Vertreter der Vereinigung der Arbeitgeber, der er angehört, hinzuziehen.

6. Erste Verordnung zur Durchführung des Betriebsverfassungsgesetzes

(Wahlordnung – WO) vom 11. Dezember 2001
zuletzt geändert durch Verordnung vom 23. Juni 2004 (BGBl. I 1393)

ERSTER TEIL
Wahl des Betriebsrats (§ 14 des Gesetzes)

ERSTER ABSCHNITT
Allgemeine Vorschriften

§ 1 *Wahlvorstand*

(1) Die Leitung der Wahl obliegt dem Wahlvorstand.

(2) Der Wahlvorstand kann sich eine schriftliche Geschäftsordnung geben. Er kann Wahlberechtigte als Wahlhelferinnen und Wahlhelfer zu seiner Unterstützung bei der Durchführung der Stimmabgabe und bei der Stimmenzählung heranziehen.

(3) Die Beschlüsse des Wahlvorstands werden mit einfacher Stimmenmehrheit seiner stimmberechtigten Mitglieder gefasst. Über jede Sitzung des Wahlvorstands ist eine Niederschrift aufzunehmen, die mindestens den Wortlaut der gefassten Beschlüsse enthält. Die Niederschrift ist von der oder dem Vorsitzenden und einem weiteren stimmberechtigten Mitglied des Wahlvorstands zu unterzeichnen.

§ 2 *Wählerliste*

(1) Der Wahlvorstand hat für jede Betriebsratswahl eine Liste der Wahlberechtigten (Wählerliste), *getrennt nach den Geschlechtern*, aufzustellen. Die Wahlberechtigten sollen mit Familienname, Vorname *und* Geburtsdatum in alphabetischer Reihenfolge aufgeführt werden. *Die nach §14 Abs. 2 Satz 1 des Arbeitnehmerüberlassungsgesetzes nicht passiv Wahlberechtigten sind in der Wählerliste auszuweisen.*

(2) Der Arbeitgeber hat dem Wahlvorstand alle für die Anfertigung der Wählerliste erforderlichen Auskünfte zu erteilen und die erforderlichen Unterlagen zur Verfügung zu stellen. Er hat den Wahlvorstand insbesondere bei Feststellung der in § 5 Abs. 3 des Gesetzes genannten Personen zu unterstützen.

(3) Das aktive und passive Wahlrecht steht nur Arbeitnehmerinnen und Arbeitnehmern zu, die in die Wählerliste eingetragen sind. *Wahlberechtigten Leiharbeitnehmerinnen und Leiharbeitnehmern in Sinne des Arbeitnehmerüberlassungsgesetzes steht nur das aktive Wahlrecht zu* (§ 14 Abs. 2 Satz 1 des Arbeitnehmerüberlassungsgesetzes).

(4) Ein Abdruck der Wählerliste und ein Abdruck dieser Verordnung sind vom Tage der Einleitung der Wahl (§ 3 Abs. 1) bis zum Abschluss der Stimmabgabe an geeigneter Stelle im Betrieb zur Einsichtnahme auszulegen. Der Abdruck der Wählerliste soll die Geburtsdaten der Wahlberechtigten nicht enthalten. *Ergänzend können der Abdruck der Wählerliste und die Verordnung mittels der im Betrieb vorhandenen Informations- und Kommunikationstechnik bekannt gemacht werden. Die Bekanntmachung ausschließlich in elektronischer Form ist nur zulässig, wenn alle Arbeitnehmerinnen und Arbeitnehmer von der Bekanntmachung Kenntnis erlangen können und Vorkehrungen getroffen werden, dass Änderungen der Bekanntmachung nur vom Wahlvorstand vorgenommen werden können.*

(5) Der Wahlvorstand soll dafür sorgen, dass ausländische Arbeitnehmerinnen und Arbeitnehmer, die der deutschen Sprache nicht mächtig sind, vor Einleitung der Betriebsratswahl über Wahlverfahren, Aufstellung der Wähler- und Vorschlagslisten, Wahlvorgang und Stimmabgabe in geeigneter Weise unterrichtet werden.

§ 3 Wahlausschreiben

(1) Spätestens sechs Wochen vor dem ersten Tag der Stimmabgabe erlässt der Wahlvorstand ein Wahlausschreiben, das von der oder dem Vorsitzenden und von mindestens einem weiteren stimmberechtigten Mitglied des Wahlvorstands zu unterschreiben ist. Mit Erlass des Wahlausschreibens ist die Betriebsratswahl eingeleitet. Der erste Tag der Stimmabgabe soll spätestens eine Woche vor dem Tag liegen, an dem die Amtszeit des Betriebsrats abläuft.

(2) Das Wahlausschreiben muss folgende Angaben enthalten:

1. das Datum seines Erlasses;
2. die Bestimmung des Orts, an dem die Wählerliste und diese Verordnung ausliegen, sowie im Fall der Bekanntmachung in elektronischer Form (§ 2 Abs. 4 Satz 3 und 4) wo und wie von der Wählerliste und der Verordnung Kenntnis genommen werden kann;
3. dass nur Arbeitnehmerinnen und Arbeitnehmer wählen oder gewählt werden können, die in die Wählerliste eingetragen sind, und dass Einsprüche gegen die Wählerliste (§ 4) nur vor Ablauf von zwei Wochen seit dem Erlass des Wahlausschreibens schriftlich beim Wahlvorstand eingelegt werden können; der letzte Tag der Frist ist anzugeben;
4. den Anteil der Geschlechter *und den Hinweis, dass das Geschlecht in der Minderheit im Betriebsrat mindestens entsprechend seinem zahlenmäßigen Verhältnis vertreten sein muss, wenn der Betriebsrat aus mindestens drei Mitgliedern besteht* (§ 15 Abs. 2 des Gesetzes);
5. die Zahl der zu wählenden Betriebsratsmitglieder (§ 9 des Gesetzes) *sowie die auf das Geschlecht in der Minderheit entfallenden Mindestsitze im Betriebsrat* (§ 15 Abs. 2 des Gesetzes);
6. die Mindestzahl von Wahlberechtigten, von denen ein Wahlvorschlag unterzeichnet sein muss (§ 14 Abs. 4 des Gesetzes);
7. dass der Wahlvorschlag einer im Betrieb vertretenen Gewerkschaft von zwei Beauftragten unterzeichnet sein muss (§ 14 Abs. 5 des Gesetzes);
8. dass Wahlvorschläge vor Ablauf von zwei Wochen seit dem Erlass des Wahlausschreibens beim Wahlvorstand in Form von Vorschlagslisten einzureichen sind, wenn *mehr als drei* Betriebsratsmitglieder zu wählen sind; der letzte Tag der Frist ist anzugeben;
9. dass die Stimmabgabe an die Wahlvorschläge gebunden ist und dass nur solche Wahlvorschläge berücksichtigt werden dürfen, die fristgerecht (Nr. 8) eingereicht sind;
10. die Bestimmung des Orts, an dem die Wahlvorschläge bis zum Abschluss der Stimmabgabe aushängen;
11. Ort, Tag und Zeit der Stimmabgabe sowie die Betriebsteile und *Kleinstbetriebe,* für die schriftliche Stimmabgabe (§ 24 Abs. 3) beschlossen ist;
12. den Ort, an dem Einsprüche, Wahlvorschläge und sonstige Erklärungen gegenüber dem Wahlvorstand abzugeben sind (Betriebsadresse des Wahlvorstands);
13. *Ort, Tag und Zeit der öffentlichen Stimmauszählung.*

(3) Sofern es nach Größe, Eigenart oder Zusammensetzung der Arbeitnehmerschaft des Betriebs zweckmäßig ist, soll der Wahlvorstand im Wahlausschreiben darauf hinweisen, dass bei der Aufstellung von Wahlvorschlägen die *einzelnen Organisationsbereiche* und die verschiedenen Beschäftigungsarten berücksichtigt werden sollen.

(4) Ein Abdruck des Wahlausschreibens ist vom Tage seines Erlasses bis zum letzten Tage der Stimmabgabe an einer oder mehreren geeigneten, den Wahlberechtigten zugänglichen Stellen vom Wahlvorstand auszuhängen und in gut lesbarem Zustand zu erhalten. *Ergänzend kann das Wahlausschreiben mittels der im Betrieb vorhandenen Informations- und Kommunikationstechnik bekannt gemacht werden.*§ 2 Abs. 4 Satz 4 gilt entsprechend.

§ 4 Einspruch gegen die Wählerliste

(1) Einsprüche gegen die Richtigkeit der Wählerliste können mit Wirksamkeit für die Betriebsratswahl nur vor Ablauf von zwei Wochen seit Erlass des Wahlausschreibens beim Wahlvorstand schriftlich eingelegt werden.

(2) Über Einsprüche nach Absatz 1 hat der Wahlvorstand unverzüglich zu entscheiden. Der Einspruch ist ausgeschlossen, soweit er darauf gestützt wird, dass die Zuordnung nach § 18 a des Gesetzes fehlerhaft erfolgt sei. Satz 2 gilt nicht, soweit die nach § 18 a Abs. 1 oder 4 Satz 1 und 2 des Gesetzes am Zuordnungsverfahren Beteiligten die Zuordnung übereinstimmend für offensichtlich fehlerhaft halten. Wird der Einspruch für begründet erachtet, so ist die Wählerliste zu berichtigen. Die Entscheidung des Wahlvorstands ist der Arbeitnehmerin oder dem Arbeitnehmer, die oder der den Einspruch eingelegt hat, unverzüglich schriftlich mitzuteilen; die Entscheidung muss der Arbeitnehmerin oder dem Arbeitnehmer spätestens am Tage vor dem Beginn der Stimmabgabe zugehen.

(3) Nach Ablauf der Einspruchsfrist soll der Wahlvorstand die Wählerliste nochmals auf ihre Vollständigkeit hin überprüfen. Im Übrigen kann nach Ablauf der Einspruchsfrist die Wählerliste nur bei Schreibfehlern, offenbaren Unrichtigkeiten, in Erledigung rechtzeitig eingelegter Einsprüche oder bei Eintritt von *Wahlberechtigten* in den Betrieb *oder bei Ausscheiden aus dem Betrieb* bis zum Tage vor dem Beginn der Stimmabgabe berichtigt oder ergänzt werden.

§ 5 Bestimmung der Mindestsitze für das Geschlecht in der Minderheit

(1) Der Wahlvorstand stellt fest, welches Geschlecht von seinem zahlenmäßigen Verhältnis im Betrieb in der Minderheit ist. Sodann errechnet der Wahlvorstand den Mindestanteil der Betriebsratssitze für das Geschlecht in der Minderheit (§ 15 Abs. 2 des Gesetzes) nach den Grundsätzen der Verhältniswahl. Zu diesem Zweck werden die Zahlen der am Tage des Erlassens des Wahlausschreibens im Betrieb beschäftigten Frauen und Männer in einer Reihe nebeneinander gestellt und beide durch 1, 2, 3, 4 usw. geteilt. Die ermittelten Teilzahlen sind nacheinander reihenweise unter den Zahlen der ersten Reihe aufzuführen, bis höhere Teilzahlen für die Zuweisung der zu verteilenden Sitze nicht mehr in Betracht kommen.

(2) Unter den so gefundenen Teilzahlen werden so viele Höchstzahlen ausgesondert und der Größe nach geordnet, wie Betriebsratsmitglieder zu wählen sind. Das Geschlecht in der Minderheit erhält so

viele Mitgliedersitze zugeteilt, wie Höchstzahlen auf es entfallen. Wenn die niedrigste in Betracht kommende Höchstzahl auf beide Geschlechter zugleich entfällt, so entscheidet das Los darüber, welchem Geschlecht dieser Sitz zufällt.

ZWEITER ABSCHNITT
Wahl von mehr als drei Betriebsratsmitgliedern
(aufgrund von Vorschlagslisten)

Erster Unterabschnitt
Einreichung und Bekanntmachung von Vorschlagslisten

§ 6 *Vorschlagslisten*

(1) Sind *mehr als drei* Betriebsratsmitglieder zu wählen, so erfolgt die Wahl aufgrund von Vorschlagslisten. Die Vorschlagslisten sind von den Wahlberechtigten vor Ablauf von zwei Wochen seit Erlass des Wahlausschreibens beim Wahlvorstand einzureichen.

(2) Jede Vorschlagsliste soll mindestens doppelt so viele Bewerberinnen oder Bewerber aufweisen, wie Betriebsratsmitglieder zu wählen sind.

(3) In jeder Vorschlagsliste sind die einzelnen Bewerberinnen oder Bewerber in erkennbarer Reihenfolge unter fortlaufender Nummer und unter Angabe von Familienname, Vorname, Geburtsdatum und *Art* der Beschäftigung im Betrieb aufzuführen. Die schriftliche Zustimmung der Bewerberinnen oder der Bewerber zur Aufnahme in die Liste ist beizufügen.

(4) Wenn kein anderer Unterzeichner der Vorschlagsliste ausdrücklich als Listenvertreter bezeichnet ist, wird die oder der an erster Stelle Unterzeichnete als Listenvertreterin oder Listenvertreter angesehen. Diese Person ist berechtigt und verpflichtet, dem Wahlvorstand die zur Beseitigung von *Beanstandungen* erforderlichen Erklärungen abzugeben sowie Erklärungen und Entscheidungen des Wahlvorstands entgegenzunehmen.

(5) Die Unterschrift eines Wahlberechtigten zählt nur auf einer Vorschlagsliste. Hat ein Wahlberechtigter mehrere Vorschlagslisten unterzeichnet, so hat er auf Aufforderung des Wahlvorstands binnen einer ihm gesetzten angemessenen Frist, spätestens jedoch vor Ablauf von drei Arbeitstagen, zu erklären, welche Unterschrift er aufrechterhält. Unterbleibt die fristgerechte Erklärung, so wird sein Name auf der zuerst eingereichten Vorschlagsliste gezählt und auf den übrigen Listen gestrichen; sind mehrere Vorschlagslisten, die von demselben Wahlberechtigten unterschrieben sind, gleichzeitig eingereicht worden, so entscheidet das Los darüber, auf welcher Vorschlagsliste die Unterschrift gilt.

(6) Eine Verbindung von Vorschlagslisten ist unzulässig.

(7) Eine Bewerberin oder ein Bewerber kann nur auf einer Vorschlagsliste vorgeschlagen werden. Ist der Name dieser Person mit ihrer schriftlichen Zustimmung auf mehreren Vorschlagslisten aufgeführt, so hat sie auf Aufforderung des Wahlvorstands vor Ablauf von drei Arbeitstagen zu erklären, welche Bewerbung sie aufrechterhält. Unterbleibt die fristgerechte Erklärung, so ist die Bewerberin oder der Bewerber auf sämtlichen Listen zu streichen.

§ 7 Prüfung der Vorschlagslisten

(1) Der Wahlvorstand hat bei Überbringen der Vorschlagsliste oder, falls die Vorschlagsliste auf eine andere Weise eingereicht wird, der Listenvertreterin oder dem Listenvertreter den Zeitpunkt der Einreichung schriftlich zu bestätigen.

(2) Der Wahlvorstand hat die eingereichten Vorschlagslisten, wenn die Liste nicht mit einem Kennwort versehen ist, mit Familienname und Vorname der beiden in der Liste an erster Stelle Benannten zu bezeichnen. Er hat die Vorschlagsliste unverzüglich, möglichst binnen einer Frist von zwei Arbeitstagen nach ihrem Eingang, zu prüfen und bei Ungültigkeit oder Beanstandung einer Liste die Listenvertreterin oder den Listenvertreter unverzüglich schriftlich unter Angabe der Gründe zu unterrichten.

§ 8 Ungültige Vorschlagslisten

(1) Ungültig sind Vorschlagslisten,
1. die nicht fristgerecht eingereicht worden sind,
2. auf denen die Bewerberin oder Bewerber nicht in erkennbarer Reihenfolge aufgeführt sind,
3. die bei der Einreichung nicht die erforderliche Zahl von Unterschriften (§ 14 Abs. 4 des Gesetzes) aufweisen.

Die Rücknahme von Unterschriften auf einer eingereichten Vorschlagsliste beeinträchtigt deren Gültigkeit nicht; § 6 Abs. 5 bleibt unberührt.

(2) Ungültig sind auch Vorschlagslisten,
1. auf denen die Bewerberinnen oder Bewerber nicht in der in § 6 Abs. 3 bestimmten Weise bezeichnet sind,
2. wenn die schriftliche Zustimmung der Bewerberinnen oder der Bewerber zur Aufnahme in die Vorschlagsliste nicht vorliegt,
3. wenn die Vorschlagsliste infolge von Streichung gemäß § 6 Abs. 5 nicht mehr die erforderliche Zahl von Unterschriften aufweist,

falls diese Mängel trotz Beanstandung nicht binnen einer Frist von drei Arbeitstagen beseitigt werden.

§ 9 Nachfrist für Vorschlagslisten

(1) Ist nach Ablauf der in § 6 Abs. 1 genannten Frist keine gültige Vorschlagsliste eingereicht, so hat dies der Wahlvorstand sofort in der gleichen Weise bekannt zu machen wie das Wahlausschreiben und eine Nachfrist von einer Woche für die Einreichung von Vorschlagslisten zu setzen. In der Bekanntmachung ist darauf hinzuweisen, dass *die Wahl* nur stattfinden kann, wenn innerhalb der Nachfrist mindestens eine gültige Vorschlagsliste eingereicht wird.

(2) Wird trotz Bekanntmachung nach Absatz 1 eine gültige Vorschlagsliste nicht eingereicht, so hat der Wahlvorstand sofort bekannt zu machen, dass *die Wahl* nicht stattfindet.

§ 10 Bekanntmachung der Vorschlagslisten

(1) Nach Ablauf der in § 6 Abs. 1, § 8 Abs. 2 und § 9 Abs. 1 genannten Fristen ermittelt der Wahlvorstand durch das Los die Reihenfolge der Ordnungsnummern, die den eingereichten Vorschlagslisten zugeteilt werden (Liste 1 usw.). Die Listenvertreterin oder der Listenvertreter sind zu der Losentscheidung rechtzeitig einzuladen.

(2) Spätestens eine Woche vor Beginn der Stimmabgabe hat der Wahlvorstand die als gültig anerkannten Vorschlagslisten bis zum Abschluss der Stimmabgabe in gleicher Weise bekannt zu machen wie das Wahlausschreiben (§ 3 Abs. 4).

Zweiter Unterabschnitt
Wahlverfahren bei mehreren Vorschlagslisten
(§ 14 Abs. 2 Satz 1 des Gesetzes)

§ 11 Stimmabgabe

(1) Die Wählerin oder der Wähler kann ihre oder seine Stimme nur für eine der als gültig anerkannten Vorschlagslisten abgeben. Die Stimmabgabe erfolgt durch Abgabe von Stimmzetteln in den hierfür bestimmten Umschlägen (Wahlumschlägen).

(2) Auf den Stimmzetteln sind die Vorschlagslisten nach der Reihenfolge der Ordnungsnummern sowie unter Angabe der beiden an erster Stelle benannten Bewerberinnen oder Bewerber mit Familienname, Vorname und Art der Beschäftigung im Betrieb untereinander aufzuführen; bei Listen, die mit Kennworten versehen sind, ist auch das Kennwort anzugeben. Die Stimmzettel für die Betriebsratswahl müssen sämtlich die gleiche Größe, Farbe, Beschaffenheit und Beschriftung haben. Das Gleiche gilt für die Wahlumschläge.

(3) Die Wählerin oder der Wähler kennzeichnet die von ihr oder ihm gewählte Vorschlagsliste durch Ankreuzen an der im Stimmzettel hierfür vorgesehenen Stelle.

(4) Stimmzettel, die mit einem besonderen Merkmal versehen sind oder aus denen sich der Wille der Wählerin oder des Wählers nicht unzweifelhaft ergibt oder die andere Angaben als die in Absatz 1 genannten Vorschlagslisten, einen Zusatz oder sonstige Änderungen enthalten, sind ungültig.

§ 12 Wahlvorgang

(1) Der Wahlvorstand hat geeignete Vorkehrungen für die unbeobachtete Bezeichnung der Stimmzettel im Wahlraum zu treffen und für die Bereitstellung einer Wahlurne oder mehrerer Wahlurnen zu sorgen. Die Wahlurne muss vom Wahlvorstand verschlossen und so eingerichtet sein, dass die eingeworfenen Wahlumschläge nicht herausgenommen werden können, ohne dass die Urne geöffnet wird.

(2) Während der Wahl müssen immer mindestens zwei stimmberechtigte Mitglieder des Wahlvorstands im Wahlraum anwesend sein; sind Wahlhelferinnen oder Wahlhelfer bestellt

(§ 1 Abs. 2), so genügt die Anwesenheit eines stimmberechtigten Mitglieds des Wahlvorstands und einer Wahlhelferin oder eines Wahlhelfers.

(3) Die Wählerin oder der Wähler gibt ihren oder seinen Namen an und wirft den Wahlumschlag, in den der Stimmzettel eingelegt ist, in die Wahlurne ein, nachdem die Stimmabgabe in der Wählerliste vermerkt worden ist.

(4) Wer infolge seiner Behinderung bei der Stimmabgabe beeinträchtigt ist, kann eine Person seines Vertrauens bestimmen, die ihm bei der Stimmabgabe behilflich sein soll, und teilt dies dem Wahlvorstand mit. Wahlbewerberinnen oder Wahlbewerber, Mitglieder des Wahlvorstands sowie Wahlhelferinnen und Wahlhelfer dürfen nicht zur Hilfeleistung herangezogen werden. Die Hilfeleistung beschränkt sich auf die Erfüllung der Wünsche der Wählerin oder des Wählers zur Stimmabgabe; die Person des Vertrauens darf gemeinsam mit der Wählerin oder dem Wähler die Wahlzelle aufsuchen. Sie ist zur Geheimhaltung der Kenntnisse verpflichtet, die sie bei der Hilfeleistung zur Stimmabgabe erlangt hat. Die Sätze 1 bis 4 gelten entsprechend für des Lesens unkundige Wählerinnen und Wähler.

(5) Nach Abschluss der Stimmabgabe ist die Wahlurne zu versiegeln, wenn die Stimmenzählung nicht unmittelbar nach Beendigung der Wahl durchgeführt wird. *Gleiches gilt, wenn die Stimmabgabe unterbrochen wird, insbesondere wenn sie an mehreren Tagen erfolgt.*

§ 13 Öffentliche Stimmauszählung

Unverzüglich nach Abschluss der Wahl nimmt der Wahlvorstand öffentlich die Auszählung der Stimmen vor und gibt das auf Grund der Auszählung sich ergebende Wahlergebnis bekannt.

§ 14 Verfahren bei der Stimmauszählung

(1) Nach Öffnung der Wahlurne entnimmt der Wahlvorstand die Stimmzettel den Wahlumschlägen und zählt die auf jede Vorschlagsliste entfallenden Stimmen zusammen. Dabei ist die Gültigkeit der Stimmzettel zu prüfen.

(2) Befinden sich in einem Wahlumschlag mehrere gekennzeichnete Stimmzettel (§ 11 Abs. 3), so werden sie, wenn sie vollständig übereinstimmen, nur einfach gezählt, andernfalls als ungültig angesehen.

§ 15 Verteilung der Betriebsratssitze auf die Vorschlagslisten

(1) *Die Betriebsratssitze werden auf die Vorschlagslisten verteilt.* Dazu werden die den einzelnen Vorschlagslisten zugefallenen Stimmenzahlen in einer Reihe nebeneinander gestellt und sämtlich durch 1, 2, 3, 4 usw. geteilt. Die ermittelten Teilzahlen sind nacheinander reihenweise unter den Zahlen der ersten Reihe aufzuführen, *bis höhere Teilzahlen für die Zuweisung der zu verteilenden Sitze nicht mehr in Betracht kommen.*

(2) Unter den so gefundenen Teilzahlen werden so viele Höchstzahlen ausgesondert und der Größe nach geordnet, wie Betriebsratsmitglieder zu wählen sind. Jede Vorschlagsliste erhält

so viele Mitgliedersitze zugeteilt, wie Höchstzahlen auf sie entfallen. Entfällt die niedrigste in Betracht kommende Höchstzahl auf mehrere Vorschlagslisten zugleich, so entscheidet das Los darüber, welcher Vorschlagsliste dieser Sitz zufällt.

(3) Wenn eine Vorschlagsliste weniger Bewerberinnen oder Bewerber enthält, als Höchstzahlen auf sie entfallen, so gehen die überschüssigen Mitgliedersitze auf die folgenden Höchstzahlen der anderen Vorschlagslisten über.

(4) Die Reihenfolge der Bewerberinnen oder Bewerber innerhalb der einzelnen Vorschlagslisten bestimmt sich nach der Reihenfolge ihrer Benennung.

(5) Befindet sich unter den auf die Vorschlagslisten entfallenden Höchstzahlen nicht die erforderliche Mindestzahl von Angehörigen des Geschlechts in der Minderheit nach§ 15 Abs. 2 des Gesetzes, so gilt Folgendes:

1. *An die Stelle der auf der Vorschlagsliste mit der niedrigsten Höchstzahl benannten Person, die nicht dem Geschlecht in der Minderheit angehört, tritt die in derselben Vorschlagsliste in der Reihenfolge nach ihr benannte, nicht berücksichtigte Person des Geschlechts in der Minderheit.*

2. *Enthält diese Vorschlagsliste keine Person des Geschlechts in der Minderheit, so geht dieser Sitz auf die Vorschlagsliste mit der folgenden, noch nicht berücksichtigten Höchstzahl und mit Angehörigen des Geschlechts in der Minderheit über. Entfällt die folgende Höchstzahl auf mehrere Vorschlagslisten zugleich, so entscheidet das Los darüber, welcher Vorschlagsliste dieser Sitz zufällt.*

3. *Das Verfahren nach den Nummern 1 und 2 ist solange fortzusetzen, bis der Mindestanteil der Sitze des Geschlechts in der Minderheit nach§ 15 Abs. 2 des Gesetzes erreicht ist.*

4. *Bei der Verteilung der Sitze des Geschlechts in der Minderheit sind auf den einzelnen Vorschlagslisten nur die Angehörigen dieses Geschlechts in der Reihenfolge ihrer Benennung zu berücksichtigen.*

5. *Verfügt keine andere Vorschlagsliste über Angehörige des Geschlechts in der Minderheit, verbleibt der Sitz bei der Vorschlagsliste, die zuletzt ihren Sitz zu Gunsten des Geschlechts in der Minderheit nach Nummer 1 hätte abgeben müssen.*

§ 16 Wahlniederschrift

(1) Nachdem ermittelt ist, welche Arbeitnehmerinnen und Arbeitnehmer als Betriebsratsmitglieder gewählt sind, hat der Wahlvorstand in einer Niederschrift festzustellen:
1. die Gesamtzahl der abgegebenen Wahlumschläge und die Zahl der abgegebenen gültigen Stimmen;
2. die jeder Liste zugefallenen Stimmenzahlen;
3. die berechneten Höchstzahlen;
4. die Verteilung der berechneten Höchstzahlen auf die Listen;
5. die Zahl der ungültigen Stimmen;
6. die Namen der in den Betriebsrat gewählten Bewerberinnen und Bewerber;
7. gegebenenfalls besondere während der Betriebsratswahl eingetretene Zwischenfälle oder sonstige Ereignisse.

(2) Die Niederschrift ist von der oder dem Vorsitzenden und von mindestens einem weiteren stimmberechtigten Mitglied des Wahlvorstands zu unterschreiben.

§ 17 Benachrichtigung der Gewählten

(1) Der Wahlvorstand hat die als Betriebsratsmitglieder gewählten Arbeitnehmerinnen und Arbeitnehmer unverzüglich schriftlich von ihrer Wahl zu benachrichtigen. Erklärt die gewählte Person nicht binnen drei Arbeitstagen nach Zugang der Benachrichtigung dem Wahlvorstand, dass sie die Wahl ablehne, so gilt die Wahl als angenommen.

(2) Lehnt eine gewählte Person die Wahl ab, so tritt an ihre Stelle die in derselben Vorschlagsliste in der Reihenfolge nach ihr benannte, nicht gewählte Person. *Gehört die gewählte Person dem Geschlecht in der Minderheit an, so tritt an ihre Stelle die in derselben Vorschlagsliste in der Reihenfolge nach ihr benannte, nicht gewählte Person desselben Geschlechts, wenn ansonsten das Geschlecht in der Minderheit nicht die ihm nach* § 15 Abs. 2 des Gesetzes zustehenden Mindestsitze erhält. § 15 Abs. 5 Nr. 2 bis 5 gilt entsprechend.

§ 18 Bekanntmachung der Gewählten

Sobald die Namen der Betriebsratsmitglieder endgültig feststehen, hat der Wahlvorstand sie durch zweiwöchigen Aushang in gleicher Weise bekannt zu machen wie das Wahlausschreiben (§ 3 Abs. 4). Je eine Abschrift der Wahlniederschrift (§ 16) ist dem Arbeitgeber und den im Betrieb vertretenen Gewerkschaften unverzüglich zu übersenden.

§ 19 Aufbewahrung der Wahlakten

Der Betriebsrat hat die Wahlakten mindestens bis zur Beendigung seiner Amtszeit aufzubewahren.

Dritter Unterabschnitt
Wahlverfahren bei nur einer Vorschlagsliste
(§ 14 Abs. 2 Satz 2 erster Halbsatz des Gesetzes)

§ 20 Stimmabgabe

(1) Ist nur eine gültige Vorschlagsliste eingereicht, so kann die Wählerin oder der Wähler ihre oder seine Stimme nur für solche Bewerberinnen oder Bewerber abgeben, die in der Vorschlagsliste aufgeführt sind.

(2) Auf den Stimmzettel sind die Bewerberinnen oder Bewerber unter Angabe von Familienname, Vorname *und* Art der Beschäftigung im Betrieb in der Reihenfolge aufzuführen, in der sie auf der Vorschlagsliste benannt sind.

(3) Die Wählerin oder der Wähler kennzeichnet die von ihr oder ihm gewählten Bewerberinnen oder Bewerber durch Ankreuzen an der hierfür im Stimmzettel vorgesehenen Stelle; es dürfen nicht mehr Bewerberinnen oder Bewerber angekreuzt werden, als Betriebsratsmitglieder zu wählen sind. § 11 Abs. 1 Satz 2, Abs. 2 Satz 2 und 3, Abs. 4, §§ 12 und 13 gelten entsprechend.

§ 21 Stimmauszählung

Nach Öffnung der Wahlurne entnimmt der Wahlvorstand die Stimmzettel den Wahlumschlägen und zählt die auf jede Bewerberin und jeden Bewerber entfallenden Stimmen zusammen; § 14 Abs. 1 Satz 2 und Abs. 2 gilt entsprechend.

§ 22 Ermittlung der Gewählten

(1) Zunächst werden die dem Geschlecht in der Minderheit zustehenden Mindestsitze (§ 15 Abs. 2 des Gesetzes) verteilt. Dazu werden die dem Geschlecht in der Minderheit zustehenden Mindestsitze mit Angehörigen dieses Geschlechts in der Reihenfolge der jeweils höchsten auf sie entfallenden Stimmenzahlen besetzt.

(2) Nach der Verteilung der Mindestsitze des Geschlechts in der Minderheit nach Absatz 1 erfolgt die Verteilung der weiteren Sitze. Die weiteren Sitze werden mit Bewerberinnen und Bewerbern, unabhängig von ihrem Geschlecht, in der Reihenfolge der jeweils höchsten auf sie entfallenden Stimmenzahlen besetzt.

(3) Haben in den Fällen des Absatzes 1 oder 2 für den zuletzt zu vergebenden Betriebsratssitz mehrere Bewerberinnen oder Bewerber die gleiche Stimmenzahl erhalten, so entscheidet das Los darüber, wer gewählt ist.

(4) Haben sich weniger Angehörige des Geschlechts in der Minderheit zur Wahl gestellt oder sind weniger Angehörige dieses Geschlechts gewählt worden als ihm nach § 15 Abs. 2 des Gesetzes Mindestsitze zustehen, so sind die insoweit überschüssigen Mitgliedersitze des Geschlechts in der Minderheit bei der Sitzverteilung nach Absatz 2 Satz 2 zu berücksichtigen.

§ 23 Wahlniederschrift, Bekanntmachung

(1) Nachdem ermittelt ist, welche Arbeitnehmerinnen und Arbeitnehmer als Betriebsratsmitglieder gewählt sind, hat der Wahlvorstand eine Niederschrift anzufertigen, in der außer den Angaben nach § 16 Abs. 1 Nr. 1, 5 bis 7 die jeder Bewerberin und jedem Bewerber zugefallenen Stimmenzahlen festzustellen sind. § 16 Abs. 2, § 17 Abs. 1, §§ 18 und 19 gelten entsprechend.

(2) Lehnt eine gewählte Person die Wahl ab, so tritt an ihre Stelle die nicht gewählte Person mit der nächsthöchsten Stimmenzahl. *Gehört die gewählte Person dem Geschlecht in der Minderheit an, so tritt an ihre Stelle die nicht gewählte Person dieses Geschlechts mit der nächsthöchsten Stimmenzahl, wenn ansonsten das Geschlecht in der Minderheit nicht die ihm nach* § 15 Abs. 2 des Gesetzes zustehende Mindestsitze erhalten würde. Gibt es keine weiteren Angehörigen dieses Geschlechts, auf die Stimmen entfallen sind, geht dieser Sitz auf die nicht gewählte Person eines anderen Geschlechts mit der nächsthöchsten Stimmenzahl über.

DRITTER ABSCHNITT
Schriftliche Stimmabgabe

§ 24 Voraussetzungen

(1) Wahlberechtigten, die im Zeitpunkt der Wahl wegen Abwesenheit vom Betrieb verhindert sind, ihre Stimme persönlich abzugeben, hat der Wahlvorstand auf ihr Verlangen

1. das Wahlausschreiben,
2. die Vorschlagslisten,
3. den Stimmzettel und den Wahlumschlag,
4. eine vorgedruckte von der Wählerin oder dem Wähler abzugebende Erklärung, in der gegenüber dem Wahlvorstand zu versichern ist, dass der Stimmzettel persönlich gekennzeichnet worden ist, sowie
5. einen größeren Freiumschlag, der die Anschrift des Wahlvorstands und als Absender den Namen und die Anschrift der oder des Wahlberechtigten sowie den Vermerk »Schriftliche Stimmabgabe« trägt,

auszuhändigen oder zu übersenden. Der Wahlvorstand soll der Wählerin oder dem Wähler ferner ein Merkblatt über die Art und Weise der schriftlichen Stimmabgabe (§ 25) aushändigen oder übersenden. Der Wahlvorstand hat die Aushändigung oder die Übersendung der Unterlagen in der Wählerliste zu vermerken.

(2) Wahlberechtigte, von denen dem Wahlvorstand bekannt ist, dass sie im Zeitpunkt der Wahl nach der Eigenart ihres Beschäftigungsverhältnisses voraussichtlich nicht im Betrieb anwesend sein werden (insbesondere im *Außendienst oder mit Telearbeit Beschäftigte* und in Heimarbeit Beschäftigte), erhalten die in Absatz 1 bezeichneten Unterlagen, ohne dass es eines Verlangens der Wahlberechtigten bedarf.

(3) Für Betriebsteile und *Kleinst*betriebe, die räumlich weit vom Hauptbetrieb entfernt sind, kann der Wahlvorstand die schriftliche Stimmabgabe beschließen. Absatz 2 gilt entsprechend.

§ 25 Stimmabgabe

Die Stimmabgabe erfolgt in der Weise, dass die Wählerin oder der Wähler

1. den Stimmzettel unbeobachtet persönlich kennzeichnet und in dem Wahlumschlag verschließt,
2. die vorgedruckte Erklärung unter Angabe des Orts und des Datums unterschreibt und
3. den Wahlumschlag und die unterschriebene vorgedruckte Erklärung in dem Freiumschlag verschließt und diesen so rechtzeitig an den Wahlvorstand absendet oder übergibt, dass er vor Abschluss der Stimmabgabe vorliegt.

Die Wählerin oder der Wähler kann unter den Voraussetzungen des §12 Abs. 4 die in den Nummern 1 bis 3 bezeichneten Tätigkeiten durch eine Person des Vertrauens verrichten lassen.

§ 26 Verfahren bei der Stimmabgabe

(1) Unmittelbar vor Abschluss der Stimmabgabe öffnet der Wahlvorstand in öffentlicher Sitzung die bis zu diesem Zeitpunkt eingegangenen Freiumschläge und entnimmt ihnen die Wahlumschläge sowie die vorgedruckten Erklärungen. Ist die schriftliche Stimmabgabe ordnungsgemäß erfolgt (§ 25), so legt der Wahlvorstand den Wahlumschlag nach Vermerk der Stimmabgabe in der Wählerliste ungeöffnet in die Wahlurne.

(2) Verspätet eingehende Briefumschläge hat der Wahlvorstand mit einem Vermerk über den Zeitpunkt des Eingangs ungeöffnet zu den Wahlunterlagen zu nehmen. Die Briefumschläge sind einen Monat nach Bekanntgabe des Wahlergebnisses ungeöffnet zu vernichten, wenn die Wahl nicht angefochten worden ist.

VIERTER ABSCHNITT
Wahlvorschläge der Gewerkschaften

§ 27 Voraussetzungen, Verfahren

(1) Für den Wahlvorschlag einer im Betrieb vertretenen Gewerkschaft (§ 14 Abs. 3 des Gesetzes) gelten die §§ 6 bis 26 entsprechend.

(2) Der Wahlvorschlag einer Gewerkschaft ist ungültig, wenn er nicht von zwei Beauftragten der Gewerkschaft unterzeichnet ist (§ 14 Abs. 5 des Gesetzes).

(3) Die oder der an erster Stelle unterzeichnete Beauftragte gilt als Listenvertreterin oder Listenvertreter. Die Gewerkschaft kann hierfür eine Arbeitnehmerin oder einen Arbeitnehmer des Betriebs, die oder der Mitglied der Gewerkschaft ist, benennen.

ZWEITER TEIL
Wahl des Betriebsrats im vereinfachten Wahlverfahren
(§ 14 a des Gesetzes)

ERSTER ABSCHNITT
Wahl des Betriebsrats im zweistufigen Verfahren
(§ 14 a Abs. 1 des Gesetzes)

Erster Unterabschnitt
Wahl des Wahlvorstands

§ 28 *Einladung zur Wahlversammlung*

(1) Zu der Wahlversammlung, in der der Wahlvorstand nach § 17 a Nr. 3 des Gesetzes (§ 14 a Abs. 1 des Gesetzes) gewählt wird, können drei Wahlberechtigte des Betriebs oder eine im Betrieb vertretene Gewerkschaft einladen (einladende Stelle) und Vorschläge für die Zusammensetzung des Wahlvorstands machen. Die Einladung muss mindestens sieben Tage vor dem Tag der Wahlversammlung erfolgen. Sie ist durch Aushang an geeigneten Stellen im Betrieb bekannt zu machen. Ergänzend kann die Einladung mittels der im Betrieb vorhandenen Informations- und Kommunikationstechnik bekannt gemacht werden; § 2 Abs. 4 Satz 4 gilt entsprechend. Die Einladung muss folgende Hinweise enthalten:

a) Ort, Tag und Zeit der Wahlversammlung zur Wahl des Wahlvorstands;

b) dass Wahlvorschläge zur Wahl des Betriebsrats bis zum Ende der Wahlversammlung zur Wahl des Wahlvorstands gemacht werden können (§ 14 a Abs. 2 des Gesetzes);

c) dass Wahlvorschläge der Arbeitnehmerinnen und Arbeitnehmer zur Wahl des Betriebsrats mindestens von einem Zwanzigstel der Wahlberechtigten, mindestens jedoch von drei Wahlberechtigten unterzeichnet sein müssen; in Betrieben mit in der Regel bis zu zwanzig Wahlberechtigten reicht die Unterstützung durch zwei Wahlberechtigte;

d) dass Wahlvorschläge zur Wahl des Betriebsrats, die erst in der Wahlversammlung zur Wahl des Wahlvorstands gemacht werden, nicht der Schriftform bedürfen.

(2) Der Arbeitgeber hat unverzüglich nach Aushang der Einladung zur Wahlversammlung nach Absatz 1 der einladenden Stelle alle für die Anfertigung der Wählerliste erforderlichen Unterlagen (§ 2) in einem versiegelten Umschlag auszuhändigen.

§ 29 *Wahl des Wahlvorstands*

Der Wahlvorstand wird in der Wahlversammlung zur Wahl des Wahlvorstands von der Mehrheit der anwesenden Arbeitnehmerinnen und Arbeitnehmer gewählt (§ 17 a Nr. 3 Satz 1 des Gesetzes). Er besteht aus drei Mitgliedern (§ 17 a Nr. 2 des Gesetzes). Für die Wahl der oder des Vorsitzenden des Wahlvorstands gilt Satz 1 entsprechend.

Zweiter Unterabschnitt
Wahl des Betriebsrats

§ 30 Wahlvorstand, Wählerliste

(1) Unmittelbar nach seiner Wahl hat der Wahlvorstand in der Wahlversammlung zur Wahl des Wahlvorstands die Wahl des Betriebsrats einzuleiten. § 1 gilt entsprechend. Er hat unverzüglich in der Wahlversammlung eine Liste der Wahlberechtigten (Wählerliste), getrennt nach den Geschlechtern, aufzustellen. Die einladende Stelle hat dem Wahlvorstand den ihr nach § 28 Abs. 2 ausgehändigten versiegelten Umschlag zu übergeben. Die Wahlberechtigten sollen in der Wählerliste mit Familienname, Vorname und Geburtsdatum in alphabetischer Reihenfolge aufgeführt werden. § 2 Abs. 1 Satz 3, Abs. 2 bis 4 gilt entsprechend.

(2) Einsprüche gegen die Richtigkeit der Wählerliste können mit Wirksamkeit für die Betriebsratswahl nur vor Ablauf von drei Tagen seit Erlass des Wahlausschreibens beim Wahlvorstand schriftlich eingelegt werden. § 4 Abs. 2 und 3 gilt entsprechend.

§ 31 Wahlausschreiben

(1) Im Anschluss an die Aufstellung der Wählerliste erlässt der Wahlvorstand in der Wahlversammlung das Wahlausschreiben, das von der oder dem Vorsitzenden und von mindestens einem weiteren stimmberechtigten Mitglied des Wahlvorstands zu unterschreiben ist. Mit Erlass des Wahlausschreibens ist die Betriebsratswahl eingeleitet. Das Wahlausschreiben muss folgende Angaben enthalten:

1. das Datum seines Erlasses;
2. die Bestimmung des Orts, an dem die Wählerliste und diese Verordnung ausliegen sowie im Fall der Bekanntmachung in elektronischer Form (§ 2 Abs. 4 Satz 3 und 4) wo und wie von der Wählerliste und der Verordnung Kenntnis genommen werden kann;
3. dass nur Arbeitnehmerinnen und Arbeitnehmer wählen oder gewählt werden können, die in die Wählerliste eingetragen sind, und das Einsprüche gegen die Wählerliste (§ 4) nur vor Ablauf von drei Tagen seit dem Erlass des Wahlausschreibens schriftlich beim Wahlvorstand eingelegt werden können; der letzte Tag der Frist ist anzugeben;
4. den Anteil der Geschlechter und den Hinweis, dass das Geschlecht in der Minderheit im Betriebsrat mindestens entsprechend seinem zahlenmäßigen Verhältnis vertreten sein muss, wenn der Betriebsrat aus mindestens drei Mitgliedern besteht (§ 15 Abs. 2 des Gesetzes);
5. die Zahl der zu wählenden Betriebsratsmitglieder (§ 9 des Gesetzes) sowie die auf das Geschlecht in der Minderheit entfallenden Mindestsitze im Betriebsrat (§ 15 Abs. 2 des Gesetzes);
6. die Mindestzahl von Wahlberechtigten, von denen ein Wahlvorschlag unterzeichnet sein muss (§ 14 Abs. 4 des Gesetzes) und den Hinweis, dass Wahlvorschläge, die erst in der Wahlversammlung zur Wahl des Wahlvorstands gemacht werden, nicht der Schriftform bedürfen (§ 14 a Abs. 2 zweiter Halbsatz des Gesetzes);
7. dass der Wahlvorschlag einer im Betrieb vertretenen Gewerkschaft von zwei Beauftragten unterzeichnet sein muss (§ 14 Abs. 5 des Gesetzes);

8. dass Wahlvorschläge bis zum Abschluss der Wahlversammlung zur Wahl des Wahlvorstands bei diesem einzureichen sind (§ 14 a Abs. 2 erster Halbsatz des Gesetzes);

9. dass die Stimmabgabe an die Wahlvorschläge gebunden ist und dass nur solche Wahlvorschläge berücksichtigt werden dürfen, die fristgerecht (Nr. 8) eingereicht sind;

10. die Bestimmung des Orts, an dem die Wahlvorschläge bis zum Abschluss der Stimmabgabe aushängen;

11. Ort, Tag und Zeit der Wahlversammlung zur Wahl des Betriebsrats (Tag der Stimmabgabe – § 14 a Abs. 1 Satz 3 und 4 des Gesetzes);

12. dass Wahlberechtigten, die an der Wahlversammlung zur Wahl des Betriebsrats nicht teilnehmen können, Gelegenheit zur nachträglichen – schriftlichen Stimmabgabe gegeben wird (§ 14 a Abs. 4 des Gesetzes); das Verlangen auf nachträgliche schriftliche Stimmabgabe muss spätestens drei Tage vor dem Tag der Wahlversammlung zur Wahl des Betriebsrats dem Wahlvorstand mitgeteilt werden;

13. Ort, Tag und Zeit der nachträglichen schriftlichen Stimmabgabe (§ 14 a Abs. 4 des Gesetzes) sowie die Betriebsteile und Kleinstbetriebe, für die nachträgliche schriftliche Stimmabgabe entsprechend § 24 Abs. 3 beschlossen ist;

14. den Ort, an dem Einsprüche, Wahlvorschläge und sonstige Erklärungen gegenüber dem Wahlvorstand abzugeben sind (Betriebsadresse des Wahlvorstands);

15. Ort, Tag und Zeit der öffentlichen Stimmauszählung.

(2) Ein Abdruck des Wahlausschreibens ist vom Tage seines Erlasses bis zum letzten Tag der Stimmabgabe an einer oder mehreren geeigneten, den Wahlberechtigten zugänglichen Stellen vom Wahlvorstand auszuhängen und in gut lesbarem Zustand zu erhalten. Ergänzend kann das Wahlausschreiben mittels der im Betrieb vorhandenen Informations- und Kommunikationstechnik bekannt gemacht werden. § 2 Abs. 4 Satz 4 gilt entsprechend.

§ 32 Bestimmung der Mindestsitze für das Geschlecht in der Minderheit

Besteht der zu wählende Betriebsrat aus mindestens drei Mitgliedern, so hat der Wahlvorstand dem Mindestanteil der Betriebsratssitze für das Geschlecht in der Minderheit (§ 15 Abs. 2 des Gesetzes) gemäß § 5 zu errechnen.

§ 33 Wahlvorschläge

(1) Die Wahl des Betriebsrats erfolgt aufgrund von Wahlvorschlägen. Die Wahlvorschläge sind von den Wahlberechtigten und den im Betrieb vertretenen Gewerkschaften bis zum Ende der Wahlversammlung zur Wahl des Wahlvorstands bei diesem einzureichen. Wahlvorschläge, die erst in dieser Wahlversammlung gemacht werden, bedürfen nicht der Schriftform (§ 14 a Abs. 2 des Gesetzes).

(2) Für Wahlvorschläge gilt § 6 Abs. 2 bis 4 entsprechend. § 6 Abs. 5 gilt entsprechend mit der Maßgabe, dass ein Wahlberechtigter, der mehrere Wahlvorschläge unterstützt, auf Aufforderung des Wahlvorstands in der Wahlversammlung erklären muss, welche Unterstützung er aufrechterhält. Für den Wahlvorschlag einer im Betrieb vertretenen Gewerkschaft gilt § 27 entsprechend.

(3) § 7 gilt entsprechend. § 8 gilt entsprechend mit der Maßgabe, dass Mängel der Wahlvorschläge nach § 8 Abs. 2 nur in der Wahlversammlung zur Wahl des Wahlvorstands beseitigt werden können.

(4) Unmittelbar nach Abschluss der Wahlversammlung hat der Wahlvorstand die als gültig anerkannten Wahlvorschläge bis zum Abschluss der Stimmabgabe in gleicher Weise bekannt zu machen, wie das Wahlausschreiben (§ 31 Abs. 2).

(5) Ist in der Wahlversammlung kein Wahlvorschlag zur Wahl des Betriebsrats gemacht worden, hat der Wahlvorstand bekannt zu machen, dass die Wahl nicht stattfindet. Die Bekanntmachung hat in gleicher Weise wie das Wahlausschreiben (§ 31 Abs. 2) zu erfolgen.

§ 34 Wahlverfahren

(1) Die Wählerin oder der Wähler kann ihre oder seine Stimme nur für solche Bewerberinnen oder Bewerber abgeben, die in einem Wahlvorschlag benannt sind. Auf den Stimmzetteln sind die Bewerberinnen oder Bewerber in alphabetischer Reihenfolge unter Angabe von Familienname, Vorname und Art der Beschäftigung im Betrieb aufzuführen. Die Wählerin oder der Wähler kennzeichnet die von ihr oder ihm Gewählten durch Ankreuzen an der hierfür im Stimmzettel vorgesehenen Stelle; es dürfen nicht mehr Bewerberinnen oder Bewerber ankreuzen werden, als Betriebsratsmitglieder zu wählen sind. § 11 Abs. 1 Satz 2, Abs. 2 Satz 2 und 3, Abs. 4 und § 12 gelten entsprechend.

(2) Im Fall der nachträglichen schriftlichen Stimmabgabe (§ 35) hat der Wahlvorstand am Ende der Wahlversammlung zur Wahl des Betriebsrats die Wahlurne zu versiegeln und aufzubewahren.

(3) Erfolgt keine nachträgliche schriftliche Stimmabgabe, hat der Wahlvorstand unverzüglich nach Abschluss der Wahl die öffentliche Auszählung der Stimmen vorzunehmen und das sich daraus ergebende Wahlergebnis bekannt zu geben. Die §§ 21, 23 Abs. 1 gelten entsprechend.

(4) Ist nur ein Betriebsratsmitglied zu wählen, so ist die Person gewählt, die die meisten Stimmen erhalten hat. Bei Stimmengleichheit entscheidet das Los. Lehnt eine gewählte Person die Wahl ab, so tritt an ihre Stelle die nicht gewählte Person mit der nächsthöchsten Stimmenzahl.

(5) Sind mehrere Betriebsratsmitglieder zu wählen, gelten für die Ermittlung der Gewählten die §§ 22 und 23 Abs. 2 entsprechend.

§ 35 Nachträgliche schriftliche Stimmabgabe

(1) Können Wahlberechtigte an der Wahlversammlung zur Wahl des Betriebsrats nicht teilnehmen, um ihre Stimme persönlich abzugeben, können sie beim Wahlvorstand die nachträgliche schriftliche Stimmabgabe beantragen (§ 14 a Abs. 4 des Gesetzes). Das Verlangen auf nachträgliche schriftliche Stimmabgabe muss die oder der Wahlberechtigte dem Wahlvorstand spätestens drei Tage vor dem Tag der Wahlversammlung zur Wahl des Betriebsrats mitgeteilt haben. Die §§ 24, 25 gelten entsprechend.

(2) Wird die nachträgliche schriftliche Stimmabgabe aufgrund eines Antrags nach Absatz 1 Satz 1 erforderlich, hat dies der Wahlvorstand unter Angabe des Orts, des Tags und der Zeit der öffentlichen Stimmauszählung in gleicher Weise bekannt zu machen wie das Wahlausschreiben (§ 31 Abs. 2).

(3) Unmittelbar nach Ablauf der Frist für die nachträgliche schriftliche Stimmabgabe öffnet der Wahlvorstand in öffentlicher Sitzung die bis zu diesem Zeitpunkt eingegangenen Freiumschläge und entnimmt ihnen die Wahlumschläge sowie die vorgedruckten Erklärungen. Ist die nachträgliche schriftliche Stimmabgabe ordnungsgemäß erfolgt (§ 25), so legt der Wahlvorstand den Wahlumschlag nach Vermerk der Stimmabgabe in der Wählerliste in die bis dahin versiegelte Wahlurne.

(4) Nachdem alle ordnungsgemäß nachträglich abgegebenen Wahlumschläge in die Wahlurne gelegt worden sind, nimmt der Wahlvorstand die Auszählung der Stimmen vor. § 34 Abs. 3 bis 5 gilt entsprechend.

ZWEITER ABSCHNITT
Wahl des Betriebsrats im einstufigen Verfahren
(§ 14 a Abs. 3 des Gesetzes)

§ 36 Wahlvorstand, Wahlverfahren

(1) Nach der Bestellung des Wahlvorstands durch den Betriebsrat, Gesamtbetriebsrat, Konzernbetriebsrat oder das Arbeitsgericht (§ 14 a Abs. 3, § 17 a des Gesetzes) hat der Wahlvorstand die Wahl des Betriebsrats unverzüglich einzuleiten. Die Wahl des Betriebsrats findet auf einer Wahlversammlung statt (§ 14 a Abs. 3 des Gesetzes). Die §§ 1, 2 und 30 Abs. 2 gelten entsprechend.

(2) Im Anschluss an die Aufstellung der Wählerliste erlässt der Wahlvorstand das Wahlausschreiben, das von der oder dem Vorsitzenden und von mindestens einem weiteren stimmberechtigten Mitglied des Wahlvorstands zu unterschreiben ist. Mit Erlass des Wahlausschreibens ist die Betriebsratswahl eingeleitet. Besteht im Betrieb ein Betriebsrat, soll der letzte Tag der Stimmabgabe (nachträgliche schriftliche Stimmabgabe) eine Woche vor dem Tag liegen, an dem die Amtszeit des Betriebsrats abläuft.

(3) Das Wahlausschreiben hat die in § 31 Abs. 1 Satz 3 vorgeschriebenen Angaben zu enthalten, soweit nachfolgend nichts anderes bestimmt ist:
1. Abweichend von Nummer 6 ist ausschließlich die Mindestzahl von Wahlberechtigten anzugeben, von denen ein Wahlvorschlag unterzeichnet sein muss (§ 14 Abs. 4 des Gesetzes).
2. Abweichend von Nummer 8 hat der Wahlvorstand anzugeben, dass die Wahlvorschläge spätestens eine Woche vor dem Tag der Wahlversammlung zur Wahl des Betriebsrats beim Wahlvorstand einzureichen sind (§ 14 a Abs. 3 Satz 2 des Gesetzes); der letzte Tag der Frist ist anzugeben.
Für die Bekanntmachung des Wahlausschreibens gilt § 31 Abs. 2 entsprechend.

(4) Die Vorschriften über die Bestimmung der Mindestsitze nach § 32, das Wahlverfahren nach § 34 und die nachträgliche Stimmabgabe nach § 35 gelten entsprechend.

(5) Für Wahlvorschläge gilt § 33 Abs. 1 entsprechend mit der Maßgabe, dass die Wahlvorschläge von den Wahlberechtigten und den im Betrieb vertretenen Gewerkschaften spätestens eine Woche vor der Wahlversammlung zur Wahl des Betriebsrats beim Wahlvorstand schriftlich einzureichen sind (§ 14 a Abs. 3 Satz 2 zweiter Halbsatz des Gesetzes). § 6 Abs. 2 bis 5 und die §§ 7 und 8 gelten entsprechend mit der Maßgabe, dass die in § 6 Abs. 5 und § 8 Abs. 2 genannten Fristen nicht die gesetzliche Mindestfrist zur Einreichung der Wahlvorschläge nach § 14 a Abs. 3 Satz 2 erster Halbsatz des Gesetzes überschreiten dürfen. Nach Ablauf der gesetzlichen Mindestfrist zur Einreichung der Wahlvorschläge hat der Wahlvorstand die als gültig anerkannten Wahlvorschläge bis zum Abschluss der Stimmabgabe in gleicher Weise bekannt zu machen wie das Wahlausschreiben (Absatz 3).

(6) Ist kein Wahlvorschlag zur Wahl des Betriebsrats gemacht worden, hat der Wahlvorstand bekannt zu machen, dass die Wahl nicht stattfindet. Die Bekanntmachung hat in gleicher Weise wie das Wahlausschreiben (Absatz 3) zu erfolgen.

DRITTER ABSCHNITT
Wahl des Betriebsrats in Betrieben mit in der Regel 51 bis 100 Wahlberechtigten (§ 14 a Abs. 5 des Gesetzes)

§ 37 Wahlverfahren

Haben Arbeitgeber und Wahlvorstand im einem Betrieb mit in der Regel 51 bis 100 Wahlberechtigten die Wahl des Betriebsrats im vereinfachten Wahlverfahren vereinbart (§ 14 a Abs. 5 des Gesetzes), richtet sich das Wahlverfahren nach § 36.

DRITTER TEIL
Wahl der Jugend- und Auszubildendenvertretung

§ 38 Wahlvorstand, Wahlvorbereitung

Für die Wahl der Jugend- und Auszubildendenvertretung gelten die Vorschriften der §§ 1 bis 5 über den Wahlvorstand, die Wählerliste, das Wahlausschreiben und die Bestimmung der Mindestsitze für das Geschlecht in der Minderheit entsprechend. Dem Wahlvorstand muss mindestens eine nach § 8 des Gesetzes wählbare Person angehören.

§ 39 Durchführung der Wahl

(1) Sind *mehr als drei Mitglieder zur* Jugend- und Auszubildendenvertretung zu wählen, so erfolgt die Wahl auf Grund von Vorschlagslisten. § 6 Abs. 1 Satz 2, Abs. *2 und 4 bis 7, die §§ 7 bis 10 und § 27* gelten entsprechend. § 6 Abs. 3 gilt entsprechend mit der Maßgabe, dass in jeder

Vorschlagsliste auch der Ausbildungsberuf der einzelnen Bewerberinnen oder Bewerber aufzuführen ist.

(2) Sind mehrere gültige Vorschlagslisten eingereicht, so kann die Stimme nur für eine Vorschlagsliste abgeben werden. § 11 Abs. 1 Satz 2, Abs. 3 und 4, die §§ 12 *bis* 19 gelten entsprechend. § 11 Abs. 2 gilt entsprechend mit der Maßgabe, dass auf den Stimmzetteln auch der Ausbildungsberuf der einzelnen Bewerberinnen oder Bewerber aufzuführen ist.

(3) Ist nur eine gültige Vorschlagsliste eingereicht, so kann die Stimme nur für solche Bewerberinnen oder Bewerber abgeben werden, die in der Vorschlagsliste aufgeführt sind. § 20 Abs. 3, die §§ 21 *bis* 23 gelten entsprechend. § 20 Abs. 2 gilt entsprechend mit der Maßgabe, dass auf den Stimmzetteln auch der Ausbildungsberuf der einzelnen Bewerber aufzuführen ist.

(4) Für die schriftliche Stimmabgabe gelten die §§ 24 *bis* 26 entsprechend.

§ 40 Wahl der Jugend- und Auszubildendenvertretung im vereinfachten Wahlverfahren

(1) In Betrieben mit in der Regel fünf bis fünfzig der in § 60 Abs. 1 des Gesetzes genannten Arbeitnehmerinnen und Arbeitnehmern wird die Jugend- und Auszubildendenvertretung im vereinfachten Wahlverfahren gewählt (§ 63 Abs. 4 Satz 1 des Gesetzes). Für das Wahlverfahren gilt § 36 entsprechend mit der Maßgabe, dass in den Wahlvorschlägen und auf den Stimmzetteln auch der Ausbildungsberuf der einzelnen Bewerberinnen oder Bewerber aufzuführen ist. § 38 Satz 2 gilt entsprechend.

(2) Absatz 1 Satz 2 und 3 gilt entsprechend, wenn in einem Betrieb mit in der Regel 51 bis 100 der in § 60 Abs. 1 des Gesetzes genannten Arbeitnehmerinnen und Arbeitnehmern Arbeitgeber und Wahlvorstand die Anwendung des vereinfachten Wahlverfahrens vereinbart haben (§ 63 Abs. 5 des Gesetzes).

VIERTER TEIL
Übergangs- und Schlussvorschriften

§ 41 Berechnung der Fristen

Für die Berechnung der in dieser Verordnung festgelegten Fristen finden die §§ 186 bis 193 des Bürgerlichen Gesetzbuchs entsprechende Anwendung.

§ 42 Bereich der Seeschifffahrt

Die Regelung der Wahlen für die Bordvertretung und den Seebetriebsrat (§§ 115 und 116 des Gesetzes) bleibt einer besonderen Rechtsverordnung vorbehalten.

§ 43 In-Kraft-Treten

(1) Diese Verordnung tritt am Tage nach der Verkündung in Kraft. Gleichzeitig tritt die Erste Verordnung zur Durchführung des Betriebsverfassungsgesetzes vom 16. Januar 1972 (BGBl. I S. 49), zuletzt geändert durch die Verordnung vom 16. Januar 1995 (BGBl. I S. 43), außer Kraft.

(2) Mit dem In-Kraft-Treten dieser Verordnung finden die Vorschriften der Ersten Rechtsverordnung zur Durchführung des Betriebsverfassungsgesetzes vom 18. März 1953 (BGBl. I S. 58), geändert durch die Verordnung zur Änderung der Ersten Rechtsverordnung zur Durchführung des Betriebsverfassungsgesetzes vom 7. Februar 1962 (BGBl. I S. 64), nur noch auf die in den §§ 76 und 77 des Betriebsverfassungsgesetzes 1952 bezeichneten Wahlen Anwendung.

Stichwortverzeichnis

Kompetenz verbindet

Peter Wedde (Hrsg.)

Arbeitsrecht

Kompaktkommentar zum Individualarbeitsrecht
mit kollektivrechtlichen Bezügen
3., überarbeitete Auflage
2013. 1.568 Seiten, gebunden
€ 89,–
ISBN 978-3-7663-6165-3

Klar, prägnant und verständlich erläutert der Kompaktkommentar das Individualarbeitsrecht – konzentriert aufbereitet
in einem einzigen Band. Die Kommentierungen haben stets die
Arbeitnehmerpositionen im Blick, verzichten auf wissen-
schaftlichen Ballast und orientieren sich an der Rechtsprechung
des Bundesarbeitsgerichts. Für Ihre tägliche Arbeit besonders
nützlich sind die optisch hervorgehobenen Hinweise und Tipps
für die Mitbestimmung.

Wichtige Gesetzesänderungen und neue Rechtsprechung haben
eine Neuauflage dieses hochgeschätzten Werkes notwendig
gemacht. Zum Beispiel bringt das geänderte Leiharbeitsrecht
viele Neuerungen mit sich. Im Kündigungsrecht gibt es –
bekannt unter dem Fall »Emmely« – eine Trendwende der
Rechtsprechung zur Kündigung wegen Bagatelldelikten. Aber
auch in anderen Bereichen gibt es wichtige Neuerungen.

Zu beziehen über den gut sortierten Fachbuchhandel oder direkt
beim Verlag unter E-Mail: kontakt@bund-verlag.de

Bund-Verlag

Kompetenz verbindet

Christian Schoof

Betriebsratspraxis von A bis Z

Das Lexikon für die
betriebliche Interessenvertretung
10., aktualisierte Auflage
2012. 1.883 Seiten, gebunden
mit DVD
€ 49,90
ISBN 978-3-7663-6154-7

Der Betriebsrat muss nicht alles wissen, er muss nur wissen, wo es steht – im »Schoof«. Von Abfindung bis Zurückbehaltungsrecht des Arbeitnehmers: Der »Schoof« ist aus der Praxis der Betriebsratsarbeit nicht mehr wegzudenken. Das Lexikon liefert in bewährter Form praktische Hilfen zur Lösung der im betrieblichen Alltag auftretenden Fragen. Es informiert über die Aufgaben, Rechte und Handlungsmöglichkeiten des Betriebsrats und erläutert Rechte und Pflichten der Beschäftigten.

Die 10. Auflage enthält über:
- 210 Begriffe aus dem betrieblichen Tagesgeschäft
- zusätzliche Hinweise zu sozialrechtlichen Themen wie Arbeitslosenversicherung, Insolvenzgeld, Krankenversicherung, Kurzarbeitergeld
- viele neue Stichwörter, darunter Werkvertrag, Familienpflegezeit
- eine DVD mit allen Stichwörtern und Arbeitshilfen
- ein ausführliches Stichwortverzeichnis

Bund-Verlag

Kompetenz verbindet

Bertram Zwanziger / Silke Altmann
Heike Schneppendahl

Kündigungsschutzgesetz

Basiskommentar zu KSchG,
§§ 622,623 und 626 BGB,
§§ 102, 103 BetrVG
3., aktualisierte Auflage
2011. 387 Seiten, kartoniert
€ 34,90
ISBN 978-3-7663-6100-4

Kompakt und leicht verständlich erläutert der
Basiskommentar das Kündigungsschutzgesetz. Ergänzend
beleuchten die Autoren weitere wesentliche Vorschriften zum
Kündigungsschutz, wie die §§ 622, 623 und 626 BGB, ferner
die §§ 102 und 103 BetrVG über die Beteiligung des
Betriebsrats bei Kündigungen.

Aus dem Inhalt:
* Kündigungsgründe nach dem Kündigungsschutzgesetz
  und bei außerordentlichen/fristlosen Kündigungen
* Kündigungsschutzprozess
* Mitwirkungsmöglichkeiten des Betriebsrats im Rahmen
  des Anhörungsverfahrens
* Regeln der Massenentlassung
* besonderer Kündigungsschutz im Rahmen der
  Betriebsverfassung

Bund-Verlag